ナグ・ハマディ文書 III

説教・書簡

説教・書簡

荒井 献・大貫 隆・小林 稔・筒井賢治 訳

ナグ・ハマディ文書 III

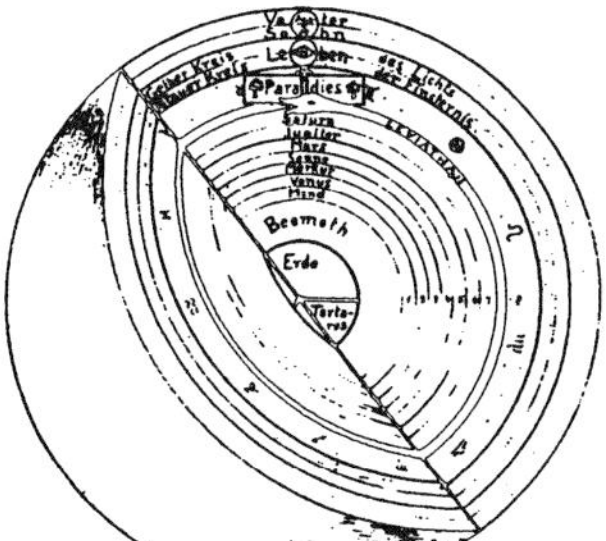

岩波書店

序にかえて
――ナグ・ハマディ文書とグノーシス主義――

一　文書の発見・公刊・年代

ナグ・ハマディ文書とは、一九四五年十二月、エジプト南部に位置するナイル河畔の町ナグ・ハマディ付近で、アラブ人の一農夫によって発見された、十三冊のコーデックス（古写本）に含まれる五十二のパピルス文書のことである。これらの文書はすべてコプト語（古代末期のエジプト語）で記されているが、そのほとんどすべてがギリシア語からコプト語への翻訳と想定されている。

この文書の発見が世界のジャーナリズムを賑わした主な原因となったのは、第Ⅱコーデックスの二番目（Ⅱ／2）所収の『トマスによる福音書』に関する誇大報道である。この福音書には、新約聖書の前半に編まれている四つの福音書（マタイ、マルコ、ルカ、ヨハネの各福音書）にない、イエスの未知の言葉が含まれていた。しかも、これらの言葉の一部が、前世紀末にエジ

プトのオクシリンコスで発見されたギリシア語パピルス群(いわゆるオクシリンコス・パピルス)の一部と重なっており、後者の言葉をイエス自身の真正な言葉と見做す有力な新約聖書学者(ヨアキム・エレミアスなど)がいたのである。このような事情もあって、トマス福音書を最古の、しかもイエス自身に遡る可能性のある福音書と位置付ける誇大報道が、マスメディアに載って世界を駆け回った。

このような誇大報道とそれに便乗した学界の動向は、ナグ・ハマディ文書と同じ頃に死海の西北岸クムランで発見された「死海文書」の場合と類似している。この文書の中の『感謝の詩篇』に言及されている「義の教師」が、洗礼者ヨハネであるとか、イエス自身であるとか、イエスの弟ヤコブであるとかの珍説がまことしやかに喧伝され、これはごく最近までわが国の読書界の話題になっていた。しかし、死海文書の意義は、ナグ・ハマディ文書の場合と同様に、別のところにある(死海文書については、ジェームズ・H・チャールズウァース編著、『イエスと死海文書』(山岡健訳)三交社、一九九六年参照。トマス福音書の意義については、荒井献『トマスによる福音書』講談社、一九九四年参照)。

もっとも、このような誇大報道がなされた間接的な原因に、文書公刊の遅れがある(これもまた死海文書の場合と類似している)。それは、ナグ・ハマディ文書の場合、その一部が古物商によって転売され、ベルギーやアメリカにまで流れたこと、エジプトに数次にわたる政変が起こったこと、若干の学者たちが学問上の「独占欲」により文書の一部を私物化したこと等による。

しかし、とりわけアメリカのクレアモント大学大学院「古代とキリスト教研究所」所長ジェームズ・M・ロビンソンの努力とユネスコの援助により、一九七七年(文書の発見から三十二年後)に、コーデックスⅠからⅩⅢまで、つまりナグ・ハマディ写本の全文書を含むファクシミリ版全十巻の公刊が完結し、同年にこのファクシミリ版に基づく英訳一巻本が出版された。右の研究所所員が中心となって遂次公刊されていたナグ・ハマディ文書の校訂本(テキストの翻刻、英訳、訳注、概説)も、最近になって完結した。なお、校訂本のドイツ語版はベルリン大学のコプト語グノーシス文書研究グループ(代表者はハンス・M・シェンケ)によって、フランス語版はフランスのストラスブール大学とカナダのラヴァル大学の研究グループ(代表者はジャック・É・メナール)によって、それぞれ公刊されつつある。

ナグ・ハマディ文書が三世紀後半から四世紀にかけて筆写され、四世紀の中頃に十三冊のコーデックスに編まれたことは、考古学上の手続き、とりわけコーデックスⅠ、Ⅱ、Ⅲ、Ⅶ、Ⅺのカートナジ(各コーデックスを補強するためにその裏側に張られている原紙表装)から読み取られる領収書その他の日付けから明らかである。もっとも、ナグ・ハマディ文書には数種類の異本があり(例えば『ヨハネのアポクリュフォン』にはⅡ、Ⅲ、Ⅳに三つの異本が、『エジプト人の福音書』にはⅢとⅣに二つの異本が存在)、これらの異本が同一の原本に遡る可能性があり、また同一文書が数回にわたって筆写し直された形跡も認められる。他方、すでに言及したように、ナグ・ハマディ文書のコプト語版はギリシア語本文からの翻訳と想定されている。これに本文の伝承史的考察も加えると、現有のコプト語版の原本は、部分的には二世紀の中頃にまで遡ると見てよいであろう。

二世紀の中頃といえば、現行の新約聖書所収の二十七文書のうち最も後期に属する諸文書(例えば「テモテへの第一の手紙・第二の手紙」「テトスへの手紙」など)が成立した年代である。とすれば、ナグ・ハマディ文書と新約諸文書は、その成立年代において部分的に重なることになる。しかも、キリスト教成立後、初めの四世紀頃まで、キリスト教諸教会は、それが位置する地方により、またそれが属する教派によって、現行の新約聖書二十七文書以外の諸文書も、共に信仰にとっては規範的な権威ある「聖文書」として読まれていた。ナグ・ハマディ文書の大半は、このような意味における「聖文書」、四世紀以降「正典」としての新約聖書から区別あるいは差別(排除)され

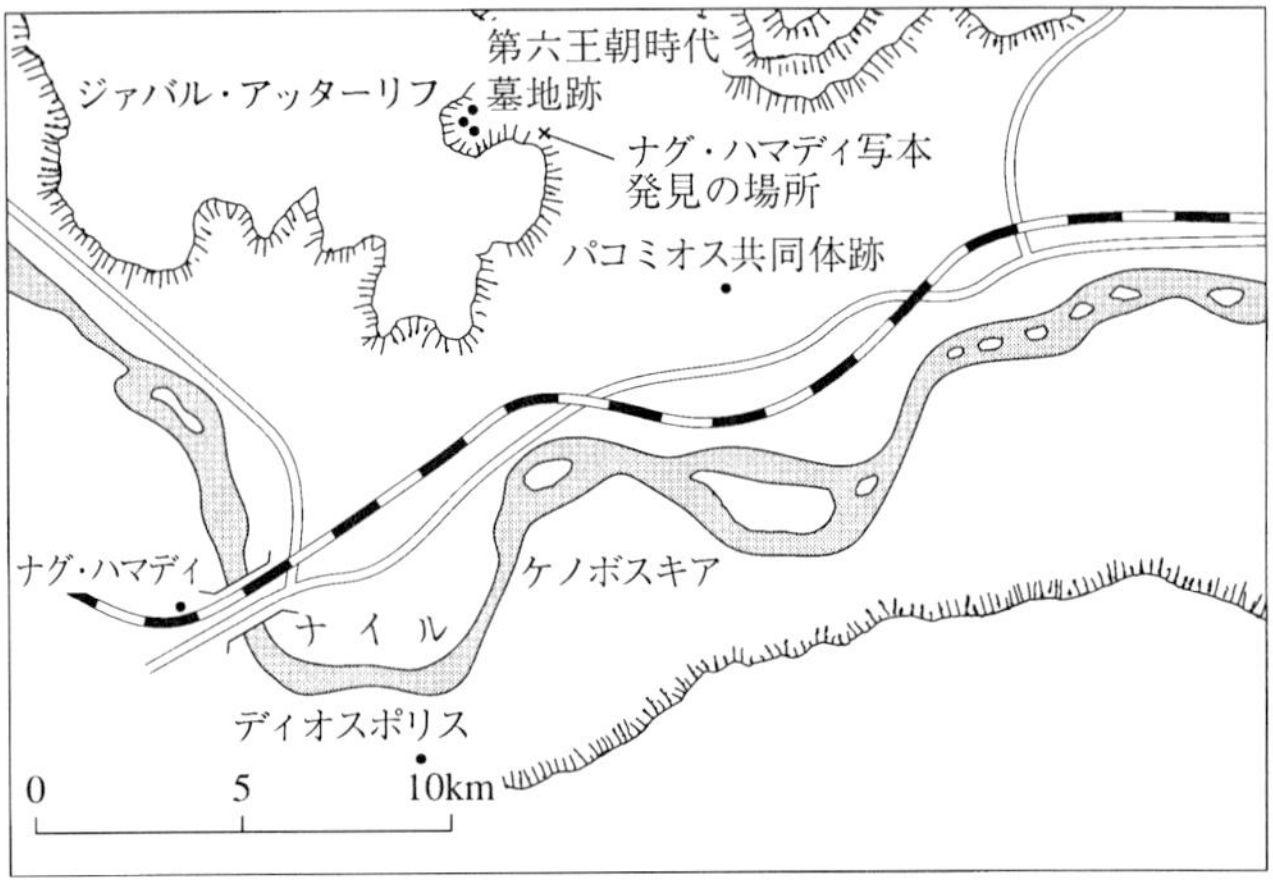

ていった「外典」に属するのである（「新約聖書外典」については、荒井献編『新約聖書外典』講談社、一九九七年参照）。

ナグ・ハマディ文書の元来の所有者については、今もって定説がない。

ナグ・ハマディの東側に古来「ケノボスキア」と呼ばれる地域があり、その北側にパコミオス共同体（四世紀に修道士パコミオスが創設した自給自足による修道共同体）の遺跡がある。そして、さらにその北側約八キロメートルの場所でナグ・ハマディ文書が発見された。他方、前述のカートナジの一部（ナグ・ハマディ文書I、以下ＮＨＣＩと表記）に「ケノボスキアの近くにあるディオスポリス」と読み取れる箇所がある。つまり、文書の製作者が知っていた「ケノボスキア」と、文書が埋められた（発見された）場所の中間に、パコミオス共同体が存在した。しかも、文書が作製された年代と共同体が存在した年代が重なっている（共に四世紀前半）。さらに、ナグ・ハマディ文書全体に共通する思想的特徴に禁欲思想が認められる。ここからナグ・ハマディ文書をパコミオス共同体と関係づける仮説が有力視されている。三六七年にアレクサンドリアの司教アタナシオスがエジプトにある諸教会に宛てて「復活節書簡」を送付し、現行新約二十七文書のみを正典とし、その他の外典——とりわけ「異端の虚構」——を排除して、それらを読むことを禁じている。ナグ・ハマディ写本の大半は「外典」に当たるところから、あるいはパコミオス共同体に属する一修道士が、司教アタナシオスの禁令を機に、自ら所有していた――「外典」を含む――諸文書を壺に入れて、ナグ・ハマディ付近の地下に埋めたのであろうか。

二　文書の内容

十三のコーデックスに含まれる五十二のナグ・ハマディ文書のタイトルとその内容は、別表の通りである。これらの文書は、内容上、以下の四種類に分類される。

第一は、新約聖書「外典」(別表A)。これには、『トマスによる福音書』『フィリポによる福音書』『エジプト人の福音書』など、キリスト教史上最古最大の「異端」として正統教会から排除された「グノーシス派」出自のものが多いが(別表AG)、『ペトロと十二使徒の行伝』や『シルヴァノスの教え』など、とりわけグノーシス的とはいえない文書も存在する。

第二は、キリスト教(新約)と無関係なグノーシス文書(別表G)。これには『アダムの黙示録』や『セツの三つの柱』など旧約偽典に類するものもあるが、その他の文書は新約とも旧約とも全く関係がない。

第三は、『第八のもの(オグドアス)と第九のもの(エンネアス)に関する講話』など、いわゆる「ヘルメス文書」の一部(別表H)。「ヘルメス文書」とは、紀元前後にエジプトで成立し、師ヘルメス・トリスメギストスがその秘教を弟子に啓示する形式をとるもので、内容的にはグノース主義から汎神論的一元論をも含む(ヘルメス文書のギリシア語本文の邦訳とその解説は、『ヘルメス文書』(荒井献・柴田有訳)朝日出版社、一九八〇年参照)。

第四は、キリスト教ともグノーシスとも関係のない文書。ヘレニズム・ローマ時代の生活訓や格言を集めた『セクストゥスの金言』やプラトン『国家』の一部(五五八B―五八九B)のコプト語本文などである(別表無印)。

別表

コーデックス	番号	通し番号	題名	内容	
I	1	1	使徒パウロの祈り	A	G
	2	2	ヤコブのアポクリュフォン	A	G
	3	3	真理の福音	A	G
	4	4	復活に関する教え	A	G
	5	5	三部の教え	A	G
II	1	6	ヨハネのアポクリュフォン	A	G
	2	7	トマスによる福音書	A	G
	3	8	フィリポによる福音書	A	G
	4	9	アルコーンの本質	A	G
	5	10	この世の起源について	A	G
	6	11	魂の解明	A	G
	7	12	闘技者トマスの書	A	G
III	1	13	ヨハネのアポクリュフォン	A	G
	2	14	エジプト人の福音書	A	G
	3	15	聖なるエウグノストス	A	G
	4	16	イエスの知恵	A	G
	5	17	救い主の対話	A	G
IV	1	18	ヨハネのアポクリュフォン	A	G
	2	19	エジプト人の福音書	A	G
V	1	20	エウグノストス	A	G
	2	21	パウロの黙示録	A	G
	3	22	ヤコブの黙示録一	A	G

	4	23	ヤコブの黙示録二	A	G
	5	24	アダムの黙示録		G
VI	1	25	ペトロと十二使徒の行伝	A	
	2	26	雷・全きヌース		G
	3	27	真正な教え	A	G
	4	28	われらの大いなる力の概念	A	G
	5	29	プラトン『国家』五五八B—五八九B		
	6	30	第八のもの（オグドアス）と第九のもの（エンネアス）に関する講話	H	
	7	31	感謝の祈り	H	
	8	32	アスクレピオス二一—二九	H	
VII	1	33	シェームの釈義		G
	2	34	大いなるセツの第二の教え	A	G
	3	35	ペトロの黙示録	A	G
	4	36	シルウァノスの教え	A	
	5	37	セツの三つの柱		G
VIII	1	38	ゾストゥリアノス		G
	2	39	フィリポに送ったペトロの手紙	A	G
IX	1	40	メルキゼデク	A	G
	2	41	ノレアの思想	A	G
	3	42	真理の証言	A	G
X	1	43	マルサネース		G
XI	1	44	知識の解明	A	G
	2	45	ヴァレンティノス派の解説	A	G
	3	46	アロゲネース		G

	4	47	ヒュプシフロネー		G
XII	1	48	セクストゥスの金言	A	G
	2	49	真理の福音断片		
	3	50	断片		
XIII	1	51	三体のプローテンノイア	A	G
	2	52	この世の起源について(の一部)	A	G

三　グノーシス、グノーシス主義、グノーシス派

「グノーシス」(gnōsis)とは、ギリシア語で「知識」あるいは「認識」の意味である。しかし、この言葉は日本語でも現在、西洋古代末期における宗教思想の一つを特徴づける専門用語として用いられている。例えば『広辞苑』(岩波書店、第四版)で「グノーシス」の項目を引くと、次のように記されている。

〔gnosis ギリシア〕(知識の意)ギリシア末期の宗教における神の認識。超感覚的な神との融合の体験を可能にする神秘的直観。霊知。

この定義は、それ自体として正しい。しかし、「グノーシス」という宗教的専門用語の定義としては広義に過ぎる、と私には思われる。「グノーシス」とはむしろ、右の定義における「神の認識」を「自己の認識」として人間の救済とみなす宗教思想、すなわち「グノーシス主義」(Gnosticism)の意味で用いられている。おそらくこのような事情を反映して、『大辞林』(三省堂、第二版)には「グノーシス」の項目に替えて「グノーシス主義」の項目が

立てられており、それは次のように定義されている。

〔ギリシア gnōsis は「認識」の意〕一、二世紀頃地中海沿岸諸地域で広まった宗教思想、およびこれに類する考え方。反宇宙的二元論の立場にたち、人間の本質と至高神とが本来は同一であることを認識することにより、救済、すなわち神との合一が得られると説く。マンダ教やマニ教はその代表的宗教形態。

右の文章の中で「反宇宙的二元論」という表現は分りにくいかもしれない。まず「二元論」とは、宇宙（＝世界）や小宇宙としての人間の成り立ちを相対立する二つの原理によって説明する理論のことである。それがグノーシス（主義）の場合、「反宇宙的」というのであるから、負としての宇宙を形成する原理（宇宙形成者、ギリシア語で「デーミウールゴス」）に相対立する正としての宇宙を救済する原理が前提されていることになる。これが「至高神」、あるいは多くの場合「父」なる至高神から人間に遣わされた「子」なる「救済者」なのである。そして、グノーシス（主義）においては至高神の本質（霊魂）が、宇宙や世界を貫いて人間の中にも宿されている。ところが、デーミウールゴスの支配下にある人間はこの自らの本質（本来的「自己」）について無知の状態に置かれており、自らの本質を非本来的自己としての身体性と取り違えている。人間は、救済者の告知により、人間の本質と至高神とが本来は同一であることを認識（グノーシス）し、神との合一を達成して救済されなければならない。

このようなグノーシス（主義）による救済の告知は、それが急速に広まった古代末期において、それまで人間が常識的にもっていた宇宙・世界・人間観を根本から覆すインパクトを有していた。人間は価値観の転倒を迫られたのである。

例えば、当時の民間宗教において常識となっていた星辰信仰、あるいはこれを受容していた中期プラトニズム（紀元前後のプラトン思想）やストア哲学において、星辰は人間の霊魂の故郷とみなされていた。偉大な政治家、とりわけ皇帝の魂は、その死後に星辰界へ帰昇すると信じられていた。そのための祭儀が皇帝の死後盛大に執り行なわれていたのである。

ところが、グノーシス（主義）によれば、星辰（星座）はデーミウールゴスの支配下にあり、人間の「宿命」を決定する「支配者（アルコーン）たち」、あるいは諸「権力（デュナミス）」、諸「権威（エクスーシア）」であり、人間の霊魂は、その支配下にある星辰の力から解放されて、星辰とデーミウールゴスを否定的に超えて存在する至高神にこそ帰昇し、究極的救済を得なければならない。ここで、地上の権力は宇宙の権力と共に相対化されてしまう。

また、当時のプラトニズムやストイシズムにおいて、あるいはその限りにおいてはユダヤ教やこれを母胎として成立しつつあったキリスト教においても、宇宙（世界）形成者（デーミウールゴス）あるいは創造神による被造としての宇宙＝世界（コスモス）とその内なる人間は美しく善きものであった。もともと「コスモス」（kosmos）と同根の動詞「コスメオー」（kosmeō）は「整える」「美しく飾る」の意で、これに対応して「コスモス」は「飾り」「秩序」、転じて「（秩序整然たるものとしての）宇宙、世界」を意味する。ところが、グノーシス（主義）によれば、宇宙の形成者、世界の創造神そのものが悪の根元なのである。従って、旧約聖書「創世記」巻頭の創造神話に対するグノーシス的解釈においては、エデンの中央に生えている「善悪を知る（グノースケイン）木」から取って食べることを禁じた「主なる神」（創世記二章16-17節——七十人訳。以下創二16と略記）とそれから取って食べることを勧めた「蛇」（創三4）とは価値付けが転倒し、前者は人に「知識」による救済の可能性を閉ざす負的存在、後者はそれを開示する正的存在、つまりイエス・キリストの予型として位置付けられる場合が多い。

ところで、このような解釈をひき起こす「反宇宙的・本来的自己の認識」への欲求は、「自己」の帰属する現実世界が、世界を包括する宇宙全体をも含めて、宇宙の支配者、その形成者によって疎外されているという極端なペシミズムが生起する時代と地域に、いつ、どこでも成立しうるものである。これを古代末期に限って見れば、これは、ローマ帝国の圧倒的支配下にあって、政治的・経済的・社会的に宇宙内の世界のいずれの領域にも自己を同一化できる場を奪われた帝国属州(ユダヤ、シリア、エジプトなど)民の間に成立した。そして、このようなグノーシス的欲求に基づく解釈は、現実世界を否定的に超えた場に自己を同一化する表現なのであるから、必然的に「神話論」的象徴言語によらざるをえないのである。こうして、具体的宗教形態としての「グノーシス」あるいは「グノーシス宗教」が形成される。

但しこれは、「反宇宙的・本来的自己の認識」をいわば「解釈原理」として、既存の諸宗教に固有なテキストを解釈し、それをグノーシス神話に変形することによって形成されるのであるから、「グノーシス(宗教)」は多くの場合、既存の諸宗教の分派的形態をとる。成立しつつあるキリスト教の場合、「グノーシス」は、正統的教会(初期カトリシズム)の立場を護って「異端」を反駁するいわゆる「反異端論者」から見ると、「異端」的教えの「正体」であると共にそのような教えを奉ずる「異端」的分派の呼称——「グノーシス派」を意味した。

例えば、二世紀後半の代表的反異端論者エイレナイオスは、ラテン語訳の通称で『異端反駁』(adversus haereses)と呼ばれる著書を公にしているが、この著書のギリシア語原題は『偽称グノーシスの正体暴露とその反駁』であり、この場合の「グノーシス」はグノーシス派の教説であると共にグノーシス派のことを意味している。他方、この派に所属している人々は自らを「グノーシスを奉ずる者」「グノーシス者」(gnōstikoi)と称した。このように、「グノーシス」は、それを反駁する側から見ても、それを奉ずる側から言っても、グノーシス主義をもグノーシス派をも意味し得たのである。

いずれにしても、「グノーシス派」とは古来、「グノーシス」偽称のゆえにキリスト教の教父たち、とりわけ反異端論者たちにより反駁され、彼らの担う正統的教会から最終的には排除されたキリスト教異端の総称であった。教父たちによればグノーシス派は、同派の「父祖」といわれる「魔術師」シモン(使八9-24参照)とその派をはじめとして、ヴァレンティノス派、バシリデース派、ケリントス派、ナーハーシュ派、オフィス派(「ナーハーシュ」はヘブライ語で、「オフィス」はギリシア語で、それぞれ「蛇」の意)、バルベーロー派、セツ派などの分派に別れた。いずれにしてもグノーシス派は、それに先行したキリスト教と異教(例えばオリエントの諸宗教)、あるいは異思想(例えばプラトニズム)との事後的混淆によって成立したキリスト教の異端である。

このようなグノーシス観は、正統的教会の教父たち、とりわけ反異端論者以来の、グノーシス派に対する伝統的見解であり、今日でもこの見解を基本的に採る学者たちもいる。確かにキリスト教のグノーシス派とその思想(グノーシス主義)は、キリスト教を前提とする限りにおいて、キリスト教よりも後に成立した。

しかし、グノーシス主義そのものが元来キリスト教とは無関係に成立した独自の宗教思想であったこと、そしてそれが事後的にキリスト教のテキストに自らを適合し、それを解釈して「キリスト教グノーシス派」の神話論を形成したことは、すでに確認した通りである。このことは、とりわけナグ・ハマディ文書によって実証される。なぜなら、この文書にはキリスト教グノーシス文書のほかにキリスト教とは関係のないグノーシス文書が含まれているばかりではなく、一つの文書が次第に自らをキリスト教的要素に適応させていく過程が同一文書(例えば『ヨハネのアポクリュフォン』)の複数の異本(写本Ⅱ/1、写本Ⅲ/1、写本Ⅳ/1、ベルリン写本)によって跡付けられるからである。巻末の解説「救済神話」で詳述するように、セツ派などはおそらく元来キリスト教とは無関係に、ユダヤ教の周縁で成立したものと想定される。神話の構成要素が旧約だけでほぼ十分に揃っており、新約の要素は二次的付加と思われるからである。（以上、「グノーシス」「グノーシス主義」の定義については、荒井献『新約聖書とグノーシス主義』岩波書店、一九八六年、二六七—二七一頁のほか、ハンス・ヨナス『グノーシスの宗教』（秋山さと子・入江良平訳）人文書院、一九八六年、E・ペイゲルス『ナグ・ハマディ写本——初期キリスト教の正統と異端』（荒井献・湯本和子訳）白水社、一九九六年、S・ペトルマン『二元論の復権——グノーシス主義とマニ教』（神谷幹夫訳）教文館、一九八五年、柴田有『グノーシスと古代宇宙論』勁草書房、一九八二年をも参照。）

荒井献

凡　例

一、各文書の翻訳の底本については、文書ごとの解説に記した。

二、パラグラフの区分（§15のように記す）は、底本の区分に従っている場合と、新規の試みである場合とがあり、詳しくは文書ごとの解説に記した。

三、文頭および行中に**【　】**を使って挿入した太字体の数字は、写本の頁数を、また行中の小字体の数字は五行単位の写本の行数を表す。

四、注および解説での引照指示に際しては、該当箇所の表示をパラグラフ（§）によってする場合と、頁と行数による場合とがある。

五、翻訳本文中に用いた記号の意味は以下の通りである。

［　］＝写本の損傷された本文を、原文の校訂者または訳者が推定復元した読み。復元不可能な場合は、脱落が推定される原語の文字数を表示（［±８］）してある

（　）＝文意を取り易くするために、訳者が挿入した補充。

〈　〉＝写本の写字生が書き落としたと思われる文あるいは単語。

《　》＝写本の写字生が重複して書き写したと思われる文あるいは単語。

六、小見出しは、原文には存在しない。読解のための便宜手段であり、訳者がその作成のために参照した文献がある場合には、文書ごとの解説に注記してある。

七、本訳中の注は、本文に出る言語的・歴史的事柄およびグノーシス主義に特徴的な観念と語彙などについて、わかりやすく説明しようとする。同一文書内の関連する箇所、及び他のグノーシス主義文書の関連箇所、さらにまた旧約聖書・新約聖書などとの関連についてもその都度表示してある。

八、歴史的・事象的事項およびグノーシス主義的用語のうち、基本的なもの、また個々の文書の枠を越えて多出するものは、巻末の「補注　用語解説」にまとめて採録した。本文中にその事項が現れる場合、初出と、本文の内容からして補注の参照を求めたいときは、該当事項の行間に*印を付した。

諸文書略号表

ナグ・ハマディ文書

［写本Ⅰ］

パウ祈	使徒パウロの祈り
ヤコ・アポ	ヤコブのアポクリュフォン
真福	真理の福音
復活	復活に関する教え
三部教	三部の教え

［写本Ⅱ］

ヨハ・アポⅡ	ヨハネのアポクリュフォン
トマ福	トマスによる福音書
フィリ福	フィリポによる福音書
アルコ	アルコーンの本質
起源Ⅱ	この世の起源について
魂	魂の解明
闘技者	闘技者トマスの書

［写本Ⅲ］

ヨハ・アポⅢ	ヨハネのアポクリュフォン
エジ福Ⅲ	エジプト人の福音書
エウⅢ	聖なるエウグノストス
知恵Ⅲ	イエスの知恵
対話	救い主の対話

［写本Ⅳ］

ヨハ・アポⅣ	ヨハネのアポクリュフォン
エジ福Ⅳ	エジプト人の福音書

［写本Ⅴ］

エウⅤ	エウグノストス
パウ黙	パウロの黙示録
Ⅰヤコ黙	ヤコブの黙示録一
Ⅱヤコ黙	ヤコブの黙示録二
アダ黙	アダムの黙示録

［写本Ⅵ］

十二伝	ペトロと十二使徒の行伝
雷	雷・全きヌース
真正教	真正な教え
力	われらの大いなる力の概念
国家	プラトン『国家』断片
「八と九」	第八のもの（オグドアス）と第九のもの（エンネアス）
感謝	感謝の祈り
アスク	アスクレピオス

［写本Ⅶ］

シェーム	シェームの釈義
セツ教	大いなるセツの第二の教え
ペト黙	ペトロの黙示録
シル教	シルウァノスの教え
柱	セツの三つの柱

［写本Ⅷ］

ゾス	ゾストゥリアノス
フィペ手	フィリポに送ったペトロの手紙

［写本Ⅸ］

メルキ	メルキゼデク
ノレア	ノレアの思想
真証	真理の証言

［写本Ⅹ］

マルサ	マルサネース

［写本Ⅺ］

知識	知識の解明
解説	ヴァレンティノス派の解説
解説・塗油	塗油について
解説・洗Ａ	洗礼についてＡ
解説・洗Ｂ	洗礼についてＢ
解説・聖Ａ	聖餐についてＡ
解説・聖Ｂ	聖餐についてＢ
アロゲ	アロゲネース
ヒュプ	ヒュプシフロネー

［写本Ⅻ］

金言	セクストゥスの金言
真福断片	真理の福音断片
断片	断片

［写本XIII］

三プロ	三体のプローテンノイア
起源XIII	この世の起源について

［ベルリン写本（BG8502）］

マリ福	マリヤによる福音書
ヨハ・アポＢ	ヨハネのアポクリュフォン
知恵Ｂ	イエス・キリストの知恵
ペト行Ｂ	ペトロ行伝

旧約聖書

創	創世記	代下	歴代誌下	ダニ	ダニエル書
出	出エジプト記	エズ	エズラ記	ホセ	ホセア書
レビ	レビ記	ネヘ	ネヘミヤ記	ヨエ	ヨエル書
民	民数記	エス	エステル記	アモ	アモス書
申	申命記	ヨブ	ヨブ記	オバ	オバデヤ書
ヨシ	ヨシュア記	詩	詩篇	ヨナ	ヨナ書
士	士師記	箴	箴言	ミカ	ミカ書
ルツ	ルツ記	コヘ	コーヘレト書	ナホ	ナホム書
サム上	サムエル記上	雅	雅歌	ハバ	ハバクク書
サム下	サムエル記下	イザ	イザヤ書	ゼファ	ゼファニヤ書
王上	列王記上	エレ	エレミヤ書	ハガ	ハガイ書
王下	列王記下	哀	哀歌	ゼカ	ゼカリヤ書
代上	歴代誌上	エゼ	エゼキエル書	マラ	マラキ書

新約聖書

マコ	マルコ福音書／マルコによる福音書
マタ	マタイ福音書／マタイによる福音書
ルカ	ルカ福音書／ルカによる福音書
使	使徒行伝
ヨハ	ヨハネ福音書／ヨハネによる福音書
Ⅰヨハ	Ⅰヨハネ書／ヨハネの第一の手紙
Ⅱヨハ	Ⅱヨハネ書／ヨハネの第二の手紙
Ⅲヨハ	Ⅲヨハネ書／ヨハネの第三の手紙
ロマ	ロマ書／ローマ人への手紙
Ⅰコリ	Ⅰコリント書／コリント人への第一の手紙
Ⅱコリ	Ⅱコリント書／コリント人への第二の手紙
ガラ	ガラテヤ書／ガラテヤ人への手紙
フィリ	フィリピ書／フィリピ人への手紙
Ⅰテサ	Ⅰテサロニケ書／テサロニケ人への第一の手紙
フィレ	フィレモン書／フィレモンへの手紙
エフェ	エフェソ書／エフェソ人への手紙
コロ	コロサイ書／コロサイ人への手紙
Ⅱテサ	Ⅱテサロニケ書／テサロニケ人への第二の手紙
Ⅰテモ	Ⅰテモテ書／テモテへの第一の手紙
Ⅱテモ	Ⅱテモテ書／テモテへの第二の手紙
テト	テトス書／テトスへの手紙
ヘブ	ヘブル書／ヘブル人への手紙
ヤコ	ヤコブ書／ヤコブの手紙
Ⅰペト	Ⅰペトロ書／ペトロの第一の手紙
Ⅱペト	Ⅱペトロ書／ペトロの第二の手紙
ユダ	ユダ書／ユダの手紙
黙	黙示録／ヨハネの黙示録

教父文書

『絨毯』	アレクサンドリアのクレメンス『絨毯』(Ⅰ－Ⅷ巻)
『抜粋』	アレクサンドリアのクレメンス『テオドトスからの抜粋』
『全反駁』	ヒッポリュトス『全異端反駁』(Ⅰ－Ⅹ巻)
『反駁』	エイレナイオス『異端反駁』(Ⅰ－Ⅴ巻)
『薬籠』	エピファニオス『薬籠』(Ⅰ－LXXX 章)

目次

II 書　簡

解　説

I 説教

グノーシス主義と説教

大貫　隆

本巻にはナグ・ハマディ文書の中で「説教」および「書簡」と呼び得るものが収録されている。多様なグノーシス主義グループのいずれも、現実の世界の中を生き延びるためには、共同体生活を営まざるを得なかった。そこではそれぞれの基礎神話を繰り返し再話するだけでは片付かないさまざまな問題が発生したに違いない。グノーシス主義の説教は、そのような問題に答えるために、共同の集まりの席で基礎神話を応用的に語り直すところで生み出されてきたものであり、グノーシス主義者たちの共同体生活の具体的な局面を知る上で、同信の仲間への訓戒、子弟の教育、論敵との論争などと並んで、大変興味深い。また、相手が遠隔地にいる場合には、これらの営みの多くは書簡によって行なわれたのである。

もちろん、説教も書簡もグノーシス主義者の創始になるものではない。いずれも古代末期の地中海世界においてすでに長い文化的伝統を持つものであった。グノーシス主義はその伝統を前提し、利用しているのである。書簡についてはは本巻第Ⅱ部の序で改めて述べることにして、ここでは説教に関して、そのことを確かめておくことにしたい。

一

古代末期の地中海世界の都市の街頭を賑わした彩りの一つは、さまざまな哲学的あるいは宗教的思想のプロパガンダであった。石を蹴れば自称他称の「哲学者」に当たると揶揄したルキアノスは、『ペレグリーノスの最期』と『偽予言者アレクサンドロス』にその具体的なイメージを描いてみせている。そのようなプロパガンダ活動の中でも最もアッピール性が強く、「説教」の名前にふさわしいのはディアトリベー(元来はギリシア語で「講話」の意)と呼ばれる辻説教であった。これはもともと犬儒学派(前三世紀のボリュステネスのビオンとテレース)によって始められたものである。以後その伝統は後一世紀のストア派のローマ人ムソニウス・ルーフス、その弟子エピクテートス(後五五頃—一三五頃)、犬儒学徒ディオ・クリュソストモス(後四〇—一二〇頃)、(偽)ルキアノスの対話篇『犬儒学徒』と続いた。のみならず、その影響は詩人Q・ホラティウス(前六五—八)、哲学者セネカ(紀元前後—後四一)、プルタルコス(後五〇頃—一二〇頃)などの大文学にも認められる。ここではその語り口を知るために、エピクテートスが実際に口頭で語り、弟子のアッリアーノスによって筆記されたという『語録』の内、第三巻二二章「犬儒学派」の一節を読んでみよう。

> そうするとここで諸君は、諸君の中に何か本性上自由であるものがあることを見たわけである。また欲望したり、忌避したり、意欲したり、拒否したり、準備したり、計画したりすることを、諸君の中の誰が、有益もしくは適当の心像を持たないでなすことができるか。
>
> 　誰もできません。

そうすると諸君はこれらの中にも、妨げられない自由なものを持っているわけである。不幸な諸君よ、これを完成し給え、これに心を用い給え、ここに善を探し給え。

しかしどうして無一物の者、つまり裸で家もなく炉もなく、不潔で奴隷もなく都市もない者が、ゆとりのある生活をすることができますか。

見るがいい、神はできるということを行為で示す人を諸君に送り給うた。「私を見るがいい、私は家もなければ都市もなく、財産もなければ奴隷もない。私は地上に眠る、私は妻も子もなく小さな邸もなくて、ただ地と空とそれから一枚の外套があるだけだ。しかし私に何が欠けているか。私は悩みがないではないか、私は恐怖がないではないか、私は自由ではないか。いつ諸君の中の誰かが私が欲しているのに得そこなったり、避けているのに避けそこなったりしたのを見たことがあるか。いつ私が神もしくは人を非難したか。いつ私は誰かを咎めたか。私が陰気な顔をしているのを諸君の中で誰かが見たのじゃあるまいね。また諸君が恐れたり、驚いたりしている人々に対し、私はどのように対応しているだろうか。奴隷に対するようにではないか。私を見て誰か自分の王や主人を見るように思わないものがあるか」。

御覧、これが犬儒学徒の言葉であり、性格であり、計画なのだ。

（鹿野治助訳『人生談義』(下)岩波文庫、七九―八〇頁）

この箇所にも十分明瞭に現れているように、ディアトリベーの第一の特徴は対話的であることである。但し、それは虚構の対話である。語り手は虚構の対話者あるいは論敵に、必要に応じて質問や反問を行なわせ、それに「君は知らないのか」、「君は見ないのか」といった再反問や「御覧」、「間違えてはいけない」、「言ってみてくれ給え」

などの命令法をたたみかけながら、論駁を加えてゆく。その結果どの講話も修辞的問いと答えを満載したものとなる。文体的には複文を排して、ほとんどの文が短い単文である。翻訳では見えにくいが、時には頭韻、脚韻を踏み、あるいは語呂合わせや対句法も含みながら並列的に積み重ねられる。

その他、引用した箇所には認められないものの、オデュッセウスやヘーラクレースなど神話上、作品上の有名な人物、あるいは哲学、貧困、善徳、悪徳、宿命、自然などの抽象概念も擬人化されて登場する。語り手は話の途中で直接彼らに呼びかけることがある。直喩や隠喩が頻繁に用いられ、類例の提示、そのための一時的な脱線も繰り返し起きる。

要するに、活き活きとした動き、スピード、表現の具体性こそ、ディアトリベーの語り口の最大の特徴である。それだけに、講話全体が厳密な原則に基づいて組み立てられるということはほとんどない。せいぜい贔屓の詩人や作家(ホメーロス、エウリピデス、メナンドロス)、思想家(ソクラテス)、哲学者(プラトン)、弁論家の一定の台詞あるいは命題を講話の冒頭で引用していわば「テキスト」とし、講話(説教)の本論部ではそれに対する積極的あるいは否定的な発言を行ない、最後に結びの訓戒を置くという、大まかな三部構成が認められる程度である。ディアトリベーの本領は聴衆を命題の論理的な論証のための冷静な熟考に導くことではなく、常識的価値観の逆転、真理の実践へ向かって聴衆に個人的に呼びかけ、イエスかノーかの決断を迫る点にある。このアッピール性あるいはメッセージ性において、ディアトリベーは間違いなく説教のための様式である。

二

グノーシス主義の説教を読む上で次に参考になるのは、ヘレニズム文化圏のユダヤ教の会堂で行なわれた説教である。アレクサンドリアのフィロンの著作『律法書の寓意的解釈』がその好例を提供してくれる。これはフィロンが創世記に関して著した他の一連の注解とともに、もともとはユダヤ教の会堂で連続して行なわれた講解説教であったと想定されているものである。例えば創世記二章16―17節に対するその講解は次のように行なわれる。

「主なる神はアダムに命じて言われた。『園のすべての木から自由に取って食べなさい。但し、善悪の知識の木からは食べてはならない。それから食べる日には、あなたは必ず死んでしまう』」(創二16-17)。

われわれはまず彼(主なる神)がアダムに何を命じているのか、またこのアダムとは誰なのかを問わなければならない。なぜなら彼(書き手)はこれまでのところでまだアダムに言及しておらず、ここで初めてその名前を挙げているからである。あるいは彼は今や造られた人間の名前の意味を教えようとしているのかも知れない。彼は言う、「彼のことを大地と呼べ」と。なぜなら、これこそ「アダム」という名の意味なのだ。だから、もし君が「アダム」という語を耳にしたら、その時にはいつもこう考え給え、それは地上的でやがて朽ちてゆく叡知(ヌース)のことなのだと。なぜなら、似像として造られた叡知(ヌース)の方は地上的ではなく、天上的なものなのだから。

さてわれわれは次に探究しなければならない。なぜアダムは他のすべての被造物には名前を付けたのに、自分にだけはそうしなかったのか。われわれはこの問いにどう答えるべきだろうか。われわれ一人一人の中にある叡知は他のものを把握することはできても、自分自身をそうすることができないのである。ちょうどわれわれの眼が他のものを見ることはできても、自分自身をそうすることができないのと同じで、叡知は他のものを知解しても、自分自身を摑むことができない。叡知に言わせてみたまえ、彼は何であるのか、どんな性質のものなのか、霊なのか、血なのか、火なのか、空気なのか、あるいは何か別のものなのか。からだのようなものなのか、あるいはからだを持たないものなのか。(叡知は答えることができないだろう。)だから、神の本質を探究しようとする者たちは、あまりに素朴過ぎるということにならないだろうか。なぜなら、自分自身の魂の本質を知らぬ者たちが、いかにして全世界の霊魂について正確なことを知り得ようか。全世界の霊魂とは神のことであると考えられる。だから、アダム、とはすなわち叡知が、他のものに名前を付け、それらを把握するのに、自分自身には名前を付けないのは当然のことである。彼は自分自身と自分の本質を知らないのだから。

(I, 90-92)

この文章が元来口頭で行なわれた説教に基づくものであることは、途中傍点を付した「だからもし君が『アダム』という語を耳にしたら」という文言に端的に明らかであろう。また、その「アダム」は一貫して天上的叡知と区別された地上的叡知あるいは肉体の寓喩(アレゴリー)として解釈されている。旧約聖書の本文をそのように寓意的に講解してゆくやり方も、フィロン自身が『観想的生活について』(28-29)、『夢について』(II, 127)、『十戒各論』(II, 62-63)、『モーセの生涯』(II, 216)で述べるところから推すと、当時のアレクサンドリアを中心とするヘレニズム文化圏のユダヤ教の会堂で行なわれた説教の通常の姿であった。おそらくその説教は、使徒行伝二〇章7—12節のパウロの説教と同じように、時には日没から真夜中まで、聴く者を睡魔に引き渡すほど長時間にわたったのではないかと想像される。『律法書の寓意的解釈』もそのような説教を事後的に一つの文書に編集したものであると思われる。

それはともあれ、われわれにとって興味深いのは、そのフィロンの語り口にもディアトリベーの影響が明白に見て取れることである。引用した箇所を越えて『律法書の寓意的解釈』全体にわたって調べると、次のようなディアトリベー的特徴が確かめられる。

(1) 語り手が自分と聴衆（読者）を括る一人称複数「われわれ」が随所に現れる。不特定の聴衆を指す「君」も、先の引用箇所を含めて随所に現れ、「君は見ないのか／分からないのか／気がつかないのか」(I, 52; II, 46, 52, 82; III, 9, 27, 46, 66, 85)、「君も御覧のように」(II, 9, 84; III, 75, 105, 134, 162, 169, 249)という定型句で用いられる。

(2) 「聞きなさい」(前記の引用、II, 16; III, 61)、「さあ、気をつけてよく見なさい」(III, 61, 69, 70, 184)、「もう一度よく見なさい」(III, 140)、「さあ、君はどんな微妙な点も見逃さないように気をつけなさい。意味を持たない表現は一つもないのだから」(III, 147)などのような命令法。

(3) 修辞疑問文のたたみかけ(前記の引用参照)。

(4) 「さらによく見てみようではないか」あるいは「われわれはふさわしく祈ろうではないか」(いずれも接続法現在一人称複数形)という促しの言葉が、多くの場合新しい段落の冒頭に現れる(I, 65, 74, 99; II, 7, 9, 26, 61, 65; III, 4, 97, 104, 111, 115, 222)。

(5) 語り手自身が自分の叡知(魂)を擬人化してそれに呼びかける呼びかけ「おお、(わが)叡知よ(魂よ)」(I, 49-51; II, 91; III, 11, 31, 36, 47, 74, 116, 158, 165)、あるいは創世記の登場人物や神に対する同様の呼びかけ、「おお、ラバンよ」(III, 22)、「おお、救い主よ」(III, 27)、「おお、わが愛しき者よ」(III, 75)。

ヘレニズム・ユダヤ教の領域で生み出された説教の典型と思われるものをもう一つ挙げれば、やはりフィロンの名の下にアルメニア語でのみ伝わる『ヨナについて』、『即席説教・サムソンについて』、『神を「燃え尽くす善なる火」と呼ぶことについて』という三つの文書がある。『ヨナについて』はヨナ書の逐語的な講解ではなく、むしろヨナの物語を再話しながら、いくつかの箇所に秘められた教訓を寓意的に取り出す奨励である。それは「われわれがすでに(聖書)から聞いたように」(一八)という呼びかけで始まっている。『即席説教・サムソンについて』は、その表題通り、事前の準備なしにサムソンとデリラの話に添って行なわれた再話的説教である。頻繁な逸脱(四、二三—二六、三五)の他、聴衆である「あなたがた」への呼びかけ(一〇、二四—二六、三五、三八—三九)、神への感嘆の呼びかけ(一六)、作中人物(サムソン、デリラ)への呼びかけ(三四、四〇、四二)、「君は知っているか」(三四)の問いかけ、予想される反論の提示とそれへの再反論(三八)、さらには説教論(三五)までも含んでいる。『神を「燃え尽くす善なる火」と呼ぶことについて』(後二世紀)は文書の枠に当たる部分を欠いているが、やはり「あなたがた」(七)や「君」(一二)という呼びかけの他、「われわれが少し前に(その箇所の朗読を)聞いた通り」(九)という発言が見いだされる。フィロンの場合と同じように、ディアトリベーの影響は明白である。

同じユダヤ教でもパレスティナ本土のユダヤ教ではどのような説教が行なわれていたのだろうか。ここではタルムードを初めとする膨大な量のラビ文献には立ち入らず、時代的にはそれよりも古い死海文書から『ハバクク書注解』の一節を紹介するにとどめたい。

「レバノンに加えられた不法がお前を覆い、獣も絶えてお前を恐れさせる。お前が人々の血を流し、国中で不法を、町とそのすべての住民に対して行なったからだ」(二17)。解き明かせば、この言葉は邪悪な祭司にかかわっている。それは、彼自身が貧しい者たちに与えた報復を受けるであろうからである。それは、「レバノン」とは共同体の会議であり、「獣」とは律法を遵守するユダの純真な人々だからである。彼自身が貧しい者たちの滅亡を謀ったように、神もまた彼に滅亡の判決を下すであろう。また「お前が人々の血を流し、国中で不法を……行なったからだ」と神が語ったことについては、解き明かせば、「町」とは邪悪な祭司が憎むべき仕業を行ない、神の神殿を穢したエルサレムのことである。「国中で不法を……行なったからだ」。これらは、彼が貧しい人々の持ち物を略奪したユダの町々のことである。

（J・ニューズナー『ミドラッシュとは何か』長窪専三訳、教文館、一九九四年、六八頁、文章を若干変更）

語り手は古から伝えられてきたハバクク書の一字一句を寓意的に解釈して、自らが現に所属する「共同体の会議」（クムラン教団）が、おそらくは紀元前二世紀に、エルサレムの貴族祭司団と袂を分かって、死海の沿岸に移り住んだことを指す予言として読み直しているのである。これはミドラッシュと呼ばれるユダヤ教の伝統的な注解法に属するもので、先に見たディアトリベーの影響は想定しがたい。それだけにますます、フィロンの寓意的解釈との共通性が注目に値する。旧約聖書の本文を寓意的に解釈しながら行なわれる講解は、パレスティナの内外を問わず、古代末期のユダヤ教の説教に深く根を下ろしていたのだと考えられる。

三

原始キリスト教から教父時代にかけて正統主義陣営の中で行なわれた説教も、グノーシス主義——特にキリスト教的グノーシス主義——の説教を理解する上で是非知っておかねばならない前提の一つである。

新約聖書の中では、処刑直前にステファノが行なった演説（使七1-53）、パウロがピシディアのアンティオキア（使一三16-41）とエフェソで行なった説教（使二〇17-35）について内容の報告があるものの、あくまで間接的な報告にとどまっている。パウロが前後三回にわたる伝道旅行（使一三4—一四28、一五36—一八22、一八23—二一17）の途中、その他の各地で行なった説教の内容については、彼の書簡の中にごく僅かな言及がある外は、間接的報告さえもない。新約聖書の中で、原始教会の説教の実際を最も直接的に反映する文書は、定説によれば、パウロより後に書かれた『ヘブル人への手紙』である。その中でも説教的な語り口が最も顕著な箇所の一つは、私が見るところでは、二章5―9節である。

というのは、神は私たちが話している来たるべき世界を御使いたちに従わせたのではなかった。あるところで、ある人が次のように証ししている、

人間とは何者でしょうか。あなたは彼を想い起こされるが。
また人の子とは何者でしょうか。あなたは彼を心に掛けて下さるが。
ほんの少しの間、彼を御使いたちに劣るようなものとした後、
栄光と栄誉の冠を彼に被せた。
すべてのものをその足下に服従させて。

「すべてのものを彼に服従させた」という時、彼に服従しないまま残されたものは何もないはずである。ところが、私たちはすべてのものが彼に従うようになっているのをまだ見ていない。私たちが目にするのは、神の恵みによりすべての人のために死を味わうよう、「ほんの少しの間、御使いたちに劣るようなものとされた」イエスが、死の苦しみのゆえに、栄光と栄誉の冠を被せられていることである。（小林稔訳）

引用されているのは詩篇八章5―7節である。これに対する語り手の解釈は必ずしもフィロンや死海文書のように寓意的ではなく、むしろ釈義的であるが、引用した本文の一つひとつの文言に添って進められてゆく点は、ユダ

ヤ教の説教の伝統を窺わせる。

この関連でさらに注目に値するのは、使徒教父文書の一つ『ローマのクレメンスの手紙、コリントのキリスト者へ Ⅱ』である。これは『ヘブル人への手紙』よりもかなり遅れて後二世紀の半ばに書かれたと想定されている。「手紙」という呼称にもかかわらず、『ヘブル人への手紙』の場合と同様、実際には手紙ではなく、説教である。われわれにとって見過ごせないのは、その末尾に近い箇所で教会での礼拝説教そのものについて行なわれている次のような言及である。

そこで私たちは互いに助け合いましょう。そして私たちすべてが救われるために、弱い者たちを善に連れ戻し、お互いの間で回心し合い、訓戒し合おうではありませんか。そして私たちが長老たちによって訓戒を受けている(礼拝中の)今の時だけ信仰し注意しているふりをするのではなくて、家に帰って行った時にも主の命令を忘れず覚えていて、世俗的な欲望によって正反対の方向に引きずり込まれないように、またもっと頻繁にここに出入りし、主の命令に前進するよう努めようではありませんか。

(一七2—3、小河陽訳『使徒教父文書』、講談社、一九七四年、一〇三頁)

私はあなたがたに奨励を朗読しているのです。それはあなたがたが自分自身と、朗読している者とをともどもに救うことになるためです。私が朗読の報いとして求めるのは、あなたがたが全心から悔い改め、あなたがた自身に救いと生命とを得ることなのです。

(一九1、同一〇四頁、文言を若干変更)

おそらく後二世紀の正統主義教会の礼拝説教においては、旧約聖書か場合によってはパウロの手紙などの一節がまず朗読され、それについての解説と訓戒が行なわれたのであろう。この形式も歴史的にはユダヤ教の説教の伝統に遡ると見てよいであろう。

使徒教父以後五世紀までのいわゆる盛期教父時代については、多くの著名な神学者あるいは牧会者の説教集が残っている。その多くが旧新約聖書に対する講解説教である。ここではその主要なものを記せば、オリゲネス(一八五―二五三/四)の創世記、出エジプト記、レビ記、民数記、ヨシュア記、士師記、サムエル記、詩篇三六―三八篇、雅歌、イザヤ書、エレミヤ書、エゼキエル書、ルカによる福音書それぞれについての講解説教、ナジアンゾスのグレゴリウス(三二五/三〇―三九〇頃)の『神学講話』、大バシリウス(三三〇頃―三七九)の『創造の六日間についての説教』と『正典福音書による説教』(他多数)、エジプトの大マカリオス(三九〇没)の『霊的説教集』、ニュッサのグレゴリウス(三九四没)の『八つの浄福についての説教』、ヒエロニュモス(三四七―四一九頃)の『詩篇による説教』、『マルコ福音書による説教』、『主の誕生についての説教』、アウグスティヌス(三五四―四三〇)の『説教集』、教皇レオ一世(四四〇―四六一)の『説教集』などがある。

四

グノーシス主義の説教は、以上見てきたような古代地中海文化圏における広い意味での説教の歴史と密接に絡み合いながら生み出されてきたものである。特に正統主義教会からは「異端」のレッテルを貼られながらも、主観的には「真のキリスト教徒」を自負したキリスト教的グノーシス主義のグループ、その中でもとりわけヴァレンティノス派は説教によるコミュニケーションを重要視したと伝えられる。その証拠にアレクサンドリアのクレメンスはその著『絨毯』の中で、ヴァレンティノスその人の説教から三回にわたる比較的大きな抜き書きを行っている。その翻訳を以下に掲げるが、(1)と(2)は両者の位置関係からして、おそらく同一の「ある説教」からの抜き書きと思われるので、ヴァレンティノスの少なくとも二つの説教が報告されていることになる。

(1) またヴァレンティノスはある説教の中で、文字通り次のように書いている。「あなたがたは初めから不死なのであり、永遠の生命の子である。あなたがたが死を引き受けるのは、それを滅ぼし、無とするためであり、死があなたがたの中で、あなたがたによって死ぬためである。あなたがたが自分たち自身を解消させずにこの世を解消させる時、その時こそあなたがたは全被造世界とその可滅性の上に主となるであろう」。(IV, 13, 89, 2-3)

(2) この神(至高神)について彼(ヴァレンティノス)は謎めかして、文字通り次のように書いている。「絵画が活きた姿より劣るのと同じように、この世界は活けるアイオーンよりも劣っている。図像の原因は何か。画家に範型を提供した形が備える栄光である。図像はその形の名によって尊ばれる。なぜなら、その形は有りのままに再現はされなかったものの、描かれたものに欠けていた点をその形の名が補ったからである。そのように、神の不可視性も描かれたものに信憑性を与える上で寄与するところがあったのである」。(IV, 13, 89, 6-90, 1)

(3) さらに相互の交わりについての教えを特に尊重する者たちの領袖であるヴァレンティノスは「友人について」と題する説教の中で、文字通り次のように書いている。「一般に流布した文書に書かれていることの多くは、神の教会にも書かれているのが見いだされる。共通するのは、心から出てくる言葉、心に書かれた律法だ。これは愛された者に属する民、愛される民、彼を愛する民のことだ」。

(VI, 6, 52, 3-4)

ヒッポリュトス(『全反駁』VI, 37, 6-8)によれば、ヴァレンティノスはこの他にも「詩篇」を創作したという。おそらくはそれも礼拝説教を意識したものであったのではないかと思われる。さらに想像を逞しくすることが許されるならば、彼の弟子ヘラクレオンが著した『ヨハネ福音書注解』(主にオリゲネスが『ヨハネ福音書注解』の中で引用=断片一—四八)も元来は講解説教であったのかも知れない。

いずれにせよ、ナグ・ハマディ文書の発見以前に知られていたグノーシス主義の説教は、ほぼ以上で尽きている。ナグ・ハマディ文書の発見はグノーシス主義の説教を豊富に、しかも直接資料の形で提供してくれた点でも画期的であった。本巻の第I部に収録した文書の内、『魂の解明』(II/6)、『闘技者トマスの書』(II/7)、『イエスの知恵』(III/4)、『真正な教え』(VI/3)、『真理の証言』(IX/3)が説教であることについては、それぞれ巻末の解説を参照していただきたい。読者はこれらのグノーシス主義の説教の随所に、ヘレニズムのディアトリベー、ユダヤ教の寓意的解釈、そして場合によってはキリスト教正統主義の説教と、内容的にはともかく、語り口の上で共通する多くの点を見出すはずである。例えば最後に挙げた『真理の証言』には、ディアトリベーの影響(論敵の反論、著者の再反論、修辞的疑問文、語呂合わせ)とユダヤ教の説教の寓意的解釈の影響が二つながらに明白である(詳しくは同文書についての巻末の解説第二章参照)。

但し、『雷・全きヌース』(VI/2)と『三体のプローテンノイア』(XIII/1)を説教に分類することについては、なお若干の説明が必要である。これら二つの文書の訳者(荒井)は、いずれの文書も両性具有の超越的啓示者(救済者)が

「一人称単数『私』を主語として自らの本質を聴衆（読者）に啓示するいわゆる『自己啓示』文学である」と見ている。しかし、まず『雷・全きヌース』の場合、二人称複数の「あなたがた」への戒めの文章が一人称単数の「私」の「自己啓示」の文章と終始交代的に現れることは、私が見るところ、この文書を広い意味で「説教」と見做すに十分である。次に『三体のプローテンノイア』の場合は、「私はあなたがたに、かのアイオーン［の］秘義を語るであろうから。そして私はあなたがたに、その中にある諸々の力について教えるであろう」という発言が、第一部から第三部のいずれにおいても、ほぼ同一の定型表現として繰り返される点が注目に値する（**41** 2–5、**42** 27–29、**46** 33–36）。この定型性は文書全体の文学様式と構造に密接に関係するものと考えなければならないであろう。しかも、この定型表現の中の「あなたがた」（その他**44** 31–33、**45** 12–20の「お前たち」も参照）は、前後の自己啓示の文章を終始支配している三人称と本文の表面ではうまく統合できないのである。この二人称複数に対する最も無理のない説明は、それを説教的な語りかけと見做すことであろう。

また、第I部の最後に収録した『救い主の対話』（III／5）は、数世代のキリスト教徒の手を経た複数の文書（資料）を寄せ集めたものである。そのため、文学的ジャンルも一義的に決定することが困難で、「説教」に分類する積極的な根拠は乏しい。本巻第I部に敢えて載せるのは、対話体が優勢である点で『闘技者トマスの書』と『イエスの知恵』と共通することに基づくあくまで便宜的な措置である。

最後に付言すると、本シリーズ第二巻に収録した『真理の福音』（I／3）も、該当する巻末の訳者解説にも明言されている通り（三七一頁）、その文学形式は説教（あるいは講話）である。それが敢えて本巻ではなく、第二巻に収録された理由については、同第二巻の序「グノーシス主義の福音書について」（九―一〇頁）を参照していただきたい。

魂の解明

荒井献訳

内容構成

第Ⅰ部　魂の堕落と引用による解明

一　魂の堕落

表　題

§1　【127】[18]魂の解明。

女性としての「魂」

古《いにしえ》の賢者たち（1）が、[20]魂に女性名を与えた。（2）実際魂はその本性からして女性である。それは子宮をさえ持っている。

父からの脱落――無法者どもによる凌辱

§2 彼女が一人で父のもとにいた間、処女であり、同時に、男女《おめ》*の姿をしていた。しかし彼女が身体*の中に落ち込み(3)、この命の中に来たとき、そのときに彼女は多数の盗賊の手中に陥った(4)。そして無法者どもは交互に彼女を襲い、こう[して彼女を辱しめた]。ある者は暴[力で]彼女に傷害を与え(5)、ある者は偽りの贈物で彼女を説得した。要するに彼らは彼女を凌辱したのである(6)。こうして彼女は【128】処女を[失った]。

売春婦としての魂

§3 そして彼女はその身体*で春をひさぎ、すべての人々に身を渡した(7)。そして彼女は、自分が身を寄せた人を自分の夫と信じたのである。彼女は、不信・無法の姦淫者どもに(8)身を渡し、彼らが彼女を辱しめたので、深く嘆き、後悔した。しかし再び彼女が、これらの姦淫者どもから顔をそむけ、他の人々のもとに走ると、彼らは彼女に強い

---

(1) ギリシア語 sophos の複数形。「ギリシア人たちと異民族(バルバロイ)の間で賢者となった者たち」(三部教**109** 25―26)参照。

(2) 「魂」はギリシア語で psychē.「プシケー――例の少女はこう呼ばれていました」(アプレイウス『黄金のろば』4, 30. 呉茂一訳)。

(3) フィリ福§61b参照。

(4) フィリ福§22、トマ福・語録二九、一一二参照。

(5) フィリ福§61b、真正教**31** 15―20、三プロ**44** 12―13参照。

(6) エイレナイオス『反駁』(I, 32, 3)――シモン派の場合参照。

(7) エイレナイオス、同右、雷**13** 19、真正教**24** 5―7、セツ教**50** 27―28参照。

(8) =「盗賊」(**127** 27)、「無法者」(**127** 28)。この世の「支配者(アルコーン)」たちか。

て、彼らと共にいさせ、彼らに褥の上で、主人に対するごとく仕えさせるのであった。[1] しかし彼女は、羞恥のあまり、もはや敢えて彼らのもとから離れなかった。他方彼らは、長い間彼女を騙し続けた。あたかも彼女をひどく尊敬しているかのごとく、忠実な本当の夫を装って。そして結局のところ、彼らは彼女を棄て、去り行くのであった。

寡婦としての魂

§4 彼女は貧しいみじめな寡婦となり、何の援助もない。患難（の時）以来、彼女のもとには一枡の食糧もなかったのである。[2] なぜなら、彼女が彼らから得たものは、彼女が彼らと交わったときに、彼らが彼女に与えた穢れだけであったから。そして彼女が姦淫者たちによって産み出したものは、聾で[3]盲目で病気で、彼らの心は狂っていた。[4]

父の憐れみ

§5 しかし天の高みにいる父が彼女を探し求め、彼女を見降し、彼女のあり様を見いだす。――彼女は苦難と恥辱で嘆き、自ら行なった淫行を悔い、父が彼女を助けてくれるように、そ［の名］を呼び求め始めている。[5]《始めている。》彼女は全心で［嘆き］、こう言っている、「救い給え、父よ。ご覧下さい、私は［あなたに］申し開きをいたします。私はわが家を棄て、【129】私の処女の[6]部屋から逃げ去りました。もう一度、私をあなたのもとに戻して下さい」。父は、このような彼女のあり様を見いだすとき、そのときに彼女を、自らの憐れみにふさわしい者にしてやろうと判断するであろう。彼女が自分の家を捨てたので、彼女に降りかかる苦難が多いからである。

二　引用による解明（その一）

§6　さて、魂の淫行については、聖霊が多くの箇所で預言している。すなわち彼は、預言者エレミヤの中で言った。(7)

もし、夫がその妻を離婚し、
女が去って、他の夫を受け入れるならば、
女はその後に彼のもとへ帰ることができようか。
この女は完全に汚されたのではないか。
お前は多くの羊飼と淫行をした。
しかも私に帰って来たと

（1）　以上、この世における魂の受苦について、ペト黙**75** 15—23、真証**30** 6—11参照。
（2）　コプト語本文は mintafsf. 後から三番目の字母 f は写字生により誤って書き加えられたものと思われる（ロビンソン）。mintasf は「彼女はそれを持たなかった」の意。「それ」に当るコプト語の maače を、筆者は「（彼女の苦しみを聞く）耳」（クラウゼ、スコペロ）と採らず、「一枡の食糧」（ロビンソン、スブラン）と採る。13行から20行まで哀一7参照。
（3）　闘技者**141** 20—21参照。
（4）　知恵の書三16、アレクサンドリアのクレメンス『抜粋』68（ヴァレンティノス派テオドトスの場合）、真正教**23** 10—**24** 25参照。
（5）　解説**34** 23参照。
（6）　ヒュプ**69** 25参照。
（7）　エレ三1-4（七十人訳）。

主は言われた。
お前の目を高みに上げよ。
そしてお前が淫行した所を見よ。
お前は路に座し、
お前の淫行と悪事をもって地を汚したではないか。
そしてお前は多くの羊飼をお前の過ちのために受け入れた。
お前はあらゆる人と（交わって）恥知らずであった。
お前は私に、
身内の者として、あるいは父、あるいはお前の
処女の創始者として呼びかけなかった。
また、預言者ホセアに書かれている[1]。
来なさい。お前たちの母と共に裁きを受けよ。
彼女は私の妻ではなく、
私は彼女の夫ではないであろう。
私は彼女の淫行を私の目から除き、
彼女の姦淫をその乳房の間から除くであろう。
私は彼女を、生まれ出た日のように裸にし、
彼女を、［水］のない地のように荒野にする［であろう］。

そして私は彼女を［渇き］のうちに石女《うまずめ》とするであろう。
［私］は彼女の子らを憐れまないであろう。
彼らは淫行の子らだからである。
彼らの母が淫行をし、
［その子らを恥辱に］追いやったのだから。
【130】彼女がこう言ったからである。
「私は私を愛する人々と淫行をしよう。
彼らは私に、
パンと水と外衣と、
衣と葡萄酒と油と、そして、
5 私に役立つあらゆるものとを与えた人々である」。
だから見よ、私は彼女を閉じ込め、
姦淫者たちの後を追いかけることができないようにするであろう。
そして彼女が彼らを探し、
彼らを見いだせないときに、
彼女はこう言うであろう。

（1） ホセ二4-9（七十人訳）。

「私は私の先の夫のもとに帰ろう。
あの日々は今よりも私によかったから」。

また、彼はエゼキエルの中で言った[1]。

諸々の悪事を行なった後、このようなことが起こった、と主は言われた。お前はお前のために売春宿を建て、お前はお前のために街中に美わしい場所を造った。そしてお前はお前のために街中に売春宿を建て、お前の美しさを壊し、お前の足を路中に広げ、お前の淫行を増し加えた。お前は美しいエジプトの息子たちと、すなわち、大いなる肉(欲)を持つお前の隣り人と淫行をした。

しかし、「大いなる肉(欲)を持つ」「エジプトの息子たち」とは、肉的なもの、感覚的なもの*、魂がそれによって身を汚した大地の事柄、彼女がそれからパンを得、葡萄酒を得、油を得、衣を得、身体の外側を覆う見せかけの飾りを得て、それを自分に役立つと思っている事柄以外の何ものであろうか。

ところで、これらの淫行について救い主の使徒たちが告げ知らせている[2]。

それ(淫行)から自分を守り、それから自分を清めなさい。

彼らは、身体の淫行についてだけではなく、むしろ魂の淫行について言っている。それ[ゆえ]に使徒たちが、神の[教会に]そのような[淫行がその(教会の)]中に起こらないように、と書いているのだ[3]。しかし、大いなる[戦いが]魂の淫行のゆえに起こる。【131】彼女から身体の淫行も生ずるのである。それゆえにパウロが、コリント人に書いたときに、こう言った[4]。

私はあなたがたに手紙で書いた、「淫行者たちと交わってはいけない」と。(それは)この世の淫行者、貪欲な者、盗賊、偶像礼拝者たちとまったく交わりをもたないように、ということではない。もしそうだとすれば、あなたがたはこの世から出て行かねばならないことになる。

だから彼は霊的に言っている。(5)

私たちの戦いは血と肉に対するものではなく、——彼の言うところによれば——この闇の諸々の宇宙的支配者に、悪の諸々の霊に対するものなのだ。

第Ⅱ部　父による救済と引用による解明

三　父による救済

子宮の方向転換

§7　魂が至る所を走り回り、彼女が出会う者と交わりをなし、自身を汚している限り、彼女は自分が受け入れるにふさわしい者どもの苦難のもとにある。しかし彼女が、その中にある苦痛を感得し、父に向って泣き、悔い改

(1)　エゼ一六23-26。

(2)　使一五20、29、二一25、Ⅰテサ四3、Ⅰコリ六18、Ⅱコリ七1参照。

(3)　33行目の「教会」(ギリシア語で「エクレーシア」)は32行目の「魂」「プシューケー」を受けている。いずれもギリシア語で女性形。レイトン、ロビンソンは33行目の破損箇所を[ekklēsiai]と複数形で復元し、それを受けて35行目の破損箇所をinhet[in](「私たち」の中で)と復元している。しかし私は——スブラン、スコペロと共に——32行目の「プシューケー」(単数形)に合わせて、33行目を[ekklēsia]と単数形で復元し、これを受けて35行目も「その(教会の)中で」と単数形で復元したい。

(4)　Ⅰコリ五9-10。

(5)　エフェ六12。アルコ**86** 23—25も同箇所が引用されている。

めるならば、そのときに父は彼女を憐れみ、彼女の子宮の向きを変えるであろう。すなわち彼はそれを外側から再び内側に向き変えるであろう。その際、魂はその固有性を獲得する。それは女たちに関わるものではない。なぜなら、身体の子宮は内臓と同様に*身体の内側にあるが、魂の子宮は、外側にある男の要素[1]と同様に、外側を覆っているからである。[2]

魂の洗礼

§8　ところで、魂の子宮が父の意志に従って内側に向きを変えると、彼女は水に浸り、[3]直ちに、彼女を抑えていた外側の穢れから清められる。それはちょうど、汚れた[上衣]が[水に]浸され、穢れが取れるまですすがれると、それが清くなるようなものである。さて、魂の清めは、彼女(魂)が【132】先の要素[4]の更新を獲得することである。こうして再び彼女は向きを変える。これが洗礼[5]*なのだ。

兄弟(花婿)の降臨

§9　そのとき彼女は、出産に際して自分に腹を立て、のたうち回りながら子を産む女たちのように、直ちに自分をさいなみはじめるであろう。しかし、彼女は女であり、一人で子を産むことができないので、父が彼女のもとに天からその夫を遣わした。彼は彼女の兄弟であり、長子である。その時、花婿が花嫁[6]のもとに降って来た。彼女は以前の淫行を放棄し、姦淫の男たちの穢れから身を清めた。彼女は花嫁に生まれ変ったのである。彼女は新婦の部屋[7]*で身を清めた。彼女はそれを香で満たした。[8]彼女はその中に座し、本当の花婿を待ち続けた。もはや彼女は、自ら欲する者と性交をした市場に走りはしない。むしろ彼女は、「彼がいつ来るか」(と言いながら)、彼を待ち続け、彼を恐れていた。彼女は彼の容貌を知らなかったからである。[9] 彼女は、その父の家から落ちて以来、もはや記憶がないのである。しかし父の意志により〈……〉[10]彼女は、男を愛する女のように、彼を夢見た。

その時花婿が、父の意志により、彼女のもとに、備えられた新婦の部屋に降って来た。彼が新婦の部屋を飾ったのである。

聖なる結婚

§10 この結婚[11]は肉体的結婚のごときものではないからである。互いに交接をする者たちは、そのような交接に満足するであろう。そして彼らは欲望の苦悩を、重荷であるかのように背後に棄て去り、互いから「顔をそむける」[12]。

---

(1) ギリシア語の physikon.「生殖器」の意。

(2) 20行目以下、男性化による女性の救済については、エウⅢ**85**$_{9}$、知恵Ⅲ**107**$_{11-12}$、対話**144**$_{15-22}$、セツ教**65**$_{24-31}$、トマ福・語録一一四参照。

(3) ギリシア語で baptizō. その名詞形が baptisma(「洗礼」の意)。

(4) 131$_{25}$参照。

(5) ギリシア語で baptisma.「洗礼」についてはフィリ福§43、68、76、90b、95、109a、解説洗A(**40**$_{30}$―**41**$_{38}$)、洗B(**42**$_{1}$―**43**$_{19}$)参照。

(6) フィリ福§61a、82a、102a、122c、122d参照。

(7) トマ福・語録七五、フィリ福§61a、73、76、80、82a、87、102a、122c、122d、127参照。

(8) フィリ福§111a参照。

(9) 「……プシケーは臥床にはいりました。……若い女の身空で、しかもたった一人きりのことゆえ、プシケーは心も添わず怖じおののき、何者ともしれぬまま考えつく限りの、いかような災難禍害よりもずっと怖く思うのでした」(アプレイウス『黄金のろば』V, 4. 呉茂一訳)参照。

(10) ここに写字生の不注意による脱文が想定される(レイトン)。

(11) 以下「肉体的結婚」との対比における霊的結婚について、フィリ福§122a―122b参照。

(12) レイトンの復元。「褒め仕える」(クラウゼ)、「離れなしかし、この結婚は［　　±8　　］[1]そうではなく、彼らが［互いに］合一［する］と、彼らは一つ命となる。[2]

四　引用による解明（その二）

§11　【133】それゆえに預言者は、最初の男と最初の女について、こう言っている。[3]

彼らは一つ肉体となるであろう。

すなわち彼らは、妻がその兄弟たる夫を失う以前に、お互いに父のもとで合一していた。この結婚は、彼らを再び合一した。そして魂は、その本当の愛する人、その本来の主と合一したのである。[4] こう書かれている通りに[5]――

女の主人はその夫である。

そこで彼女は次第に彼を知った。そして彼女はもう一度喜び、彼女がかつての寡婦の（頃の）破廉恥を思い出して、彼の前で泣きくずれた。そして彼女は、彼が自分のもとに好んでとどまるように、ますます身を飾るのであった。

預言者が詩篇の中で言ったものである。[6]

わが娘よ、聞け、
見よ、耳を傾けよ。
お前の民と、お前の父の家を忘れよ。
王はお前の美わしさを慕った。
彼はお前の主だからである。

彼は彼女に、彼女がその顔をその民から、また彼女がかつてその直中にあった多くの姦淫の男たちから、そむけることを求めたのである。それは彼女が、自分の王、自分の本来の主のみを敬い、そこで彼女が悪しき状態にあった地上の父の家を忘れ、再び天にいます彼女の父を想起させるためであった。これが、アブラハムに言われていたことである。(7)

お前の国とお前の親族とお前の父の家から出でよ。

第Ⅲ部　兄弟との結婚と引用による解明

五　兄弟との結婚

結婚と子らの誕生

§12　こうして魂は美しく身を［飾り］、［再び彼女］はその愛する人に満足した。(8) そして［彼もまた］彼女を愛した。

い」(スブラン、スコペロ)等の復元も提案されているが、破損箇所にわずかに残る字母および文脈(**128** 8、**133** 23)から判断してレイトンの復元を採る。――肉体的結婚で人は一時的に満足するが、憂さを晴らすと「顔をそむける」の意か。

(1)　クラウゼの復元では「この種のものではない」。

(2)　フィリ福§79、103参照。

(3)　創二24(七十人訳)。

(4)　フィリ福§78、79、126b参照。

(5)　創三16、Ⅰコリ一一3、エフェ五23参照。

(6)　詩四四11-12(七十人訳。新共同訳では四五11-12)。

(7)　創一二1(七十人訳)。

(8)　真正教**32** 2―8参照。

そして彼女が彼と交接したとき、彼女は【134】彼から種子*を受けた。これが命を与える霊である[1]。こうして彼女は彼によってよき子らを産み、彼らを育てる。これが大いなる完全な誕生の奇蹟だからである。こうして結婚は、父の意志によって完全なものとなる。

魂の再生（復活）

§13 ところで、魂が自らを（新しく）産み、彼女がかつてあったように再びなることは[2]、ふさわしいことである。霊は今や自ら動く。そして彼女は、再生のために父から神性を受容した。それは彼女が、はじめからいた場所に再び受容されるためである。これが死人からの復活*である[3]。これが捕囚からの救済である[4]。これが天への高挙である。これが父への道行きである。

六　引用による解明（その三）

§14 それゆえに預言者が言った[5]、

わが魂よ、王を賞めよ。
わが内なるすべてのものよ、その聖なる御名を（賞めよ）。
わが魂よ、神を賞めよ。
神はお前のすべての不法を赦し、
お前のすべての病を癒し、

お前の命を死から贖い出し、
憐れみをお前に冠《かむ》らせ、
よき物をもってお前の欲望を飽き足らせて下さる。
お前の青春は鷲のように新たにされるであろう。

さて、彼女は新たにされると、昇り行き、父と——彼女が救われた——兄弟とを賞め讃えるであろう。こうして魂は、再生(6)によって救われるであろう。しかしこれは、苦業の言葉によっても、技能によっても、教程によっても、もたらされるものではない。そうではなくて、それは[父](7)の恩[恵]である。そうではなくて、それは[±8]賜物(8)である。なぜなら、この業《わざ》は[霊](9)の事柄だからである。それゆえに、救い主がこう叫ばれた、(10)

【135】私の父が引き寄せ、私のもとにもたらさなければ、誰も私に来ることはできないであろう。そして私自身がその人を終りの日に甦らせるであろう。

---

(1) ヨハ六63、Ⅰコリ一五45参照。「霊的種子」についてはアレクサンドリアのクレメンス『抜粋』1, 1. 2; 2, 2参照。
(2) 『トマス行伝』一五、真福**21** 6—8、**25** 10—12参照。
(3) 復活**45** 40—**46** 1参照。
(4) 三部教**117** 17—38参照。
(5) 詩一〇二1-5（七十人訳。新共同訳では一〇三1-5）。
(6) フィリ福§67b参照。
(7) ロビンソン、スブランによる復元。クラウゼによれば「神」。
(8) 「人[間に対する神]の賜物」（クラウゼ）、「真[理の霊的]賜物」（スブラン）、「[霊の憐]れみの賜物」（レイトン）などの復元が試みられている。
(9) スブランによる復元。レイトン／ロビンソンによれば[天]。
(10) ヨハ六44。

第Ⅳ部　勧告と引用

§15　だから、父に祈ること、われらが全心で父を呼び求めることがふさわしい。——外面の舌をもってではなく、内面にあり、深淵から来た霊をもって。嘆き、われらがなした生活のために悔い改め、われらの罪を告白し、われらがその中にあった虚しい迷い[1]と虚しい熱狂とを感得し、われらがいかに闇と波の中にあったかを思って泣き、われらを憐れみ給うように、自らのために嘆き、われらの現在のあり様に対し、われら自身を憎みながら。再び主が言われた、[2]

　悲しんでいる人たちは、幸いである。彼らは憐れまれるであろう。飢えている人たちは、幸いである。彼らは飽き足りるようにされるであろう。

再び彼が言われた、[3]

　人はその命を憎まなければ、私に従うことができない。

救いのはじめは悔い改めだからである。それゆえにヨハネがキリストの来臨以前に来て、悔い改めの洗礼*を宣べ伝えたのである。[4]悔い改めは悲しみと心の苦しみのうちに起こる。しかし父は人間を愛する者、[5]善なる者である。[6]そして彼は、彼を呼び求める魂の願いを聞き入れ、彼女に救いの光を遣わす。[7]それゆえに神は、預言者の霊によって言われた、[8]

　わが民の子らに告げよ、「[もし]お前たちの罪が[地から]天[に]届くほどであっても、緋色よりももっと赤く、袋地の麻布よりももっと黒くても、【136】もしお前たちが全心から私に立ち帰り、私に『父よ』と言うならば、私はお前たちの声を聖なる民の声として聞こう」。
再び他の箇所で、(9)
主、イスラエルの聖者がこう言われる、
「もしお前が立ち帰り、
嘆くならば、お前は救われて、
お前が虚しいものに信頼していたときに、
どこにいたかを知るであろう」。
再び主は他の箇所で言われた(10)、
エルサレムは激しく泣(いて言っ)た、「私を憐れんで下さい」。

---

(1) ギリシア語の「プラネー」。エウⅢ**77** 9／エウⅤ**6** 14(小林稔訳「誤り」)、アルコ**96** 31(大貫隆訳「誤ち」)、真福**17** 15、29、36、**18** 22、**22** 21、24、**26** 19、26、**31** 23、**32** 37、**35** 16、三部教**110** 1、闘技者**144** 3参照。
(2) マタ五4、6／ルカ六21。
(3) ルカ一四26。
(4) 使三24参照。
(5) コプト語の maeirōme. ギリシア語の philanthropos に当る。ヤコ・アポ**11** 30参照。
(6) 真福**36** 35、**42** 29、**43** 19、ヨハ・アポ§9、三部教**61** 29、バルク二六1、16—18、29、32参照。
(7) 「叡知《ヌース》は敬虔な魂の中に入ると、これを認識《グノーシス》の光へと導く」(『ヘルメス文書』X, 21)参照。
(8) 『クレメンスの第一の手紙』八3。アレクサンドリアのクレメンス『教育者』(I, 91, 2)はこの句をエゼキエルに帰しているので、『エゼキエルのアポクリュフォン』からの引用ともいわれる。
(9) イザ三〇15(七十人訳)。
(10) イザ三〇19-20(七十人訳)。

主はお前の泣声を憐れむであろう。
そして、主が見たとき、お前の願いを聞きとどけた。
そして主はお前に
苦難のパンと苦しみの水を与えるであろう。
今から後、（お前を）迷わす者が、再びお前に近づくことはない。
お前の目は、お前を迷わす者を見るであろう。

だから、夜も昼も神に祈ることはふさわしいことである。われらが、揺れる海の直中で、全心から、偽善的にではなく祈る人々のように、神に向かい高く手を神に広げて。偽善的に祈る者は、自分を偽わるものだから。神は（人の）思いを見通し、われらの側の心を探り(1)、救いにふさわしい者を知っておられるのだから。迷いの場所をまだ愛している者は、誰でも救いにふさわしくないのだから。それゆえに詩人（の書）にこう書かれている(2)。

オデュッセウスは島に座して泣いた。そして、彼は悲しみ、カリュプソーの言葉と奸計から顔をそむけ、自分の町とそこから立ち上る煙とを見ることを欲した。そしてもし天からの助けを［受けることが］なかったら、
［彼は再び］町に［帰ることができなかったであろう(3)］。

再び［ヘレ］ネーも言っている(4)、
［私の心(5)］が私から転じました。
【137】私は再び家に帰りたいと望んでいます。

彼女が嘆息して、こう言ったのであるから(6)、

私を騙したのはアプロディテーです。彼女が私を私の家から連れて来たのです。私の一人娘と私のよき賢い美

しい夫を、私は棄てました。

なぜなら、もし魂が、この場所で産出(の行為)の中に存在するアプロディテーの奸計のゆえに、彼女の全き夫を棄てるならば、そのとき彼女は傷つくであろう。しかし、彼女が嘆き、悔い改めるならば、彼女は、自分の家に連れ戻されるであろう。

実際イスラエルもまた、神の前に嘆き、その苦役の抑圧に泣かなかったならば、まず見舞われて、エジプトの地、捕囚の地から連れ戻されなかったであろう。(7) 再び詩篇に書かれている。(8)

私は嘆きの中に非常に悲しみ、

夜ごとに涙をもって、わが褥とわが臥所を洗うであろう。

私はすべてのわが敵の中にあって老いさらばえた。

---

(1) 詩七9、エレ二20、一七10、黙二23参照。

(2) ホメーロス『オデュッセイア』一48—59、四五五八参照。

(3) 以上の引用に正確に当る箇所は『オデュッセイア』本文自体には見当らない。但し、同種の「引用」が、ディオン・クリュソストモスやアレクサンドリアのクレメンスの作品の中にも見いだされるので、この種のアンソロジーが紀元後二、三世紀のヘレニズム世界に流布していた可能性はある(スコペロ)。但し、本書の著者は、聖書からも正確な該当箇所を特定できない形で自由に「引用」している(130 30の場合)ので、同じことが『オデュッセイア』にも妥当する可能性を全く排除することはできないであろう。特にこの「引用」は、オデュッセウスの運命に関する要約的性格を有するのであるから。

(4) 『オデュッセイア』四二六〇—二六一。

(5) 34—36行目の五つの破損箇所はロビンソン、スブラン、スコペロの復元による。

(6) 『オデュッセイア』四二六一—二六四。

(7) 出三7-8、二〇2、申五6参照。

(8) 詩六7-10(七十人訳)。

汝らすべて不法を行なう者よ、
20
私から離れ去れ。
見よ、主は私の泣く声を聞かれた。
主は私の祈りを聞かれた。
私たちが本当に悔い改めるならば、辛抱強く大いなる憐れみに富み給う神は、
25
私たちの願いを聞きとどけるであろう。神に栄光永遠にあれ。アーメン

魂の解明

闘技者トマスの書

荒井献訳

内容構成

§1　序

【138】救い主がユダ・トマス[1]に語った、隠された言葉[2]。それを私マタイが書き記した[3]。私が通りかかって、彼らが互いに話しているのを聞いたものである。

第I部　救い主との対話

一　認識とは

§2　救い主を知ることは自己を知ること

救い主が言った、「兄弟トマスよ、[5]この世にあって時がある間に、私に聞きなさい。そうすれば私はお前に、お前が心の中で測り知ろうとした諸々の事柄について啓示してあげよう。

(1) イエスの十二使徒の一人である「トマス」(マコ三18、マタ一〇3、ルカ六15)が「ユダ」と結びつけられ、しかもイエスの「双子の兄弟」(138 9)と見做されるのは、東シリアのエデッサ教会出自の伝承の特徴(トマス福序、『トマス行伝』一、三九など参照)。

(2) コプト語本文の書き出し(incipit)「救い主がユダ・トマスに語った、隠された言葉」は、トマ福序の書き出し「生けるイエスが語った、隠された言葉」と並行。『トマス行伝』三九でもトマスが「その(キリストの)隠された言葉の受容者」といわれている。

(3) 「マタイ」の本文書における綴りはMathaias. イエスの十二使徒の一人で(マコ三18、マタ一〇3、ルカ六15)福音書記者とされている「マタイ」(ギリシア語綴りはMatthaios)と――綴りは多少異なるが――同一人物と思われる。本文書の後半(145 3―4、7、8)にマタイ福音書におけるイエスの言葉との並行句が見いだされるだけではなく、とりわけグノーシス派の中にこのマタイは――ユダ・トマスと並んで――イエスの「隠された言葉」の伝え手であるという伝承があった(ヒッポリュトス『全反駁』〔VII, 20, 1.5〕、アレクサンドリアのクレメンス『絨毯』〔II, 45, 4; III, 26, 3; IV, 35, 2; VII, 82, 1〕参照)。なお、『ピスティス・ソフィア』四二、四三では「フィリポとユダとマタイ」が復活後顕現したイエスによりその「言葉を筆記す」るように命じられている。

ところで、お前は私の双子の兄弟であり真《まこと》の友であるといわれているのだから、自らを測り知り、お前が何者なのか、いかにして存在しているのか、いかなる存在になるのかを学び知りなさい[1]。お前は私の兄弟と呼ばれているのだから、お前が自らについて無知であるのは(お前に)ふさわしくない。そして私は、お前が認識したことを知っている。お前はすでに、私が真理の知識[2]*であることを認識したからである。お前が私と共に歩んでいる間、いまだ無知であっても、(実際には)すでに認識に達していた。そしてお前は、『自己を知る者』と呼ばれるであろう。

§3　自己を知ることは万物を知ること

自己を知らなかった者は何ものをも知らなかったが、自己を知った者は同時にすでに万物*の深淵について認識に達したからである[3]。だから、わが兄弟トマスよ、お前は人々に隠されているもの、すなわち人々が(それを)知らずに躓いているものを見たのである」。

二　救い主の言葉の解釈

§4　隠されている事柄とは

そこで、トマスが主に言った、「ですから、私はあなたにお願いします、あなたが昇天する前に、私があなたに訊ねることについて私に答えてください。そして、私があなたから隠された事柄について聞いたならば、私はそれらを(人々)に話すことができます。そして、真理を人々の前で行なう[4]ことが困難であることは、私には分っています」。

救い主が答えて言った、「もしお前に見えることがお前に隠されているのならば、どうしてお前は、見えないことについて聞くことができるであろうか[5]。もしこの世の中で見える真理の業《わざ》を行なうことがお前にとって困難であるならば、どうしてお前は、見えない崇高な偉大さとプレーローマ*に関わることを行なうことができるであろうか。そして、どうしてお前は『(真理の)実行者[6]』と呼ばれうるであろうか。この点でおまえは初心者で、完成の偉大さに達してはいないのだ」。

§5　身体は獣と同様に亡びゆく

そこでトマスは答えて、救い主に言った、「あなたが見えない[で]隠されて[いる]と言う事柄について話して下さい」。

救い主が言った、「[すべての]身体*は、獣が生まれる[場合と同じように]生まれた。[　±10　]それは[　±5　]のように見える。[　±10　]上にある事柄[　±15　]見える事柄、しかし[それらは][7]【139】それらの根からだけ見える。そして、それらを養うのはそれらの実である。しかし、これらの身体は、これらに類似の被造物を食べる。だから、身体は変化する。しかし、変化するものは滅し、亡

(1)　グノーシス主義の古典的定式。真福§13、『トマス行伝』一五など参照。
(2)　Ⅱテモ三25、真福§27参照。
(3)　トマ福・語録六七参照。
(4)　ヨハ三21、Ⅰヨハ一6参照。
(5)　ヨハ三12参照。
(6)　金言三八一「真理の実行者」(ergatēs alētheias)、ヤコ一22「御言葉の実行者」参照。
(7)　「上にある事柄」か。

び、命の希望を持たないであろう。この身体は獣のようなものだから[1]。獣の身体が亡びるのと同じように、これらのつくり物*も亡びるであろう。これらのものは、獣の場合と同じように、交合から生まれるのではないのか。もしそれ（身体）も交合から生まれるものなら、どうしてそれは獣と大きく異なるのか。だからお前たちは、お前たちが完全になるまで、幼児なのである」。

§6　見えないものについて説明することの困難さ

そして、トマスは答えた、「ですから、主よ、私はあなたに申します、見ることができず説明することも困難な事柄について語る者たちは、夜中に矢を的に射る者たちに似ている、と。彼らは、的に向かって射る人々のように、矢を射るのですが、それ（的）は見えません。しかし光が昇り、闇を隠すと、各自の業《わざ》が見えるようになります[2]。そして、おお主よ、われらの光なるあなたが照らすのです[3]」。

§7　光は人間がここから出ていくために

イエスが言った、「光があるのは光の中（だけ）である[4]」。

トマスが語り継いで言った、「主よ、人々のゆえに照らすこの見える光は、どうして昇り、そして沈むのでしょうか」。

救い主が言った、「おお、幸いなるトマスよ、もちろんこの見える光はお前たちのゆえに照らしている。お前たちがこの場所に留まるためではなく、ここから出ていくために。そして、選ばれた者がすべて獣性を棄てる時に[5]はいつでも、その時にこの光は自らの本来的存在に退き[6]、その存在は光を受けいれるであろう。それ（光）は（本来的存在の)善き従者なのだから」。

三　賢者と愚者

§8　賢者は欲情の火炎から逃れる

そこで救い主は、続けて言った、「おお、光の探りえない愛よ。おお、火炎(7)の酷《むご》さよ。それは人々の身体と骨髄の中で燃え、それらの中で夜も昼も燃え立ち、人々の肢体を焼き尽くし、彼らの心を酔わせ、彼らの魂を混乱させる。そ[してそれは ±10]それらを男と女の中で[昼も]夜も動かし、[±8]秘かに、また公然と[±5]。なぜなら、男は[女の上に ±15]、女は[男の上に ±16]移るからである。だから、こう【140】言われている、『真《まこと》の知恵から真理を求める者は誰でも、自らを翼にして飛翔し(8)、人々の霊を焼き焦がす欲情から逃れるものである(9)』と。そして彼は、自らを翼にし

---

(1) 金言二七〇(ギリシア語本文)「腸《はら》に支配されている人間は獣のようなものだ」。シル教**93** 20—21、**93** 34—**94** 15をも参照。ここでは人間の「肉体性」と「獣」性が等置されている。

(2) Iコリ三13参照。

(3) ヨハ一9、八12、三プロ**38** 5—6、**46** 31—33、**47** 28—29、シル教**98** 22—28、**101** 18—21参照。

(4) 三プロ**36** 32—33参照。

(5) シル教**87** 27—28、**107** 18—19参照。

(6) 太陽を示唆。

(7) 以下「欲情」「肉欲」のメタファー。シル教**108** 4—6をも参照。

(8) イザ四〇31参照。

(9) 全体としてどの作品からの引用句であるかは今のところ不明。ターナーは、フィロン『律法の寓意的解釈』(III, 14ff.)を、シェンケは同『賞罰』(117)、『ケルビム』(74)、

て、あらゆる見える霊[1]から逃れるであろう」。

§9　賢者は愚者と共に住むことができない

そして、トマスが答えて言った、「主よ、これがまさに私があなたに訊ねていることです。私は分りました、――あなたが言うように、あなたは私たちにとって益ある方であることを」。

再び救い主が答えて言った、「だから、あなたたちに教えることが私たちにとって必要なのである。これは完全なる者たち*の教えなのだから。もしあなたたちが完全になろうと思うならば、あなたたちはこれらのことを守るであろう。もしそうしなければ、あなたたちの名は『無知』である。思慮ある者が愚か者と共に住むことはできない[2]のだから。思慮ある者はあらゆる知恵において完全なのだ。

§10　愚者は見えるものによって欺かれている

しかし、愚かな者にとって善と悪は同じである。実際、賢い者は真理に養われ[3]、『流れのほとりに植えられた木』[4]のような者であろう。だから、翼があっても、見えるものに、真理から遠くかけ離れているものに飛びつく者どもがいる。彼らを導くもの、すなわち火炎は、彼らに真理の幻影を与え、彼らを「滅びゆく」美しさをもって照らすであろう[5]。そしてそれは、彼らを暗い甘美の中に捕縛し、芳しい快楽をもって惑わすであろう。そしてそれは、彼らを飽くなき欲情をもって盲目にし、彼らの魂を焼き尽し、彼らにとって彼らの心の中に打ち込まれた杭《くい》のようになるであろう[6]。彼らはそれから身をほどくことができない。そしてそれは、口の中のくつわのように、自分の思いのままに彼らを操《あや》つる[7]。

そしてそれは、彼らを鎖で縛り、彼らのあらゆる肢体を、亡び、変わり、移りゆく見えるものに対する欲望の酷い絆で締めた。彼らはいつも魅惑によって高みから下方に引き降された。彼らは殺され、あらゆる不浄の獣に引き寄せられるのだ(8)」。

トマスが答えて、言った、「まことにその通りです。また、こうも言われています、『［ ±8 ］知らない人々［ ±12 ］魂［ ±5 ］』」。

§11 賢者は真理の上に安息する

そして［救い主が］答えて、言った、「幸いだ、［真理を求めた］賢者は。［そして］彼がそれを見いだした時に、彼は【141】その上に永遠に安息し、彼を動揺させる者どもを恐れることがなかった(9)」。

『アブラハムの移住』(26-28)を指示している。これらの作品に部分的並行句は認められるが、いずれも「引用句」とは見做しえない。

(1) 「物質的領域に属する」の意。

(2) 箴三9、二六4-5参照。

(3) フィリ福§93参照。

(4) 詩一3。

(5) プラトン『パイドロス』(250C-251D)参照。

(6) プラトン『パイドン』(81C-83E)参照。

(7) ヤコ三3参照。

(8) プラトン『パイドン』(81E)、フィロン『律法の寓意的解釈』(II, 29)参照。

(9) トマ福・語録二に並行するオクシリンコス・パピルス六五四・八—九『ヘブル人福音書』三参照。「幸い詞《ことば》」は本文書の後半(145 10—16)にも見いだされる。

§12　人間に「属するもの」

トマスが答えて、言った、「主よ、私たちに属するもの[1]の中に安息することが私たちの益になるのでしょうか」。救い主が言った、「そうだ。それが益になるのだ。そして、それはお前たちにとって善いことなのだ。

§13　肉体の宿命

人々の中にある見えるものは解消するであろう。肉体の器は解消するのだ。そして、それが無に帰した時、それは見えるものの中に、見られるものの中にあるであろう。それから、見える火炎が彼ら[2]が先に持っていた信仰[3]に対する愛のゆえに、彼らに苦痛を与える。彼らは見えるものの中に集められる。

§14　魂の宿命

他方、見えないものの中に、最初の愛なしに、視力を有している者たち[4]は、この（世の）命への関心と火炎の焔によって滅びるであろう。ごく短い時の中に、見えるものは消え去るであろう。それから、かたちのない幻影が生じ、墓の直中、死骸の上に、永遠に住まうであろう、——魂が責め苦の下に頽廃して[5]」。

§15　愚者は獣と同じ

トマスが答えて、言った、「このような者どもを眼の前にして、私たちは何を言ったらよいのでしょうか。盲者に向かって何を言うべきでしょうか。このようにみじめな、死にゆく者どもに向かってどのような教えを伝えたらよいのでしょう。彼らはこう言っている、『私たちは善を［なす］ために来たのであって、呪いのために来たのではない』[6]と。あるいは、さらに［こう言う］でしょう、『もし私たちが肉体をもった生まれなかったならば、［悪業《わざ》］を知らなかったであろう』と」。

救い主が言った、「まことに、この［者ども］については、彼らを人間ではなく獣［と］見做しなさい[7]。獣は互いに喰らい合う[8]。そのように、この種の者どもも互いに喰らい合うのだ[9]。

（1）　前の文脈から判断すれば「真理」。他方、「私たちに属するもの」とは（本来的）「自己」のこと（真福§12、13参照）。本文書の冒頭（§1）で、救い主が「真理の知識であることを認識した」トマスが、「自己を知る者」と呼ばれている（§1）。真福§1—3でも、「真理」は人間存在の根元であり、トマ福（語録三）でも、人間がそこに「安息」を見いだす（語録五一参照）「王国」は「あなたがたの直中にある」といわれている。

（2）　肉体（的人間）を示唆（レイトン）か。

（3）　見えるもの（物質的なもの）に対する「信仰」（あるいは「信頼」）か。

（4）　魂（的人間）を示唆（レイトン）か。

（5）　火炎による不浄な魂の責め苦についてはプラトン『パイドン』（81C-E）、特に81D-E参照。

「――あの、碑や墓のまわりを輾転とすると世間でもいわれており、じじつ、そのあたりでは魂のかげに似たまぼろしが見られるのだが、それはいまのべたような魂が、つまり清浄ならざるままに肉体から離別し、可視的なものをみずからにあずかりもつ魂が、つくりだす幻影なのである。だからこそ、また見られもするというわけだ」

「たしかに、ソクラテス、それはありそうなことです」

「そう、たしかにありそうなことだ、ケベス。しかしそれは、けっしてよき者たちの魂のことではなく、なにか劣悪な者たちの魂のこととされねばならない。かれらの魂は、生涯みずからを養うことの劣悪であったその償いとして、よぎなくも、そのような場所のあたりを彷徨しなければならないのである。そしてそのさまよいの果てには、そのような魂にいつまでもつきまとう、かの肉体的なさが（物体的なもの）のもつ欲望から、ふたたび魂はなんらかの躰《からだ》のなかへとつなぎとめられるのである。――」

（田中美知太郎訳）

ナグ・ハマディ文書では、金言三四八参照。

（6）　レイトン／ターナー、クンツマンによる。シェンケによれば、「私たちは呪いではなく［善］を欲したのだ」。

§16　愚者の裁き

彼らから［王国は］取り上げられている。(1)彼らは火炎の甘美を愛し、死の奴隷であり、頽廃の業《わざ》を追い求めるのだ。彼らは彼らの父祖たちの欲望を満たす。(2)彼らは陰府に投げ込まれ、(3)彼らの悪しき本性の酷さにふさわしい責め苦によって懲罰されるであろう。彼らは、彼らが知らない所(4)に真っ逆さまに落ち込むまで、鞭打たれるのだ。そして彼らは、彼らの肢体から忍耐をもってではなく絶望［をもって退く］であろう。(5)そして彼らは［　±3　］を喜ぶであろう。［　±12　］狂気と錯乱［　±4　］、［彼らはこの］錯乱を彼らの狂気に気付かずに追い求める、――彼ら自身を賢いと錯覚して。［　±11　］彼らの身体［　±12　］。【142】彼らの心は彼ら自身に向けられ、彼らの思考は彼らの業《わざ》にある。しかし、火炎が彼らを焼き尽すのだ」。

そして、トマスが答えて、言った、「彼らに投げ入れられたもの(6)は何をするのでしょうか。私は彼ら(7)について不安なのです。多くのもの(8)が彼らに対立していますので」。

救い主が答えて、言った、「お前自身はどう思うのか」。

トマスと言われるユダが言った、「主よ、あなたが話すべきで、私は聞く側の者です」。

救い主が答えた、「私がお前に話そうとすることに聞くがよい。そして、真理を信じなさい。蒔く者と蒔かれるものは、彼らの火炎の中で、火炎と水によって、滅びるであろう。そして彼らは暗黒の墓の中に隠れるであろう。そして、長時間の後、彼らは悪しき木の実を現わすであろう、――罰せられて、獣と人間どもによって殺されて、雨と風と空気と照し出す光によって刺戟されて」。

トマスが答えた、「おお、主よ、あなたは確かに私たちを納得させました。私たちは心から分かりました。それが［そうである］ことは明らかです。

第Ⅱ部　救い主の説教

§17　宣教者を冷笑する者どもの裁き

そして、あなたの言葉は豊か[9]です。しかし、あなたが私たちに向かって話す言葉は、この世に対して皮肉で軽蔑的です。彼らは(それを)理解できないのです。とすれば、どうやって私たちは(彼らのもとに)行って、彼らに宣べ伝えることができるのでしょうか、——私たちはこの世[で]認められて[いない]のです[10]」。救い主が答えて、言った、「アーメン[11]、私はお前たちに言う、[お前たちの]言葉を聞き、顔をそむけるか、それ

(7)　フィリ福§119参照。
(8)　フィリ福§58参照。
(9)　ガラ五15参照。

(1)　マタ一三43参照。
(2)　Ⅰコリ一〇6参照。
(3)　フィロン『賞罰』(152)、シル教**104** 26—31、**114** 23—26参照。
(4)　『パウロの黙示録』一四、三プロ**44** 19参照。
(5)　レイトン/ターナー、クンツマンによる。シェンケによれば、「そして彼らは、彼らの肢体から忍耐をもって引き[離され]ず、[お前は]弱くなるであろう。
(6)　後の文脈(12行目)から判断して「蒔かれるもの」(＝「種子」)の意か。

(7)　＝「投げ入れられたもの」。
(8)　欲情などの意か。
(9)　ギリシア語で aphthonos. 元来は phthonos(「妬み」「悪意」)がないことを意味するが、ここから「豊かな」「憐れみ深い」の意にも用いられる。
(10)　マリ福**9** 7—11参照。
(11)　ヘブライ語からの借用語。元来は、主に祭儀において、神意の確認・承認を示す(「その通りになりますように」の意)。しかしイエスはこの語を、「私はあなたたちに言う」で始まる重要な宣言文の冒頭に据えている(マコ三28、八12、マタ六2、5、16、ヨハ一51、三3など)。

を鼻であしらうか、それらのことを冷笑するか、（そう）する者は、――アーメン、私はお前たちに言う――そのような者は、すべての権力の上に王として支配している上なるアルコーン*（支配者）に渡されるであろう。そして彼は、その者どもを天から奈落に投げ落とし、狭くて暗い場所に閉じ込めるであろう(1)。さらに、この者はタルタロス（奈落）の大いなる深淵と陰府の［重い］変わることのない［苦しみ］のために向きを変えることも動くこともできない(2)。［ ±4 ］［ ±5 ］彼らをそれに［ ±10 ］［ ±6 ］彼らは許さないであろう。［ ±11 ］［ ±15 ］お前たちを迫害するであろう［ ±3 ］彼らは［お前たちを］あの天使タルタロス（奈落）［に］渡すであろう。［ ±11 ］彼らを迫害する火炎、【143】火炎の鞭［で］、それは迫害される者の顔に焔を浴びせる。彼が西方に逃げると、火炎を見いだす。南に転ずれば、そこにも火炎を見いだす。北方に転ずれば、逆巻く火炎の脅威に出遭う。彼はそこから逃げて救われるために、東方への道をも見いだすことができない(3)。彼は裁きの日にそれを(4)見いだすことができるように、身体の中にある日(5)にそれを見いだせなかったのだ」。

§18　禍《わざわ》いの詞《ことば》（一）

それから、救い主は続けて、言った、

「禍いだ、神無き者たちよ(6)、お前たちは望みを持たず、起こりもしないことに依り頼むのだ。

禍いだ、お前たちよ。お前たちは滅びゆく肉体と牢獄の中で望みを抱くのだ。いつまで眠っているのか。いつまで滅びゆかざるものを滅びゆくものと思っているのか。お前たちの望みはこの世に置かれ、お前たちの神はこの（世の）命だ。お前たちはお前たちの魂を腐らしている。

禍いだ、お前たち、燃える火炎の中にある者たちよ。それは飽くことがないのだ。禍いだ、お前たちよ、お前たちの心の中で回っている車輪のゆえに(7)。禍いだ、お前たちの中で燃えている燃え木の直中にある者たちよ。それは、お前たちの肉体を公然と喰い尽し、お前たちの魂を秘かに砕き、お前たちが互いに〈……(8)〉するように備えるであろう。禍いだ、お前たち囚われ人よ、お前たちは洞窟の中に縛られているのだ。笑え。狂気の笑いをもって楽しむがよ

---

(1) このような人間の魂の裁き手としての機能を、アスク **76** 22—28では、「大いなるダイモーン(悪霊)＝「大いなる神」)が果たしている。シェンケによれば、この機能はいずれも「王」なる太陽神「ゼウス・ヘリオス・サラピス」に遡る。

(2) 「タルタロス」は元来「ハーデース」(「冥界」または「陰府」)の一番下にある部分(「奈落」または「深淵」)であるが、これが人格化されて、「奈落」の支配者——後出の41行目では「天使」——とも見做されている。ギリシア神話では、死後の魂が「冥界」で裁かれ、神々に叛いた大罪者の魂は「奈落」に投下され、タルタロスに渡されて、永遠の責め苦を受ける。但し、ヘレニズム・ローマ時代になると、タルタロス(奈落)はハーデース(冥界)そのものと同一視されるに至った。

(3) ここではタルタロスが「ラビュリントス」(入ったら出られないように造った「迷宮」)と見做されている。ナーハーシュ派の『詩篇』(ヒッポリュトス『全反駁』V, 10, 2)では、死者の魂について、「悪からの出口を知らないために、彼女はむなしくさ迷いつつ、迷路に踏みこんでしまった」と詠《うた》われており(柴田有訳)、ヒッポリュトスは『全反駁』を巻末(X, 34, 2)で、読者に対し、真理を認識することによって、タルタロスの火炎の責め苦から免れるように警告している。なお、「東方への道」は、救済が約束されている「太陽(が昇る方向)への道」(シェンケ)か。

(4) ＝逃げ道。

(5) ＝生前に。

(6) シラ書四一8参照。

(7) つまり、思考が堂々回りをして無為に労苦している。フィリ福§52参照。

(8) ここに脱文が想定される(レイトン、シェンケ)。ターナーによれば「それはお前たちを仲間のために備えるであろう」。クンツマンによれば、「それはお前たちを互いに備えるであろう」。両訳とも意味不明確。

い。お前たちは自らの破滅を知らない。自分の居場所を分っていない。暗黒と［死］に住まうことを理解していなかった。むしろお前たちは、火炎に酔っており、苦しみに満されている。お前たちは、お前たちの中にある燃え木のゆえに錯乱している。お前たちにとってお前たちの敵の毒と打ち傷は甘い(1)。そして、暗闇がお前たちに光のように昇った。お前たちは自由を隷属に引き渡した。お前たちは心を暗くし、お前たちの心を愚行に引き渡し、お前たちの思考をお前たちの中にある火炎の煙で満たした。お前たちの光は［　±4　の］雲の中に［隠れた］。そして、お前たちが着ている衣、お前たちは［　±12　］。そして、［お前たちは］存在しない望みに捕われた。そして、誰を［お前たちは］信じ［た］のか。お前たちは［知らないのか］、［——お前たち］すべてが［　±12　］の中に住んでいることを。［　±4　］お前たちは［　±12　］のように。【144】お前たちはお前たちの魂を暗黒の水に浸した。お前たちは自分の気まぐれで歩んだのだ。

禍いだ、お前たち迷いの中に住まう者たちよ、お前たちは太陽の光を見ることをしない。それは（万物を）裁き、*万物を見わたし、万物をとり巻き、敵を虜《とりこ》にするものなのに。お前たちは月に気付いていない、——いかにそれが夜昼見わたし、お前の殺害者たちの身体を見つめているかに(2)。

禍いだ、お前たちよ、女性との性交と不潔な共存を好む者たちよ(3)。

禍いだ、お前たち身体の諸権力(4)に捕われている者たちよ。それらはお前たちを苦しめるものなのだ。

禍いだ、お前たち悪霊どもの(5)諸力*に捕われている者たちよ。

禍いだ、お前たちよ。自らの肢体を火炎に引き入れる者たちよ。誰がお前たちの上にさわやかな露(6)を降らせ、お前たちから——お前たちの燃え木と共に——大いなる火炎を消し止めるのか。誰がお前たちの上に太陽を輝かせ、お前たちの中にある暗闇を晴らし、暗闇と不潔な水を隠すのか。

§19 葡萄の木と雑草の譬え話

太陽と月はお前たちに芳香を与えるであろう。——空気と霊と大地と水と共に。もし太陽がこれらの身体を照らさないならば、これらのものは、雑草や草のように、枯れて消えゆくであろう。もし太陽がこれらのもの[7]を照らすならば、これらのものは力を得て、葡萄の木を枯らすものである。しかし、もし葡萄の木が力を得て、これらの雑草［と］それと共に生えているすべての下草を隠し、［枝を張り］繁茂するならば、それはひとり、それが成長する土地を継ぐであろう。そして、それが陰すあらゆる場所を支配するであろう。それから、それが成長すると、それはすべての土地を支配し、その主人を富ませ、彼をますます喜ばせる。なぜなら、彼がこれらの植物(雑草)を引き抜くまで、そのために大変な苦労をしたはずだからである。しかし、葡萄の木がひとりでそれらを移し、それらを枯らす。そして、それらは死に、土のようになる[8]」。

---

(1) イザ五20、アレクサンドリアのクレメンス『教育者』(III, 92, 1)「禍いだ、甘いものを苦いと言い、苦いものを甘いと言う者たちよ」参照。

(2) 以上、太陽と月の機能については、『パウロの黙示録』四—五参照。

(3) 女性との性交に対する否定的見解については、魂132 15—16、30—32参照。

(4) =身体を支配する悪魔的諸権力。

(5) フィリ福§61aの「汚れた霊」に当る(シェンケ)か。とすれば、直前の禍いの詞における「身体の諸権力」と異語同意。

(6) =月から下る夜露。シェンケによればダニ三50(七十人訳=ダニエル書への付加『アザリヤの祈りと三人の若者の歌』50)に言及されている「しめった風」を「月から下る夜露」と同定し、これが「肢体」に宿る情欲の火炎を消すと寓意的に解釈する伝承がヘレニズム・ユダヤ教(フィロン『アブラハムの移住』99-101など)やアレクサンドリアのキリスト教(クレメンス『絨毯』II, 104, 1)にあった。

(7) =雑草や草。

(8) この「葡萄の木と雑草」の譬え話において、太陽は救

それから、イエスは続けて、彼らに言った、

§20 禍いの詞(二)

「禍いだ、お前たちよ。お前たちは教えを受け容れなかったのだ。そして[±5][±4]苦労して、宣べ伝えるであろう。[±10][±5]そしてお前たちは[±8]に急ぐであろう。[±12][彼らを]下方に送るであろう。[±13]お前たちは彼らを日々殺すであろう。【145】彼らが死から起き上るために。

§21 幸いの詞

幸いだ、あなたたちは。あなたたちはすでに(罪への)誘惑を知っており、別のもの[1]から逃れているのだ。幸いだ、あなたたちは。⟨あなたたち⟩の主が⟨あなたたちに⟩抱いている愛のゆえに、侮辱され[2]、尊ばれない時は。

幸いだ、泣いている者たち[3]、そして望みなき者たちによって迫害されている者たち[4]、あなたたちはあらゆる束縛から解放されるだろう。

§22 肉体からの救済

目を覚しておれ。そして、祈っておれ[5]。あなたたちが肉体*の中に留まることなく、むしろ、この(世の)命の辛酸の束縛から離れてあるように。そして、あなたたちが祈っているとき、あなたたちは安息*を見いだすだろう。あ

なたたちは苦悩と恥辱を棄てたのだ。あなたたちが身体の苦悩と苦難から離れるとき、あなたたちは善なる者(6)から
安息を受け、王と共に支配するであろう(7)。15あなたたちが彼と結ばれ、彼があなたたちと結ばれて(8)、今から永遠に。
アーメン。

トマスの書
闘技者(9)記す、
完全なる者たち(10)*へ

済(認識)の伝達者、雑草は身体、葡萄の木は本来的自己を、それぞれ寓意的に示唆する(ターナー)。

(1) ギリシア語で allotrion.「本来的なもの」とは「別のもの」。フィリ福§34参照。ここでは「身体」を示唆か。

(2) マタ五11参照。

(3) ルカ六21参照。

(4) マタ五11参照。

(5) マコ一三37/マタ二六41参照。

(6) 「太陽」(**144** 4、17、19、21、24)を介し、その「善き従者」なる「光」(**139** 31)を人間に送る神。(至高)神を「善なる者」と呼ぶ主な文書の箇所については、真福**36** 35の注(1)(本シリーズ第二巻『福音書』二〇三頁)参照。

(7) トマ福・語録二/『ヘブル人福音書』三、四参照。

(8) Iヨハ三24、四13、15、16参照。

(9) ギリシア語で athlētēs. ラテン語の gladiator に当り、古代ローマで観客を前に武器を取って互いに戦った、または獣類と格闘した者。通常「剣闘士」と訳される。しかし、本文書では「剣闘」の相手が「獣」に象徴される人間の「欲情」なので、これをも含意しうる「闘技者」の訳語を選んだ。

なお、原文では「トマス」と「闘技者」が相前後して記されているので、伝統的には「闘技者」を「トマス」の同格名詞ととって、「闘技者トマス」と表記される。筆者もこの表記を採ったが、実際には「トマスの書」と「闘技者記す」が改行して記されているので、「トマス」と「闘技者」は別人である可能性もある。本文書の最終的編者にとって両者は同一人物であったことは疑い得ないが、元来伝承においては別人であったかもしれない(この点について詳しくは本文書の「解説」——本巻一一三—一一六頁参照)。

(10) **140** 10参照。

私を憶えよ、私の兄弟よ、
あなたたちの祈りの[中]で。
平安あれ、聖徒たちに、
そして、霊的*人々に(1)。

（1） 20―23行目は飾り枠の中に記されている。この部分はおそらく本文書とは直接的関係はなく、第Ⅱ写本全体の製作者による付記と思われる。

イエスの知恵

小林　稔　訳

内容構成

---

§1　山に集まった人々とフィリポの質問

III 90 14—92 7

【90】14イエス・キリストの知恵。

15彼が死んでいる人々の中から復活*させられて後（も）、彼の十二人の弟子たちは七人の女性たちとともに彼に師事し（続けていて）、ガリラヤに、**【91】**喜びの託宣†1と呼び慣わされている山のほうに来たのだが、

彼らが一度《(1)》に集まったとき、（そのとき彼らは）万物*の下にある現実と経綸*と5聖なる摂理と（諸）権威*の（圧倒的な）

B 77 8—80 4

【77】8イエス・キリストの知恵。

彼が10死んでいる人々の中から復活*させられて後、彼の十二人の弟子たちは、彼に師事した七人の女性たちとともにガリラヤに、15喜びの託宣†1と呼び慣わされている山にまで（登って）来たとき、

【78】（そのとき彼らは）万物*の下にある現実と経綸*と5聖なる摂理と（諸）権威*の（圧倒的な）力について、救い主が聖

力について、また救い主が聖なる経綸の秘義の内に彼らに行なっているあらゆる業《わざ》について途方に暮れていたのだが、

(そのとき)救い主が現れた、彼の以前の姿ではなく不可視の霊*において。で、彼の似像*は光の大いなる天使のようであった。その型を話すことはできない。死んでゆくものである肉*は誰も将来それを自分のために受けることができず、清くて完全な肉(だけ)が、ガリラヤで「オリーブの」と呼び慣わされている山で彼が教えたようにして(できるの)である。

そして、彼は言った、「平安があなたがたに。私のものである平安を私はあなたがたに与える」。彼らは皆、驚き、そして恐れた。

救い主は笑って彼らに言った、**【92】**「あなたがたは何について考え、途方に暮れているのか。あなたがたが探し求めているのは何なのか」。フィリポが言った、「万物と経

なる経綸の秘義の内に彼らに行なっているあらゆる業《わざ》について途方に暮れていたのだが、

そのとき(1)彼らに救い主が現れた、彼の以前の姿ではなく不可視の霊*において。で、彼の似像*は光の大いなる天使の似像であった。その型を**【79】**死んでゆくものである肉*(2)も話すことはできなかった。それに耐えること(3)はできなかった。彼のように清くて完全な肉(だけ)が(できるのである)、ガリラヤで「オリーブの」と呼び慣わされている山で彼がそれを教えたとおり。

彼は言った、「平安があなたがたに。私のものである平安を私はあなたがたに与える」。

そこで彼らは皆、驚き、恐れた。

救い主は笑って彼らに言った、「あなたがたは何について考え、どうして途方に暮れているのか。あなたがたが探し求めているのは何なのか」。フィリポが彼に言った、

---

§1

†1　あるいは「託宣と喜び」。

〔Ⅲ〕(1)　あるいは「万物の実体」。

〔B〕(1)　文字通りには「そして」だが、セム語に見られるような表現と見做した。

(2)　または「肉と」。Ⅲのように「肉は」と訳したいところだが、mn(前置詞または接続詞)がついている。

(3)　文字通りには「そ(の型)から立ち上がる」。

論の実体は何ですか」。救い主が彼らに言った、

§2 神と宇宙に関する哲学者の諸意見とそれらに対する †1 評価

Ⅲ 92,7—93,8

「私はあなたがたに知らせたい、地に生まれた人が皆、宇宙の開闢以来、今に至るまで、いるのは塵の中だということを。彼らは神を、それが誰であるか、それは何に似ているかと求めてはいるのだが、その方を見つけてはいない。

さて、彼らのうちでもっとも賢い人々は宇宙の秩序付けと運行から思索した。だが、彼らのその思索は真理に到達しなかった。

なぜならその秩序付けは通常三つのやり方で話されるからである、それはすべての哲学者たちの手によって導かれているのだが。このためにそれらは調和しない。なぜなら彼らの中のある者たちは、宇宙について、それ自身が導かれているのは【93】自身によってだと言い、また他の者たちは摂理だと(言い)、また他の者たちは、生じているが、それは運命だと(言い)、

そしてこれらのうちには存在しないからである。で、

【80】「万物と経綸の実体は何ですか」。救い主が言った、

B 80,4—81,17

「私はあなたがた皆に知らせたい、地に生まれた人々は、宇宙の開闢以来、今に至るまで、神を、それが誰であるか、それはどのようにあるかと、求めているとは思われているのだが、その方を見つけてはいない。

さて、彼らの中にいる賢人たちは宇宙の秩序付けと運行から思索した。だが、彼らの思索は真理に到達しなかった。

なぜならその秩序付けは【81】すべての哲学者たちの手により、通常三つのやり方で導かれていると言われるからである。このためにそれらは調和しない。なぜなら彼らの中のある者たちはそれはそれ自身によって聖なる霊*だと言い、また他の者たちは摂理だと(言い)、また他の者たちは、それは運命だと(言い)、

そしてこれらのどれでもない(からである)。で、言われ

私が言ったばかりの三つの声は、それらのうちの一つ（として）、真理に近くはない。あるいは人間から（のものである）。

§3 光から来た救い主には分かっている

Ⅲ 93 8—12

他方、この私は他ならぬ無限の光から来ており、この場所にいる。というのは私には（その光）が分かっているのである。それは、真理の詳細を将来あなたがたに話すためである。

§4 三つの説への個別的反論[†1]

Ⅲ 93 12—16

およそそれ自身からのものは汚れている生活、繰り返し自らをつくり出しているもの（であり）、その摂理はその中に知恵がなく、他方、その運命は知覚しないでいる。

たばかりのこれら三つの声は、地に生まれた人間からであり、彼らのうちで真理に由来するものはいない。

B 81 17—82 3

他方、この私が来たのは終りのない光からであり、私は（その光）が分かっている者である。それは、【82】真理の詳細を将来このあなたがたに教えるためである。

B 82 3—9

というのは、およそそれ自身からのものは悪い生活、（繰り返し）自らを作り出し〈ている〉ものであり、他方、その摂理は知恵なきものであり、他方、その運命は知覚しないでいるものだからである。

---

§2
†1 エウ§2参照。

§4
†1 エウ§3参照。

§5 「あなたがた」には与えられる[†1]

III **93** 16–22

さて、あなたがた、理解することを賦与された者たち[†2]、また理解に値する者たち、この人々には与えられるであろう、汚れた行ないの種蒔きから生まれているのでなく、遣わされている初めの者から(生まれている人々には)。

B **82** 9–16

だが、あなたがた、理解することを賦与された者[†2]、また理解することに値する者たち、この人々には、それが与えられるであろう、汚れた行ないの種蒔きから生まれているのでなく、遣わされている初めの者から(生まれている人々には)。

§6 その人々についての記述[†1]

III **93** 22–24

というのは、この人は死ぬことを常とする人間たちの真ん中にあって不死だからである」。

B **82** 16–19

というのは、この人は死ぬことを常とする者たち、(つまり)人間(たち)の真ん中にあって死なない者だからである」。

§7 マタイの願い

III **93** 24–**94** 4

マタイが彼に言った、【**94**】「主よ、あなたによらなければ誰も真理を見いだすことはできません。さあ、私たちに真理を教えて下さい」。救い主が言った、

B **82** 19–**83** 5

マタイが彼に言った、【**83**】「キリストよ、あなたによらなければ誰も真理を見つけることはできません。さあ、真理を教えて下さい」。救い主が言った、

§8 存在者、生まれざる者についての記述[†1] 一

Ⅲ 94 5—9

「存在する方は言い表すことが(でき)ない。アルケー(はじめ)も権威も屈服もいかなる本性も宇宙の開闢以来、今に至るまでその方が分からないでいる。

§9 唯一の仲介者†1

Ⅲ 94 9—14

ただその方自身と、その方が、初めの光からの者を仲介として啓示しようと欲する人を除いては†2。今から私は大いなる救い主(である)。

§10 存在者、生まれざる者についての記述†1 二

Ⅲ 94 14—95 18

あの方は死ぬことのない方であり、永遠まで(続く)も

---

§5 †1 エウ§4参照。

†2 通常は「戻す」「返す」を意味する動詞。

§6 †1 エウ§5参照。

B 83 5—13

「存在する方は、存在する、言い表すことの(でき)ないものである。アルケー(はじめ)も権威も、また屈服も、また力も、また本性も分からないでいる。宇宙の開闢以来、今に至るまで分から(ない)のである。

B 83 13—19

ただその方自身と、そしてその方が、初めの光から来ている者を仲介として欲する人を除いては†2。今からあの方は私を仲介としてあなたがたに啓示する。私は大いなる救い主である。

B 84 1—86 6

【84】あの方は死ぬことのないものであり、永遠まで(続く)

§8 †1 エウ§6参照。

§9 †1 エウ§7参照。

†2 マタ一一27-28、ルカ一〇22参照。

のである。永遠まで(続く)ものは生成のないものである。何であれ、生成のあるものは、滅びるからである。

　その方は、はじめがなくて、生まれざるものである。というのは、何であれ、はじめのあるものは、終りがあるのだから。

　その方を支配するものは何もなく、その方には名もないのである。というのは名のあるものは何か他のものの創造物だからである。

　だが、その方には【95】その方自身に固有のイデアがある。あなたがたがそれを見たことのある(ような)、あるいはそれを受けたことがあるようなものではなく、異質のイデアである。というのは(そのイデアは)他の一切のものと違っていて、*万物よりも優れているからであり、あらゆる方向から見、自分自身を通して自分を観るからである。

　その終りがないので、到達できないものである。(そういうものとして)留まっているので、不滅のものである。その似姿がないので、善いものである。絶えず変化するようなものではないので、*欠乏なきものである。永遠まで(続く)ものであり、祝されたものである。自分は洞察され

ものである。永遠まで(続く)ものは生成のないもの〈である〉。何であれ、生成のあるものは、滅びるからである。

　だが、生成のないものにははじめがない。というのは、何であれ、はじめのあるものは、終りがあるのだから。

　そして、その方を支配するものは何もなく、その方には名もない。というのは名のあるものは何か他のものの〈創造物〉(1)だからである。その方は名付けることができない。その方には人間の姿はない。人間の姿があるものは何か他のものの創造物だからである。

　だが、その方にはその方自身に固有の似姿がある。【85】あなたがたが見たことのある、あるいは受けたことがあるようなものではなく、異質の似姿である。というのは他の一切のものと違っていて、*万物よりも優れているからであり、あらゆる方向から観、自分だけを通して自分を見るからである。

　他方、無限であり、また不消滅である。到達できないものであり、また何か留まっている(ような)ものである。そしてその方に似たものが存在しない。善いものであり、また絶えず変化したりはせず、*欠乏なきものであり、永遠まで(続く)ものであり、祝されたものである。自分は洞

ないでいながら、自身は自らを常に洞察している。測り得ないものであり、その跡をたどり得ない(1)ものである。完全なものであり、欠乏がないので、不滅の祝されたものであり、万物の父*と呼び慣わされている」。

§11 フィリポの問い

III 95 19–22

フィリポが言った、「主よ、ではどうして全き人々に現れたのでしょうか」。

全き救い主が彼に言った、

§12 すべてを捉える知的存在としての至高者 †1

III 95 22–96 10

「現れているもののうちの何も現れ〈る〉(1)以前に、勢力や

---

§10

†1 エウ§8参照。

〔III〕(1) 他に用例のない語(cečme)で、辞書にもないが、「その跡を……することを受け得ない」という文脈から、底本の推定を採る。写本Bの方はそのように(tacse と)伝えている。

〔B〕(1) 「贖い」だが、底本の校訂に従う。

察され得ないものであり、自分だけは自らを常に洞察している。測り得ないものであり、【86】その跡をたどり得ないものである。完全なものであり、欠乏がないので、穢れなく、祝されたものであり、万物の父*と呼び慣わされているものである」。

B 86 6–9

フィリポが言った、「キリストよ、ではどうして全き人々に現れたのでしょうか」。

全き救い主が言った、

B 86 10–87 4

「現れているもの〈の内の〉何も現れる(1)以前に、勢力や

---

§12

†1 エウ§9参照。

〔III〕(1) あるいは「見えているもののうちの何も見えるようにな〈る〉」。

〔B〕(1) または「見えているもの〈の内の〉何も見える」。

(2) エイレナイオス『反駁』I, 2, 6(本シリーズ第一巻

権威は存在する（が、それ）はその方の内においてである。【96】その方は万〈物〉*の全［体を］捉えており、その方を捉えるものは何もないからである。というのは、あの方は全体として叡知であり、また思考、賢明さ、考え、計算、力だからである。これらは等しい能力であり、万物の泉である。

§13　すべての類がその方の予知のうちにあった†1

III 96 10–14

そして、この類（のもの）は皆、以前（のもの）からそれらの最後（のものに到る）まで、その方が先んじて知ることのうちにあった。限界のない、生まれざる父の（予知のうちに）」。

§14　トマスの問い

III 96 14–19

トマスが彼に言った、「救い主なる主よ、なぜこれらのものが生じたのでしょうか。あるいはなぜこれらのものが現れたのでしょうか」。

全き救い主が言った、

諸権威は存在する（が、それ）はその方の内においてである。その方は万物*のすべてを捉えており、その方を捉えるものは何もないからである。というのは、あの方は全体として叡知、考えであり、思考と賢さであり、思索【87】と力だからである。これらはすべて、万物の泉の力のうちに、互いに均等化する。(2)

B 87 4–8

そして生じているもの全体ははじめ（のもの）から〈最後〉（のものに到る）まで、その方が先んじて知ることのうちにあった。終りなく、生成なき父の（予知のうちに）」。

B 87 8–13

トマスが言った、「救い主であるキリストよ、なぜこれらのものが生じたのでしょうか。そしてなぜ現れたのでしょうか」。

全き救い主が言った、

§15 それらは憐れみと愛によって現れた

Ⅲ 96,19—97,16

「私は、限界のないものから来ている、あなたがたにすべての業《わざ》を語るために。

存在する霊*がそれらのことを生じさせる者たちである。（その霊）には、生じさせる者の、（つまり）形相(1)［を与える者］の本質(2)〈の〉力があるからである。【97】それは、（その霊）の内に隠れている大いなる富が現［れる］ようになるためである。自分の善良さと自らの愛のゆえに、（その霊）は自分自身の手によって（いくつかの）実を生じさせたいと望んだ、自分の善さを自分自身で享〈受〉するのでなく、他の、運行のない種の霊たちが、物体と実、栄光と栄誉を、不滅性と彼の終りのない恵みのうちに、生じさせるためであった。

それは（その霊）の善さが自ら生じた神によって、（つまり）一切の不滅性と、これらの後に生じたものたちの父（によって）現れ出るためであった。

B 87,13—88,18

「私は、限界のないものから来ている、あなたがた皆にすべてのことを教えるために。

存在する霊*がそれらのことを生じさせる者たちである。（その霊）には存在を生じさせる者の、（つまり）形相を与える者の力があるからである。それは、【88】（その霊）の内（にある）大いなる富が現れるようになるためである。自分の善良さと自らの愛のゆえに、（その霊）は自分自身の手によって（いくつかの）実を生じさせたいと欲した、自分の善さを自分だけで享受するのでなく、他の、運行しない種の霊たちが、物体と実、栄光と消滅しないものと彼の終りのない恩寵を生じさせるためであった。

それは（その霊）の善さが生成のない神によって、（つまり）一切の消滅しないものと、これらの後に生じたものたちの父（によって）現れ出るためであった。

『救済神話』二一六—二一七頁）参照。

§13

†1　エウ§10参照。

§15

〔Ⅲ〕（1）　他のところで「姿」と訳したのと同じ語。

（2）　写本Bの並行箇所で「存在」と訳したのと同じ語。

§16 不滅の諸存在の間に違いがある†1

III 97 17—98 1

だが、(その時点で)それらは〈ま〉だ現れているものにはなっていなかった。

さて、不滅のものたちの間に多大〈な〉相違がある」。

彼は叫んだ、「限界のないものたちについて聞くための耳がある者には聞かせよ。†2 そして目覚めている者たちに私は語ったのだ」と言って。

彼はなおもそれに続けた。【98】彼は言った、

§17 滅びるものと不滅のものの違い†1

III 98 1—9

「消滅するものから生じている限り、それらのものはことごとく消滅するであろう。

それらは消滅するもの(1)から生じているからである。

だが、消滅しないものから生じているものは、消滅しないのが常であり、消滅しないものとなるのが常である。

こうして、人間の群はこの違いが分からないままであるため、失われてしまっている。彼らは死んでしまっている。

B 88 19—89 9

だが、(その時点で)それらはまだ現れ出るものになっていなかった。

【89】さて、消滅しないものたちの間に多大な違いが存在する」。

さて、彼は叫んだ、「聞くための耳がある者には消滅しないものたちについて聞かせよ。†2 私は目覚める者たちに語ろうとしているのだ」と。

彼はなおもそれに続けた。彼は言った、

B 89 10—20

「消滅するものから生じている限り、そのものはことごとく消滅するであろう。

それらは消滅するものから生じるゆえである。

消滅しないものから生じているものは、消滅しないのが常であり、消滅しないものとして存在する。

消滅しないものに由来するゆえである。

それは、人間(1)の群がこの違いが分からないため、失われてしまっている〈の〉と同様である。彼らは死んでしまっ

§18 マリヤの問い†1

III 98 9–12

彼にマリヤが言った、「主よ、ところでこれらのことが私たちに分かるのは、どのようなやり方によってでしょうか」。

全き救い主が言った、

ている。

B 89 20–90 4

彼にマリヤが言った、【90】「キリストよ、どのように(すれば)私たちにこれらのことが分かるようになるでしょうか」。

全き救い主が言った、

---

§16

†1 エウ§11参照。またこの部分にはオクシリンコス・パピルス1081に次のような並行ギリシア語断片がある。

「……[これ]ら[の後で]生じている者たちに……。[だが]それらは[まだ]現れているもの[には]なっていなかった。また不滅のものたち[の間に]多大な[違]いが(存在する)」。[そ]して彼は呼びかけた」、「限界の[ない]ものたち(の言うこと)を[聞く]耳を持つ者は聞け。そし[て]目覚めている者たちに[こ]の私は語っているのだ」。彼はなおも[続けて言]った、」

†2 トマ福・語録八他、マリ福**7** 9などの他、マタ一一15など共観福音書にたびたび見られる表現。

§17

†1 エウ§12参照。また§16注†1の続きは次の通り。

「[消滅するもの]から[生じる]ものはことごとく、消滅するもの[から生じ]ている[ゆえに]取り去られてゆく。それに対して、不滅性[から]生じる[ものは取り去られず、不滅性]から生じているゆえに、不[滅]のものとして[留まる]。[その結果、人間]たちの[大多数は]迷った。[そしてこ]の違[いが]わからない[ために、死]んだ」。

〔III〕(1) 言葉通りだと非消滅性」。写本Bの二つの用例も同様。

〔B〕(1) または「人間の群は失われてしまっており、この違いが分からないままでいる」。

§18

†1 §17注†1の続きは次の通り。

「[すると彼にマリヤが言う]」、『主よ、それでは私たちはどのように(すれば)[これらのことを知](ることができ)るのでしょうか』。[全き]救い主が言う、」

§19 真の知識への道†1

III 98 13—22

「あなたがたは現れないものどもから、現れているものどもの完成へと来なさい。

そうすれば思考の流出そのものがあなたがたに現れ出るであろう、現れ出ないものどもにおける信仰が、どのようにして、現れ出るものども、アゲンネートスなる(生まれざる)父のものと数えられるものどもにおいて見いだされているかを。

聞くための耳があるものには聞かせよ。†2

§20 原父とその自己認識としての父†1

III 98 22—99 12

万物の主*は、父と呼び慣わされるのでなく、原父(プロパトール)と(呼び慣わされるべきである)〈。というのは父は〉現れ出ようとしているものどものはじめ(であり、原理)だから〈である〉。

【99】それに対[して]、あの方(つまり万物の主)ははじめのない原[父](プロパ[トール])(である)[。]

[その方が]自分自身を、自分の中[に](ちょうど)鏡の中

B 90 4—15

「あなたがたは現れないものどもから、現れ出るものどもの完成へと来なさい。

そうすれば思考の流出そのものがあなたがたに現れ出るであろう、現れ出えないものどもにおける信仰が、どのようにして、アゲネートスなる(生じたのでない)父の、現れ出るものどもにおいて見つけられているかを。

聞くための耳があるものには聞かせよ。†2

B 90 15—91 16

万物の主*は、父と呼び慣わされるのでなく、原父(プロパトール)と(呼び慣わされるべきである)。【91】というのは父は現れ出ようとしているものどものはじめ(であり、原理)だからである。

それに対して、あの方(つまり万物の主)ははじめのない、先にあった父である。

その方が自分自身を、自分の中に(ちょうど)鏡の中に

に（見るようにして）見る［と］、彼が現れ出た。その方自身、自分に似ているが、彼つまりその方の似像*は父なる神として、自分自身を通して現れ出た。また面と向かう者たちに対して(1)アントポース（目を正面に据えた者）、先に存在したアゲンネートスなる（生まれざる）父〈として〉（現れ出た）。彼はもちろん自分の前にあった光と等しく時を経た者である。

（見るようにして）見るたびに、彼が現れ出る。その方自身、自分に似ているが、彼つまりその方の似像*は、先にいた父として、父なる神として、またアントポース（目を正面に据えた者）として現れ出ている。はじめからアゲネートスなる（生じたのでない）父であるもの、その顔の正面にいるからである。彼はもちろん自分の前にあった光と等しく時を経た者である。

§19

†1　エウ§14参照。また§18注†1の続きは次の通り。

「［あなたがたは］現れない［もの］ども［から］、現れるものどもの完［成へと］通り抜けて来なさい。30そうすれば、（他ならぬ）思［考］の流出そのものがあなたがたに示すであろう、――明［白でない］ものどもの――信［仰］がア［ゲンネー］トスなる（生まれざる）父の現れるものによってどのように見いだされる［べき］であるかを。35［聞く］耳を持つ者は聞け」。

但し、「流出」と訳したのは、原語では第一巻所収のプトレマイオスの教説（I, 5,5（一三二頁参照））で「溢出」と訳したのと同じ語。「――明［白でない］ものどもの――」は欄外に見られる句。「父の現れるもの」は女性単数形で何をさすのか不明。

§20

†2　§16注†2参照。

†1　エウ§16参照。また§19注†1の続きは次の通り。

「［万物］の主人は父と［呼ばれず］、原父（プロパ［トール］）と（呼ばれる）。［というのは］父は［現れよ］うとしているものたちの［はじ］め（また原理）で［あ］り、40［それに対して］あの方［ははじめのない原］父（［プロ］パトー［ル］）だからである。彼が［鏡］としての自分自身［の］中［に］自分に［見入ると］、自分自身［に］似［た者が現］れる。［だが］、彼［の］45［似姿は原父］（プロパトール）、父なる神、［目を正面に据えた者として］、（つまり）［先在した］、アゲンネートスなる（生まれざる）［父に正面から目を据えた者］に向かって（目を正面に据えた者として）［現れ出る］。彼はもちろん50自［分よりも前にあった光］と［等しく時を経た者］（である）」。

「はじめのない」と訳した語はふつうの用法では「頭《かしら》のない」の意で用いられる。

(III)(1)　底本は epi と表記された接続詞 epei を前置詞にとっ

§21 王なき種族†1

III 99 12―100 16

しかし彼は力においてはその方と同等ではない。

そして、彼の後で一つの群が現し出された、アントポース(目を正面に据えた者)たち、アウトゲネース*(自ら生じる者)たち、イソクロノス(等しく時を経た者)たち、それにイソデュナミス(力の等しい者)たちの(群)全体(が)。

彼らは栄光のもとにあり、彼らは数え切れず、彼らの種族はその上に王国がない種族*、――あなたがた自身あの人々からその方の内に現れたが――、その方から(の種族)と呼び慣わされているのである。

さて、自分たちの上に王国のないその群全体は、【100】アゲ[ンネ]ートスなる(生[まれ]ざる)父の子らと呼び慣わされている。(その父は、)神、救[い]主、神〈の〉子、その似像*があなたがたの真ん中にあるもの(である)(1)。

さて、彼は自らを洞察さ(れ)ることなき者である、不滅の栄光すべてと言い表せない喜びで満ちているのである。

彼らは皆彼の内に休息している。留まり、言い表せない喜びのうちに、彼の常に変わるようなことのない栄光と常に測り(直さ)れるようなことのない歓びのうちに喜んで

B 91 15―93 12

しか〈し〉彼は力においてはその方に対して同等ではない。

そして、彼の後で一つの群衆が現れ出た、【92】アントポース(目を正面に据えた者)たち、アウトゲネース*(自ら生じる者)たち、イソクロノス(等しく時を経た者)たち、イソデュナモス(力の等しい者)たちの(群衆)全体(が)。

彼らは栄光のもとにあり、彼らは数え切れないのである。これは彼の種族はその上に王国がない種族*と呼び慣わされているもの(である)。これは、あなたがたがその方のうちに、そして、その上に王国のない場所の、あの人々から現れ出た(その群である)。

(その場所は)アゲネートス(生じたのでない者)と呼び慣わされている、(アゲネートスは)神の子らの神、救い主、あなたがたの真ん中にその似姿がないもの(である)(1)。

さて、彼は自らを洞察さ(れ)ざる者(である)、栄光すべてと消滅しないものと言い表せない喜びで満ちているのである。

【93】さて、彼らは皆彼の内に休息している。満たされ、言い表せない喜びのうちに、彼の常に変わるようなこと

いるのである。

これはいまだかつて聞かれたことがなく、洞察*されたこともない、どの世代(アイオーン)*にも彼らの世界にも、今に至るまで」。

§22 マタイの問い

III **100** 16—20

マタイが彼に言った、「救い主である主よ、人間はどのようにして現れ出たのでしょうか」。全き救い主が言った、「私はあなたがたに次のことを知らせたい。

§23 不死の人間の出現†1

III **100** 20—**101** 8

万物*よりも前に、限界のないもの、自ら生まれ育ち、

たコプト語訳者の誤訳と考えている。

§21

†1 エウ§17参照。

〔III〕(1) 文字通りだと「さて、自分たちの上に王国のないその群全体は、アゲ[ンネ]ートスなる(生ま[れ]ざる)父の、神、救[い]主、神〈の〉子、その似像があなたがたの真ん中にある者の、子らと呼び慣わされている」。この文書では「その上

のない栄光と常に測り(直さ)れるようなことのない歓びのうちに喜んでいるのである。

これはいまだかつて聞かれたことがなく、洞察されたこともないもの(である)、世代(アイオーン)*全体にも彼らの世界*にも、今に至るまで」。

B **93** 12—16

マタイが彼に言った、「人間はどのようにして現れ出たのでしょうか」。全き救い主が彼に言った、「私はあなたがたに次のことを知らせたい。

B **93** 16—**94** 11

万物*よりも前に、限界のないもの、【**94**】自ら生まれ育

に王国(王権・王制)がない」といわれるが、多くの文書の「王がない」と内容的には同じ。

〔B〕(1) 文字通りだと「神の子らの神、救い主、あなたがたの真ん中にその似姿がないもの、アゲネートスと呼び慣わされている、その上に王国のない場所の」。

§23

†1 エウ§19参照。

【101】自己創造した父の内に現れた者は、照らす光に満ちており、言い表すことができないが、この者がはじめに自分の似像*を大きな力にならせることを思いみた時†2、直ちに、あの光のはじめ(また原理)が、不死で男女《おめ》*なる人間*として現れた。

§24 不死の人間の役割と伴侶

III 101 9—19

それは彼らが、あの不死の人間*を通して(、つまり)健やかさを手に入れ、遣わされた解説者を通して(、つまり)飢えた盗人たち†1の完成の時まであなたがたと共にいる者(を通して)忘却から(逃れ、)目覚めているためである。さて、彼の伴侶(シュジュゴス)は、先立って彼の内部で、アウトゲネース*(自ら生じた者)なる父によって軛《くびき》をつけられるよう、定められていた大いなる知恵(ソフィア)*である。

§25 名の出現とアイオーンの創造†1

III 101 20—102 19

(解説者)が先立つ者、神性、王国として現れ出たのは(1)不死の人間*からである。というのは、父は【102】人間、ア

ち、自己創造した父の内に現れた者は、照らす光に満ちており、言い表すことができないが、この者がはじめに自分の似像*を大きな力のうちに生じさせることを思いみる時†2、直ちにあのはじめ(の、また原理)の光が不死で男女《おめ》*なる、初めの人間*の内に現れ出た。

B 94 11—95 4

それは彼らが、あの死ぬことのない人間*を通して健やかさを手に入れ、派遣された解く者を通して(、つまり)飢えた盗人たち†1の終りの時まであなたがたと共にいる者(を通して)忘却から(逃れ、)目覚めているためである。彼の友は、【95】先立って彼の内部で、アウトゲネース*(自ら生じた者)なる父によって対*(シュジュギア)になるよう、定められていた大いなる知恵(ソフィア)*だからである。

B 95 5—96 11

さて、われわれは、死ぬことのない人間*を通して、先立って、神性、王国の内に現れ出た。というのは、父は人

ウトパトール（自らの父である者）と呼び慣わされていて、（その父が）これを現し出したからである。彼は自分のために大いなるアイオーン*を創り出した。その（アイオーンの）名は、彼の偉大さに向けてのオグドアス*である。

彼は大きな権威を与えられた。彼は貧しい創造物を支配した。彼は自分のために、神々と天使たち〈と〉天使長たちを、幾万と、数え切れない(2)（ほど）創った。彼らがあの光と三重の男の霊†2、（つまり）その伴侶（シュジュゴス）であるソフィア*のものである（霊）によって、仕える†3ためである。というのは、この神から神性と王国が始まったのである。このために、彼は神々の神、王たちの王と呼ばれた。

間、アウトパトール（自らの父である者）と言い慣わされていて、（その父が）〈これを〉現し出したからである。彼は自分のために大いなるアイオーン*を創り出した。その（アイオーンの）名は、彼の偉大さに向けてのオグドアス*である。

さて、彼は彼に大きな権威を与えた。彼は貧しい創造物を支配した。彼は自分のために、神々と天使たちと天使長たちを、幾万と、【96】数え切れない（ほど）創った。彼らがあの光と三重の男の霊†2、（つまり）その友であるソフィア*のものである（霊）によって、仕える†3ためである。というのは、この神から神性と王国が始まったのである。そして、このために、彼は彼を神々の神、また王たちの王と呼んだ。

---

†2　または「決めた」。他のところでの訳語で押し通せば「洞察した時」。

§24　†1　文字通りだと「盗人たちの飢え（あるいは貧しさ）の」。

§25　†1　エウ§21参照。

†2　ヨハ・アポ§4、エジ福§11参照。

†3　または「礼拝する」。

〔Ⅲ〕(1)　底本は関係代名詞にとって「先立つ者、神性、王国として現れ出た不死の人間から」と理解しているが、そうとると前置詞句がどこにかかるのか解らないので、訳者は第二完了にとった。

(2)　文字通りだと「彼には数がないのである」。

§26 最初の人間の知的能力とそれらの位階秩序[†1]

III 102 20—103 10

初めの人間*には、彼の内に彼自身の叡知と、彼が（思考）であるかのようにして、思考が、（また）賢明さ、思い、計算、力があるからである。【103】どの肢体*も、存在する限り、完全で、また不死である。一方で、不滅という点では、それらは均等であり、力という点では、それらは相異なる。ちょうど父の子に対する相違（があり）〈また子が〉思考に対して、また思考が残りのものに対して（異なる）ように。私が、生じたものどもの中で先立つ一者（のこと）を先に言ったように。

§27 これらのものから生じるもの[†1]

III 103 10—21

そして、すべてのものの終り〈に〉、彼の力から現れ出ているものすべてが、現れ出た。

そして、創られたものから、こしらえられた物全体[†2]が現れ出た。こしらえられた物から、形相を受けたものが現れ出た。形相を受けたものから、名前を受けたものが（現れた）。

B 96 12—97 11

先立つ人間*には、彼の内に、彼自身のものである叡知と、彼が（思考）であるかのようにして、思考が、（また）思いと賢明さ、考えと力がある。【97】［存在する］肢体*はどれも、［完］全で、また［死なない］もので［あ］る。一方で、滅びないという点では、それらは均等であり、他方、力という点では、それらは相異なる。ちょうど父の子に対する、また子の思考に対する、また思考の他の残りのものに対する相違のように。そして、私が先立って言ったように、一者は先立って生じたものたちの中にはない。

B 97 11—98 7

そして、すべてのものの終りに、万物*を現したものが、その力から、それらのものを現した。

そして、彼が創ったもの全体から、こしらえられた物[†2]全体が現れ出た。こしらえられた物から【98】形相を受けたもの［が］現［れ出］た。形相を受けたもののうちに、名前を与えられたものが（現れ出た）。

このゆえに、生まれざるものたちの（互いの）相違が生じた、はじめからそれらの終りまで」。

§28 バルトロマイオスの問い

III 103 22—104 6

そのとき、彼にバルトロマイオスが言った、「どうして〈彼が〉【104】福〈音〉書では人間と、また人の子と名付けられているのでしょうか。

それではこの子は彼らのうちの誰からのものでしょうか」。

彼に聖なる者が言った、「私はあなたがたに次のことを知らせたい。

§29 初子とその伴侶である知恵の啓示†1

III 104 6—105 3

初めの人間*は、生成者、自分自身によって完成している叡知と呼び慣わされる。この者はその伴侶（シュジュゴ

---

§26 †1 エウ§22参照。

§27 †1 エウ§24参照。

ここから、生成〈な〉きものたちの（互いの）相違が生じた、はじめからそれらの終りまで」。

B 98 7—16

そのとき、彼にバルトロマイオスが言った、「どうして彼が福音書では人間と、また人の子と呼ばれているのでしょうか。

その子は彼らのうちのどちらなのでしょうか」。

彼に聖なる者が言った、「私はあなたがたに次のことを知らせたい。

B 98 16—100 3

生成者、自己完［成］者なる叡知と言い慣わされる、初めの人間*は、【99】この者はその［友］である［この大いなる

---

†2 巻末の用語解説の「こしらえ物」参照。

§29 †1 エウ§26参照。

ス）である大いなる知恵（ソフィア）*と共に考えた。彼は先に生成した男性である女たる自分の息子を現し出した。その男性としての名前は、第一に生むもの（プロトゲネトール）、神の子と呼び慣わされる。彼の女性としての名前は、知恵（ソフィア）、第一に生む女（プロートゲネトレイア）、万物*の母（である）。ある人々は彼女を愛と呼び慣わしている。

先に生成した者である彼の方は、彼にはその父からの権威があるので、キリストと呼び慣わされる。

彼は自分のために、数え切れない、天使たちの群を、【105】彼らが奉仕するようにと、霊*と光から創った」。

§30 弟子たちの願い

Ⅲ 105 3―11

彼に弟子たちが言った、「主よ、人間*と呼び慣わされるもの、その方について私たちに現して下さい（1）。私たち自身その方の栄光について正確に知ることができるために」。

全き救い主が言った、「聞くための耳を持っている人たちには聞かせよ。†1

知］恵（［ソ］フィア）*と共に［考えた］。彼は自分の第〈一〉に生じ〈たもの〉（プロ〈ト〉ゲネ〈ートス〉）、男性である女たる息子を現し出した。その男性としての名前が、第一に生む者（プロトゲネトール）、キリストである神の子である者を。彼の女性性の名前は、第一に生む女（プロトゲネトレイア）、知恵（ソフィア）、万物*の母、ある人々が愛と呼び慣わしているものである。

というのは、第一に生む者（プロトゲネトール）は、彼にはその父の手による権威があるので、キリストと呼び慣わされるからである。

彼は自分のために、数え切れない、天使たちの大群を、【100】［彼らが奉仕する］ようにと、［霊*と光］から創った。

B 100 3―12

彼に弟子たちが言った、「キリストよ、人間*と呼び慣わされる父、その方のことを私たちに教えて下さい。私たちにその方の栄光が正確に分るようになるために」。

全き救い主が言った、「聞くための耳を持っている人たちには聞かせよ。†1

§31 アダム。人の子の王国の喜び†1

Ⅲ105 11—106 4

父なるプロートゲネトール(第一に生む者)が、光の目なるアダム*と言い慣わされていることを†2。彼は照らす光[と]その聖なる天使たちか[ら]来たからである。(その天使たちは)言い表せず、陰がなく、歓喜して、(その状態に)留まっており、彼らの父から受けた彼らの思いの中で喜んでいるのである。

その人の子の、神の子と呼び慣わされる者の、王国全体〈が〉、言い表すことのできない、陰のない喜びと、(常に)変わるようなことのない歓びに満ちているからである。彼らは彼の消滅することのない栄光のゆえに歓び躍っているのである。【106】(その栄光は)今に至るまで、決して耳にされることがなかった、またこれらのあとで生じる世代(アイオーン*)たちにも彼らの世界*にも現れ出ることのな

§30 †1 §16注†2参照。

§31 〔Ⅲ〕(1) 他と同じ訳語を押し通した。または、「啓示して下さい」。

B100 12—101 18

父なるプロトゲネトール(第一に生む者)が、光の目なるアダム*と呼び慣わされていることを†2。彼は光から来たからである。そして、彼の王国は全体が光と彼の聖[な]る天使たちのものである。【101】(その天使たちは)[言い表せず、陰がないもので]、歓喜している。(その状態に)留まっており、彼らの父の手から受けた彼らの思いの中で喜んでいるのである。

その王国は、キリストと呼び慣わされている人の子のものである。(その王国)は全体が、言い表すことのできない、陰のない喜び〈と〉、(常に)変わるようなことのない歓びに満ちているからである。彼らは彼の消滅することのない栄光、今に至るまで、決して耳にされることがなかった、またこれらのあとで生じる世代(アイオーン*)〈たち〉にも彼らの世[界]*にも現れ出ることのなかったものに歓喜し、

†1 エウ§28参照。

†2 または「父なる、最初に生む者(プロトゲネトール)が言い習わされているのは、光の目なるアダムと(いう名で)である」。ヨハ・アポ§24、エジ福§18参照。

かったものである。

§32 救い主の宣言と弟子たちの問い

III 106 5—15

「アウトゲネース*（自ら生じた者）と、終りのない初めの光から、あなたがたにすべてのことを啓示するために来たのは私である」。

彼の弟子たちがまた言った、「はっきりと教示して下†1さい。どのようにして、それらは現れ出ないものたち（のところ）から、（つまり）不死の者（のところ）から、死ぬことを常とす〈る〉この世界*へ、降りてきたのですか」。

全き救い主が言った、

§33 救い主とその伴侶なる知恵†1

III 106 15—24

「人の子は自分の伴侶（シュジュゴス）であるソフィア*（知恵）と考えが一致した。彼は男性の女である大いなる光を現し出した。その男性としての名前は救い主、すべてのものを生じさせる者と呼び慣わされる。彼の女性としての名前はパーンゲネテイラ・ソフィア（すべてを生み出す

その方に留まっているのである。

B 102 1—15

【102】［私は、アウトゲ］ネース*（自ら生じた者）か［ら］、また限界のない者の初めの光から、あなたがたにそれらのことすべてを教えるために来た［者］（である）」。

彼の弟子たちがまた言った、「キリストよ、はっきり〈と〉†1教えてください。〈どのようにして〉、現れないものたち（のところ）から、存在するものたち〈が〉、死なないものたち（のところ）から、死ぬことを常とするこの世界*へ、降りてきたのですか」。

全き救い主が言った、

B 102 15—103 9

「人の子は自分の伴侶（シュズゴス）であるソフィア*（知恵）と協調した。彼は【103】男性の［女］である［大いなる光］〈を〉(1)現し出した。（その際）その男性性のほうは、救い主、すべてのものを生じさせる者と呼び慣わされる。彼の女性性は、ある人々がピスティス（信仰）と呼び慣わしている、

女なる知恵）である。ある人々は彼女をピスティス（信仰）と呼び慣わしている。

§34 救い主の救いの業

Ⅲ 106 24—108 16

光から雫（が滴る）ようにしてこの世界の内部に来つつある者は【107】すべて、このものの手によって、全能者の世界に遣わされているのであって、それは彼らが彼の手によって守られるためである。そして、彼の忘却の縛りが彼を縛りつけた。事態が彼の手によって世界全体に〈現れ〉出〈るよう〉にという、知恵（ソフィア）[*]の望みによって。（事態とは）彼の心の高ぶりと彼の盲目と、彼が名付けられている無知ゆえの貧し〈さ〉（という事態である）[†1]。

他方、私の方は、上方の（多くの）場所から[*]、大いなる光［の］望みによって来た[†2]、あ［の］縛りから（逃れた状態で）来た。私は盗人たちの業を断ち切った。私は知恵から遣わ

§32 †1 文字通りだと「現し出すかたちで」。

§33 †1 エウ§29参照。

［B］（1） 写本は「から」だが、底本にしたがってhを省いて読む。

§34 †1 ヨハ・アポ§26、§41、§43参照。

†2 Ⅲ107 6、B104 1の「事態」と同じ語。

†3 ヨハ・アポ§26、42、44参照。

パーンゲネテイラ・ソフィア（すべてを生み出す女なる知恵）である。

B 103 10—106 9

誰であれ、この世界に来つつある者は皆、このものによって、光から雫（が滴る）ように、全能者の世界に遣わされた。彼によってそれを守るためである。そして、彼の忘却の縛りが彼を縛りつけた。【104】事態が世界全体［に］現［れ出るようにという］、知恵（ソフィア）[*]の意志によって。（事態とは）彼の心の高ぶりと彼の盲目と、彼が名付けられている彼の無知ゆえの貧し［さ］に関する（ものである）[†1]。

他方、私は、上の（多くの）場所から[*]、大いなる光の意志によって来た[†2]。私はあの縛〈り〉から解かれている。私は盗人の墓の業を断ち切った。私は知恵から遣わされたあ

されたあの（光の）雫を呼びさました、それが私の手によっ[て]多くの実を結ぶため、それが完成されるため、また（将来は）もはや欠陥のないものとなるため、また、私、大いなる救い主の手によってくび〈き〉をつけられるためである。それは（光の雫）の栄光が現れ出るためであり、それはもう一人の知恵（ソフィア）があの欠乏*から（解かれて）義とされるためであり†3、それは彼女の【108】息子たちが将来はもはや欠陥のあるものではなくなり、栄誉と栄光を手に入れ、彼らの父のところまで上って行き、男性性の光の言葉がわかるようになるためである。

さて、他ならぬあなたがたは、遣わされた子によって遣わされている。それはあなたがたが光を受け、諸権威*の忘却から身を退き、そしてあなたがたのゆえに、汚れた実践がもはや現れなくなるためである。（汚れた実践とは）恐ろしい火に、（すなわち）彼ら自身の肉的*な（部分）から来たものに由来するもの（である）。彼らの 慮《おもんぱか》りを踏みにじりなさい」。

§35 トマスの問いと弟子たちへの賞讃

III 108 16—23

すると、[彼]にトマスが言った、「救い主なる主よ、諸

の（光の）雫を呼びさました、それが私の手によって多くの実を結び、完成され、もはや欠陥[の]あるものでなくなり、【105】私の手によって軛《くびき》をつけられるためである。私は大いなる救い主である。それは、（光の雫）の栄光が現れ出るためであり、それはもう一人の知恵（ソフィア）が〈あの〉欠陥から（解かれて）義とされるためであり†3、〈それは〉彼女の息子たちが〈将〉来はもはや欠陥のあるものではなくなり、彼女の栄誉と栄光を手に入れ、彼らの父のところまで上って行き、そして光の言葉の道がわかるようになるためである。

あなたがたは、遣わされた子の手によって（外へ）遣わされている。それはあなたがたが光を受け、【106】諸権威*の忘却から身[を]退き、あなたがたのゆえに、汚れた実践がもはや現れなくなるためである。（汚れた実践とは）あなたがたのもとにある妬み、（すなわち）彼ら自身の肉的*な（部分）から来たものに由来するもの（である）。そして、あなたがたは将来彼の 慮《おもんぱか》りを踏みにじるであろう」。

B 106 10—19

すると、彼にトマスが言った、「救い主なるキリスト

天で変わってゆくものたち、彼らのアイオーンたち*はどの数なのでしょうか」。全き救い主が言った、「私はあなたがたを褒める。あなたがたは大いなるアイオーンを探しているから。あなたがたの根は限界のないものたちの中にあるのだから。

§36 万物の創造。十二天使と十二アイオーン†1

III 108 23—25

さて、私が先ほど話したもの(1)たちが現れたとき、彼は……［しつらえ］た。…………

§37 女性性の欠如†1

§36 †1 エウ§31参照。

§37 〔III〕(1) 以下109—110頁は欠損。

よ、諸天で変わってゆくアイオーン*たちはどの数なのでしょうか」。全き救い主が言った、「私はあなたがたを褒める。あなたがたは大いなるアイオーンについて探しているから。あなたがたの根は限界のないものたちの内にあるのだから。

B 107 1—8

【107】さて、私が先ほど言ったものたちが現れたとき、自らを生み出す者(アウトゲネトール)なる父は、自分のため、十二の天使たちに奉仕するよう、十二のアイオーン*を先立って創りだした。

B 107 8—13

これらすべては完全である。また、よい。これらのものの手により、女性における(1)欠乏*が現れ出た(2)」。

†1 エウ§33参照。

〔B〕(1) または「女性において」。

(2) または「明らかになった」。

§38 トマスの問い

B 107 13—108 1

〈彼が〉彼に言った、「限界のない者たちからの、死なない者たちの、アイオーン*たちはいくつくらいなのでしょうか」。

全き救い主が言った、「聞くための耳がある人には【108】聞かせよ[1]。

§39 三つのアイオーンについての記述†1

B 108 1—109 4

初めのアイオーン*は、人の子のものである。(つまり)第一に生む者(プロトゲネトール)と呼び慣わされている者、救い主と呼び慣わされている者、現れ出た者(のものである)。

第二のアイオーンは、光の目なるアダム[1]*と呼び慣わされる人間のものである。

これらのものを捉える者は、自らの上に王国が存在しないあのアイオーン、永遠まで(続く)、限界のない神の(アイオーン、つまり)彼の内にあって、死ぬことのない、アイオーンたちの、自ら生じたアイオーンである、先ほど私が言った(ように)。【109】(それは)初めのアイオーンである知恵(ソフィア)*のうちに現れ出た第八*[2]の天の(アイオーン)である。

§40 不死の人間による第八のものの啓示†1

B 109 4―110 7

さて、死なない人間*そのものこそがアイオーンたち*と諸力*と諸王国を現し出した。そして、権威を彼の内に現れているものたちすべてに与えた。それは彼らが自分たちの意志を終り(のものども)にまで、つまりあの混沌(カオス*)よりも上のものたち(にまで)行なうためである。というのは、彼らは互いに協調したからである。〈彼ら〉は偉大さをことごとく、そして、あの霊*から多くの光を現し出した。(その光は)栄光のもとにあり、数え切れないのである。これらのものこそが、【110】つまり、これがはじめのアイオーンと〈第〉二のと〈第〉三のなのであるが、(これらが)最初に呼ばれた。初めのは、一つであることとか安

---

§38
〔B〕(1) §16注†2参照。

§39
†1 エウ§34参照。

§40
〔B〕(1) §31注†2参照。
(2) 『エウグノストス』とこの文書ではおそらく恒星天。
†1 エウ§35参照。

§41 第三のアイオーンである集会[†1]

III 111 1—12

……【111】彼らは一つであることに到る。われわれは彼らを第八[*]（天）の集会[†2]（エクレーシア）と呼び慣わしている。

それは一つの男性の女であって、（そういうものとして）現れ出ている。

それは半ば男性として、そして半ば女性として名付けられている。男性（として）は集会と名付け慣わされ、女性（として）は命と名付け慣わされる。それはすべてのアイオーン[*]たちにとって生命が女性によって生じたことが現れ出るようになるためである。

息[*]と呼び慣わされる〈ものである〉。

B 110 8—112 4

それぞれ一つひとつにその名前がある。なぜなら、第三のアイオーンは[*]集会[†2]（エクレーシア）と命名されているからである。大勢である群から現れ出た〈ゆえに〉[1]。一つ（のアイオーン）のうちに、多数[2]が自分たちを現し出している（状態）になった。

そして、たびたび（いくつかの）群が【111】うちに［集］まって、一［つ］になるので、この［ゆ］えに〈彼らは〉、他でもなく集会と呼［び］慣わされるのである、天で変わってゆくあの集会から（名を取って）。

このゆえに、第八[*]（天）〈の〉集会は、男性の女としてこそ現し出されているのである。それは半ば男性として、そして半ば女性として名付けられている。男性（として）は集会と呼ばれ、女性（として）は命と呼ばれている。それは［す］べてのアイオーンたちにとって生命が女性から生じたことが現し出されるためである。【112】そして、すべての名前は［アル］ケー（はじめと、また原理）の手から受け［られている］[3]。

§42 集会とその伴侶による不死の者の増殖†1

Ⅲ 111,12—112,4

というのは、彼の生起と思考から、諸力*がはじめに現れ出たのである、神と呼ばれてい[る]ものたちが。

そして、その神々の神[々]が自分たちの賢さから神々を現し出した。〈そして、その神々が〉自分たちの賢さから主たちを現し出した。そして、その主[たち]の主たちが自分たちの考え〈か〉ら主たちを現した(1)。そして、その主たちが自分たちの力のうちに天[使]長たちを現し出した。その天使長たちは自分たちの諸々ことば*か[ら]天使たちを現し出した。【112】これらのものから諸イデアが、有様や姿や名前をとって、すべてのアイオーン*たち及び彼らの世界*に現れた。

B 112,4—113,10

というのは、彼の好意と思考から、諸力*〈が〉先立って現れ出たのである、神と呼ばれているものたちが。

そして、その神々の神々が、〈自分たちの〉賢明さからであるが、あの(1)神々に属する神々を現し出した。そして、その神々〈が〉、彼らの賢さから、〈主〉たちの〈主〉たちを現し出した。そして、その〈主〉たちの〈主〉たちが、諸々の考え〈か〉ら〈主〉たちを現し出した。そして、その〈主〉たち〈が〉、【113】自分たちの力から天[使]長たちを現し[出]した。その天使長たちは自分たちの諸々のことば*[か]ら天使たちを現[し]出した。また、これらのものから〈諸イデアを〉有様や姿や名前とともに、すべてのアイオーン*たち及び彼らの世界*に現し出し〈た〉。

---

§41

†1 エウ§36参照。

†2 または「教会」。

〔B〕(1) 底本は省いて読むよう指示している。

(2) 他で「群衆」と訳した語。

(3) あるいは「受けた」。

§42

†1 エウ§37参照。

〔Ⅲ〕(1) または「彼らの考えのうち〈に〉主たちを現し出した」。

〔B〕(1) 底本は冠詞の位置を移して「あの神的な神々を」と校訂している。

§43 不死の人間からの権威で創られた王国†1

III 112 4—19

さて、不死の者たち、彼らについて私は先ほど言ったが、彼らには皆、不死の人間からの権威*がある。(不死の人間とは)シゲー(沈黙)と呼び慣わされる者であり、(そう呼ばれるのは)エンテュメーシス(思い)から言葉なしにその偉大さがすべて完成したからである。

というのは、不滅の者たちには権威があるから、彼らは一人ひとりが自ら自分のため、第八(天)*に大いなる王国を、また王座[と]神殿、(つまり)蒼穹を、自分たちの偉大さのために創ったのである。

というのは、これらはすべて万物の母*が望んだところに従って生じたのである」。

§44 使徒たちの問い

III 112 19—113 2

そのとき、聖なる使徒たちが彼に言った、「救い主なる主よ、アイオーン*たちの中にあることどもを私たちに言って下さい。私たちにそれらを[探]させることは、私たちに必然(的に臨むこと)だからです」。

B 113 11—114 12

さて、死なない者たち、彼らについて私は先ほど言ったが、彼らには、死なない人間*の力からの権威がある。(死なない人間とは)沈黙と呼び慣わされる者であり、(そう呼ばれるのは彼が)エンテュメーシス(思い)によって言葉なしに自分の偉大さを【114】すべて完成させた〈からである〉。

滅びることのない者たちは、彼らには権威があ[る]から、一人ひとりが自分のため、オグドアス*(第八天)[に]、大いなる王国と蒼穹〈と〉王座と神殿を、自分たちの偉大さのために[創]った。

というのは、これらはすべて万物*の母の意志のうちに生じたのである」。

B 114 12—115 4

そのとき、聖なる使徒たちが彼に言った、「救い主なるキリストよ、アイオーン*たちの中にあることども、それらを私たちに現し出して下さい。それらを探すことは私たちに必然(的なこと)ですから」。

全き救い主が言った、【113】「どんなことであれ、あなたがたが探すな〈ら〉、それらのことを私はあなたがたに言うであろう。

§45 天使の軍勢と処女なる霊たちの発生†1

III 113 3―10

彼らは自分たちのために天使の諸軍勢を幾万と、数え切れないほど創り出した、礼拝と彼らの栄光のために。彼らは、処女なる霊*たちを、それらについて話すことのできない、変わることのな〈い〉光を、創り出した。

というのは、彼らには労苦がなく、弱さがなく、（それは）意志なのである†2。

§46 この領域から他のアイオーンが発生†1

III 113 10―19

アイオーン*たちが、このようにして、直ちに、諸天や蒼

§43 †1 エウ§38参照。

§45 †1 エウ§39参照。

【115】全［き］救い主が言った、「どんな［こ］とであれ、あなたがたが探す［な］ら、それらのことを私はあなたがた［に］言うであろう。

B 115 4―14

彼らは自分たちのために天使の諸軍勢を幾万と、数え切れないほど創り出した、礼拝と栄光のために。そして、彼らは、処女なる霊*たちを、それらについて話すことのできない、また陰のない光を、創り出した。

というのは、彼らには労苦がなく、弱い（もの）もなく、（それは）まさに意志なのである†2。

そして、それらは直ちに生じた。

B 115 15―116 11

このようにして、アイオーン*たちが諸天や蒼穹〈たち〉

†2 主語不明のまま訳した。「（あるのは）意志なのである」とでもいった意味であろうか。

§46 †1 エウ§40参照。

穹たちとともに、不死の人間*と、その伴侶ソフィア*の栄光のうちに、成し遂げられた。アイオーンたちがことごとく、世[界]やそれらの後で生じたものたちとともに、彼から、混沌(カオス*)の諸天とそれらの諸世界*で、彼らの(つまり)似像*の創造のために、型を受けたのはその場所である。

§47 すべての本性の喜び†1

III 113 20—114 5

さて、本性全体は、混沌(カオス*)の現れ出からして、あの照らす、陰のない光と、それについて話すことのできない喜びと、言い(表し)えない歓びとのうちに(ある)。彼らは、自分たちの【114】変わることのない栄光と、測りえない安息*、それらのものの後で生じたすべてのアイオーン*や彼らのすべての力の間ではそれについて話すことができない(安息)のゆえに、ずっと歓び躍り続けているのである。

§48 啓示の理由†1

III 114 6—8

さて、私があなたがたに先ほど言ったことはすべて、私

とともに、死なない人間*【116】と[その]伴侶ソフィア*の栄光のために、(1)成し遂げられた。アイオーンたちがことごとく、世[界]*〈や〉それらの後で生じたものたちとともに、[彼]から、原型を受け[た]のはその場所である。あの場所から、〈彼らの〉(つまり)混沌(カオス*)の諸天とそれらの諸世界の似像*〈の〉創造のために、彼らは原型を受けた。

B 116 11—117 8

さて、本性はことごとく、混沌(カオス*)の現れ出からして、あの照らす、陰なしの光のうちに、それについて話しえないあの喜びと、あの言い(表し)えない歓びとのうちに(ある)。彼らは、【117】自分たちの変わることのな[い]栄光と、自分たちの測りえない休[息]、(つまり)それらのものの後で生じたあらゆるアイオーン*や彼らのすべての力の間ではそ[れ]らについて話すことができな[い]もののゆえ[に]、歓喜し、(その状態に)留まっているのである。

B 117 8—12

私が先ほど言ったことは、私は、あなたがたがこれら

は、あなたがたがこれらよりも大いなる光のうちに照り（輝く）ようになるまで（のこととして）言ってきた」。

§49 マリヤの問い

III 114 8—12

彼にマリヤが言った、「聖なる主よ、あなたの弟子たちは、いったいどこから来たのでしょうか。またいったいどこへ往きつつあるのでしょうか。また、この場所でいったい何をしようとしているのでしょうか」。

§50 光の雫

III 114 12—25

彼らに全き救い主が言った、「私はあなたがたに知ってもらいたい、知恵*（ソフィア）、（つまり）万物*の母であり、（女性的）伴侶（である）者が、自分自身によって、彼女の

〔B〕（1）　または「死なない人間と［その］伴侶ソフィアの栄光」の諸天や蒼穹〈たち〉とともに」。

§47 †1　エウ§41参照。

§48 †1　エウ§42参照。

よりもさらに大いなる光のうちに照り（輝く）ようになるまで（のこととして）あなたがたに言ってきた」。

B 117 12—17

彼にマリヤが言った、「聖なるキリストよ、あなたの弟子たちは、いったいどこから来たのでしょうか。またいったいどこへ行こうとしているのでしょうか。また、この場所でいったい何をしているのでしょうか」。

B 117 17—119 16

彼らに全き【118】救い主が言った、「私はあなたがたに知ってもらい［た］い、［知］恵（［ソ］フィア）*、（つまり）すべ［てのもの］どもの母である者が、彼の善［さ］を現し［出］す

§50

〔III〕（1）　文字通りだと「彼の（つまり）万物の父が望むことのうちに」。

（2）　以下115—116頁が欠損。

〔B〕（1）　「のうちに」「によって」も可。

（2）　ヨハ・アポ§35、起源II§10、三プロ§10参照。

夫なしに、これらの者を生じさせたいと望んだ。だが、彼の（つまり）万物の父*が望むので[1]（つまり）考えることの（でき）ない、彼の善さが現れ出るので、彼は、不死の者たちとそれらの者たちの後で生じた者たちとの間に幕[2]を創り出した、つき従うものがつき［従］って。…………

であろう。それは、彼の憐れみおよび彼の跡をたどれないことと相俟って将来現れ出ることになるであろう。彼は、死なない者たちと、これらの者の後で生じた者たちとして数えられているものが、将来あらゆるアイオーン*と混沌（カオス）*について行くようになるため、女性の（持っている）欠陥が将来〈現〉れ、また生じることとなり、誤りが将来彼女と戦うことになるためであった。そして、他ならぬこれらのものが【119】霊の幕となったのであった、上のアイオーン〈たち〉から、光の流出のうちに、先ほど私が言ったばかりだが、そのようにして、あの光とあの霊*から（滴った）雫が、混沌（カオス）の全能者の埃の領域の上に来ることによって。それはあの（光の）雫[1]から彼らのこしらえ物*〈が〉現れ出るためである。それが、ヤルダバオート[2]*と呼び慣わされるアルキゲネトール*（最初に生み出す者）への裁きである。

§51 心魂的人間の成長

B 119 17—121 13

あの（光の）雫は、生きている心魂*への息吹によって、彼らのこしらえ物*を現し出した。

【120】（あの光の雫は）消失した。心魂の忘却のうちに眠り

込んでしまった。[1] 男性の大いなる光の息吹によって（あの光の雫）が熱くなったとき、[2] 彼は（さまざまな）考えのうちに考えもした。[3] 混沌*（カオス）の世界の内にある者たちがすべて（名前を受けるのだから）、また、そ（の世界）の中にあるものがことごとく、あの息吹が（世界）の中へと息吹くとき、あの死なないものを通して、名前を受けるのだからである。

さて、これらのものが、〈母〉ソフィア*の意志のうちに生じたとき、――それは、その場所に（ある）着物を、将来**【121】**盗人たちへの裁きのために、死なない人間が用意するためであった。――〈彼〉[4]はあの息吹からの呼吸を受け入れた。[5]

だが、彼は心魂的なものであるから、自分のためにあの力を与えるようになることはできなかった、混沌（カオス）の数が満たされるまでは。だが大いなる天使によって数えられている時が満たされるなら（できるようになるで

§51

〔B〕（1） あるいは「心魂の忘却によって眠ってしまった」。

（2） 「心魂が」も可。

（3） 底本は文字通りにとって「そして彼が（さまざまな）考えのうちに考えたとき」。冒頭の auō をギリシア語の kai のようにみなして副詞的にとった。セム語の we のようにみなし、単に主文の導入ととることも可能。

（4） 写本は「彼ら」。

（5） 他のところで「挨拶した」と訳した語。

§52　救い主の業

Ⅲ 117,1—118,3

【117】あの……と息吹[1]……。そして彼らが二つ（のもの）から一者になる……、

ちょうど、はじめからも（そうであった）ように、あなたがたが多くの実を結び、［万物の父］*の、それについて話［し］得ない喜びと栄光と［賞讃と］恵みのうちに、はじめからいる者のところにまで行くようになるために。

［さて］、清［いグノ］ーシス*［のうちに父が］わかっている者、［この者は］父のところへ立ち［去って、生］まれたのでない（アゲンネー［トスなる］）［父のうちに休息するであろう。欠乏*のうちに彼］がわ［かっている者が、その欠乏］

あろう）。

B 121,13—124,9

さて、私は死なない人間のことをあなたがたに教えてきた。また、盗人たちの縛りを、彼のもとから解いてきた[1]。私は【122】憐れみのない者たちの門を、彼らの面前で破ってきた。私は彼らの慮《おもんぱか》りを卑しめてきた。彼らは皆恥を受けた。彼らは自分たちの忘却から再び起きあがった[2]。

さて、次のことのために、私はこの場所に来ている。つまり[3]、将来、彼らが、あの霊*と息吹に軛《くびき》をつけられるため、また将来彼らが二つ（のもの）から単一の一者へとなるために、

ちょうど、はじめから（そうであった）ように、あなたがたが将来多くの実を結び、万物の父*の、それについて話しえない喜びと栄光と賞讃と恩寵とともに、はじめからいる者のところへ行くようになるために。

【123】さて、聖なる理解のうちに父がわかっている者は、父のもとにまで行くであろうから、将来も[4]、生じたのでない父のうちに休息するであろう。だが、欠乏*のうちに彼がわかっている者は、将来その欠乏のうちに陥って、第

と［第八］*（天）［の］安息*［へと立ち］去るであろう（ことを後目に）。

［さて］、不［死］の霊*（つまり）沈黙（シゲー）のうちにあって、思い（エンテュ［メ］ーシス）と好意（エウドキア）により、真理のうちにある光の（霊）がわかっている者には、不可視のものの（目に見える多くの）徴を私のところに持って来させよ。そうすれば、彼は沈黙（シゲー）の霊のうちにあって光となるであろう。

理解と愛のうちに人の子がわかっている者には、人の子の（一つの）徴を私のところに持って来させ、【118】第八（天）にあるものたちとともに（それらの）場所へと立ち去らせよ。

§53 弟子たちへの委託

Ⅲ 118 3—119 8

見よ、私はあなたがたに、全き者の名前、聖なる天使

§52

〔Ⅲ〕（1） 116頁欠損のため、これ以上の解説は不可能。

〔B〕（1） または「彼の後で」。

（2） 「復活する」と訳したのと同じ語。

（3） または「さて、こ（の上に述べたこと）のために、私はこの場所に来ているのである。（私が来たのは）」。

八*（天）に〈休〉息することとなる。

さて、死なない霊*（つまり）静けさのうちにあって、思い（エンテュメーシス）と好意（エウドキア）により、真理のうちに光である（あの霊）がわかっている者には、見えないものの（目に見える多くの）徴を私のところに持って来させよ。そうすれば、彼は将来、静けさの霊のうちにあって光となるであろう。

【124】理解と愛のうちに人の子がわかっている者には、人の子の（一つの）徴を私のところに持って来させよ。そうすれば彼は第八（天）にあるものたちとともにあの場所にいることとなろう。

B 124 9—126 16

見よ、私はあなたがたに、全き者の名前、聖なる天使

§53

（4） または「行こうとしており、そして将来」。

†1 巻末の用語解説の「見えざる霊」参照。

†2 ヨハ・アポ§41参照。

〔B〕（1） 巻末の用語解説の「安息」参照。

たちの母の意志をすべて現してきた。

それは、この場所で、男性［の群］が全うされるためである。それは、［限界のない者たちと］［大いなる］不可視の†1［霊の、その跡］をたどり得ない［富のうちに生］じている者たちが、［将来、アイオーン*たちのうちに現れ］出るためである。

［それは、彼らが］皆、［将来、彼の善］と、［彼らの安］息*［の］富か［ら受けるためである］。

そ（の安息）の［上には王国］はない
私こそが、［先立って］遣わされた者［から］来た。それは、私があなたがたに、アルキゲネトール*（最初に生み出す者）とその天使たちの心の高ぶりのゆえに、はじめからあった者を現［し］出すためである。――（心の高ぶりというのは）彼らは自分たちのことを、神々だなどと言うからである†2――。

また、私こそが、彼らの盲目を遠ざけるために来た。それは私が、あらゆる人に、万物の上に*（いる）あの神のことを言うためである。

【119】だから、あなたがたは彼らの墓を踏みにじれ。彼らの慮《おもんぱか》りは卑しめよ。そして、彼らの軛《くびき》は壊してしまえ。


たちとあの母との意志をすべて教えてきた。

それは、将来、この場所で男性の群が全うされるためである。それは、それらのものが将来、すべてのアイオーン*たちのうちに、【125】†1限界のない者たちから、見ることのできない大いなる霊の、その跡を辿ることのできない富のうちに生じている者たちに到るまで、（すべてのアイオーンたちのうちに）現れ出るためである。

それは、彼らが皆、将来、彼の善性と、彼らの休息(1)の場所の富から受けるためである。

〈そ〉（の休息の場）〈の上には王国はない〉。

さて、私こそが、遣わされた初めの者から来た。それは、将来、私があなたがたに、アルキゲネトール*（最初に生み出す者）とその天使たちの心の高ぶりのゆえに、はじめからあった者を現し出すためである。――（心の高ぶりというのは）彼らは自分たちのことを、神々だなどと言うからである†2――。

また、私こそが、【126】彼らを、彼らの盲目から遠ざけるために来た。それは私が将来、あらゆる人に、万物の上*に（いる）あの神を教えることになるためである。

だから、あなたがたは彼らの墓を踏みにじり、そして彼らの慮《おもんぱか》りを卑しめ、彼らの軛《くびき》を破り、そして私のもそして、私のものを呼び覚ませ。
私はあなたがたにあらゆるものに対する、光の子らとしての権威を（すでに）与えている。あなたがたが彼らの力をあなたがたの［両］足の下で踏みにじるためである」。

§54　救い主の退去と宣教の始まり

III 119 8—18

以上が、［祝］された救い主［の言っ］たことである。［彼は］彼らの［前から姿を隠した］。そして、［弟子たちは皆］、あの日［以来ずっと、霊*における］、それについて話［し得ない大きな歓び］のうちにある。

［彼の弟子たちは］、永遠に［不］滅［の霊］である神の［福］音［を宣］べ始め［た］。アーメン。

§55　表題

III 119 18

イエスの知恵

のである者を呼び覚ませ。
というのは、私があなたがたにあらゆるものに対する、光の子らとしての権威を、彼らの力をあなたがたの両足で踏みつけるために、（すでに）与えているからである」。

B 126 17—127 10

以上のことを、祝された救い主が言った。彼は【127】彼らを後に姿を隠［し］た。彼らはあの日以来ずっと、霊*における、それについて話し得ない大きな喜びのうちにある。

彼の弟子たちは、永遠の父なる神の福音を宣べ始めた、永遠に到るまで消滅することのない（神の福音を）。

B 127 11—12

イエス・キリストの知恵

雷・全きヌース

荒井献訳

『雷・全きヌース』は、その大半が一人称単数「私」を主語としてモノローグで語られるいわゆる「私」章句から成る。その前後に、二人称複数「あなたたち」に語りかける「戒め」が挿入されているので、「私」章句の部分と「戒め」の部分をパラグラフ分けにした。但し、各パラグラフが特定のテーマに添って配列されているわけではない。従って、以下の内容構成の各パラグラフには——「表題」「序言」以外には——それぞれのテーマが表示されていない。

内容構成

表題（§1）
序言（§2）
戒め（一）（§3）
「私」章句（一）（§4）
戒め（二）（§5）
「私」章句（二）（§6）
戒め（三）（§7）
「私」章句（三）（§8）

---

§1 表題

【13】雷・全きヌース(1)

§2 序言

私は力(2)から遣わされた。そして私は、私を思う者たちのもとに来た(3)。そして私は、私を求める者たちの中に見いだされた(4)。

§3 戒め(一)

私を見なさい。あなたたち、私を思う者たちよ。そしてあなたたち、私に聞く者たちよ、私に聞きなさい。あなたたち、私を待つ者たちよ、私をあなたたちのもとに迎え入れなさい。そして私を、あなたたちの視野から遠ざけてはならない。そして、あなたたちの声とあなたたちの耳に私を憎ませてはならない。あなたたちは、いかなる場所でも、いかなる時にも、私に無知であってはならない。気をつけなさい。15私に無知であってはならないのだ。なぜなら——

§4 「私」章句（一）

私は最初の者にして最後の者。(5)

---

(1) 「雷」はギリシア語で「ブロンテー」(brontē)。神または神的存在の「声」のメタファー(「雷鳴」)として用いられる場合が多い(ヨブ二六14、ヨハ一二29、黙六1など)。エピファニオス(『薬籠』26, 3, 1)が引用しているグノーシス派の『エバの福音書』では、秘教の啓示者が「雷鳴」と呼ばれている。三プロ**43** 13をも参照。「ブロンテー」の文法的性は女性なので、以下で自己を啓示する女性的存在「私」(の声)の比喩的表現としてこの表題が選ばれたと思われる。

これに並記されている「全きヌース」(nous teleios)は**18** 9で「私」の補語として用いられている。ヨハ・アポ§24では、バルベーローから出現する第六の神的存在が「全きヌース」(本シリーズ第一巻『救済神話』所収の大貫訳では「完全なる叡知」)と呼ばれているが、三プロ**47** 7では「プローテンノイア」(=バルベーロー)が自らを「全きヌース」と称している。「ヌース」の文法的性は男性なので、本文書ではこれを女性の「ブロンテー」と並記し、以下の「私」の両性具有的両義性を表題で示唆しているのかもしれない。

(2) ヨハ・アポ§13では、至高神(「万物の父」)の「思考」として最初に現出した「バルベーロー」(「万物の母」「万物のプロノイア」)が「力」と呼ばれている。他方、雷**14** 10で「私」は「エピノイア」と自称しているが、彼女はヨハ・アポ§57—68では、肉体の中に拘禁されたアダムを覚醒させるために働く女性的救済者で、プロノイアの顕現形態。エバに内在する「光のエピノイア」(§57)。

(3) 啓示者イエスの「私は来た」定式については、ヨハ八42、知恵Ⅲ**93** 8—12／B**81** 17—**82** 3参照。

(4) 箴八17参照。

(5) ヨハ黙一17。

私は尊敬される者にして軽蔑される者。
私は娼婦にして崇敬される者(1)。
私は妻にして処女(2)。
私は〈母(3)〉にして娘。
私は母の一部(4)*。
私は不妊にして多産(5)。
私は婚宴数多くして非婚。
私は助産婦にして(6)産み出さない者。
私は私の産みの苦しみを和らげる者(7)。
私は花嫁にして花婿(8)。
私は私の父の母にして私の夫の姉妹。
そして、私を産んだのは父の夫。
そして、彼は私の子孫。
私は私を備えた者の奴隷。
私は私の子孫の支配者。
【14】しかし、彼は[私を](臨月の)時の前に早産で(9)[生んだ]者。
そして、彼は(臨月の)時[に](生まれた)私の子孫。
そして、私の力は彼の出自。

私は彼の若き日の力の支え、
[そして、]彼は私の老いの日の杖。
そして、彼が望むこと、それは何にしても私に起こる。[10]
私は把握し得ない沈黙[11]にして、
思考重なるエピノイア。[12]*
私は声重なる言述にして、
かたち重なるロゴス。[13]*

(1) シモン派において娼婦ヘレネーは、「第一の神」シモンの「第一の思考(エンノイア)」(ユスティノス『弁明』I, 26, 2, エイレナイオス『反駁』I, 23, 2)。魂§1―3では、「姦淫者どもに身を渡して」売春していた「魂」は元来「父」(至高神)のもとにいた。
(2) 起源II **114**$_{9}$(「私(エバ)は処女」)参照。
(3) 起源II **114**$_{8-9}$(「私(エバ)は母」)/アルコ**89**$_{16}$「彼女(エバ)は私(アダム)の母」参照。
(4) 起源II **114**$_{8}$(「私は母(エバ)の一部」)参照。
(5) 『クレメンスの第二の手紙』二1参照。
(6) 起源II **114**$_{11}$(「私(エバ)は助産婦」)参照。
(7) 起源II **114**$_{11-12}$(「私(エバ)は産みの苦しみを和げる者」)参照。
(8) フィリ福§61a参照。
(9) ポワリエによる。マクレイは「誕生日に」。
(10) 起源II **114**$_{13-14}$(「彼が望むこと、それを彼は正しく語る。」)参照。
(11) シモン派では至高神を「大いなる力」「把握し得ない沈黙」と呼んでいる(ヒッポリュトス『全反駁』V, 18, 2)。
(12) 三プロでは、「私」プローテンノイア(バルベーロー)は「父の中に存在する思考」の出自(**35**$_{1-2}$)。ヨハ・アポ§57―68では、「エピノイア」はプロノイアの顕現形態。
(13) 三プロ**37**$_{20-25}$で「声」「言述」「ロゴス」はプローテンノイアの三つの滞在様態で、三プロ全体ではこれらが彼女の三つの顕現形態。

私は私の名の言表。[1]

§5　戒め(二)

どうして私を憎むあなたたちが私を愛し、私を愛する者(あなたたち)が私を憎むのか。私を拒むあなたたちが私を告白し、私を告白するあなたたちが私を拒む。私に真実を語るあなたたちが私に嘘をつき、私に嘘をついたあなたたちが私に真実を語る。私を知っているあなたたちが、私に無知であり、私に無知であったあなたたちが、私を知る者となるように。なぜなら――

§6　「私」章句(二)

私は知識*にして無知。
私は控えめにして大胆。
私は恥知らずにして恥を知る。
私は強力にして、恐れ。
私は戦争にして、平和。

§7　戒め(三)

私に注目しなさい。――私は屈辱を受けた者にして大いなる者。私の【15】貧困と富に気をつけなさい。私が地上に投げ出される時に、私に傲慢になってはいけない。[そして]あなたたちは私を、来るべきもの[2]の中に見いだすであろう。そして、堆肥の上にいる私を見てはならない。また、行って私を（そこに）投げ出してもならない。そして、あなたたちは私を諸々の王国の中に見いだすであろう。そして、私が、屈辱を受けた者たちの中に、また最も卑賤な場所[3]に投げ出される時に、私を見てはならないし、私を嗤《わら》ってもならない。そして、暴力にあって殺された者たちの中に私を投げ捨ててはならない。しかし、私はといえば、私は憐れみ深くして残忍である。気をつけなさい。私の従順を憎んではならない。そして、私の節制を愛してはならない。私が弱い時に、私を見棄ててはならない[4]。そして、私の力を恐れてはならない。どうしてあなたたちは、私の恐れを軽蔑し、私の誇りを呪うのか。しかし、私はあらゆる恐れの中に存在する者であり、おののきの中にあって力である[5]。私は弱い者であって、快楽の場所で快い[6]。私は愚者にして賢者[7]。どうしてあなたたちは、あなたたちの思慮の中で私を憎んだのか。な

（1）「名」は「本質」を表わす。その意味で「父」の「名」を発音できるのは、その「名」を有する「子」と「名」の「子ら」（真福§34参照）。

（2）男性複数（マクレイ、レイトン）にも中性複数（ポワリエ）にもとれる。筆者はポワリエと共に中性複数「来るべき王国」（**15**$_{9}$）の意にとる。**21**$_{28-29}$（「憩いの場所」）、『クレメンスの手紙Ⅱ』五5（「来るべき神の御国と永遠の生命に憩う安らぎ」）をも参照。

（3）同じ表現（ギリシア語で elachistos topos）がシェーム**14**$_{5-6}$にも見いだされる（「私に彼らのゆえに最も卑賤な場所に現れた」）。

（4）マクレイ、ポワリエによる。レイトンは「私が弱い時に」を前の文章にかけ、前の文章を肯定文にとっている（「私が弱い時に私の節制を愛しなさい」）。

（5）「恐れ」（ギリシア語で phobos）と「おののき」（コプト語で stōt. 恐らくギリシア語の tromos に当る）については、出エジプト一五16、申命記二25、使七32参照。

（6）三部教**72**$_{12-13}$、**92**$_{9}$参照。この場合の「快楽の場所」（ouhedonē intopos）は、クラウゼ訳 "Lust-Platz" が想定しているごとき「売春宿」（魂**130**$_{13-14}$参照）ではなく、マクレイ、レイトン、ポワリエの各訳が示唆している積極的意味に捉えるべきであろう。このことは後の文脈（「私は愚者にして賢者」）からも裏付けられると思う。

（7）Ⅰコリ一17-31、シル教**107**$_{9-17}$、**111**$_{27-32}$参照。

ぜなら、私は沈黙している者たちの中で沈黙するであろうから。そして、私は現れ、語るであろう。【16】あなたたちギリシア人よ、あなたたちはどうして私を憎んだのか。私が非ギリシア人の中の非ギリシア人だからか。なぜなら——

§8 「私」章句(三)

私はギリシア人の知恵にして(1)、非ギリシア人の知識(2)*。
私はギリシア人と非ギリシア人の裁き。
[私]はエジプトでその像多き者にして(3)、非ギリシア人の中で像無き者(4)。
私はあらゆる場所で憎まれた者にして、あらゆる場所で愛された者。
私は「命(5)」と呼ばれた者にして、あなたたちは(私を)「死」と呼んだ。
私は「法」と呼ばれた者にして、あなたたちは(私を)「無法」と呼んだ。
私はあなたたちが追いかけた者にして(6)、あなたたちが捉えた者。
私はあなたたちが散らした者にして、あなたたちが集めた者。
私はあなたたちが恥じた者にして、あなたたちが恥じなかった者(7)。
私はあなたたちが何の祭儀もしなかった者にして、その祭儀数多い者。
私はといえば、私は神無き者にして、神多き者(8)。
私はあなたたちが思い入れた者にして、あなたたちが軽視した者。
私は無学な者にして、人々が私から学んだ者(9)。

私はあなたたちが軽蔑した者にして、あなたたちが思い入れた者。(10)

私はあなたたちがそれ(私)から隠れた者にして、あなたたちがそれ(私)に現れた者。

しかし、あなたたちが私から隠れた時にはいつでも、私は自らを顕すであろう。

【17】なぜなら、あなたたちが「現れる時にはいつでも」、私は自らをあなたたちから「隠すであろう」から。

---

(1) Iコリ一22参照。
(2) 「知恵」(sophia)と「知識」(gnōsis)が対《つい》で用いられる例として、コヘ一16、ロマ二33、コロ二3参照。
(3) 知恵の書一五15(「エジプト人は)諸国民の偶像をみな神々と見做した」)、アスク**70** 5—6(「エジプトは天の像」)、6—7(「(エジプトは)天と天にあるすべての力の住居」)参照。
(4) タキトゥスは『歴史』(V, 5, 4)で、エジプト人の(偶像礼拝とユダヤ人の偶像拒否を対照的に報告している。
(5) 創三20(「アダムは彼女の名をゾーエー(命)と呼んだ。彼女はすべての命の母だからである」(七十人訳))参照。この句に基づくヨハ・アポII**20** 14—19の文言をも参照。——至福なる母父＝バルベーローは「アダムに助け手を送った。(すなわちそれは)光のエピノイアであり、彼からやって来た者であり、「ゾーエー」(命)と呼ばれた者である。さて、彼女は全被造物のために働く」。雷**13** 20で「私」は「母」と、また**14** 10で「エピノイア」と自称していた。
(6) アルコ**89** 22(「彼ら(アルコーンたち)は彼女(エバ＝「霊的な女」)を追いかけた」)参照。
(7) **14** 28—29参照。
(8) ユスティノス『第一弁明』六1(「私どもは神無き者」)、一三1(「私どもは神無き者ではない」)、シル教**96** 1—3(「「私は多くの神を持つ」と言う者は神無き者である」)参照。但し、ここは雷**16** 5—9(「像多き者」／「像無き者」)と同様の意味にとるべきであろう。
(9) オリゲネス『ケルソス駁論』(IV, 36)によれば、ケルソスは、ユダヤ人やキリスト教徒が「無学かつ無教養」でギリシア人が「教養豊かで博学である」と主張した。
(10) **13** 16—17参照。

§9　戒め（四）

［　±3　］した人々は［　±6　］者によって［　±6　］無分別に［　±6　］私を［　±3　］苦悩からあなたたちの［理解へと］受け入れなさい。そして、私を理解［と］苦悩からあなたたちのもとに受け入れなさい。そして私を、醜く破壊している諸々の場所からあなたたちのもとに受け入れなさい。そして、（私を）善きものの中から、たとえ醜い仕方であっても奪い取りなさい。恥辱から私を破廉恥な仕方で受けいれなさい。破廉恥と恥辱から、あなたたちの内なる私の[1]*肢体を取り返しなさい。[2] そして、私のもとに来なさい。私を知る、そして私の肢体を知るあなたたちよ。そして、小さな最初の被造物の中に大いなるものを建てなさい。小さきもの[3]のもとに来なさい。そして、それが小さく卑小であるからといって軽蔑してはならない。そして、小さきものから部分的に（在る）大いなるものを追い払ってはならない。小さきものは大いなるものから知られるのだ。[4] なぜあなたたちは、私を呪い、かつ敬うのか。[5] あなたたちは殴りつけて、憐れんだ。私を【18】あなたたちが［知った］最初のもの[6]から引き離してはならない。［そして］誰をも投げ出してはならないし、誰にも背を向けてはならない［　±7　］［　±5　］あなたたちは背を向けなさい。そして［　±6　］［　±4　］彼を知らない［　±4　］［　±5　］私のものは［　±6　］。私は最初のものを知っている。そして、これら（最初のもの）の後に（在る）ものは私を知っている。しかし——

§10　「私」章句（四）

私は［全き］ヌース（叡知）[7]

そして［　±3　］の安息[8]*［　±4　］

私は私の探究の知識(9)*にして、
私を求める者たちの発見にして、(10)
私に尋ねる者たちの命令にして、
私の知識の内なる諸力の力(11)*、
15 私の言葉によって遣わされた御使いたち(12)の力、
そして、私の計らいによる諸々の季節(13)の中なる神々(14)の力、
そして、私と共にあるすべての男の霊の力、

(1) 三プロ**41**7、**44**10参照。
(2) ポワリエによる。クラウゼ、マクレイは「とがめなさい」。
(3) マタイ一〇42、一六6、10、14、起源II**124**10―12参照。
(4) プラトン『法律』902D―E、『クレメンスの手紙I』三七4参照。
(5) 雷**13**16―17、**15**22―24、**18**20―23参照。
(6) 「最初の被造物」(**17**24)のことか。**18**7の「最初のもの」をも参照。
(7) 本文書の表題(**13**1)はここから採られたと思われる。
(8) シェーム**39**11―12(「ヌースは安息である」)参照。
(9) **14**26参照。
(10) アレクサンドリアのクレメンス『絨毯』IV, 121, 4(「グノーシスは発見に至るまで探究されなければならない」)、三部教**66**26(「(父の名としての御子は)探し求められる者たちの啓示」)参照。
(11) シル教**113**15(「彼(キリスト)はすべての生きものと諸力に命を与え養う」)参照。
(12) **21**15―16、ヘブ一14参照。
(13) コプト語 hin noute を hin-nou-te ととって「彼らの季節(複数)の中」と訳す(マクレイ、レイトン)。クラウゼ、ポワリエは hin innoute ととって「神々の中」と訳す。しかし、後者の訳では「私の計らいによる」が意味をなさない。
(14) 季節季節に祭りが行なわれる神々を示唆か(プラトン『エピノミス』985E―986A 参照)。

私の内に住まう諸々の女の力(1)。

私は敬われ、讃えられる者にして、軽蔑され、疎まれる者(2)。

私は平和にして、私ゆえに戦争が起こる者(3)。

そして、私は外国人にして市民(4)。

私は本質にして、本質を有しない者(5)。

私と本質を共有(6)する者(7)は私を知らない者。

私の本質(8)に在る者は私を知る者。

私に近い者たちは私を知らなかった(9)。

そして、私から遠くにいる者たちは私を知った者。

私が［あなたたち］に近づく日に、**【19】**あなたたちは［私から］遠くにいる。

［そして］私があなたたちから［遠くにいる］日に、［私は］あなたたちの［近くにいる。］

［私は　±5　］心の［光］(10)。

［私は　±5　］自然の［　±7　］

［私は　±6　霊の］被造の［　±8　］

［　±5　］魂の要求。

［私は］抑える者にして、抑えない者。

私は結合にして解消。

私は滞在にして解消。

私は下りにして、人々が私に上る。[11]
私は有罪判決にして、無罪放免。[12]
私はといえば、私は罪なき者にして、罪の根の出自。
私は外見欲望にして、心の節制わが内に。

---

(1) ヨハ・アポ§57によれば、「善を行なう霊と憐れみに富む者」(＝バルベーロー)によってアダムに「助け手」として送られた「光のエピノイア」(雷**14** 10で「私」の自称)は、アダムにより「ゾーエー」(「命」＝エバ)と呼ばれ、彼女は「全被造物のために働く」。

なお、14行目から19行目まで、「諸力」→「御使いたち」→「神々」→「男の霊」→「女」の「力」としての「私」については、ヒッポリュトス『全反駁』V, 9, 5(「大いなる力」の場合)、V, 16, 13(「すべての生けるものの母」エバの場合)、三プロ**35** 12―21(「プローテンノイアの場合)参照。

(2) **13** 16―17、**17** 32―34、**20** 9―11参照。

(3) **14** 31―32参照。

(4) 『ディオグネトスへの手紙』五5(「(キリスト者は)市民のようにすべてのことにあずかるが、しかし外国人のようにすべてを耐え忍んでいる」)(佐竹明訳)参照。

(5) 「本質」はギリシア語でousia.『ヘルメス文書』VI, 4(「神の本質《ウーシア》は、もし本質があるとすれば、美であり、他方、美と善とはこの世界《コスモス》にある何もののうちにも把握されないのである」)参照。神に本質(ousia)があるかどうかは、当時の議論のテーマであったと思われる。同II, 5(「しかし、神であるなら、〔規定される〕本質さえ有さない〔anousia-stos〕」)も参照。

(6) ギリシア語でsynousia.

(7) 前の文章を受けて、「私は本質を有しない者」であるのに、「私と本質を共有する(と思っている)者」の意か。マクレイは、「私と本質を共有しない者は……」と訳しているが、この訳はコプト語本文への修正を前提する(マクレイは本文を修正していない)。

なお、レイトンはousiaを「財産」の意に、synousiaを「交接」の意にとって、「私は財産にして、財産を有しない者、私と(性的)交接をする者は私を知らない者」と訳している。

(8) この場合の「本質」は29行目の「私は本質にして」の「本質」か。この関連でセツ教**124** 25―29(「私たちはあなたを賛美します。(あなたは)非本質(atousia)にして諸々の私はすべての人に達する聴力にして、捉え得ない言葉[1]。
私は話し得ない唖者にして、私の多弁は大いなるもの。

§11　戒め(五)

私に優しく聴きなさい。そして私から厳しく学びなさい。

§12　「私」章句(五)

私は《大地に[2]》叫ぶ者にして、大地に投げ出される者[3]。
私はパンと〈[4]　〉内にヌース(叡知)[5]を備える者。
私は私の名の認識[6]*。
私は叫ぶ者にして、聴く者。
【20】私は顕にして［　±10　］歩む［　±11　］
［　±6　］私の［　±12　］［　±25　］
［　±6　］私は［　±10　］［　±6　］弁明［　±10　］
私は「真理」と呼ばれる者にして［私の名は］暴力。

§13　戒め(六)

あなたたちは私を崇敬する［　±5　］そして、あなたたちは［私の］陰口を言う[7]。あなたたちは、負けたなら、彼らがあなたたちに判決を言い渡す前に、彼らを裁きなさい。裁き人と党派性はあなたたちの中にあるのだ。もしあなたたちがこれ(党派性)によって判決を下されるなら、誰があなたたちを釈放するであろうか。あるいは、もしあなたたちがこれによって釈放されるなら、誰があなたたちを抑えることができようか。[8] あなたたちの内側は、あなたたちの外側なのだ。[9] あなたたちの外側をつくる者は、あなたたちの内側をかたち造るものなのだ。[10] そして、あなたたちがあなたたちの外側に見るものを、あなたたちはあなたたちの内側に見るのだ。それは見えている。それはあなたたちの衣なのだ。聴きなさい。あなたたちに聴く人よ。そして、私の言葉を学びなさい。あなたたち、私を知る者たちよ。

存在(hyparxis)に先立つ存在、諸々の本質に先立つ本質」)をも参照。

(9) 詩六八12、マコ六4/マタ一三57/ルカ四24、トマ福・語録八二参照。

(10) ポワリエによる。クラウゼは「心の［覆い］」。

(11) ヒッポリュトス『全反駁』IX, 10, 4(「上り道と下り道は一つで同一」)＝ヘラクレオン(ヴァレンティノス派)『断片』60、柱**127** 20(「上り道は下り道」)参照。

(12) **16** 13—15、ロマ三20、五13、七7-8参照。

---

(1) 三プロ**50** 16参照。

(2) 重複誤記として本文から削除(30行目の「大地に」参照)。

(3) シラ書二四3参照。

(4) 知恵の書一六20—21、ヨハ六31-34、フィリ福§15参照。

(5) シラ書一五3参照。

(6) **14** 14参照。

(7) **13** 16—17参照。

(8) 以上、裁きの相対性を示唆か。マタ七1-2、マリ福**15** 17—18参照。

(9) 『クレメンスの手紙II』一二3、『エジプト人福音書』五、トマ福・語録二二参照。

(10) ルカ一二40参照。

§14 「私」章句(六)

私はあらゆるものに達する聴力。
私は捉え得ない言葉。(1)
私は声の名前にして、名前の声。(2)
私は文字の徴にして、分離の顕示。(3)
【21】[　±20　]
[　±20　]
[　±20　]
[　±6　]光[　±6　]
[　±6　]そして[　±6　]
[　±6　]そして聴き[手　±6　]
[　±4　]あなたたちへ[　±6　]
[　±5　]大いなる力。(4)そして[　±2　]
[　±5　]名前を動かさないであろう。
私を創った者は[　±5　](5)いる者。
しかし、私は彼の名を告知するであろう。(6)

§15 戒め(七)

さて、彼の言葉と実現したすべての書物とを見なさい。それから、気をつけなさい、聴き手よ、そしてあなたたちよ、御使いたちよ、遣わされた者たちよ、死人から甦ったあなたたち霊*たちよ。私はひとり存在する者にして[7]、私を裁く者は誰もいない[8]。数多い罪の中に、そして不節制の中に、そして悪しき情熱の中に、そして(人を)制する欲情の中にあるものは、多くの甘美な相《すがた》を呈している。その後に彼らは酔いから醒めて、憩いの場所に昇り行くであろう[9]。そして、彼らはそこに私を見いだすであろう。そして、彼らは生きるであろう。そして、彼らは再び死ぬことはないであろう[10]。

---

(1) **19** 21―23参照。

(2) **14** 13―14参照。三プロ§5では、「声」としてのプロテンノイアが「三つの名前」を持っている。

(3) 古代ギリシア語文法の要諦を示唆する術語か(ポワリエ)。

(4) 本文の欠損のため、ここで「大いなる力」が何を指すかは明らかでないが、本文書の冒頭(**13** 1)から推定して「私」を地上に遣わした「力」としての至高神を指すと思われる。至高神を「大いなる力」と呼ぶのはシモン派の特徴といわれる(ヒッポリュトス『全反駁』V, 9, 5; IV, 9, 4. 13; 18, 3. 使八10をも参照)。しかし、この呼称はシモン派だけに限定されるものではない(トマ福・語録八五その他参照)。力(VI／4)では至高神が「われらの大いなる力」と呼ばれ、これが表題にも用いられている)。

(5) ポワリエはシェンケの復元を採って「[立って]いる者」とし、ここにもシモン派における至高神の呼称との並行を見いだしている(ヒッポリュトス『全反駁』VI, 17, 1; 18, 4)。しかし、この復元は筆者には無理と思われる(マクレイ、レイトンも同様)。また、たとえこの復元が正しいとしても、「立っている者」という至高者の呼称は――ポワリエ自身が認めているように――シモン派のみに限られるものではない(例えば柱**119** 4参照)。

(6) 柱**119** 20―21参照。

(7) イザ四四6(七十人訳)参照。

(8) イザ五〇8参照。

(9) 『ヘルメス文書』I, 27-28, VIII, 1, トマ福・語録二八、シル教**94** 19―22参照。

(10) トマ福・語録一、二参照。

真正な教え

小林稔 訳

内容構成

身体を棄てて上昇する魂(32 9—33 3)
無分別な人々と異邦人(33 4—34 2)
無分別な魂と理性的な魂(34 3—35 22)

魂の神的起源とロゴスの役割

【22】…………不[1][可視の　±2　]……が、自分のうちに[あった]不[死の]天で……[の内に休息して]いるとき(のこと[2]、それは)隠れている諸天[　±6　]何ものも、[また](目に見えるものとして)現れている[ものも]、現れる[以前](のことであり)[3]、不可視で言い表すことのできない世界が現れる[以前](のことであるが)、義しい魂*が来たのはこれらのものからなのである、(今は)肢体の仲間、身体*の仲間、そして霊*の仲間として存するのではあるが。(魂は)下降のうちにあるのであれ、プレーローマ*のうちにいるのであれ、それらのものから分離されてはいない状態にあって、彼らは彼女[4]を見ており、彼女は不可視のロゴス*のうちに彼らを見つめている。

彼女の花婿がその(ロゴス)を持ってきたのは密かにであった。彼はそれを彼女の口に与えた、ちょうど食物のようにして、彼女にそれを食べさせるために。また彼はそのロゴスを彼女の目に与えた、ちょうど薬のようにして、彼女に自分の叡知で見させ、自分の同族を(叡知で)知らしめ、自分の根を学ばせようとして。それは彼女が来始めた自分の枝にしがみつくようになるためである。[5]それは彼女が自分のものを受け、[物質*]を棄てるようになるためである。

魂とパトス(養子)の混合

【23】…………[6]［ある人が一人の女性と］結婚しており、彼女に息子［たち］がいる場合と同じように……。［その人の[7]］息子たちは本当には彼の種［子*］から［生じた］この人々（だけ）である。[8] 彼らはその女の息子たち[9]を慣習的に「われわれの兄弟たち」と呼ぶ。霊*的な魂*（も）同様である。彼女が身体*の中に投げ込まれるとき、彼女は欲望と憎しみと妬みの兄弟となり、そして物質的な魂（となった）。それで、その結果、ほかならぬ欲望から身体が（生じて）来ており、欲望は物質的な存在から（生じて）来ているのである。このために魂は彼らの兄弟となって[10]しまった。もっとも彼らは男（親）からは（遺産を）受け継[11]ぐことのできない養子[12]であり、彼らが受け継ぐのは自分たちの母からだけなのである。それで、魂が養子たちとともに受け継ぎたいと思うなら、その時には、養子たちの財は諸

（1） 1—3行目は完全に欠損。4行目は左の五字と右端が、5—7行目は左の六字前後と右端が欠損。

（2） メナールの理解に従ったが、「……不［可視の］……、不［死の］天で……［に］彼が［休息して］いるとき、［彼女（魂が）］彼の内に［いたとき］（のこと）」と読むことも可能。

（3） 以上4行目からは、［ ］はメナールの推定復元による。底本（マクレイ）は復元を控えている。

（4） 魂が擬人化されている。

（5） 「根」と「枝」の表象はロマ一一16-21にも出る。

（6） 1—3行目は完全に欠損。4—6行目は左の六字前後と右端が、また7行目は左の四字、8行目は左の五字が欠損。

（7） 以上4行目からは、［ ］はメナールの推定復元による。底本（マクレイ）は復元を控えている。

（8） あるいは「［その人の］息子たちは本当にはこの人々（だけ）である。彼らが［生じた］のは彼の種［子］からである」。

（9） 自分たちと同じ父親から生まれたのでない、異母兄弟たち。

（10） 「姉妹」と訳したいところだが、言葉通りに訳しておく。先行する比喩を受けているのであろう。

（11） 言葉通りだと「（他人が彼らに）受け継がせる」。

（12） メナールに従って、そのまま šr mpol と読んだが、マクレイは「よそ者」（šr mpbol）の意味に読み、私生児、孤児の意味合いを示唆する。いずれにしても異父兄弟（レビ一八9参照）をさす。

パトス*、諸々の欲望、生活の諸快楽、妬み、憎しみ、虚しい栄光、無駄話、訴えであるから……【24】………[1]［彼女の］遺［産を……。

魂の売春と獣的状態への堕落

さて、もしも］一つの（魂）*が［、無分別なもの］であって、自分のために［淫行の霊］を[2]［選ぶなら、その時には］[3][4]彼は［彼女を］閉め出して、彼女を売春宿に［投げ込む］ものである。というのは［彼は］彼女のところに放蕩を［持ってき[5]］たのである、彼女が慎みを［棄てるので。］というのはすべての人の前に死と生命が差し出されており、[6]これら二つのうちからどれかを選ぶ人は、彼らはそれを自分たちのために選ぶのである。

さて、あの（魂）は放蕩［と共に[7]］葡萄酒の深酔いに陥ることとなる。放蕩は酒だからである。[8]彼女は自分の兄弟たちのことも自分の父のことも考えないものである。なぜなら、快楽と甘い利益が彼女を惑わせているからである。

彼女は知識*を棄ててしまった状態にあって、獣性に陥ってしまっている。愚かな人は獣性に陥っているのだからである、語るべきこと、語るべきでないことを知らずに。

真正な遺産相続者と養子（パトス）の違い

だが、思慮深い息子、彼は喜びのうちに自分の父から（遺産を）受け継ぐものである、彼の父が彼のことを喜んで。というのも、（父はその息子）のゆえにすべての人から栄誉を受けるからであり、また、彼の方でも受けたものが増やされる方法を[9]探しているのである。なぜなら、養子たちは……

【25】………[10][欲望の思いは節制]と混じる[ことができない][11]。[なぜなら、その欲望の][12]思いが童貞である人に入るなら、彼は汚れた[状態になってしまっている][13][から]である。そして彼らの大喰いは中庸と混じることができない。

小麦ともみ殻の比喩

というのは、もみ殻が小麦と混じるなら、それは常に汚れているもみ殻ではなく、小麦なのである。[14] それらが

---

(1) 1―3行目は完全に欠損。4―8行目は右端が欠損している上、左端も4行目が九字前後、5―6行目は五字が欠損。
(2) メナールの推定復元にしたがって nou[pna n]tp[orni]a と読んだが、フンクは「分離する霊を」(nou[pnae]tp[ōr]č)と推定復元している。
(3) 以上4行目からは、[ ]はメナールの推定復元による。マクレイは復元を控えている。
(4) つまり「その霊」
(5) メナールの推定復元による。
(6) 申三〇15、19、エレ二一8などにみられる二つの道の教え。伝統的な見方では、グノーシス主義には決断の価値が否定されていると言われるが、以上のような言明がある。
(7) メナールの読み方(hi)による。マクレイは「放蕩のうちにあって(hn)」と読んでいる。
(8) エフェ五18参照。
(9) マクレイに従う。メナールは「受けた財産の増やされる方法を」。
(10) マクレイによると、およそ三行分が完全に破損。4行目もほぼ完全に破損、5行目は左の五字と右端が、また6行目は左の二字が破損。メナールは、クラウゼに従って完全欠損を二行分と数えるので、以下数え方が一行ずつずれる。
(11) 以上4行目からは、[ ]はメナールの推定復元による。
(12) メナールによる。マクレイは「欲望の」と定冠詞なしで復元している。
(13) メナールの推定復元で afcō と読む。マクレイは「彼はすでに汚れてしまった」(afouō)と推定復元。
(14) あるいは「その(小麦と混ったもみ殻)は相変わらず

互いに混じっているからである。誰も彼女の小麦を（小麦としては）買わないであろう、（その小麦は）汚れているからである。だが、（人々はもみ殻）に混じっている小麦を見ているから、「このもみ殻を売ってくれ」と、彼に追従するであろう、（そしてついには）それをえて、他のすべてのもみ殻と一緒に投げる（であろう）、そして、あのもみ殻が他のすべての物質*と混じることとなる。[1] 種子*は、それが聖いものであるときには、それは倉で自らを守っているものである、（それらの倉）は安全であるから。

ともかく、以上すべてのことをわれわれは話した。[2]

父の先在と権力の発生

そして何かが生じる以前に、存在するのは父だけである。天にある世界*が現れる以前には、地上の世界も、はじめも権力も力も[3]【**26**】……[4]［彼の命令にそって］[5]現れ［ ±4 ］。そして［ ±5 ］［ ±3 ］。彼の意志なしには何も生じなかった［からである］[6]。

権力（パトス）と魂の闘い

さて、彼、つまり父は、自分の［富］と自分の栄光を顕したいと思ったので、この世界にこの大いなる闘いを置いた。闘士たちを現れさせ、闘う者たち皆に、生じたものを棄てさせ、優れた、把握できない知識*によってそれらを軽蔑させ、存在する方の方に急がせたいと思ったからである。

そして、敵対しているのはわれわれと闘う者たちであり、彼らが闘うのはわれわれに対してである。われわれが彼らの無知を打ち破るのはわれわれの知識によってであり、われわれが知り始めているのは、われわれがそこから来た、近づくことのできない方である。[7] われわれはこの世界に何も持っていない、この世界の、(かって)生じた権力が、われわれを天にある諸世界*、普遍的な死がその中にあって、個々のものがそ(の死)を取り囲んでいるこの(諸世界)に引き留めているだけである。【27】………[8]「われわれに(敵)対している」この世的「な力の側からは……。それはわれわれが」恥じ「ないためである」。世「のために」(世のものたちが)われわれを「中傷」するとき、(魂)*がそれらのものを気にしないのはわれわれのためである。[9] そして、われわれが彼らのことを無視するのは自分たちのためである。彼らがわれわれを侮辱し、われわれの顔に対して恥を与えるとき、われわれは他ならぬ彼ら

汚れているが、(もはや)もみ殻ではなく、小麦なのである」。

(1) 言葉通りだと「彼に追従するであろう、それをえて、他のすべてのもみ殻と一緒に投げる(まで)、そして、あのもみ殻が他のすべての物質と混じることになるまで」。麦ともみ殻の表象はマタ三12などにも出る。

(2) より言葉通りには「われわれが話したのは以上すべてのことである」。

(3) この三者はⅠコリ一五24に同じ順序で出る。但し、ここで「はじめ」と訳した語は、ふつう意味内容をとって、「君侯たち」(青野訳)「支配」(新共同訳)「君たち」(口語訳)などと訳されている。

(4) メナールは、「まだ存在しなかった」というような文を想定するが、1―3行目は完全に欠損。4行目は左の四字と右端が、また5行目は五字と右端が欠損。

(5) メナールの推定復元による。マクレイは復元を控えている。

(6) ヨハ一3参照。

(7) 「われわれは、自分たちがそこから来た、近づくことのできない方を知り始めているからである」も可能。

(8) 1―3行目は完全に欠損。4行目は左の五字と右端が、5行目は左の四字が欠損。

(9) 以上4行目からは、「　」はメナールの推定復元による。マクレイの推定復元によれば、「彼らがわれわれを「中傷」する間、彼らを気にしないにもかかわらず、われわれもこの諸世界を恥じつつ「いた」」。どちらの復元をとっても、そしてこの後の数行も、状況を述べる複文にとるか、補語か主語を強調する強調構文にとるか、またどこに句読点をつけるかによって、さまざまな読解が可能。

の方を見つめ、（何も）言わない。

あの者たちの方は自分たちの仕事をやり遂げ、われわれの方は渇きのうちに上の方へ行く、われわれの住処の方、われわれの国籍とわれわれの内奥の意識が見つめる場所*を見つめつつ、生じたものにしがみつかず、それらから身を引いて。われわれの心があるのは存在しているものたちに対してである、われわれは病気で、弱く、苦しんではいるが、われわれの内部には隠れた大きな力があるので。

われわれの魂*は確かに病気である。彼女（つまり魂）は貧しい家におり、物質が彼女を見えないようにしようとして、彼女の目を撃つのだから。このゆえに、彼女はロゴス*を（繰り返し）追い求め、薬のようにして自分の目につける、水を飲み、(1)……を締め出しながら。【28】…………(2)「それは彼らがその人の視る力」の上に盲目「を将来導き入れるためである」(3)。その後で、もしあの人が再び無知「のうちに」いるなら、彼は全「体が」闇であり、物質「的である」。同じように、魂がロゴス*を「受ける」(4)のはいつものことであり、それを自分の目に与えるのは薬のようにしてである。それは彼女が見るようになるため、彼女の光が彼女と闘っている〈敵〉(5)どもを隠すため、彼女が自分の光で彼らを盲目にするため、自分のいることで彼らを閉じ込めてしまうため、不眠によって彼らを押しつぶすため、彼女の力のうちにまた彼女の王錫のうちに彼女が自らを顕す(6)ためである。

彼女の敵どもが彼女の方を見つめて、恥じ入っているとき、彼女が高いところへと逃げてゆくのは自分の宝庫の中へであり、——この（宝庫）は彼女の叡知がその中にあるものである——安全な倉（の中へである）。生じたもののうちの何ものも彼女を捕らえなかったからである。彼女も自分の家によそ者は受け入れなかった(7)。なぜなら、彼女の家の子供たちは数が多いからであり、（その状態はと言えば）彼らは昼も夜も彼女に対して闘っているのである、【29】「昼も」夜「も」休まずに。「というのも」自分たちの(8)欲望が彼らを苦しめているからである。

悪魔の比喩としての漁師

［それで］われわれが眠らないのはこのためであり、われわれが忘れな［い］のは密かに張っている［その］（多くの）網である。（それらの網が）われわれを捕らえようとして、われわれを追い求めているのである。なぜなら、彼らは一つの網でわれわれを捕らえるなら、（その網）は自分の口の中へとむさぼり喰うであろう――水がわれわれの上を流れ、（その水）がわれわれを撃っていて。そして、われわれは底引き網の下に引きずり降ろされ、われわれはその（底引き網）から出ることができなくなるであろう。なぜなら、水はわれわれにまさっているからである。（その水は）上から下へと流れていて、われわれの心を、泥*そのものの中に沈めようとしているのである。そして、われわれは（それらの水）から逃れることができなくなるであろう。われわれを捕らえ、われわれを喰うことになるものたちは人喰いたちだからである。彼らが喜ぶのは、針を水の中に投げるときの、漁師のようにしてである。（漁師は）多くの種類の餌を水に投げ入れるものである。それぞれの魚に自分の食べ物があるからである。[9]という

（1）メナールに従って esouōm のままで読む。マクレイは「それらを開けようとして（esouōn）」と修正している。

（2）1―3行目は完全に欠損。4行目は左の四字と右端が、5行目は左の五字と右端が欠損。

（3）以上4行目からは、メナールの推定復元による。マクレイの推定復元によれば「……の考え……盲目……の上に」。

（4）この推定復元はメナールによる。

（5）マクレイは「闘い」（polemos）のまま残しているが、メナールの修正（polemios）を採る。

（6）あるいはマクレイの訳のように「大胆に行動する」。

（7）かたち通りにとったが、マクレイの訳は mpesči を empesči の意味にとって「受け入れなかったからである」。

（8）言葉通りだと「あなたの」（tou）だが、teu と読み替える。

のは（魚）は（自分の餌）を嗅ぎとって、その匂いを追い求めるものである。さて（魚）が（餌）に喰いつくなら、その時にはあの餌の内部に隠れていたあの針が（魚）を捕らえ、深い水の中から（魚）を力ずくで引き出すものである。確かに、深い水の中では人は誰も（そこにいる）あの魚を捕らえることはできない、【30】漁師［が］かけた罠によって［でなくては］。彼は餌によってあの魚をあの針［のところへ］連れ出した。

われわれがこの世にいるのは、まさにこれと同様で、それらの魚のようにしてである。敵対者がわれわれを監視し、われわれを追い求めており、ちょうど漁［師］のようにわれわれを捕らえようとし、われわれを食べようとして［喜んで］いるのである。なぜなら、（敵対者）はわれわれの目の前に多くの餌を［持ってくるものであり］[1]、（それらの餌は）この世のものなのである。（敵対者）は、われわれにそれらの一つをほしがらせ、小さな部分だけを味わわせ、隠れている自分の毒[2]でわれわれを捕まえ、自由からわれわれを取り出してしまい、隷属へと引き入れてしまいたいのである。というのは、彼がわれわれを一つの餌で捕らえるなら、〈われわれ〉[3]に他のものもほしがらせるのは実に必然なの〈である〉[4]。そうして最後には、これらのものが同じようにして、死の餌となるのである。

パトスの表

さて、これら（以下に述べるもの）が、悪魔がそれでもってわれわれを追い求めるのを常とする餌である。彼はまず、あなたの心に悲しみを投げ込む、あなたがこ（の世）の生活の小さなことのために苦しむようになるまで。そして彼は自分の（多くの）毒でわれわれを捕らえる[5]に到る。そして、その後には衣類についての欲望（を投げ込む）、あなたが（その衣類）で自慢するようになるまで。【31】そして金をほしがること、自慢、思い上がり、妬み——それは他の妬みを妬んでいるのである——、身体の美しさ、堕［落］（を投げ込む）。これらすべてのもの、それらの

（中で）最大のものは、[6] 無知であり、安易さである。

パトスに生きる魂と知識をえた魂

さて、これらすべてのものは、同じように、あの敵対者がそれらをきれいに準備し、「それらを」身体の前に拡げ「るのを常とす」る。魂の心*をそれらの一つに向けさせ、（魂）を捕らえてしまいたいと思って。ちょうど針のようにして、（敵対者は）彼女（つまり魂）を力ずくで無知へと引っ張ってゆき、彼女を騙し、ついには彼女は悪を孕み、物質*の（多くの）実を結び、穢れのうちに生きるようになってしまう、多くの欲望、多くの貪欲を追い求めて。肉的*なものの甘さが、無知のうちに彼女を引きずり込んでいるのである。

だが魂は——これらのことを味わった彼女は——パトス*が甘いものであっても一時的であるということを知った。彼女は（その前に）悪について学んだのである。彼女はそれらのものから自らを取り出した。彼女は新しい振舞いの中に入った。[7] その後では、彼女はこの（世の）生活を軽蔑し——（この世の生活は）一時的だからである——、自分を生命に入れてくれるはずの食べ物を求め、【32】策略の餌を棄て、自分の光について学ぶものである。彼女

（9） フィリ福§119以下参照。

（1） メナールの推定復元による。マクレイの推定復元によれば「投げ込むものであり」。
（2） 先に「薬」と訳したのと同じ語。
（3） 写本は「彼に」だが、マクレイとメナールの修正を採る。
（4） 写本は tre だが、マクレイとメナールの修正をとって te と読む。
（5） メナールのようにそのまま読む。マクレイは「あなたを」と修正している。
（6） pounoc te を peunoc pe の意味に採る。
（7） 言葉通りだと「生じた」。

はこの世を脱ごうとしているからである。彼女の本当の着物は、彼女の内に、彼女の内部に「与えられ」ており[1]、彼女の花嫁衣装は、肉の欲望の内にではなく、心の美しさのうちに彼女を被っているからである。

身体を棄てて上昇する魂

彼女は自分の深淵について学び、自分の中庭へと急ぐものである、彼女の牧者が門のところに立っている「ので」。そして、彼女がこの世で受けた恥と不名誉はすべて、彼女はそれらの一万倍の恩寵を栄光と共に受けるものである。

彼女は身体*を、それを自分に与えたもの〈たち〉に与えてしまった。彼らが恥じ入っている中で。身体（を売買する）商人たちが座って泣いている中で。なぜなら、彼らは（もはや）あの身体で商売することができなくなってしまったからである。彼らはまたその（身体）の代わりに、在庫品を（もはや）一つも見いださなかったからである。彼らは、この魂の身体をかたち造るまで大いに労苦したのだった、不可視の魂*を堕落させてやろうと思って。そこで彼らは自分たちの作品のために恥じ入ってしまった。彼らは自分たちがそのために労苦したものを失ってしまった。彼らは、彼女に霊的*で不可視の身体があることを知らなかった、「彼女を養う牧者はわれわれだ」と考えて。彼らは知らなかった、【33】自分たちに隠れている他の道を、彼女が知っていることを。彼女の真の牧者が知識*のうちに彼女に教えたのはこれだったのである。

無分別な人々と異邦人

だが、あの無分別な人々は神を求めず、安息*のうちにある自分の住処を探さず、獣性のうちに歩んでいるので、あの人たちは異邦人よりも悪い。なぜなら、まず神を探さないからである。彼らの心の頑なさが、彼らに（頑固さ）を実践させようとして、彼らをその頑固さへと駆り立てるものだからである。また、彼らは他の誰かを、その人が自らの救いを求めているところを、見いだすと、彼らの心の頑なさが、（その人）に対して行動するものなのである。(2) （その人）が求めていて、それをやめない状況だと、自分たちの頑固さのゆえに（その人）を殺してしまうものなのである、自分たちが自らのために行なったことは、自分たちのよい（業《わざ》）なのだと考えて。

彼らは実に悪魔の息子たちである。というのは、異邦人は同じように施〈し〉をし、天にいる神が自らの礼拝する、自分たちの偶像たちより優れていることを知っているのである。(3)【34】それに対して彼らは、彼の道をこそ探すべきなのだというあのロゴスに、(4)（昔から今に至るまで）ずっと耳をかさないでいる。(5)

無分別な魂と理性的な魂

さて、以上のことは（次の人）と同様である。無分別な人は招きを聞くが、自分がそこへと招かれたその場所*について無知なままでいる。そして、彼は呼びかけの間に尋ねなかった、「神殿はどのような場所にあるのか、私が往って、そこで自分の希望を拝することになるその（神殿）は」と。

ところで、彼はその無知のゆえに（一人の）異邦人よりも悪い。なぜなら、異邦人たちは、滅びることになってい

(1) メナールの校訂による。マクレイは「彼女を、その内部で被っており」。
(2) マタ二三13参照。
(3) 使一七24-31、ロマ一19-21参照。
(4) 言葉通りだと「自分たちが探そうとしているのは、彼の（多くの）道なのだというあのロゴスを」。
(5) あるいは「耳をかさなかった」。

る彼らの石の神殿へ行く道を知っており、自分たちの偶像を礼拝する。それが彼らの希望であるゆえ、彼らの心はそこにあるからである。それに対して、この無分別な人、彼にはロゴス*が（すでに）宣言されている。彼には「お前が行くはずの道を求め、そして探せ。これことほどよいことは何もないのだから」と教えられているのである。（宣言されていても、耳を傾けず、尋ねようともしない、その結果）心の頑なさの実体そのものが、無知の力および迷いの悪魔と一緒になって、彼の叡知を撃つ。(1) それらは彼の叡知が再び立ち上がることを許さないのである、（遠い将来、叡知）が求めて労苦し、自分の希望を捕らえることのないように。(2)

だが、【35】求めて労苦してきた理性的な魂は神について学んだ。彼女（魂）は苦しんできた。探し、身体*の内にあって労苦し、福音宣教者たちのところまで（たどり着くために）、自分の両足をすり減らして（苦しんできた）。近づくことのできない方のことを学ぶまで。彼女は自分の立ち上がりを見いだした。彼女は休息している方の内に休息した。彼女は婚礼の部屋*に横になった。彼女は自分がそれに飢えていたあの宴（の食卓）から（取って）食べた。彼女は不死の食べ物から（食べるものを）受けた。彼女は自分の求めている方を見いだした。彼女は自分の労苦からの休みを受けた、彼女よりも高いところにある光、それは沈むことがなく。栄光と力と啓示は、（この光）のものである、世々にいたるまで。アーメン。

(1) マクレイの理解に従ったが、言葉通りだと「心の頑なさの実体そのものが……撃つためである」。メナールは「……撃つからである」と訳している。

(2)「労苦し」と訳した語は nefhestf だが、nnefhestf がこの形を取ることがあるので、後者の意味に採る。メナールも同様。マクレイは前者の意味に採り、「(叡知)は自分の希望を捕らえようと求めることに疲れたからである」と理解している。

真理の証言

大貫　隆訳

内容構成

（以下本文欠損）

説教で言及される神話的役柄と観念

『真理の証言』は一定のグノーシス主義的救済神話を前提にした上で行なわれる説教である。その神話に含まれていたと思われる役柄あるいは観念で、この文書によって言及されるものは次の通り。

1 「父」（§4、5、12）、「真理の父」（§35）、「真理の神」（§14）、「真理の上にある神」（§17）、「神」（§10、11、15）　＝至高神

2 「不滅性」（§4、13）　＝至高神あるいはプレーローマ（神性界）

3 「生まれざるアイオーン（たち）」（§16）　＝プレーローマの神的存在

4 「あの光を生んだ処女」（§16）　＝おそらくプレーローマの神的存在の一つ

5 「人の子」（§4、6、9、10、13、29、30、33、35、36、39）、「キリスト」（または「至善なる方」、§5、8、9、18、21、22、40）、「イエス」（§4、7、32）、「救い主」（§18、29、33）　＝プレーローマから派遣される救済者

6 「闇のアルコーン」（§3）、「子宮のアルコーン」（§4）、「サバオート」（§40）　＝造物神（旧約聖書の神）

7 「天使たち」（§2、13、15、34）、「悪霊たち」（§2、16、37）、「星たち」（§2、7）、「権威たち」（§5、16、32）、「アルコーンたち」（§2、16、27）、「支配者たち」（§5）、「勢力」（§40）　＝「闇のアルコーン」（造物神）の部下

序論　真理と律法

§1 【29】さて、私は身体に属する耳ではなく、心の耳[1]で聴くことを心得ているような者たちに語ろう[2]。

§2 多くの者たちが真理［を］探し尋ねたが、いまだ見いだすことができずにきたからである。その理［由は］、ファリサ［イ人］と律法学者たちの古いパン種[3]が彼らを虜《とりこ》にしてしまっていたからである。そのパン種とは、（人を）誤らせる［欲］求のことで、天使たち[4]、悪霊たち、星たち[5]からくるものである。フ［ァリ］サ［イ人］と律法学［者］たちは、［これらの者たちの上に］支配を揮って［いる］アルコーン*たちに属するのである。なぜなら、律法の下に在る者[6]は何人も真理[7]を見上げることができないからである。というのも人（彼らは）は二人の主人に仕えることができないからである[8]。

§3 律法の穢れは明白である。【30】穢れなきものは光である。律法は夫に嫁ぎ、妻を娶り、子をもうけて、海

（1） §19の「心の目」（**46** 7―8）参照。
（2） エレ五21、イザ六9-10、マタ一一15、一三13-15、マコ七16、ルカ一四35、使二八26-27、参照。
（3） 「古いパン種」についてマタ一六6、Ⅰコリ五7-8、ルカ一二1、「ファリサイ人」と「律法学者」の組み合わせについてマタ五20、二三2、マコ七5、ルカ一一53参照。
（4） ガラ三19、ヘブ二2、創六1-4、ヨハ・アポ§79参照。
（5） ユダ13参照。
（6） ロマ六14、Ⅰコリ九20、ガラ四4-5、21参照。
（7） 「律法」と「真理」の対照についてヨハ一17参照。
（8） マタ六24、ルカ一六13参照。

の真砂のように増え広がるように命じている(1)。しかし、彼ら（夫と妻か）を恍惚とさせる熱情は、この場所*に産み落とされる者たち――（とはすなわち）汚す者たちと彼らに汚されるものたち(2)――の魂を虜*にする。それはその者たちによって律法が守られるためである。（そうすることによって）彼らは自分たちが（この）世界を手助［け］する者であることを［明］らかにする。彼らは［光］から［身を隠す］。彼らは最後の一クァ［ドラン］スを返す［ま］で(3)、や［み］のアルコーン(4)のもとを［通り］過ぎることができない。

§4 しかし、穢れとは縁のな［い］人の子が不滅性か［ら到来した］(5)。彼はこの世界［へ］、ヨルダン［河］の［上］にやってきた(6)。すると［直］ちにヨル［ダ］ンが後ろに［退いた］(7)。ヨ［ハ］ネがイエスの［降］臨を証した(8)。なぜなら、彼（ヨハネ）［こ］そは、ヨル［ダ］ン河の上に降った［力］(9)を［見］届けた者だからである。すなわち、彼は肉*による生殖(10)の支配が終りを迎えたことを知っていたのである。すなわち、ヨルダン河とは肉体の力、とはつまり、諸々の快楽の**【31】**感覚のことである。また、ヨルダンの水、これは性交の欲望のことである。ヨハネは女の子宮のアルコーン(11)*である。これが人の子が次のように言って、われわれに啓示していることである。すなわち、真理のことば（ロゴス）*を受けることは(12)、それを完全に受けるのであれば、われわれにとってふさわしいことであると(13)。しかし、無知の中［に］在る者、彼にとっては、彼が犯した［闇］の業《わざ》(14)を無かったことにする［のは］難しい。しかし、不滅性を［認］識した者たちは、これまで熱情と闘ってくることができた。［16 …………（行全体欠損）…………
…………］［17 ±10 ］私は［あなたがたにこう語］った(15)。「強盗たちが押し込むこの場［所］*に建てるな、また、集めたり［するな］(16)。むしろ、［高き］におられる父に向かって実を結べ(17)」。

(1) 創一28、二24、八17、九1、三17、三13参照。
(2) 「穢れ」は『真理の証言』の禁欲主義のキーワードの一つで、以下頻出する。具体的には性交を指し、夫婦間のそれも含む。
(3) マタ五26参照。
(4) 単数。
(5) ヨハ三13参照。『真理の証言』は「イエス」、「キリスト」、「救い主」、「人の子」を同格的・交替的に用いるが、「人の子」の頻度が圧倒的に高い。
(6) マコ一9-11／マタ三13-17／ルカ三21-22参照。天的なキリストがヨルダン河へ直接降臨したという考えは、エイレナイオス『反駁』I, 26, 1が報告するケリントスの神話にも見えている。テルトゥリアヌス『マルキオン反駁』I, 15. 19, IV, 7.21が報告するマルキオンの場合にも、ヨルダンの地名は現れないが、キリストが天から直接降臨する構図は同じである。
(7) 「人の子」イエスがヨルダン河の水と接触しなかったということ。必然的に彼は洗礼者ヨハネの洗礼を受けなかったという含みにもなって、洗礼者を「証言者」の役割に限定するヨハ一29-34に対応する(但し、§12は洗礼者ヨハネからの受洗に言及する)。旧約聖書では詩一一四3、5、ヨシ三13-17、四7、18参照。特にヨシュア記の「ヨシュア」はギリシア語に直すと「イエス」であることとの語呂合わせが働いているかも知れない。
(8) ヨハ一32-33参照。
(9) すなわち「人の子」イエス・キリストのこと。Iコリ一24参照。
(10) ヨハ一13、三6参照。
(11) 女の「子宮」(性器)は、他のいくつかのグノーシス主義文書では、現実の可視的世界全体を指す隠喩として用いられている。本巻収録の『復活に関する教え』§15の注(4)、本シリーズ第四巻に収録予定の『シェームの釈義』§9—11も参照。ヴァレンティノス派のヘラクレオンの断片八(＝オリゲネス『ヨハネ福音書注解』VI, 39)でも、洗礼者ヨハネは造物神(第一のアルコーン)と呼ばれている。
(12) IIコリ六7、エフェ一13、コロ一5、IIテモ二15、ヤコ一18、ヨハ一12、一三20、一七17、Iテサ二13参照。
(13) 構文的に解釈が難しい箇所。ギーベルセン／ピアソンは「真理のことばを受けることは、私たちにとってふさわしいことである。人がそれを完全に受けるならば、」と訳し、最後の条件文は主文を欠いた破格構文と見做す。
(14) ロマ一三12、エフェ五11、ヤコ一17参照。
(15) この過去形は著者がすでに以前に行なった発言を読者(聴衆)に想起させるためのものと思われる。
(16) マタ六19-20、七26、ルカ六48、一三17、21参照。「強盗」についてはフィリ福§9b参照。

I　殉教者の空疎な言葉と覚知者の沈黙

一　殉教者は真にキリストを証言していない

§5　愚かな者たちは心の中でこう考えている。[1]「私たちは キリスト教徒です」と——力を伴わず、[2]口先だけで[3]——告白しさえすれば、[4](実際には)自分たちを[無]知に——すなわち、人間の死に——引き渡していても、あるいは、自分たちが ど[こ]へ[向]かいつつあるのかも知らず、[5]**【32】**キリストとは[6]誰なのかも知らずにいても、[7]自分たちは生きることになるだろうと彼らは考えている。彼らは迷っては、[8]いつも支配と 権威[9]のもとに走り、〈彼ら〉の手中に陥るが、それも彼らの中にある無知のせいである。[10]なぜなら、もし仮に証し(告白)の口先の言葉だけで救いを保証できるのであれば、 この世界全体がこのことに[11]耐えるであろう、[そし]て救われることであろう。[しか]し、彼らは、このようにして、自らに迷いを[引き込んで]しまったのである。

[15 ±17(行末の1文字判読可能)][16 ……………(行全体欠損)……………]

[17 ……………(途中2文字判読可能)……………][彼らは]知らないのである、自分たち自[身を滅ぼすようにな]ることを。もし[父]に[12] 人[間]の犠牲を望む思いがあるとしたら、[13]彼は[虚]栄を求める存在ということになってしまうだろう。

§6　なぜなら、[人]の子は彼らの初[穂][14]を身につけ、陰府にまで下り、[15] 多くの力ある業《わざ》を行なった[16]からである。

彼はそこ[で]死者たちを立て起こし[た]。すると、闇の世の支配者たちは【33】彼のことを妬んだ。彼の中に罪を見つけることができなかったからである。[17] それどころか彼は彼らの業も人間たちの間から滅ぼした。[18] そのようにして彼は手足の不自由な者、目の見えない者、からだの麻痺した者、口のきけない者、悪霊に憑かれた者に癒しの恵みを与えた。[19] 彼は湖の水の上を歩いた。[20] そのために彼は自[分の]肉を彼が[12 ± 3][21]したところの[11 ± 3

(17) マタ七17-19／ルカ六43-44、ヨハ一五5、16参照。

(1) 詩一四1、五三1参照。
(2) §4の「ヨル[ダ]ン河の上に降った[力]」を指す。
(3) Iコリ四19-20、IIコリ六7、Iテサ一5、マタ七26参照。
(4) ロマ一〇9参照。
(5) ヨハ八14、一三35、アレクサンドリアのクレメンス『抜粋』LXXVIII, 2, 真福§13参照。
(6) 原文は XC という短縮表記。これを chrêstos の短縮表記と解して、「至善なる者」と訳すこともできる。ヨハ・アポ§20注†1参照。
(7) ヨハ七26-28参照。
(8) ギーベルセン／ピアソンはパラグラフの冒頭の「心の中でこう考えている」からここまでを大挿入文と見做す。枠を成す主文章の主語は冒頭の「愚かな者たちは」、動詞は後続の「いつも支配と権威のもとに走り」。われわれはマエの読解に従う。
(9) 「支配」と「権威」のいずれも複数形。コロ一16、二10、15、エフェ六12、テト三1参照。
(10) エフェ四18参照。
(11) 「このこと」はおそらく先行する「証し(告白)の口先の言葉」のこと。後続の「耐える」とのつながりから、マコ一三13／マタ一〇22／ルカ二一17-19に対する暗示である可能性が大きい。正典福音書のこの箇所では、イエスの「名」ゆえにキリスト教徒が被る迫害が予告されている。『真理の証言』の§5は、同時代の正統教会の殉教者の死を捉えて、それは真にキリストを証言するものではないと論難する。ギリシア語では「殉教者」と「証し」が元来同根語であることに注意。
(12) ギーベルセン／ピアソンの復元。マエは「神」。
(13) ホセ六6、マタ九13参照。いずれの箇所でも人間が捧げる犠牲が問題になっている。しかし、『真理の証言』の著者がここで言う「人間の犠牲」は、自分たちの殉教の死を神への捧げ物と理解した正統教会の殉教者の論理を指すものと思われる。イグナティオス『ローマのキリスト者へ』二2、四2、『ポリュカルポスの殉教』一四1参照(いずれ

(1)]によって[滅]ぼした。そして彼は[13　A　]救いの[　B(A＋B＝±7)　]に[なっ]た。14[　±7
　]彼の死[　±4　]………(2)
[誰]もが[それ]ぞれ[　±8　]20彼らは何と[数]多いことか。

§7　彼らは弟子たちと同じように、目が見えない[道案内]であ[る](3)。彼らは[小舟に]乗り込んだ。[(そして)三〇スタディオン進んだところで、イエスが湖の]上を歩[いて来るのを見]た(4)。この者たちは25[中身の]ない殉教者である。なぜなら、彼らが証言するのは[自]分たちのことに他ならないからである(5)。しかも彼らはいつも病気で、自ら起き上がることも【34】できない。しかし、(殉教の)苦難を全うした暁には、彼らは心の中でこう考える。「もし5御名のために自分を死に渡せば、われわれは救われるだろう(6)」。(実際には)ことはそのようには運ばない。それでも彼らは、人を惑わす星たちに誘われて(7)、10彼らの無駄な走りを「走り切った」と言うのである(8)。そして[11　±3　][12　±4　]言う[±6(途中±3文字の痕跡)][13　±5　]しかしこれら(の者たち)は[　±7　][14　±6　]彼らは[15自分たちを死に渡(9)]した。………(10)

[20　±12　彼の[21　±11　しかし彼の力　]と
[22　±10　]そして彼の[23　±8　]しかし、彼らは似ている
[24　±7　]彼らを。しかし、彼らは25い[のちを与]えることば(ロゴス)(11)*を持っていない。

二　殉教者は真の復活に与らない

§8　それなのに彼らのある者たちは言う、「終りの日にわれわれは復活*によって確かに【35】甦るだろう[12]」と。し

も『使徒教父文書』、講談社、一九七四年に収録)。
(14)「初穂」についてⅠコリ一五20参照。但し、Ⅰコリのこの箇所では、「初穂」は復活したイエス・キリストのこと。しかし、『真理の証言』のこの箇所が「彼らの初[穂]」と言うのは、直後に出る「闇の世の支配者たち」の中の主だった者たちの意。「人の子」(救い主)は彼らの姿に身を変えて地上に下降する。ヨハ・アポ§55、80にも同様の神話素が出る。
(15) エフェ四9、Ⅰペト三19参照。「陰府」は地上世界のこと。グノーシス主義の宇宙観は地上世界そのものを超越的な神的世界から最も遠い暗黒の領域と見做す。そのため、伝統的な世界観のように、「陰府」を地上世界と区別しない。
(16) マタ一二20、一三58、ヨハ二〇30参照。
(17) ルカ一三4、ヨハ八46、一八38、一九4、6、使一三28、二三9参照。
(18) Ⅰヨハ三8参照。
(19) マタ一一5/ルカ七22、マタ四24、九32-33参照。
(20) マコ六48/マタ一四26/ヨハ六19参照。§7の二行目も参照。
(21) ギーベルセン/ピアソンは失われた読みを「負っ(た)」と推測。

---

(1) ギーベルセン/ピアソンは失われた読みを「十字架」と推測。「救い主」の十字架上の死については真福§11の他、「受難」については三部教§61、復活§8参照。
(2) 以下第15―18行は欠損。
(3) マタ一五14、二三16、ロマ二19-20参照。
(4) ヨハ六19参照。
(5) ヨハ八13参照。
(6) マコ一三13/マタ一〇22/ルカ二一17-19、Ⅰペト四14、Ⅰコリ四11、『ポリュカルポスの殉教』二3参照。
(7) ユダ13参照。
(8) Ⅱテモ四7、使二〇24、ガラ二2、フィリ二16、三14、『使徒たちの手紙』二七(村岡崇光訳、『聖書外典偽典・別巻・補遺Ⅱ』、教文館、一九八二年、六八頁)参照。

かし、彼らは自分たちが［何を］言っているのか分［かって］いないのである。なぜなら、キリストに属する者たちが［6 ±3 ］である地［5 ±10（途中1文字の痕跡）(1)］ならば、そのときが［いつ］も終りの日［だ］からである。時が満ちるに［およ］んで、(2) 彼は彼らの［闇］のアルコーン*を滅ぼした。(3)［9 ±9 ］魂………(4)

§9 20［ ±10（行頭に2文字の痕跡） 彼は立ち］上がった。21［ ±13 ］彼らは(5)訊ねた、［彼らが（今まで）何に］縛られてきたのか、［どう］すれば［自］分たちを解き放つことができるかと。25そして［彼らは認識［した］。彼ら自身が［誰であるのか］、あるいは、彼らが今［現に］どこにいるのか、【36】彼らがやがて［その中で］安らぎ、彼らの愚かさから解き放たれ、認識に［到達する］こととなる場［所］*とは何なのかを。5これ［らの者］をキリストは高き［ところ］へ連れてゆくだろう。(6) なぜなら、彼らは愚［かさ］を［棄］て［去っ］て、認［識］へと進んできたからである。そして、認［識］を得［てい］る者たちは［10 ±15（行頭に3文字判読可能） ］………(7)［21 ±15 ］あの大いなる22［霊的復］活(8)［23 ±9 彼が人］の［子を］認識［したとき］、25つ［まり彼が］自分［自身］を知ったときに。人間が万物*によって［自分自］身を認識す［ること］、［これ］こそが完全なるいのちである。(9)

§10 それゆえ、肉*の［甦］りを待ち30［望むのは止めなさい］。(10)【37】［そ］れは滅び［である］。空虚な［甦り］を［待ち望ん］で迷う［者たちは、いまだそ］れ（肉）を脱［い］で(11)［いないのである］。5［彼らは神の］力を［知ら］ないばかりか、［彼らの二］心の［ゆえに］、聖書の［解き明かし］も理［解しない］。(12) 人［の子］が［語っ］た［秘］義は［ ±10(13) ］

12 その［結果　±14　］13 滅ぼ［す(14)　±14　］

14［……(途中3文字判読可能)……］15［……(行全体欠損)……］

16 人間(15)［　±12　］書かれた 17 本［　±11　］

18 なぜなら、［彼らは］持っている［　±7　］19［……(途中2文字判読可能)……］

---

(9) マエによる復元。但し、全くの想像の域を出ない。

(10) 以下第16―19行は欠損。

(11) ヨハ六63、68参照。

(12) ヨハ六39-40、一二24参照。

---

(1) コショルケは「(地)で証しをした」と復元。

(2) ガラ四4参照。

(3) 「闇のアルコーン」は単数。§3とヨハ一二31参照。

(4) 以下第10―19行は欠損。

(5) §8の「キリストに属する者たち」(**35** 4)を指す。

(6) ヨハ一三32、一四2参照。§10注(11)参照。

(7) 以下第11―20行は欠損。

(8) ギーベルセン／ピアソンも「霊的な(復活)」と推測し、復活§9の同じ表現を指示する。

(9) ヨハ一七3参照。

(10) 「肉の甦り(復活)」と「霊的復活」の区別と対照については、本巻に収録した『復活に関する教え』の解説に詳しい。

(11) IIコリ五1-5、真福§11参照。

(12) マコ一三24／マタ一三29参照。

(13) コショルケは「さまざまな意味を秘めているからである」と推測。しかし、これは全くの推測の域を出ない。写本の第**37**頁は第**40**頁と、前者が右、後者が左の見開き両頁の形に貼り合わせられている。その裏面では第**38**頁と**39**頁がこの順で同じように貼り合わされている(このような特異な状況になった事情については、巻末解説の第一章を参照)。それぞれの頁に筆写されている行数は他の頁の平均値と変わらない。しかし、一行当たりの文字数は――合計四頁のどれもが文字面の左右いずれかを大きく喪失しているため断定はできないが――通常の頁のそれより短くなっているように見受けられる。そのため、目下の箇所の欠損字数そのものが推定困難であり、本文の復元はほとんど不可能である。以下第**40**頁までの欠損部の字数表示のすべてについて事情は同じである。

(14) ギーベルセン／ピアソンは前行の末尾とのつながりで「［不］滅の」と推測。

20祝[福された ±15][彼らの]中で。[そして彼らは]軛《くびき》を軽[くさ]れて(1)[神]の前に[住]む。しかし、いのちを与える[ことば(ロゴス)(2)を心]の中に25持た[ない者たちは死ぬだろう]。彼らは[彼らの]思いによって、(3)[彼らの]振る舞いと迷[い]に従って、[人の子]の前に顕となる。(4)【38】[±7]この種類の。彼らは[±7]彼は分離しながら(5)[±7 そ]して、彼らは人の[子が]彼の(6)元から5[到]来しつつあることを理解し[ない]。もし彼らがそれでも犠[牲(7) ±7]へとやって来[る場合には]、彼らは人間[的な仕方で]死に、自[分た]ちを[権威者たちに引き渡す](8)のである。

10[±12(行末に3文字判読可能)]11[±12]と

12[±12]死13[±12 であ]ろうところの

14[±13(行末に2文字判読可能)]15[……(行全体欠損)……]

16[±10]ところの者たちは17[±10]彼らは数多い

18[±11]それ19[ぞれ ±10 彼は]散らす

20[±10]利益21[±13 彼]らの心。(9)

[正し]い心と[力と]あらゆる認識とをもって[彼を受け入れる者たち、(10)25この者たちを]彼は高き[ところへ、すなわち]永遠[のいのち]へ移すだろう。(11)

三　神の認識に先立つ禁欲

§11 [しかし]、穢れをもたらす快楽が強いために、彼[を無]知のままに受け入れるような者たち、(12)【39】[この者たちは]繰り返し[こう言]うのが常であった。「神が[性器][13]をお造りになったのは、われわれがそれを使い、(からだを)汚し[ながら子孫を増]やすため、(また)わ[れわれ自身]を満悦させ[るた]めである」[14]と。そして彼らは神をさえ、彼らと共にこの[種]の行ないをする仲間にしてしまう。彼らは大地の[上に固]く立っては[いない]。また、彼らは]天へ[昇ることもないだろう]。むし[ろ ±10]

(13) 複数形。ギーベルセン／ピアソンは同じ意味で「部位」。

(14) これとよく似た発言がアレクサンドリのクレメンス『絨毯』III, 2, 8, 1-2では、いわゆる放埒主義的なグループの代表とされるカルポクラテスの息子エピファネスの発言とされている。さらに同じクレメンス『絨毯』III, 13, 91, 1にも、『真理の証言』の目下の引用と文言上さらによく似た発言が記されている。但し、そこでは元来ヴァレンティノス派から出発したというグノーシス主義者ユリウス・カッシアヌス(Julius Cassianus)が彼の論敵の言として報告する発言の一部になっている。その前後から読み取られるカッシアヌス自身の禁欲主義は、結婚を性交、すなわち「穢れ」と同意語に解する『真理の証言』の著者の禁欲主義にきわめて近い。なお、正統主義教会の結婚観についてはIテモ四3-5参照。「子孫を増やすため」については創一22、28、八17、九1、7参照。

(15) ギーベルセン／ピアソンは前行の末尾とのつながりで「人[の子]」と推測。

---

(1) マタ一二30参照。

(2) ヨハ六63、68参照。

(3) この文節は先行する文章に編入して、「[ことば(ロゴス)を心]の中に、そして思いの中に持た[ない者たちは]」と訳すこともできる。

(4) マタ一六27、マコ四22参照。

(5) ルカ一二51-52参照。

(6) 「父」(神)のことか。文脈との関連でヨハ一六28参照。

(7) 殉教死のこと。§5の注(13)参照。

(8) 「[権威者たちに」は、マエが後続の第10行の欠損部の一部として推測する読み。

(9) 構文上の役割は不詳。

(10) ヨハ一12、一三20参照。

(11) ヨハ一32、一四2、マタ二五46参照。§9注(6)参照。

(12) テト三3参照。

[13]場所［ ±9 ］[14]四つ［の方角(1) ±12 ］
…………(2)
[18]消すことのできな［い(3) ±11 ］[19]［高きところに］在る［ ±11 ］
[20]［…………（行頭に2文字の痕跡）…………］[21]［…………（行頭に1文字の痕跡）…………こ］
[22]とば（ロゴス）* ±13 ］

§12 ［ヨルダン河(4)］の上に。彼がヨハネ（洗礼者）のところへやって来て、[25]洗礼*を受けたとき、［聖］霊が鳩の姿を
［して］彼の上に［降った(5)］。とある［ ±7 ］われわれに次のことを受入れ（た(6)）。すなわち、［彼は］
[30]処［女から生］まれ、(7)［そして］肉*を取り、［われわれの間に【40】住み(8)］、力を受け［た(9)］ということを。［われわれ
自］身も処［女の］ような結合か(10)［ら］生まれたのだろうか、［それとも］ことば（ロゴス）*によって孕まれたのだろうか。
[5]［むしろ］われわれは［ことば（ロゴス）］によって再び［生まれたのである(11)］。それゆえ、われわれは［われわれ自身
を］男性的な［[8] ±7 ］によって、処女として強めようではないか。彼らは住む
[9]［ ±9 ］処女[10]［ ±9 ］によって
[11]［ ±7 ］ことばにおいて[12]［ ±9 ］のことば（ロゴス）は
[13]［ ±12 ］と聖霊…………(12)
[18]［ ±12 ］は父である[19]［ ±11 ］なぜなら、人間は

[……………………(行全体欠損)……………………]

§13 [イザヤは鋸で切]られて、二つにされた。(13) [そのように]、人[の子も]十字架[のことば(ロゴス)](14)によってわれわれを[分かつ](15)。それは[昼を]夜から、[光を]闇から、滅[び]を不滅[性から分]かつ。それはまた、男性[を]女性から[分かつ](16)。[イザヤ]は【**41**】肉体*(ソーマ)の予型(テュポス)であり、鋸は天使たちの過ち(17)からわれわれ

---

(1) 黙七1、二〇8、エゼ七2参照。
(2) 以下第15―17行は欠損。
(3) §28(**60** 3)から推すと先行する欠損部に「火」という単語があったものと推定される。
(4) コショルケは「人の子」。
(5) マコ一9-10／マタ三13-16／ルカ三21-22／ヨハ一32参照。
(6) 「受入れる」の時称接頭辞が欠損部にかかっているため、時称は不詳。§4注(7)参照。
(7) マタ一23、ルカ一27参照。
(8) ヨハ一14参照。
(9) Ⅰコリ一24参照。
(10) 原語はギリシア語からの借用語「シュスタシス」(systasis)。ギーベルセン／ピアソンは「状態」と訳す。
(11) Ⅰペト一23参照。
(12) 以下第14―17行は欠損。
(13) 『預言者の生涯』「イザヤ」一(土岐健治訳、『聖書外典偽典・別巻・補遺Ⅰ』、教文館、一九七九年所収、一〇三頁)、『預言者イザヤの殉教と昇天』五11―14(村岡崇光訳、『聖書外典偽典・別巻・補遺Ⅱ』一八七―一八八頁)、ヘブ一一37参照。
(14) Ⅰコリ一18参照。
(15) 「ことば」と「分かつ」(切る)の組み合わせについて、ヘブ四12、黙一16、一九13-15、21参照。「十字架」と「分かつ」の組み合わせについて、エイレナイオス『反駁』I, 3, 5(本シリーズ第一巻に収録された「プトレマイオスの教説」二二二頁)、アレクサンドリアのクレメンス『抜粋』XLII, 1、『ヨハネ行伝』九九(大貫隆訳、『聖書外典偽典7 新約外典Ⅱ』、教文館、一九七六年、一八〇頁)参照。
(16) トマ福・語録一一四参照。
(17) 創六1-4、ガラ三19参照。

を分かつ人の子のことば（ロゴス）である。

§14 何人も[5]真理の神を知る者はいない。この世の事物をすべて捨て去り(1)、この場所を放棄し、[10]彼の上着の裾を摑んだ人間一人(2)を除いては。彼は力に満ちて立ち上がり、欲望とあらゆる［妬］み(3)を自分の中で克服した。彼は［男性になり］、[15]自分自身を吟味して(4)、自分［自身］に立ち返った。[16]［　A　］になること［　B（A＋B＝±7）　］[17]叡知。そして［彼は　±7　か］ら[18]彼の魂［に　±12　］[19]そこで［　±14　］[20]［　A　］彼は［　B（A＋B＝15）　］した。

[21]［…………（途中2文字の痕跡）…………］

四　グノーシス主義者は全生涯にわたる覚知によって証言する

§15 [22]どのように［　±12　］[23]［　A　］ところの肉*［　B（A＋B＝±10）　］[24]どのように［　±11　］[25]それから(5)。そして［彼は］どれほど多くの力を持っているのだろうか。誰が彼を縛ったのか。彼を解き放つのは誰なのか。光とは何か。闇とは何か。[30]［大地を造］った者は誰か。神とは誰か。天使たちとは【42】［誰］なのか。魂*とは何か。また、霊*とは何か。どこから声は来るのか(6)。語るのは誰か。聴くのは誰か。苦しめるのは誰か。[5]苦しむのは誰か。また、滅び行く肉を生んだのは誰か。経綸*とは何か。なぜある者たちは手足が萎え、別の者たち［は[10]目が］見えず、また、ある者たちは［口がきけず］、また別の者たちは［耳が聞こえないのか］、ある者たち富［んでいて］、別の者たち［は］貧しいのか。また、な［ぜ[15]ある］者

たちは無［力］で、［別の者たち］は強［盗な］のか。[17]［　±12　］もない
[18]［……………（行末に3文字判読可能）……………］[19]［　A（A＋B＝±14）］すべての［　B　］
[20]［　±12　］事物[21]［　A（A＋B＝±12）］そして彼は［　B　］した
[22]［…………（行全体欠損）…………］そして彼は再び[23]［　±12　］

§16 そして彼はアルコーン*たち、[25]権威*［たち］、悪霊たちの考えに逆らって闘った。[7] 彼は彼らに休息の場所を与えなかった。[8] むしろ彼らの欲情と闘って［　±5　］彼らの**【43】**誤りを克服した。彼は彼の魂*を、他人の手によって犯した（欲せざる）過失から清めた。彼は[5]自分自身の中で姿勢を正して立ち上がった。なぜなら、このことは人それぞれによるからである。人はそれぞれ死といのちを自分自身の中に持っている。実に彼はその二つのものの間に生きているのである。[10]彼は力を受けたとき、右のもの*へと向きを変え、真理へとやって来た。彼はすべ

（1） ルカ一四33、『パウロ行伝』五（青野太潮訳、『聖書外典偽典7　新約外典Ⅱ』九八頁）参照。
（2） マコ五27-30／マタ九20-21／ルカ八44、マコ六56／マタ一四36参照。
（3） ギーベルセン／ピアソンは「場所」。
（4） Ⅰコリ一二28、ガラ六4参照。
（5） 三人称・女性・単数形。何を指すかは不詳。
（6） 文字通りには「声はどこにあるのか」。
（7） この文章は文法的には付帯状況文で、主文章に従属する副文章であるが、先行すべき主文章が失われている。「闘った」の過去時称は推定による。内容的にはエフェ六12、コロ二16参照。
（8） エフェ四27参照。

て左のもの*を棄て去って、知恵、助言、識別、洞察、そして永遠の力によって満たされた。彼は自分の枷[1]を打ち破り、この場所全［体］にかたちを与えて［いた者たちを］[2]滅ぼ［した］。［彼らは］彼が自分の中に隠して［いたものを］見つけることが［できなかった］。そ［れから彼は］自分自身に手を［着けた］[3]。彼は自分［自身］を認識［し始］め、彼の［叡］知（ヌース）［であ］る真理の父と、生まれざるアイオーン[4]*［につ］いて、あの光を生んだ処女[5]について語り始めた。あの場所全体*の上に流れ広がって【44】彼を捉えた力[6]について考えを巡らしながら。また、彼の叡知——これは男性である——の弟子となりながら。彼はまた、上へと受け入れられるにふさわしい者となる日[7]まで、自分自身の中へ沈黙し始めた。駄弁と議論[8]を排し、この場所全体に耐え、彼らを我慢し[9]、すべての悪しきことどもに耐えながら[10]。彼は誰に対しても忍耐強く、誰とでも等しくなる[11]。しかし同時に、彼らから自分を分けている。彼は（誰であれ）人が望むもの、それをその人に［もた］らす[12]。［それは］その人が完全で［聖な］る者となるためである[13]。なぜなら彼は処［女である………（途中5文字判読可能）………彼］は彼（その人）を捉え、［22 A ］の上に据えた。［ B（A＋B＝±6） ］すると彼（その人）は［知恵に］満たされ[14]、真理について証言［した］[15]。［彼は彼］の力［を受けるだろう］。そして不滅性［へ］、すなわち、［彼がもともと］そこから［やって来た］場所へと帰ってゆくだろう[16]。夜に似たこの世[17]とそこ［にある星々］を回転させている者たち[18]を棄て去った後に。

§17 それゆえ、【45】真の証言[19]とはこれである。すなわち、人が自分自身と、真理の上にある神とを知るならば、その人は救われるだろう。そして、萎むことのない王冠[20]を戴くであろう[21]。

Ⅱ　聖書の真の解釈と誤った解釈

§18　ヨハネ（洗礼者）はことば*によって、エリサベツという女から生まれた(22)。しかし、キリストは10ことばによっ

(1)　写本の読み merē を mêre と読み直す訳。ギーベルセン／ピアソンも同じ。
(2)　可視的世界を造ったアルコーンたちを指す。
(3)　訳者によって解釈が分かれる箇所。マエもギーベルセン／ピアソンも[afhi to] ot = と補うが、後者はこれを「彼自身に命じた」と訳す。本文に示した訳は、マエに準じて、同じコプト語を「着手する」、「始める」の意に解するもの。但し、後続の「認識[し始]め」と同語反復的になる。
(4)　複数形。
(5)　ヨハ・アポ§13（バルベーロー）、『ヤコブ原福音書』一九2（八木誠一・伊吹雄訳、『聖書外典偽典6　新約外典Ⅰ』、教文館、一九七六年所収、一〇八頁）参照。
(6)　「あの場所全体の上に流れ広がって」以下について、ヨハ・アポ§12参照。
(7)　ルカ九51参照。
(8)　マタ六7、Ⅰテモ六4、Ⅱテモ二14参照。
(9)　あるいは「それら」。指示先がはっきりしない。直前の「この場所全体」の言い換えか。
(10)　Ⅰコリ一三7、Ⅱテサ一4参照。
(11)　Ⅰコリ九22参照。
(12)　マタ五42参照。
(13)　マタ五48参照。
(14)　ルカ二40参照。
(15)　ヨハ一八37参照。
(16)　ヨハ一六28参照。
(17)　エジ福§21参照。
(18)　巻末の用語解説の「十二人」、「七人」参照。
(19)　ヨハ五32、八14、一九35、三24、Ⅲヨハ12参照。
(20)　Ⅰペト五4、『ポリュカルポスの殉教』一七1、一九2参照。
(21)　§17は全体が結論的な文章である。このため、『真理の証言』は最初はここで終わっていたとする仮説がある。この場合、§18以下は二次的な増補ということになる。
(22)　ルカ一13参照。

て、マリヤという処女から生まれた。ヨハネは老年のために衰えた胎から生まれたが、[1] キリストは処女の胎を通ってやって来た。[2] この秘義(の意味)は何なのか。彼女は身ごもって、救い主[3]を産んだ。しかし、人々が見るところ、(その後も)再び処[女]であった。[4] とすれば、なぜ君た[ち]は(今なお)[さまよ]い、これらの秘義(の意味)を探し求めないのか。[5] それは他でもないわれわれ自[身]の[た]めに予型として生じたものなのである。[6]

§19 こ[のこ]とについては、[7] 律法の中に、神が[8] アダムに命[じ]*たときのこととして、[こう]書かれている。「あなたは(楽園の)*どの木からでも食べてよい。しかし、楽園の中央にある木からは食べてはならない。なぜなら、それから食べる日には、あなたは必ず死ぬことになるであろうから」[9]。しかし、蛇は【46】楽園にいる他のどの動物よりも賢かった。[10] それはこう言ってエバを説得した。「あなたがたが楽園の中央にある木から食べる日には、あなたがたの心の目[11]が開くでしょう」。エバは(それを)信じた。そして手を伸ばして、その木から取って食べ、彼女とともにいた夫にも与えた。すると直ちに彼らは、自分たちが裸であることに気付いた。そして、無花果の葉を取って腰に巻いた。しかし、[日の沈む]頃、神が歩いて楽[園の]中央にやって来た。アダムはそれ(神)を見ると、身を隠した。すると彼(神)が言った、「アダムよ、お前はどこにいるのか」。[彼]は答えて言った、「[私は]無花果の木[12]の下に来まし[た]」。まさに[そ]の時、神は[知]った。それから食べてはならないと命じておいた木から彼(アダム)が食べてしまったことを。そして彼に言った、「誰が【47】お前に教えたのか」。アダムは答えた、「あなたが私に下さった女です」[13]。すると女は言った、「蛇が私に(そう)教えたのです」。それから彼(神)はその蛇を呪って[14]、その名を「悪魔」と呼んだ。[15] そして言った、「見よ、アダムはわれわれの一人のようになった。そして悪と善とを見分けるようになった」[16]。彼は(また)言った、「彼を楽園から追放しよう。彼が生命の木からも取って食べ、永遠に生きることにならないように(17)」。

§20 しかし、この神は一体 15 どういう神なのか。まず第一に、彼(この神)はアダム*が知識(グノーシス*)の木から食べることを妬んだのである。そして第二に、彼は「アダムよ、お前はどこにいるのか」と言った(18)。20 この神には

---

(1) ルカ一7、18、36参照。

(2) ルカ一27、マタ一23参照。エイレナイオス『反駁』I, 7, 2に報告されたヴァレンティノス派のプトレマイオスの神話の一節、「この(キリスト)は、ちょうど水が管を通って流れるようにしてマリヤを通り抜けて来た」(本シリーズ第一巻『救済神話』、二三八頁)を参照。

(3) ルカ二11参照。

(4) 『ヤコブ原福音書』一九3―二〇1(前掲の八木誠一・伊吹雄訳、一〇八―一〇九頁)には、マリヤがイエスを洞窟で産み落とした直後に、サロメという女性がマリヤの膣に指を差し込んで、彼女がなお処女であることを確かめる話が記されている。その他、『預言者イザヤの殉教と昇天』一一9(前掲の村岡崇光訳、二〇一頁)では、マリヤ自身が出産後にも自分が妊娠前と同じ状態にあることに気づいて愕然とする。『真理の証言』の目下の箇所もこれと同じ種類の典外伝承を前提しているのだと思われる。

(5) この文章はこれまで三人称・複数形で言及されてきた論敵(§5、10他)に、二人称・複数形で直接語りかける。§22注(12)も参照。

(6) Iコリ一〇6参照。

(7) §19は第**45**頁23行の行頭から始まる。写本自体がその前の第22行との間の左余白に短い水平線を引いて段落を区分している。

(8) 『真理の証言』は「神」を終始グノーシス主義の至高神の意味で用いるが、§19と20の「神」のみ唯一例外的に旧約聖書(創世記)の造物神を指す。

(9) 創二16-17、アルコ§7、起源II§102参照。

(10) 創三1、起源II§73、103参照。

(11) §1の「心の耳」参照。

(12) 「善悪の知識の木」(創二9、17)は「無花果の木」であったとするユダヤ教の外典およびラビ伝承に並行。『モーセの黙示録』二〇(土岐健治訳、『聖書外典偽典 別巻I』、教文館、一九七九年所収、二三六頁)参照。

(13) この答えでは女が「教えた者」、次の文章ではさらに「蛇」が「教えた者」。この背後にアラム語での語呂合わせの伝承が潜んでいることについて、起源II§72注(8)、

予知能力がなかったのである。つまり、この神は初めから無知であった。その後で彼は言った、「彼（アダム）をこ［の］場所［から］追放し［よう］。彼が生命の木から食べて、永遠に生きることにならないように(1)」。さて、もし彼（神）が自分は悪意に満ちた妬み深い者であることをさらけ出してしまったのであれば、【48】これはどんな種類の神と言うべきなのか。なぜなら、読んでも理解しなかった(2)者たちの盲目さは深いからである。そして彼は言った、「私は妬む神である。私は父祖たちの罪を三代、四代の子孫たちの上にもたらすであろう(3)」。また彼は言った、「私は彼らの心を頑なにし(4)、彼らの精神（ヌース）を盲目にしよう。それは彼らが語られたことを知ることも悟ることもないようにするためである(5)」。しかし、彼がこう言ったのは、彼を信じて、彼に仕える者たちのためである。

§21 また（別の）〈ある〉箇所［で］はモーセがこう書いている。「彼は蛇から悪魔を仕上げた(6)。彼（悪魔）の力で生み出される世［代の］〈ために(7)〉」。『出エジプト』と呼ばれる書にはこう書かれている。「彼は呪［術］師たちと争った。彼らの悪（呪術）によって［その］場所が［蛇］で一杯になったとき、［モ］ーセの手にあった杖が蛇になって、呪［術］師たちの蛇を呑み込んでしまった(8)」。またこうも書かれている。「彼は［青］銅の蛇を造って、棒の上に吊るした」。

【49】［　±12　］ところの［　±15　そ］して［　±5　］なぜなら、この青［銅の蛇］を［見上げる］者を［何］人《なんびと》も［滅ぼす］ことはできないで［あろう］から。そして、この青［銅］の蛇［を信じる］者は［救われ］るであろう(9)。なぜなら、これがキリストだからである。彼を信じ［た者たちはいのちを受け］た(10)。信［じ］なかった者たちは死［ぬだろう］。

§22 [10]それでは、その[信仰]とは何なのか。[彼]らは仕[え]ない[12][　±14（行末に4文字判読可能）　]
[13][　±15（行末に2文字の痕跡）　]…………(11)
[27][……………（行頭に1文字の痕跡）……………][28]そして君[たちは　±15　]
[29]君たち[　±15　]【50】[そして、君]たちは、(12)「私たちはキリ[ストを信じます」と]言[うときに]、[そのキリストを霊]的な*意味で理[解していない]。[まさにこれこそ]、モー[セ]が[5]どの書におい[ても書いている書き]方なのである。(13)『アダムの世代[の書](14)』は[律法](15)の世[代]に属する[者たちために

(4) 文字通りには「厚く」。
(5) イザ六10、マコ四12、ヨハ・アポ§63参照。
(6) 文字通りには「悪魔を蛇として仕上げた」。
(7) この引用には該当する出典が見つからない。内容的には§19注(14)参照。
(8) 出四4と七8-12の混合引用。
(9) 民二一9参照。
(10) ヨハ三14-15参照。グノーシス主義の枠内ではいわゆるセツ派が好んで民二一9の青銅の蛇をキリストと同定した。ヒッポリュトス『全反駁』V, 16, 9-10; 17, 8、エピファニオス『薬籠』XXXVII, 2, 6; 8, 1参照。
(11) 以下約一三行分の欠損。
(12) 「君たち」は論敵を指す。§18注(5)参照。
(13) モーセも霊的な理解を欠いているということ。ヨハ・§73注(1)(本シリーズ第一巻、一七九―一八一頁)参照。
(14) 以上、創三4-14、アルコ§9―10、起源II§104―107参照。
(15) 創世記三章の蛇を「悪魔」と呼ぶ例は、『アダムとエバの生涯』一三―一六(小林稔訳、『聖書外典偽典　別巻　補遺I』所収、二〇八―二一一頁)、ユスティノス『ユダヤ人トリュフォンとの対話』一〇三5にも見られる。
(16) 創三22参照。
(17) 創三22-24、起源II§111参照。
(18) 創三9参照。

---

(1) 創三22-23参照。
(2) あるいは「(この神を)呼んでも」。
(3) 出二〇5、ヨハ・アポ§41参照。

書かれている］。彼らは律［法］に準じ、それに聞き従う。そ［して　±5　］
[10]［………（行頭に2文字、途中に2文字の痕跡）………］[11]［　A　］たちと共に［　B（A＋B＝±14）　］
[12]［………（行頭に2文字の痕跡）………］………(1)
[26]［　±18（行末に1文字の痕跡）　］[27]［　±15　］の仕方で
[28]［………（行頭と行末にそれぞれ1文字の痕跡）………］………(2)

III　アダムの子孫と「人の子」の種族

一　グノーシス主義の他の派閥に対する批判

§23【55】［　±4　］オグドアス*、とはすなわち、［八］番目のもののことである。そしてわれわれはあの救いの［場所］を受けるだろう］。［しかし、彼らは救［い］とは何のことなのかを知らないのである。むしろ彼らは（繰り返し）禍いに遇い、またある［　A（A＋B＝±9）　］あらゆる水の中の死に［　B　］。これが［彼らの］遵［守している死の］洗［礼*である］(3)。[10]………(4)
[16]［　±11　］死に(5)［至］る[17]［　±10　そし］てこれが
[18]［　±12　］に従って………(6)

§24 **【56】**彼は［ヴァレ］ンティノスの道を走り通した。(7) 彼自身もオグドアス*について語っている［が］、［彼］の［弟］子たちは [5]ヴァレンティ［ノス］の（他の）弟［子たちに］似ている。(10) 彼ら自身も善を棄［ててさまよい］、［むし］ろ［偶］像(8)［の崇拝］を［行な］っ［て］いる。(9) [9]［　±9　］…………

[17]彼は多［くの言葉を］語って、[18]多くの［書］を著し［た］。(11)［　±6　］[19]言葉［　±14　］

アポ§42、63、64、78参照。

(14) 創五1「アダムの系図の書」参照。

(15) コショルケは「アダム」。

---

(1) 以下約一三行分の欠損。

(2) 以下**51**―**54**頁は保存状態が悪く、**51**頁の第29行で途中三文字判読可能、**52**頁は第28行で途中一文字の痕跡があり、**53**頁では第29、30行でそれぞれ途中三文字判読可能で、**54**頁では下端の余白の小断片のみ残してすべて欠損。

(3) §24との関連から推すと、ヴァレンティノス派の（水による）洗礼に対する攻撃と見做すべきであろう。§36も参照。ナグ・ハマディ文書の第Ⅸ写本にも、ヴァレンティノス派の洗礼についての解説が含まれている（解説・洗A、解説・洗B）。

(4) 以下約七行分の欠損。

(5) あるいは「水に」。

(6) 以下約一一行分の欠損。

(7) 「走り通した」については§7注(8)参照。以下§24はヴァレンティノスの弟子たちの多くがそれぞれ自説を強化して、複雑多岐に分かれて行った歴史的な事実を批判的に論評する。テルトゥリアノス『ヴァレンティノス派を駁す』IVによると、彼らの中でアンティオキアのアクシオニクス（Axionicus）だけが師の教えに最後まで忠実であったと言う。「彼は［ヴァレ］ンティノスの道を走り通した」の「彼」はそのアクシオニクスのことであろうか。

(8) 複数形。

(9) アレクサンドリアのクレメンス『絨毯』II, 8, 36, 2-4の報告によると、ヴァレンティノス自身は偶像崇拝に批判的であった。フィリ福§85も参照。

(10) 以下約七行分の欠損。

……………(1)

§25 【57】[±6 それらは]彼らがこの世の惑わ[しによって]陥っている混[乱か]ら[明]白である。(2) なぜなら、[彼らは]5彼らの[虚しい]知識もろともに、[あ]の(下なる)場所(3)へ行く者たちだからである。[彼の息子の]イシドー(4)[ロスもバシリデ]ースに似ていた。彼もま[た]沢山[の書を著した](5)。そ[し]て、[彼]は

10[A(A+B=±9)]しかし、彼は[B]なかった(6)11[±11]この12[±11 彼の]弟子たちも

13[A(A+B=±10)]盲目の[B]14[±8 しか]し、[彼は]それらを与え[た]

15[±11 快]楽16[±17(行末に1文字の痕跡)]……………(7)

§26 【58】彼らは互[い]に一致し[ない]。というのは、シ[モ]ン派の者たちは[妻]帯して子供をもうける。(8) ところが、[±8]アノス派の者たち(9)は5自[制]する、6彼らの本性から[±7]

7彼らの欲[情]へ[±7]8滴(10)の(を)[±10]

9彼[ら]に油を注ぎ[±11]10[……………(行頭に3文字の痕跡)……………]

11しかし、われわれは[±12 彼らは一]12致し互[いに ±7]

13彼に[±15]14彼らは[言う ±15]

(11)……………

§27 【59】[±12]いかなる裁きも[ない]2[±7 これらの者たちに、[A]のゆえに

3[B(A+B=±10)]彼らを 4[±11]異端者たち

5[±11]分裂 6[±11]と男たち

7[±8]人間たちである。 8[±11]彼らは行くで[あ]ろう、

9闇[の世界の支配者の下へ]。 10[±16(途中2文字判読可能)]

11[±11 この]世[界]の 12[±13(途中5文字判読可能)]

(11) 文頭の「彼」が誰を指すのか不詳。ヴァレンティノス派の旺盛な執筆活動については、エイレナイオス『反駁』I, 20, 1; III, 11, 9 に証言がある。

---

(1) 以下約一一行分の欠損。

(2) この文章はヴァレンティノス派ではなく、バシリデース派を視野に置いている。バシリデースの教説については、本シリーズ第一巻二五一—二七二、三四二—三四八頁参照。アレクサンドリアのクレメンス『絨毯』III, 1, 3, 3 では、バシリデースの弟子たちの生活と教説が彼らの師のそれから変質してしまっていることが批判されている。

(3) 刑罰の場所のこと。§28、ルカ一六28参照。

(4) ヒッポリュトス『全反駁』VII, 20, 1(本シリーズ第一巻二五四頁)参照。

(5) アレクサンドリアのクレメンス『絨毯』II, 20, 113, 3; III, 1, 2, 2; VI, 6, 53, 2 参照。

(6) ギーベルセン/ピアソンは「[来]なかった」と推測。

(7) 以下約一四行分の欠損。

(8) 「シモン派」とは使八9-24に出るいわゆる「魔術師シモン」から派生したと称されるグノーシス主義グループ。エイレナイオス『反駁』I, 23, 1-5 はシモンをあらゆるグノーシス主義的異端の始祖とした上で、シモン派の性的儀式行為について語っている。

(9) ギーベルセン/ピアソンは「[コッダイ]アノス(Koddaianos)派の者たち」と推定し、エピファニオス『薬籠』XXVI, 3, 6 を指示する。エピファニオスのこの箇所での報告によると、コッダイアノス派の男性たちは女性の体内に射精しないように、性交を中断して避妊したと言う。

(10) 文脈から推すと男性の精液のこと。この箇所に「自[制]する」とあるのはそのことであろうか。ユスティノス『第一弁明』XIX、ディオゲネス・ラエルティオス『ギリシア哲学者列伝』VIII, 1, 28 に同じ語義での用例がある。

(11) 以下約一六行分の欠損。

13[　±13　彼ら]は持っ[て]いる　14[　±13　アルコ]
15[ーンたち　A(A+B=±15)　]力[　B　]　16[……(行全体欠損)……]
17[　±11　]彼[ら]を[さ]ばく　18[　A(A+B=±11)　]。しかし[　B　]たちは
19[　±13　]の言葉……(1)

§28 【60】語って、彼らは[　±12　]　2彼らは[　A　]の状態になり[　B(A+B=±10)　]　3[消すことのできない](2)火で[彼らは]罰せられる。

二　「人の子」の種族に対する賞讃

§29 しかし、5人の子の種族から来る者たちは[7　±4　]現した。8すべての行な[いにおいて　±10　]
9[……(行頭で4文字判読可能)……]　10[消]す[ことのできない(3)　±16　]
11しかし、[　±13　見つける]ことは[難]しい。12[ま]た、[千人から]一[人]、
13[一万人から]二[人を]見つける(4)ことも(難しい)。14[……(途中2文字の痕跡)……]
15[……(行全体欠損)……]　16なぜなら、救い[主]は[彼の弟]子[たちに]こう[言った]
17からである。[　±11　]　18「[数千人の]中の一人[　±10　]
19[……(行頭に2文字の痕跡)……]……(5)

§**30**　【**61**】［　±10　そし］て彼には［大いなる］知恵と［賢明］と熟慮と［識見］と認［識（グノーシス）*と [5]力］と真理が備わっている。さらに彼は備わっている、［　±1　］

[7]［　±9　］上から [8]［　±10　］ところの場所

[9]［　±10　人の］子が [10]［……（途中2文字の痕跡）……］

[11]［……（途中2文字判読可能）……］ [12]［　±10　］力

[13]［　±10　］に逆らって護り [14]［……（途中3文字判読可能）……］

……⁽⁶⁾

§**31**　【**62**】彼は知っている［　±10　彼は］[2]理解する［　±10　］

[3]そして万［物*］へ［　±11　］[4]彼に値する［　±10　］

[5]真実の［　±9　］[6]見知らぬ［　±13　医］

[7]者は、⁽⁷⁾しかし、［　A　］と［　B（A＋B＝±10）］[8]悪は［　A　］の中に［　B（A＋B＝±12）］

[9]［……（行頭で2文字、途中に1文字判読可能）……］[10]［……（途中1文字判読可能）……］

（1）　以下約一一行分の欠損。

（2）　マタ三12／ルカ三17、マコ九43／マタ一八8、48および§11（**39** 18）、§29（**60** 10）参照。

（3）　§28注（2）参照。

（4）　同じ文言はバシリデース派についてのエイレナイオスの報告（『反駁』I, 24, 6）とトマ福・語録二三にも見られる。申三二30も参照。

（5）　以下約一一行分の欠損。

（6）　以下約一六行分の欠損。

（7）　コショルケによる復元。

11［　A　］彼は洗［礼］*を受けた。［　B（A＋B＝±12）　］12［そ］して［　A　］の者たちは［　B（A＋B＝±11）　］
13［……………（途中3文字の痕跡）………………］………（1）

三　倫理をめぐる論争

§32　**【65】**1［　±10　］ある夢の［中］で　2［　±11　］銀の
3［　±11　］しかし、富［んで］いて　4［　±12　］権［威］*たちの間で
5［…………（行末に4文字判読可能）…………］6［　±11　］しかし、目覚める
7［　±10　］そのようにして　8［　±13　］世界
9［　±14　］しかし、彼らは　10［　±12　］黄金
11［……………（行末に1文字の痕跡）……………］………（2）
28［……（途中4文字判読可能、行末に1文字の痕跡）……］29［　±12　彼らは］考える
30［…………（行末に4文字判読可能）…………］31［　±7　］われわれは解き放たれた、
【66】肉*から。［　±10　］2し［かし、…………（途中2文字判読可能）…………］
3［A］のもとへ立ち返らないように［B（A＋B＝±10）］4［　A　］イエス（3）［　B（A＋B＝±16）　］
5しかし［…………（行頭で4文字判読可能）…………］6支配と（4）［　±13　］
7息子［　±13　］8彼らが［　A　］するところの［　B（A＋B＝±13）　］

9［　A　］の中から［　B（A＋B＝±13）　］10すなわち、それは［A　の］予型［である。B（A＋B＝±12）］

11光［　±15　］……(5)

28［A］からやって来ている者たちは(6)［B（A＋B＝±9）］29［　A　］ところの穢れ［　B（A＋B＝±12）　］

30彼らが［　A　］するとき［　B（A＋B＝±14）　］31［彼らは］侮辱を受けずに［　±9　］

§33　【67】［快楽］もなければ、欲望もなく、彼らを妨げる［もの］(7)は何もない。彼らが穢れなき者となる［ことは］、5彼らが［人］の子［の種］族に属［す］る者であること、また救い主が証［し］たのは［彼ら］についてであったことが［あらゆ］る人に明ら［かになるた］めに、よいことである。

§34　しかし、［アダムの*種］子*に10属［する者］たちは、彼らの業《わざ》である実際の［行動か］ら明らかになる。彼らは［曲］がった欲［望から］止むことがなかった。13［　±11（途中4文字判読可能）　］

14［　A（A＋B＝±12）　し］かし、いくつかの［　B　］15［　A（A＋B＝±13）　］犬たち(8)［　B　］

（1）以下**62**頁の約一七行分と**63**、**64**頁全体が欠損。

（2）以下約一六行分の欠損。

（3）IC という短縮表記。しかし、本文の保存が悪く判読は不確実。

（4）複数形。ギーベルセン／ピアソンは「初め」。

（5）以下約一六行分の欠損。

（6）ギーベルセン／ピアソンは「から〈知恵を学ぶ〉者たち」と推定。

（7）ギーベルセン／ピアソンは習慣的現在否定形で補充するが、構文解釈が苦しい。

（8）不確実な復元。コショルケは「衝［動］」。

16［　A（A＋B＝±8）　］天使たちの（を）［　　B　　］17なぜなら［　A（A＋B＝±7）　］彼らが生む［犬　B　］

18［A］来るだろう［B（A＋B＋C＝±9）］彼らと共に［C］……（1）

28［　　±15　　］彼らは動き29［　A　］彼らが子を生む日には［　B（A＋B＝±3）　］。

30［そ］ればかりではない。彼らは授乳しながらでも性交する。（2）【68】しかし、他の者たちは［　±2　］の死の中に捕まっている。彼らはあちらこちら引きずり回される。不［正］な金銭で（3）享楽する。5利［子を取って］金を貸す。（4）時間を浪［費する］。仕［事］をしない。しかし、金［銭］の父である［者は］性［交］の父でも（5）［ある］。

§35　これらを拒［む］力を備［え］た者は、10自分が人［の子］の［種］族に属［する者であることを］証明する。なぜなら、彼にはそれ［らの］ものを告発（6）［する力］があるからだ。13［　±12　］しかし、［彼は］悪［から］の15［　±8　］によって、［この部］分［の中に］拘束は［されない］。［そして彼は］外［側］を［内］側のようにする。（7）［彼は］一［人の天］使に［似］ている。（8）その［天使は　±10　］

19［………（行全体が欠損）………］20［　A（A＋B＝±15）　］力［　B　］

21［　±8　と］言っ［た］。しかし、ある者は22［……（途中3文字の痕跡）……］

……（9）

26［……（行頭に3文字の痕跡）……］27それから彼は［引］きこもると［　±2　］、駄弁と論争を止めて、（10）沈黙を守った。【69】［いのちを与えることば（ロゴス*）］を見いだし［た者］、［真理の父］を知るに至った［者は］、安

[息*を見いだした]。彼は探し[求める]ことを止めた。すでに[見いだし]たからである。[11] 見いだしたとき、彼は沈[黙]した。しかし、叡知に満ちた心に[思いを]潜める者たちには、彼は少しだけ語って聞かせたものである。

（1） 以下約九行分の欠損。
（2） アレクサンドリアのクレメンス(『絨毯』III, 11, 72, 1-4)は旧約聖書(モーセ五書と民数記)を根拠に、妻の妊娠期間中のみならず、授乳期間中も次の子をもうけるための性交を控えるのが律法の定めであると言う。『真理の証言』の著者も同じような見解から、目下の箇所での論敵たちについて、彼らがその定めを無視していることを論難しているのだと思われる。
（3） ルカ一六9、11参照。
（4） トマス福・語録九五参照。
（5） ギーベルセン/ピアソンは§40に出る「サバオート」と推定的に同一視。
（6） ギーベルセン/ピアソンは「彼を」と修正して、§34末尾の「金[銭]の父」・「性[交]の父」にかける。
（7） マタ二三25-28/ルカ一一39-40、フィリ福§69c参照。さらに「上」と「下」、「男」と「女」、「二」と「一」の対照と組み合わされた形では、オクシリンコス・パピルス六五五、トマス福・語録二二、ローマのクレメンス『コリント人への手紙II』一二2にも現れる。アレクサンドリアのクレメンス『絨毯』III, 13, 93, 2も類似の文言をユリウス・カッシアヌスの言として引用した後、それは実は『エジプト人福音書』からの引用であると断定している。しかし、その引用には「外」と「内」の対照が欠けている。川村輝典訳『エジプト人福音書』(『聖書外典偽典6　新約外典I』所収)七八頁参照。
（8） トマス福・語録一三参照。
（9） 以下約三行分の欠損。
（10） §16注(8)参照。
（11） トマス福・語録二参照。アレクサンドリアのクレメンス『絨毯』V, 14, 96, 3も『ヘブル人福音書』中の文言として、次の「主の言葉」を伝えている。「求める者は見出すまで休まないであろう。だが、見出した者は驚くであろう。だが驚いた者は支配し、支配した者は休むであろう」(川村輝典訳、『聖書外典偽典　新約外典I』所収、六一頁参照)。

四　汚れた洗礼

§36 ［7 ±2 ］あ［る］者［た］ちは、洗礼*［を受ける］ことによって信仰に入る。なぜなら、彼らはそれを救いの希望としているからである。[1] ［それ］（洗礼）を彼らは［「封印」］と呼んでいる。[2] 彼らは［知ら］ないのである。この世［の父］たちが[3]そ［の場所］[4]に現れてい［る］ことを。しかし、彼[5]は自分が封［印］[6]されていること［を知っている］。［なぜなら、人］の子は彼の［弟］子の誰［にも洗］礼を授けたことがないからである。[7] ［17 ±2 ］［もしも］洗礼を受ける者［たちが］いのちに導かれるのであれば、この世は空になり、洗礼の父たちは汚［し］続けることだろう。[8] 真理の洗［礼］はそれとは別のものである。それは［この世］界*に対する拒［否］によってこそ見いだされる。［しかし］、そ［れ］（世界）を拒ん［でいるとた］だ口先だけで言う［者たちは、嘘をついているのである］。そして、そのような者たちは恐ろしい［場所］*へ行くことになるだろう。その上、そこで恥を曝すだろう。彼らは［彼ら］に（洗礼を）授けて、自分たち自身に非難を招いてしまった者たちと同じように、何か（の報い）を受ける［だろう］。

§37 彼らはそのなす業《わざ》において、いつも邪悪である。ある者たちは繰り返し【70】偶像［礼拝に］堕してゆく。[9] ［別の者たち］には［悪霊たちが］取り憑いていて、彼らの中に住みついている。［それはちょうどエ］ルサレムの礎を据えたダ［ビ］デ王[10]とそ［の息］子ソ［ロモ］ンの［場合と同じである］。このソロモンは彼（ダビデ）が［姦］淫によってもうけた子であり[11]、悪霊たちのお陰でエルサレムを建てた者である。[12] というのは、彼は（彼らからの）力を受けていたからである。[13] しかし、彼は［建設］を［終］えたとき、その悪霊たちを［神殿に閉じ込］め、七つの［水］瓶の中［に送り込んだ]。彼[らは]長[い間]その水[瓶]の中に留まったまま、そ[こに]置き去りに[されていた]。ロー[マ]人たちが[エルサレ]ムに[登っ]てきたとき、彼らはその水瓶[の蓋を]開けた。[14] その[と]き悪[霊]たちは、脱獄囚のよう[に]、水[瓶]から直ちに走り去った。水瓶は清くな[った]。[しかし、彼ら(悪霊たち)は]その日以来、無知[の中にいる]人間たちの中に[住んで]、この地[上に留まり続けてきた]。[15] さて、[ダビ]デとは誰のことか。また、

(1) Ｉペト三21参照。

(2) 洗礼を「封印」と呼ぶことは古代教会の一般的な用語法。「器」としての人間の中に注がれた新しい生命(霊)が失われないように洗礼という「封印」が施される。ローマのクレメンス『コリントのキリスト者へII』七6、八6、『ヘルマスの牧者』第九の譬え一六3—4、『使徒たちの手紙』四一(村岡崇光訳、『聖書外典偽典・別巻・補遺II』所収、七七頁)、『パウロ行伝』二五(青野太潮訳、『聖書外典偽典7 新約外典II』所収、一〇六頁)参照。

(3) この世の支配者(アルコーン)たち。

(4) 洗礼あるいは洗礼の場所のこと。

(5) 真のグノーシス主義者。

(6) この「封印」は真のグノーシス主義者について言われている以上、前出の「封印」(洗礼)と区別されなければならない。グノーシス主義者のこの世における禁欲的な生き方を比喩的に表現するものなのか、あるいは一定の儀式を指すものなのか、はっきりしない。

(7) ヨハ四1-2参照。

(8) 「洗礼の父たち」はおそらく前出の「この世[の父]たち」と同じ。「汚[し]続けることだろう」は原文の neu-schoop を neunaschoop(未来未完了)に読み換えて、非現実の条件文の帰結文の一部と見做す訳。コショルケの解釈がこれに近い。同じように水による洗礼の儀式を排除したグノーシス主義グループとしては、エピファニオス『薬籠』XL, 2, 6に「アルコンタイ派」の報告がある。

(9) §24注(9)参照。

(10) サム下五9参照。

(11) サム下一一1—一二24参照。

(12) 「エルサレムを建てた」とはエルサレムの神殿の建立を指す。列王記上六章参照。

(13) 「力を受けていた」は「力を利用した」の意に取るべきであろう。ソロモンが悪霊を自由に処理する能力を持っていたことはヘレニズム末期のユダヤ教の内外であまねく知られており、さまざまな文書に定型的に現れる。『ソロモンの遺訓』(全編の随所)、ヨセフス『ユダヤ古代誌』VIII, 45,『ギリシア語魔術パピルス』IV, 3039(他)、『ギ

ソロモンとは誰か。［あるいは］、（エルサレムの）礎とは何か。エルサレムの町を囲む城壁とは何か。その悪霊たちとは誰なのか。その水瓶とは何なのか。30ローマ人とは誰か。これらは【71】［秘義である。……(1)］

五　グノーシス主義の真の洗礼

§38 7［……（行頭で2文字判読可能）……］ 8［……（行頭で1文字判読可能）……］
9［……（行頭に1文字の痕跡）……］ 10［……（行頭で2文字判読可能）……］
11［……（行全体が欠損）……］ 12打ち破る［　±14　］
13人［間］の［　±14　］ 14［……（行頭で1文字判読可能、2文字の痕跡）……］
15［……（行頭に2文字の痕跡）(2)……］ 16［……（行全体欠損）……］
17［……（行頭に5文字の痕跡）……］ 18そして彼は［　±13　］
19彼が［　A　］するときはいつも［　B（A＋B＝±12）］ 20なぜなら、彼は大きい［　±9　］
21［……（行頭で3文字判読可能、2文字の痕跡）……］ 22本性（自然）へ［　±13　］
23［A］ところの［　B（A＋B＝±16）］ 24［A］ところの者たちへ［　B（A＋B＝±15）］
25すべての［A］中に［　B（A＋B＝±8）］幸 26いな。(3) そして彼らは［　±10　］
蜴［のように。］それは火の燃え盛るかまどに［飛］び込み、［炉］に滑り込む。(4)

§39　【72】……(5)

［……………(行末に2文字の痕跡)……………］
［……………(行末に3文字判読可能)……………］
［…………(行末に2文字判読可能)　…………］
［　±17　］中に
［…………(行末に2文字の痕跡)…………］
［…………(行末に3文字の痕跡)　…………］

ンザ（マンダ教徒の大いなる書）』(右の部、I, 27, 50)参照。ナグ・ハマディ文書の中でも、起源II §38は『ソロモンの書』という名の悪霊祓い用のマニュアルについて言及し、アダ黙§33は「ソロモン自らも悪霊から成る彼の軍勢を送りだした」という文章を載せている。その他、ユダヤ教のラビ文献の事例についてはギーベルセン／ピアソンの目下の箇所への脚注(一九二頁)参照。ヘレニズム期の魔術文書におけるソロモンの知名度については Th. Hopfner, *Griechisch-Ägyptischer Offenbarungszauber*, Bd.II, 2, Frankfurt am Main 1924 (Nachdr. Amsterdam 1990), §291 (S.496-498)に詳しい。

(14)　ヨセフス『ユダヤ古代誌』XIV, 72は、ローマの将軍ポンペイウスとその部下がエルサレム神殿の至聖所に踏み込んだことを記述する段で、そこに灌祭用の水瓶が置かれていたことに言及する。但し、ヨセフスによれば、ポンペイウスは至聖所の一切に手を着けなかった。しかし、カッシウス・ディオ『ローマ史』XXXVII, 16, 4はその逆を明言する。

(15)　以上、ソロモンが七つの瓶に悪霊を閉じ込める以降の話は、閉じ込められる悪霊の数など細部でさまざまなヴァリエーションを示しながら、ヘレニズム期のユダヤ教の内外の多くの場所に伝わる。『ソロモンの遺訓』XV, 9の他、起源II §119注(8)に言及されているシリアの古伝承参照。

---

(1)　第1―6行は欠損。

(2)　マエは「汚[れ]なき」と推定。

(3)　構文上の役割は不詳。

(4)　『自然学者』(Physiologus)第三一話には「それ(蜴)はかまどに飛び込めば、その火を消し、風呂の釜に飛び込めば、釜(の火)を消してしまう」とある(『自然学者』については、本シリーズ第一巻一九七頁注(8)参照)。その他、アリストテレス『動物誌』V, 19, 552B、大プリニウス『自然誌』X, 87参照。

(5)　第1―5行は欠損。

12[±15]夜と 13[……………(途中3文字の痕跡)……………]
14[±16]炉 15[……………(行全体欠損)……………]
16[A(A+B=±13)]かまど[B]なぜなら 17[±12]彼らは見るだろう
18[±13]そして、その力は 19[±9 犠]牲。(1) その犠[牲]は大きい
20[±11]一つの 21[……………(行末に3文字判読可能)……………]
22[(A(A+B=±13) し]かし、ある[B]の中に 23[……………(行末に4文字判読可能)……………]
24[……………(行頭に1文字の痕跡)……………]そして 25彼は[±14]人の[子]。
26そし[て彼は不]死の溢れる泉から現れてきた。(2)

【73】 [……………(途中3文字判読可能、行末に3文字の痕跡)……………]2[±8]彼は清ら[か]で、
3[±6]である。彼は自[由]である。彼は妬[む]ということがない。彼は5[あら]ゆる人、[あらゆ
る無]謀と妬[み]から離れている。その(妬みの)[力]は大きい[±9]は7弟子である[
8律法のかたち[±10]9これらの[±14]
10というだけでは[なく ±14]11[……………(行全体欠損)……………]
12[……………(行末に1文字判読可能)……………]13[±14]彼らは彼を置いた
14[A]の下に[B(A+B=±11)]15[A]教え[B(A+B=±14)]
16[……………(途中に2文字の痕跡)……………]17[±12]彼の教え。(3)

§40 彼らは[こう]言う、「[も]し一人の天[使]が天から降って来て、20われわれがあなたがたに説[い]たことと

反対のことを説[いても](4)、その天使は呪わ[れ]よ(5)」。彼らは［　±9　］ところの魂に*［　±6　］させない。[24]［　A　］自由［　B（A+B=±9）］[25]なぜなら彼らはいまだに経験が浅く(6)［　±7　］[26]律法[を守]るだけの力がないからである。これ(7)は異端者たちを通して働いているものである。もっともそれ（働いているのは）は彼ら（異端者たち）ではなく、むしろ[30]サバオート*の配下の勢力たちであるが(8)。**【74】**[彼ら]（勢力たち）によって［　±7　］[2]［　A　］教え［　B（A+B=±12）］

[3]なぜなら、彼らは［　±7　］たちを[妬]んだからである。[4]キリストにおいて律[法](9)。

§41　[しか]し、[5]から[だ全]体を越えて進むことが[で]きるようになる者[た]ち(10)[6]と［　±8　］十二番目のもの（デュオーデカス）(11)[7]裁く［　±9（途中3文字の痕跡）］彼らを[8]［　±11（行頭に2文字の痕跡）］の泉

（1）§5注(13)、§10注(7)参照。
（2）ヨハ四14、トマ福・語録一三参照。
（3）構文上の役割は不詳。ギーベルセン／ピアソンは「彼」を、後続の§40の冒頭の文章との関連から、推定的にパウロと同定する。
（4）ガラ一8参照。
（5）Iコリ一三3参照。
（6）Iコリ三1、ヘブ五13参照。
（7）「これ」は何を指すか判然としないが、おそらく「律法」のこと。
（8）§2で「律法」は「天使たち、悪霊たち、星たち」、つまり「アルコーンたち」から与えられたものとされていることに注意。
（9）構文上の役割は不詳。
（10）パラグラフの初めからここまでマエの読解に従う。しかし、写本の文字面がきわめて不鮮明で、この読解もきわめて不確実。
（11）前注と同じ理由からきわめて不確実な復元。コショルケは「[多]義性」。

[9] [不死の(1)…………(行末に二文字の痕跡)…………] [10] […………(行全体欠損)…………]
[11] […………(行全体欠損)…………] [12] […………(行頭に2文字の痕跡)…………]
[13] その結果[…………(行末に2文字の痕跡)…………] [14] […………(行頭と途中に計7文字の痕跡)…………]
[15] […………(途中2文字の痕跡)…………] [16] […………(途中1文字の痕跡)…………]
[17] [A(A+B=±14)]それは善い[B] [18] [±11]その場所全体で [19] [±10]そこで敵たち。(2) [20] 彼は彼に洗礼*を授けた。(3) そして、その [21] [±6]。彼は神的な者となり、[上へと]急いだ。[22] 彼らは彼を捕まえることができなかった。[23] [±10]そこで敵たち [24] [±9]なぜなら、[25] 彼をもう一度下方に連[れ戻すことは]不可能だったからである。

§42 [26] 無知の[ままに]彼を捕ら[え]る者は誰でも[±4]、路地で刻んだもの(偶像)や悪賢いやり方で教える者たちに(4)耳を傾[け]る。[30] 彼らはできないだろう……(5)

（1） 前の行の「泉」にかける復元。**72** 26—27（§39）参照。
（2） 構文上の役割は不詳。
（3） 写本の文字がきわめて不鮮明なため、きわめて不確実な読解。コショルケは「彼は彼ら（敵たち）を懲らしめた」。
（4） 相手の教説の真理性を貶めるための定型的な表現で、正統と異端を問わず、弁明あるいは護教の文脈で繰り返し用いられる。特に「路地で」については使二六26、タティアノス『ギリシア人への講話』XXVI, 7参照。
（5） 以下の本文は喪失。詳しくは巻末解説の第一章で述べるように、『真理の証言』を載せる写本IXはもともと全体で七六頁であったと断定できる。従って、この後の喪失した本文の分量は最大限二頁（**75**—**76**頁）である。本文の末尾に表題の後書きが行なわれていたかどうかは不明である。文書の冒頭に前書きされた表題もない。従って、『真理の証言』という表題は、§17に「真の証言」とあることに基づいて、現代の研究者によって付されたあくまで二次的な呼称である。

三体のプローテンノイア

荒井　献　訳

内容構成

光の子らと闇の解消（§32）
イエスを「着た」ロゴス（§33）
ロゴスの種子（§34）
表題（§35）

一　プローテンノイアの教え

§1　序

【35】［私は］プロー［テンノイア］(1)、［父の］(2)の中に［存］在［する］思考である。(3)［私は万物］*に存在する運動であり、(4)万物は私の中［にあって］成り立っており、(5)［成った］ものの中の［最初に］生まれた者、(6)［万］物よりも先［に存在］(7)し、三つの名で呼ばれているが、(8)ひとり［全き］者として存在する。私は見えざる者の思考の［中に］ある見えざる［者］(9)、

(1) ギリシア語で prōtennoia. おそらく prōtē（最初の）＋ennoia（思考）。コプト語本文ではこのギリシア語名詞の後にコプト語訳 meeue（思考）が出ている。

(2) シェンケによる。ターナーは［光］としているが、**36** 17「私は父の思考」、**38** 8「父の思考なる私、プローテンノイア、バルベーロー」から見て、「父」が最適と思われる。

(3) シモン派においてヘレネーは「父」シモンの「心の最初の思考」であり、「万物の母」である（エイレナイオス『反駁』I, 23, 2）。ヴァレンティノス（プトレマイオス）派では「彼（原父）とともにエンノイア（思考）もある」（同『反駁』I, 1, 1）。ヨハ・アポB **27** 17−18／III **7** 22／II **5** 4によれば、バルベーローが「万物の父」の「最初の思考」。

(4) トマ福・語録五〇では「運動」が「父の徴」。

(5) コロ一17後半参照。

(6) コロ一15参照。

(7) コロ一17前半、ヨハ・アポB **27** 9／III **7** 15／II **4** 30参照。

私は測り得ざる者、言い得ざる者の中に顕れてはいるが。私は達し得ざる者、達し得ざる者の中に存在［し］、あらゆる被造物の中で動いている。私は私のエピノイア*の命であり、あらゆる力とあらゆる永遠の運動の中に［存］在する――、見えざる諸々の光の中に（も）、アルコーン*たちや御使いたちや悪霊たちの中にも、［陰府］に存在するあらゆる心魂*の中にも、物質的心魂にも。(1) その際私は、成ったものの中に存在し、あらゆるものの中で動き、万物を穿つが、真っ直に歩み、眠れる者を呼び［醒す］。そして私は眠りにある者どもの視力である。(2) 私は万物の内なる見えざる者である。私は隠されているものを配慮する者、私はその中に存在する万物を知っているゆえに。(3) 私は誰からも数えられざる者である。私は言い表わし難く、測り難い者である。しかし、私が欲［すれ］ば、私自身を顕す［であろう］。私は万物［の頭《かしら》である。］なぜなら私は［万物］よりも先に存在するがゆえに。［そして私］は万物である。なぜなら私は［あら］ゆるもの［の中に存］在するがゆえに。

§2　声としてのプローテンノイア

私は［静かに呼ばわる］声である。そこで私は［はじめか］ら［存在し、【36】あらゆるものを包む］沈黙の中に存在［している］。そして私［の中に存在する］隠された声は、測り得ない沈［黙の中に］、達し得ない［測り］得ない［思考］の中に（ある）。私は陰府の直中に［降りて来た］。(4) 私は闇［の上に］輝いた。(5) 私は［水］を湧き出させた者である。［私］は諸々の［光り輝く］水の中に隠されている者である。(6) 私は私の思考によって万物*を徐々に照らした。(7) 私は声に満たされている者である。私を通してグノーシス*が現われる。その際私は言い表わし得ない、知り得ないものの中に存在する。私は知覚であり、認識*である。その際私は一つの声を思考を通して送り［出す］。［私は］真《まこと》の声である。(8) その際私はあらゆるものの中で呼ばわる。そして、彼らはそれ（声）を知る。一つの種子*が［彼ら］の中に存在するゆえに。[9] 私は父の思考である。[そ]して私を通[して]はじめて声が出て来た。そしてそれは終りなきものの認識である。その際私は[万物]に対する思考として存在し、知り得ない達し得ない思考と結びついている。[10] 私は私を知ったすべてのものの中に自らを顕した。なぜなら私はあらゆるものに、隠された思考の中で、また崇高な声の中で結びついている者なるがゆえに。そしてそれは、見られざる思考に由来する一つの声である。

---

(8) 「三つの名」は「父と母と子」か(**37** 22参照)。ヨハ・アポB **28** 1/Ⅲ **8** 2/Ⅱ **5** 9でも、「最初の思考」(ギリシア語では「プローテンノア」)「処女なる霊」つまりバルベーローが「三つの名前を備えた者」といわれる。

(9) ヨハ・アポでは「見えざる霊」(父)の「最初の思考」が一般的には「プロノイア」と呼ばれている(B **27** 5―18、特にⅡ **30** 11―**31** 25)。**38** 11ではプローテンノイアが「見えざる霊(父)のかたち」として「見えざる者」。

---

(1) 15―18行目に挙げられている宇宙的存在については、**47** 19―22、**49** 9―19をも見よ。ロマ八38参照。

(2) 真正教**22** 26―29、**28** 4―6、10―13参照。

(3) 12―26行目におけるプローテンノイアの遍在のモティーフについては、**47** 12―22、知恵の書七22―24参照。

(4) ヨハ・アポⅡ **30** 11―**31** 25では、プロノイアが三度陰府に降る。

(5) ヨハ一5参照。

(6) 三プロにおいて「水」と「光」は命を与える「グノーシス」(認識)のメタファーである(**46** 16―19、ヨハ四7―15参照)。プローテンノイアは水の中に隠されており(ヨハ・アポB **27** 1―13)、キリストは光の中に立っている(**38** 3―6、**48** 15―21参照)。「グノーシス」が「光」として人を照らすように、人は「水」としての「グノーシス」の中に浸る、つまり「洗礼」を受ける(**41** 24、**48** 18―21参照)。

(7) プローテンノイアによる万物の照射は「徐々に」、すなわち「声」「言述」「言葉」という三つのステージで行なわれる。

(8) 「声」はプローテンノイアの「思考」の出自で(**36** 26―27、**37** 20―21、**46** 30)、啓示の男性的様態である。他方、プローテンノイアは父の諸々の「思考」の集合であり(**36** 17、**38** 8)、彼女の「声」はこれらの「思考」の「認識」である(**36** 19)。

(9) Ⅰヨハ三9参照。この場合の「種子」はおそらく「セツの子孫」の意(ヨハ・アポ§25、69参照)。

§3 秘義としての声

そしてそれは、測り得ざるものである。測り得ざるものの中に存在するがゆえに。それは秘義であり、「達し得ざる」ものに由来する「抑え得ざるもの」である。それは万物*の中で見えるすべての者に見えない。それは光の中に存在する「光」である(1)。

われらこそ「見」える「この世か」ら自らを解いた者である。われらは、言い得ざる測り得ざる「思考により(2)」「われら」の「中に隠されている者によって」【37】救われている(3)。そしてわれらの中に隠されている者は命の水に彼の果実の税を払う(4)。

§4 声によって生まれたロゴス

そのとき、あらゆる点で全き子——彼はロゴス*であり、声によって生まれたものであり(5)、高みから由来した者であり、名を自らの内に持っていた者であり(6)、光である(7)——が無限のものを啓示した。そしてすべての知られざるものが知られた。そして解釈し難いものと隠されているものとを彼は顕した。そして最初の思考と共に沈黙の中に存在するものに彼は宣教した。そして闇の中に存在するものに彼は自らを顕した。そして陰府の中に存在するものに彼は自らを示した。そして隠された宝庫の中に存在するものに彼は言い得ざる秘義を語った。そ「して」繰り返し得ない教えを彼は光の子らとなったすべての者に教えた。

§5 三つの滞在としての声

しかし、私の思考から生じた声は三つの滞在(8)として存在する。(すなわち)父と母と子(9)(として)。それ(声)は一つの言述として感覚の中に存在し、自らの中にロゴス*を持ち、あらゆる栄光を所有するものである。[10] そしてそれは三つの男性と三つの力と三つの名前を持っている。[11] それらはこのような仕方で存在する。(すなわち)三つの□□□――四角――として、[12] 言われざるものの沈黙の中に隠されて。[13] 生まれたものは[彼]自ら、[14] 彼は[キリストである]。[15] 私こそが彼に見られざる[霊]の栄光として至善で塗油*したものである。[16] つまり第三の者を、彼だけを、私は永遠の[栄光のうちに]活ける[水の内なる私のアイオーン*たちの]上に立てた。それは[±20

(10) つまり「父」。

(1) トマ福・語録二四参照。

(2) シェンケによる。ターナーは[声により]。「言い得ざる」という形容詞はこれまで「私」(プローテンノイア)あるいは「父」にかかるが、「声」にかけられてはいない。

(3) ターナーは「隠されている[知恵によって]救われている」。シェンケは「[われらの]心の中に隠されている[人によって]救われている」。筆者はこれに続く文脈(**37** 1―2)から私訳のように復元した。この場合、「われらの中に隠されている者」とは、「父」あるいは「プローテンノイア」の「種子」(**36** 16、**50** 16―20)を示唆するであろう。

(4) 「命の水」は洗礼の水(**48** 20―21参照)。「果実」は「種子」から「生え出た木」としての「われら」(**44** 20―21)に実るもの(自己認識の果実)。人は受洗によって与えられたグノーシス者としての存在に、自己認識の果実を「税金」つまり当為として支払うの意か。**46** 16―20をも参照。

(5) ロゴスはプローテンノイアの第三の様態(**36** 8、§2注(7)参照)。

(6) 「子」の「名」については、真福**38** 6―7、**39** 5―**40** 29、フィリ福§12a、知識**12** 20―22、アレクサンドリアのクレメンス『抜粋』(22, 4‐7; 26, 1; 31, 4)参照。

(7) ヨハ一4、八12参照。

(8) ギリシア語でmonē.「滞在場所」「住居」の意にもなる。この意にとれば「住居の中で」(シェンケ)。

(9) 「父と母と子」については、ヨハ・アポ§5、24参照。

(10) 21行目の「モネー(滞在)」はプローテンノイアの「声」の滞在様態で、それは(1)声(コプト語で男性のhroou=ギリシアのphthoggosか)、(2)言述(コプト語で女性のsmē=ギリシア語のphonēか)、(3)ロゴス(ギリシア語で男性のlogos)に対応する。そしてこのようなプローテンノイアの三つの滞在様態は彼女の三度の下降様態にも対応(し)(**47** 5―16、ヨハ・アポII **30** 11―**31** 25参照)、それぞれが「父と母と子として存在する」というのであろう。

[1]【38】彼はまず崇高なアイオーンたちの光のもとに来た。そして栄光の光にしっかりと耐え、彼をめぐる彼自身の光の中に立った。[2]彼は光の目であり、[3]それは栄光のうちに私を照らす。彼はすべてのアイオーンの父を不滅にした[4]——父の思考なる私、プローテンノイア、バルベーロー*、全き栄光にして隠されているゆえに測りがたく、見えざる者を。

§6　メイロテアとしてのプローテンノイア

私は見えざる霊のかたちであり、万物*は私によってかたち造られた。[5]そして(私は)母であり、彼女が処女として指名した光である。人々は彼女(私)をメイロテア、[6]達し得ざる子宮、測り得ざる声と名付ける。

§7　子の顕現

そのとき、全き子が彼のアイオーン*たちに、彼によって生じたものたちに、自らを顕した。彼は彼らを顕し、彼らに栄光を与え、彼らに王座を与えた。彼は栄光のうちに立ち、それによって自らに栄光を与えた。

§8　讃　美

彼らは全き子、キリスト、自ら生まれた神[7]を賞め讃えた。そして彼らは(彼に)、こう言って栄光を与えた。「彼は存在する。彼は存在する。神の子、神の子、彼は存在する者、アイオーン*たちのアイオーン。彼は自らもたらしたアイオーンたちを見守る。あなたはご自身の意志によって(彼らを)もたらしたのだから。だから[われらは]あなたに栄光を与える。マ、モー、オー、オー、オー、エイア、エイ、オン、エイ、ア[イオーンたち]の[アイ]オーン、(8)彼が与えたアイオーン」。

§9　四つのアイオーン（光）

そのとき、彼、（自ら）生まれた神(9)が、彼らに［彼らが依る命の(10)］力を与えた。そして［彼］は［彼ら］を［彼らの場所に］立てた。［第］一のアイオーン、*彼はそれの上に第一のもの（光）を立てた。それはアルメー35ドーン・ヌーサ［ニ

(11)　**35**$_{6}$と注(8)参照。ヨハ・アポのこの箇所には「三つの名前を備えた者」のほかに「三倍男性的なる者」「三つの力を備えた者」といわれている。「三つの名前」は「父」（声）、「母」（言述）、「子」（言葉）で、「三つの男性」と「三つの力」は、柱、アロゲ、ゾス、マルサなどセツ派の諸文書に共通する神学的観念で、ここでは至高神が「三つの力」、バルベーローが「三つの男性」（アウトゲネース、プロファネース、カリュプトス）と呼ばれている。

(12)　ターナーによれば、「三つの四角」とはヨハ・アポ§14―23にその生成が述べられている三組の四つのもの、すなわち(1)「第一の認識」「不滅性」「永遠の生命」「真理」、(2)「独り子」（「アウトゲネース」）「叡知」、「意志」「言葉」、(3)「四つの大いなる光」（アルモゼール、オーロイアエール、ダベイテ、エーレーレート）を示唆する。

(13)　エジ福§2参照。

(14)　**38**$_{22-23}$参照。「アウトゲネース」（「自ら生まれた者」あるいは「独り子」）を示唆。

(15)　ヨハ・アポ§22で「アウトゲネース」は「キリスト」と結びつけられている。

(16)　christos（キリスト＝塗油された者）をchrēstos（至善）から導出するいわゆるchrēstos-christology（至善キリスト論）。ヨハ・アポ§20をも参照。

---

(1)　大きく欠損しているために36行目初めから四分の三ほどのところにϩ(h)と思われる字母が一字見出されるだけで、その後の四分の一ほどの部分にも裂け目があるために文字が全く筆写されていない。ターナーはこの部分を、「それは［彼を囲む栄光である］」と、シェンケは、「彼は［万物の上に置かれた神である］」と復元するが、いずれも確たる根拠がない。

(2)　ヨハ・アポ§12参照。

(3)　エジ福§18で第一の人間の子アダマスが「光から出た光、光の目」と呼ばれている。知恵B **100**$_{14}$、**108**$_{10-11}$ではアダムが「光の目」。彼は**101**$_{9}$でキリストと同定されている。

オス・アルモゼール」である。第［二］のものを彼は［第二のアイオーンの上に］、それは【39】ファイノニオス・アイニオス・オロイアエール。第三のものを第三のアイオーンの上に、それはメレファネウス・ローイオス・ダヴェイタイ。第四のものを第四の（アイオーンの）上に、それはムーサイノス・アメテース・エーレーレート。[1]* こうして、アイオーンたちは、生まれた神——すなわちキリスト——によって生まれた。そして彼らは栄光を受け、栄光を与えた。彼らは最初に現れ、彼らの思考の中で高められ、一つひとつのアイオーンが、大いなる探索し得ない光の中で、数万の栄光を与えた。そして彼らはすべて一緒に全き子、生まれた神を賞め讃えた。

§10　エピノイアとその子ヤルダバオートの出現

そのとき、ひとつの言葉が大いなる光エーレーレート*から出た。そして彼は言った、「私は王である。誰が混沌《カオス》*の者であり、誰が陰府の者であるのか」。そしてこの瞬間に彼の光が出現した。輝きながら、エピノイア*を持って。諸力*の諸力が彼に願ったのではない。そして直ちに大いなる悪霊も現れた。彼は陰府の混沌の深淵を支配するものである。彼はかたちを持たず、完全でもなく、そうではなくて闇で生まれたものどもの栄光のかたちを持つものである。ところで、この者が「サクラ」*すなわち「サマエール」*「ヤルダバオート」*と呼ばれるものである。彼は力を受けとった者、無垢[2]なる者からそれ（力）を奪った者、[3]最初に彼女を打ちひしいだ者である。[4]彼女は降って来た光のエピノイア。

彼女から彼（大いなる悪霊）が元来出て来たのである。さて、［光］のエピノイアが知った、［彼（ヤルダバオート）[5]が］彼（光）に［彼は彼女より低かったにもかかわらず］（彼女とは）異な［る秩序］を願ったことを。[6] 彼女は言った、「［私に別の秩序を］与えて下さい。あなたが私のため、［住む場所］*となるために。［私が永遠に］無秩序の中に［住まわないように」」。［そして］栄光の全家［の秩序は］【40】彼女の言葉に［同意］した(7)。彼女に祝福がもたらされた。そして高き秩序がそれを彼女に許した。

§11 アルキゲネトールの世界創造

そして大いなる悪霊がアイオーン*たちを創りはじめた、真実のアイオーンたちを範型*として(8)。しかし彼は彼ら

三プロ46 28—29ではロゴスが「三つの滞在の目」。

（4） 原文の ti aiōn をギリシア語の aionizein（「不滅・不朽にする」の意）のコプト語訳と判断した（ターナー）。スブランとシェンケは ti aiōn をそのまま「アイオーンを与える」の意にとって、「彼はアイオーンをすべてのアイオーンの父に与えた」と訳している。

（5） コロ一15-16参照。

（6） ギリシア語の「モイラ」（運命の女神）に由来か。ゾスⅧ**6** 30、**30** 14で「ミロテア」、エジ福Ⅲ**49** 4で「ミロトエー」の名で登場する人物と同一であろう。柱Ⅶ**119** 12以下では「ミロテアス」あるいは「ミロテオス」という男性的存在が登場する。

（7） ギリシア語の theos autogenēs に対応。**37** 30—31参照。

（8） ma mō ō ō ō. コプト語で「与え給え、取り給え、三重に大いなる者」の意か。それに続く ei a ei on ei ho aiōn tōn aiōnōn はギリシア語で「あなたは初めであり、あなたは存在（する者）であり、あなたはアイオーンたちのアイオーンである」の意か（ターナー）。エジ福§3では、「アイオーンたちのアイオーン」が「アウトゲネース」「ドメドーン」「ドクソメドーン」と呼ばれている。

（9） ヨハ・アポⅡ**7** 10—11（「神的アウトゲネースなるキリスト」）参照。

（10） ターナーによる。シェンケは［誰も打ち勝つことのできない］と復元。

（1） アウトゲースから生まれた四つの光はセツ派のグノーシス神話に共通の要素である。例えばヨハ・アポ§23とその傍注（本シリーズ第一巻『救済神話』四四—四六頁）参照。

（2） **40** 13、**47** 34「無垢なるソフィア」。31行目で「エピノイア」と同定されている。

（3） ヨハ・アポ§29参照。

（4） シモン派のエンノイア（エイレナイオス『反駁』Ⅰ, 23, 2）、魂Ⅱ**127** 29—30の魂（プシューケー）参照。

（5） ターナーによる。シェンケは［彼女］。

を自分の力だけで創ったのである。そのとき、私もまた私の声を秘かに顕し、私は言った、「止めよ、止めよ(1)。汝ら、物質*の中を歩む者どもよ。見よ、私は死すべき者の世に降って来るであろう、降った無垢なるソフィア*が打ち負かされた日以来、あの場所に存在する私の一部*のゆえに(2)。それは私が、彼によって顕れた者(3)が命ずる彼らの目的を妨げるためである」。そして すべてのもの、つまり知られざる光の家に存在する一つひとつのものが揺らぎ、深淵が動いた。そして無知のアルキゲネトール(4)が混沌*と陰府を支配し、私の像*に従って人間を形成した(5)。しかし、彼はその者が彼にとって破壊の裁きとなることも知らず、彼の中にある力も認めなかった。

§12 プローテンノイアの下降

しかし、今や私が降って、混沌*にまで到達した。そして私は、あの場所*にいる私に属する者のもとに、[隠されて]彼らの中にいた。私は彼らに力を与えたのである。[そして私は]彼らに似像*を与えた(6)。そして[はじめの日から][私が私に属する]者に[強い力を与える]日まで、私は自らを[私の秘義を]聞いた人々に[顕すであろう(7)]。【41】彼らは光の[子ら]である。私は彼らの父である。そして私はあなたがたに[いかなる]口によっても言い得ざる伝え得ざる秘義を語ろう(8)。

§13 秘義

すべての絆を
私はあなたがたのために解いた。
そして陰府の悪霊どもの鎖を

私はたち切った。
私の肢体を縛り、妨げているものを。
そして闇の高い壁を
私は破壊した。
そして憐れみなき者どもの堅き門を
私は壊した。(9)
そしてその門を
私は粉砕した。(10)
そして、悪しき力と

（6）ターナーによる。
（7）ターナーによる。
（8）ヨハ・アポ§29参照。

（1）ヒッポリュトス『全反駁』(V, 8, 22――ナーハーシュの場合)参照。
（2）12―15行目については、**41** 20―23、**47** 31―34参照。「一部」(ギリシア語の meros)は内なる霊的本質。
（3）大いなる悪霊(ヤルダバオート)。
（4）＝ヤルダバオート。**43** 25、30、32、**44** 27、**49** 13参照。
（5）22―25行については、ヨハ・アポ§40参照。
（6）29―34行目におけるプローテンノイアの下降は、ヨハ・アポ§57におけるエピノイアの下降に対応する。
（7）ターナーによる。
（8）**42** 27―28参照。
（9）知恵B **121** 18―**122** 1参照。
（10）陰府の「壁」「門」「閂」などについては、ホメロス『イーリアス』八13―16、ウェルギリウス『アエネーイス』六548―627、闘技者**142** 30―**143** 8参照。但し、三プロにおけるプローテンノイアは、陰府の牢獄ではなく、物質(肉体)の牢獄を破壊して、その中に閉じ込められている彼女の「一部」あるいは「肢体」を救済する。

あなたがたを打つ者と、
あなたがたを妨げる者と、
暴政をふるう者と、
敵対者と、
王なる者と、
現実の敵とを。

これらのすべてを私は私に属する者に、光の子らなる人々に教えた。それは、彼らがこれらのすべてを無に帰して、これらのすべての絆から救われ、はじめに彼らがいた場所に入る*ためである。

§14 プローテンノイアの「一部」の解放

私は残っている私の一部*のために降った最初の者である。それは霊で、心魂*の中に存在する。それは命の水に、また秘義(へ)の浸水(1)に由来したものである。私はアルコーン*(支配者)たちやエクスーシア*(権威者)たちと語った。なぜなら私は彼らの言語に深く降り、私の秘義を私に属する人々に語ったからである、——隠された秘義を。絆と永遠の忘却は解き放たれた。そして私は彼らに果実をもたらした。それは不変のアイオーン*の思考と私の家と彼らの[父]とである。そして私ははじめから私[に属する人々]のもとに来た。そして私は[彼らのもとに至り]、[彼らを虜にしていた]最初の撚りを[断ち切った]。[そのとき]私の内[にいる]各自が光りはじめた。そして【42】私は一つの[像を*]私の内にある言い得ざる光のために備えた。(2)アーメン

プローテンノイアの教[え 一][3]

二 宿命論

§15 言述としてのプローテンノイア

私は、私の思考によって顕れた声である。なぜなら、私は「対《つい》なる者*」[4]であるから。というのは、私は「見えざる者の思考」と呼ばれ、「変わらざる言述」と呼ばれ、「対《つい》なる者」と呼ばれるからである。私は単独者[5]、私は汚れなき者、私は声[の]母である[6]。その際私は多くの仕方で語り、万物を成就する*。認識*が私の中にある、終りなき〈ものどもの〉認識が[7]。私は全被造物の中で語るものであり、私は万物によって知られた[8]。私は私を知ったものどもに、すなわち光の子らに、声の言述をもたらすものである[9]。今や私は二度目[10]に女性の像で来た[11]。そして彼らと

---

(1) 洗礼(シェンケ)のことか。

(2) トマ福・語録五〇参照。

(3) 三プロ第一部(**35**$_{1}$—**42**$_{3}$)のタイトル。

(4) 男性形。プローテンノイアは第一部で「思考」(ギリシア語で女性形「エンノイア」)と「声」(コプト語で男性形「フレー」)の「対」であり、「声」(男性)の様態で下降した。第二部(**42**$_{4}$—**46**$_{4}$。——**47**$_{11-13}$をも参照)では「思考」(女性)と「言述」(コプト語で女性形「スメー」)の「対」であり、「言述」(女性)の態様で下降する。8行目の「対なる者」は女性形。

(5) 女性形。トマ福に頻出する「単独者」(男性形)については本シリーズ第二巻『福音書』の解説(三二三頁)参照。

(6) 「言述」(女性)としての「私」は「声」(男性)としての「私」の「母」か。スブランは「声[と]母」と復元。

(7) **36**$_{17-21}$参照。

(8) **36**$_{15-16}$参照。

(9) **45**$_{10-11}$参照。

(10) **47**$_{11}$、ヨハ・アポII**30**$_{22}$参照。

(11) 「言述」(女性形)としての「女性の像」は、ヨハ・アポ§65—66におけるエバへのエピノイアの顕現に対応。

語った。そして私は彼らに生起するアイオーン*の終りを示すであろう。そして私は彼らに、変化を持たない、その中でわれらの顔が変わってしまう(1)、来たるべきアイオーンのはじめを教えるであろう。われらはこれらのアイオーンたちの中で純化されるであろう。これらの中から私は思考において私の男性の像(2)として自らを顕したのである。私は私の変わらざるアイオーンの思考の中でふさわしいものどもの中に自らを置いたのである。

§16　秘　義

なぜなら、私はあなたがたに、かのアイオーン*［の］秘義を語るであろうから。そして、私はあなたがたに、その中にある諸々の力について教えるであろう。産みは呼ばわる(3)。

［時］は時を生み、
［日は日を生み］、
月は［月を］告げ、
［時は時に］に続いてめぐった。

かのアイオーンは**【43】**［このようにして］満たされた。そしてそれは数えられ、そしてそれは短かかった。なぜならそれは、一本の指をはずした一本の指であり、一つの関節から解かれた一つの関節であったからである(4)。

§17　宇宙の震撼

さて、完成の時が顕れたことを、大いなる権威たち*が知ったとき、産みの苦しみの中にあるごとくに、それは戸口に近づいた(5)。そのように破滅が近づいた。宇宙の諸要素がすべて同時に震えた。陰府の底と混沌の穹窿《きゅうりゅう》*が揺れ動いた。(6)一つの大いなる焔がそれらの直中で輝いた。そして岩山と大地が揺れ動いた、(7)風に揺れる葦のように。そして、宿命の配当と家の測定者(8)が大いなる雷鳴にはなはだしく震撼した。そして諸権力の玉座(9)が震撼し、崩壊した。そして彼らの王は恐怖を抱いた。そして宿命に従う者たち(10)が数々の車輪（の跡）を道(11)に残した。そして彼らは諸権力に言った、

§18 諸権力との問答

「この震撼は何なのですか。また、高められた言述〈に属する〉声によってわれらのもとに下降したこの揺れ動きは何なのですか。そしてわれらの全家は揺らぎ、上昇するわれらの道の全行程が破局に遭ったのです。そして、われらが進む道もまた、すなわち、われらをわれらの創造者なるアルキゲネトール*へと導く道が、われらを確実なものにすることを止めました」。

---

(1) Iコリ一五52参照。

(2) プローテンノイアの最初の顕現（三プロの第一部）における「声」（男性）の様態。

(3) 新しい世（アイオーン）の除幕が産みの苦しみにたとえられるのは黙示文学の共通要素。マコ一三8など参照。

(4) 今の世（アイオーン）の終りに先立つ時の短かさを描写か。マコ一三20参照。

(5) 破滅は今の世の終りと同時に起きる（**43** 8—12、**44** 16—18、ヨハ・アポII **14** 24—26、**30** 27—29参照）。「産みの苦しみ」については、イザ一三8、ホセ一三13、マコ一三8参照。

(6) ヨハ・アポII **30** 19、27—29参照。

(7) イザ一三13参照。

(8) いずれも複数形で星座を示唆。「宿命」についてはヨハ・アポB **72** 3—11、起源 **121** 13—27参照。

(9) 惑星を示唆。

(10) 同様に惑星を示唆。

(11) 惑星の軌道を示唆。

そのとき、諸権力が答えて言った、

「われら自身がこのことで困惑しているのだ。われらが、それは誰の責任なのか知らなかったからである。だから、立って、アルキゲネトールのもとに行き、彼に聞こうではないか」。

すべての権力が相集い、[彼ら]はアルキゲネトー[ル]*のもとへ昇っ[て]行った。そして[彼ら]は彼[に言った]、

「[あなたが自慢する]自慢はどこにあるのか。われらは[あなたがこう言うのを聞]かなかったであろうか。『私は神である。[そして私は]おまえたちの父である。【44】そして私は、おまえたちを[生んだ]者である。そして私の他に[他に]は誰もいない[1]』」。

ところで見よ、今や、われらの知らない[アイオーン]*の、見えざる言述に属する[一つの]声が顕れた。そしてわれらは、われら自身すら、われらが誰に属するのか知らなかった。というのは、われらが聞いたその声はわれらとは無縁のものであり、われらはそれを知らないからである。われらはそれの出自を知らなかった。それは来て、われらの中に恐怖と、われらの肢体の各部分の解体とをもたらした。だから、今や泣き、深い悲しみに暮れよう[2]。とにかくわれらは、力ずくで閉じ込められないうちに、そして陰府の底に連れていかれないように、われらの全行程を歩み終えよう。すでにわれらの絆からの解放が近づいたからである。そして時間が刻まれ、日々が短くなり[3]、そしてわれらの時が満ちた[4]。そしてわれらの滅亡の慟哭《どうこく》がわれらに近づいた、われらが知る〈ことのない〉場所に連れて行かれるために。というのは、われらがそこから生え出でた木(について言えば)、それが持っているのは無知の果実であり[5]、またその葉(について言えば)、その中にあるのは死であり、その枝の陰にあるものは闇だからである。そしてわれらはそれから奸計と欲望をもって収穫した。それ(木)によって無知の混沌《カオス》*がわれらの住居となった。見よ、というのは彼もまた、すなわちわれらが誇るわれらの創造者アルキゲネトールさえもその声を知らな

かったのだから」(6)。

§19　不義の終りと万物の完成

今や、だからこそ思考の子らよ、私に聞け(7)、お前たちの憐れみの母(8)の声を。というのもお前たちは、［お前たちがそれを受ける］ためにアイオーン*(のはじめ)から隠されていた秘義(9)にふさわしい者となったからである。そしてこのアイオーン［と］不義の命の終りが(10)【45】［近づいた。そして、永遠に変化を持たない来たるべきアイオーン］のはじめが［到来した］(11)。私は男女《おめ》*である。［私は母であり］父［である］。私は私自身と共に［あり］、私は私自身と私を［愛］する者とに結ばれているがゆえに(12)。万物*は私のみによって［立っている］(13)。私は万物に［像*を与える］(14)子宮

(1)　アルキゲネトール(ヤルダバオート)の「自慢」については、エイレナイオス『反駁』I, 30, 6(オフィス派とセツ派の場合)、I, 29, 4(バルベロ・グノーシス派の場合)、ヨハ・アポII **11** 18—22、**13** 5—9、起源**112** 28—29、アルコ**94** 21—22、IIヤコ黙**56** 25—**57** 3(いずれもイザ四四6、四五5、四六9に由来)参照。

(2)　「声」によってもたらされた困惑については、エイレナイオス『反駁』(I, 30, 6)、ヨハ・アポII **14** 13—26参照。

(3)　マタ二四22参照。

(4)　15—17行目については、**42** 33—**43** 3参照。

(5)　**41** 30—31ではプローテンノイアの果実が不変のアイオーンの思考であるのに対し、ここではアルキゲネトールの木の果実が無知である。

(6)　ヨハ・アポII **14** 15—18、アダ黙**77** 18—27参照。

(7)　箴七24参照。

(8)　「声」の「言述」(女性形)を示唆。おそらく**45** 9—10の「メイロテア」のこと。もっとも**38** 14—16でメイロテアは「声」であった。ヨハ・アポB **71** 5—13で「憐れみに富む母」は「光のエピノイア」。

(9)　コロ一26参照。

(10)　「このアイオーン(世)の終り」(ギリシア語で synteleia tou aiōnos)については、マタ一三39、40、49、二四3、二八20、ヘブ九26参照。

(11)　ターナーによる。**42** 19—22参照。

(12)　ターナーによる。

(13)　**35** 2—4参照。

である。私は［光輝に輝く］光を生み出すものだから。私は［来たるべき］アイオーンである。［私は］万物の完成、すなわちメイロテア[1]、母の栄光である。私は私を知る者の耳に［音の］言述を投ずるものだから。

§20 「五つの封印」の示唆

そして私はお前たちを崇高な全き光の中に招く。この光（について言えば）、お前たちがこの中に入れば、栄光を与える者たちによって栄光を受けるであろう。そして、玉座を与える者たちはお前たちに玉座を与えるであろう。お前たちはお前たちのために衣を与える者たちによって衣を受けるであろう。そして、洗礼者たちはお前たちに洗礼を授けるであろう。お前たちは栄光の中の栄光となるであろう。これが、その中にお前たちが、お前たちが［光］であったとき、はじめにいた様である[2]。

§21 かたちの付与と霊の注入

そして私はあらゆるものの中に身を隠した。私は彼らの中に自らを顕した[3]。そして、すべての欲求が、私を求めて、私を欲求した。なぜなら私は、万物に像を与えたのだから。彼らはかたちを持っていなかった（ので）。そして私は彼らのかたちを（他の）かたちに、万物にかたちが与えられる時まで変えた[4]。

§22 プローテンノイアの帰昇

声が生じたのは私によってであり[5]、私こそ、息吹を私に属する者たちの中に入れた者である。そして、永遠に聖なる霊を私は彼らに注いだ[6]。

そして私は上に昇った。私は私の光の中に入った。私は私の枝に［飛んだ］。私は聖なる光の子ら［の中に］座を占めた。そして［私は］彼らの［住］居に［帰った］。【46】それは、［　±　］［　±　］になろう［　±12　アー］メン。

［宿］命［論　二］(7)

三　顕現の教え

§23　言述からロゴスへ

私は言い得ざる［声の中に］(8)あるロゴス*であり、私は汚れなき［光］(9)の中にある。そして一つの思考が［自らを］(10)母

(14)　ターナーによる。

(1)　**38** 15参照。

(2)　ターナーによれば、12―20行目に「五つの封印」(**48** 32、ヨハ・アポII **31** 22―25)から成る入会儀礼が示唆されている。――(1)栄光、(2)玉座、(3)衣、(4)洗礼、(5)光の伝授、**48** 15―35をも参照。

(3)　**47** 18、**49** 20―22参照。

(4)　**38** 12、**47** 12―13参照。真福**27** 15―33では、父を認識することによって「かたち」と「名」を与えられ、存在に至る。エイレナイオス『反駁』I, 4, 1-5; 6, 1(本シリーズ第一巻『救済神話』二二三―二二八、二三四頁)、知識**14** 14―15、解説**33** 21―23をも参照。

(5)　**42** 9、§15注(6)参照。

(6)　ヨハ・アポ§69では、母なるソフィアがその霊をセツの種子に送り、彼らを忘却から呼び起こし、彼らの欠乏を回復する。

(7)　三プロ第二部のタイトル。

(8)　ターナーによる。シェンケによれば［光の中に］。

(9)　ターナーによる。シェンケによれば［沈黙］。

の［大いなる］言述によって知覚の中に現した。男性的産出が基底において［私を支］えてはいるが。それ（言述）は原初から万物*の諸々の基底の中に存在する。(1)

§24　ロゴスの出現

しかし、沈黙の中に隠されて存在する光がある。(2) それがはじめに［出現］した。しかし、彼女（母）は一人で沈黙として存在する。私のみが、言い得ざる、汚れなき、測り得ざる、思考し得ざるロゴス*である。それは隠された光である。それは命の果実を与え、活ける水を、見えざる、汚れなき、測り得ざる泉から湧き出す。(3) それは、繰り返し得ざる、母の栄光の声、(4) 神の産出の栄光、隠された叡知(5)に由来する男性的処女である。それは沈黙であり、万物から隠されており、繰り返しえない。測り得ざる光、万物*の泉、全アイオーン*の根。それはアイオーンの全運動を支え、力ある栄光に属する基盤である。それはあらゆる基盤の基盤であり、それは諸力*の息吹であり、三つの滞在の目(6)である。そして、それは思考に由来する声として存在する。そして、それは言述に由来するロゴスである。それは［闇］の中に存在するものどもを照らすために遣わされた。(7)

§25　秘義の顕示

見よ、［私は］お前たちに［私の秘義を］顕［すであろう］。なぜならお前たちは私の［兄弟であり］、彼らすべてを知る［であろう］【47】［　±　］［　±　］［　±　］［　±　］［　±　］［　±13　］私は彼らすべてに、［知り得ざる］言い得ざる［アイオーン*］にある、［私の諸々の秘義］について教えた。私は［彼らに、これらの秘義を］、全き叡知《ヌース》(8)の中にあった［声］によって教[示]した。[そして私は]万物の基礎となった。そ[して私は]彼らに[力]を与えた。(9) 二度目に(10)私は、私の声の[言述]の中で来た。私は像を、像を[受けた]者たちに、彼らの最後に至るまで与えた。(11) 三[度]目に私は自らを彼らに、ロゴスとして彼らの住い[の中で]顕した。(12)

§26 ロゴスの遍在と諸力の無知

そして私は自らを彼らの像のかたちで顕した。(13) 私は彼らすべての衣をまとった。そして私は自らを彼らの中に隠した。そして[彼らは]私に力を与える者を知らなかった。なぜなら私は、すべての君候と勢力の中に、また御使いたちの中に、(14) またすべての物質の内なるあらゆる運動(15)の中に存在するからである。そして、私は彼らの[中]に、

(10) ターナーによる。シェンケによれば[私を]。

(1) 以上プローテンノイアの第二の顕現様態「母／言述」(彼女は光に帰昇して「一人で沈黙として存在する」(13行目))に後続する第三の様態「子／ロゴス」への導入。

(2) それはまた「全き子」である(**37** 3—8参照)。

(3) **48** 19—20、ヨハ四14、七37、黙二一6参照。

(4) 「母の栄光」は「メイロテア」(**45** 9—10)で、彼女は「声」(**38** 14—16)あるいは声の「言述」(**44** 30—31)であった。

(5) **47** 9—10参照。

(6) 「三つの滞在」については**37** 20—25、§5注(10)参照。「目」はおそらく「声」の「三つの滞在」の中心としての「子」(**38** 3—6)を示唆。

(7) イザ九2、マタ四16、ヨハ一5参照。

(8) **46** 22参照。

(9) 5—11行目について**40** 8—**42** 2参照。

(10) **42** 17参照。

(11) 11—13行目について**45** 23—27、**42** 17—18参照。

(12) ヨハ一14参照。

(13) 5—16行目にプローテンノイアの三顕現様態——(1)声(男性)として、(2)言述(女性)として、(3)ロゴス(男性)として——が要約されている。**37** 21、§5注(10)をも参照。

(14) これらの天的諸権威については**35** 15—18参照。

(15) 運動の源としての心魂のメタファー。

私が私の兄弟［たち］に自らを顕すまで、自らを隠した。そして、彼らのうち誰も私を知らなかった。(1) 私は彼らの中に活動しているものなのに。しかし、彼らは、万物*が彼らによって造られたと思った。彼らは無知で、［彼ら］の根、彼らが成長した場所を知らないのだから。(2)

§27　光としてのロゴス

［私は］万物*を照らす光である。(3) 私は［私の］兄弟たちを喜ぶ光である。なぜなら、私は死人たち［の］世界に、［その中に］取り残された霊のゆえに降って来たからである。それは［降って、無垢なる］ソフィア*から出たものである。(4)［私は来た］。そして私は［渡した］［　±17　］そして私は［行った］【48】［

±　］［　±　］［　±　］［　±　］［

±13　起こすことによって］

§28　光の付与

私が［はじめ］から持っていた［思いを］。(5)［私は彼に命の］水から［与えた。そしてそれは］後から混沌*を［脱ぎ捨てる］(6)。それは、すべての［奈落］の［内に］ある最後の［闇］の中にある。それは［身体］的、生魂的*思考である。これらのすべてを私は着［た］。しかし私はこれを彼から脱がせた。［私は］彼に輝く光を与えた。(7) それは父性の思考の知識*である。

§29　五つの封印

そして私は彼を、衣を与える者たちに委ねた。[8] イャンモーン、エラッソー、アメーナイに。そして彼らは彼に光の衣から一つの衣を［着せ］た。そして私は彼を洗礼者たちに委ねた。彼らは彼に洗礼*を授けた。ミケウス、ミカル、ムネーシヌースが。[9] 彼らは彼に命の[10]［水］の泉の中で洗礼を授けたのである。そして私は彼を、玉座を［与える］者たちに委ねた。バリエール、ヌータン、サベーナイに。彼らは彼に栄光の玉座の中から一つの玉座を［与えた］。そして私は彼を、栄光を与える者たちに委ねた。アリオーム、エーリエン、ファリエールに。彼らは彼に父性の栄光をもって栄光を与えた。そして運び上げる者たちは（彼を）運び上げた。[11] ガマリエー（ル）、［±　］アネーオン、サンブロー[12]、大いなる聖なるフォーステール*の御使いたちが。彼らは彼を彼の父の輝く場所*の中に移した。そして［彼は］母プローテンノイアの光によって五つの封印[13]を［受けた］。そして彼らは彼に

(1) ヨハ一10参照。
(2) 創造者に対する被造物の無知についてはロマ一19-23参照。
(3) ヨハ一4、八12、九5参照。
(4) 31—34行目について**40** 12—16、**41** 20—23参照。
(5) シェンケによる。
(6) ターナーによる。
(7) **49** 30—31参照。
(8) 以下35行目まで「五つの封印」（32行目）から成る入会儀礼を示唆か。(1)衣、(2)洗礼、(3)玉座、(4)栄光、(5)光の伝授。**45** 12—20ではこの「封印」を未来形で示唆していたが、ここでは過去形になっている。
(9) この三人がエジ福§50では「真理の泉を司る者たち」として登場する。アダ黙**84** 5—22、ゾス**6** 7—17（ミケウスとミカル）、**47** 4（ムネーシヌース）をも参照。
(10) **37** 4、**41** 23参照
(11) Ⅱコリ三2参照。
(12) エジ福§26では、ガマリエール、ガブリエール、サムロー、アブラクサスが、それぞれアルモゼール、オロヤアエール、ダウィテ、エーレレート（三プロ**38** 35—**39** 5参照）の「補助者」と呼ばれている。アダ黙**75** 21—31では、アブラクサス、サンブロー、ガマリエールが人々を支配者たちによる審きから運び去る。ゾス**47** 24では、サンブローが「相続人」と呼ばれている。
(13) セツ派に共通の典礼。ヨハ・アポⅡ**31** 24、エジ福§14、15、30、47、51参照。

認識の[秘]儀を受領させた。そして[彼は光の中で光となった]。(1) だから、今や[±]【49】
[±][±][±][±
][±][±]私は各人のかたちをとって(2)]彼らの中にい[た]。

§30　ロゴスの仮象としてのキリスト

[アルコーン]たちは[私が]彼らのキリストだ[と]思った。実際私は各[人の中にいる]。実際私は、[私が自らを光として顕した]人々の中で、アルコーンたちの[裏をかいた]。私は彼らの愛する者である。[な]ぜなら、あの場所に[いた]とき、私はアルキゲネトールの子の[ように]装って、彼の裁き——それは混沌の無知である——の終りに至るまで、彼と等しかったからである。そして、天使たちの間で私は自らを彼らのかたちで顕した。そして、諸力の間では彼らの一人であるかのように。しかし、人の子らの間では、人の子であるかのように。私は各人の父として存在しているのだが。(3)

§31　ロゴスの「肢体」への顕現

私は彼らすべての中に隠されていた。私が私に属する私の肢体の中に自らを顕すまで。そして私は彼らに言い得ざる定めと兄弟たちについて教えた。しかし、それらはあらゆる君候とアルコーン的力によって言い得ざるものである。但し、それらは父の定めなる光の子らにとっては例外である。

§32　光の子らと闇の解消

それらはあらゆる栄光よりも崇高な栄光である。それらは叡知によって完全な［五つ］の封印である。(4) これらの名の五つの封印を持つ者は、無知の衣を脱ぎ、輝く光を着た。そしてアルコーン*たちの力に属するものは、何ものも彼に顕れることはないであろう。この種類のものの中で闇は解消され、無知は死ぬであろう。そして、蒔か［れた］創造の思いは、一つのかたちを［とるであろう］。そして［闇の混沌《カオス》*は］解消するであろう。そして、【50】［　±　］［　±　］［　±14　］そして［　±　］［　±14　］達し得ざる［　±　］［　±11　］中に［　±　］［　±7　］私が［私の同胞の中に］自分を顕すまで。

§33　イエスを「着た」ロゴス

そして私が私の［永遠の王国の中に］すべての［私の同］胞を集めるまで。そして私は彼らに言い得ざる［五つの封］印を(5) 宣べ伝えた。それは［私が］彼らの中にあり、彼らも私の中にあるためである。(6) 私はイエスを着た。(7) 私は呪われた木から(8) 彼を運び、私は彼を彼の父の居場所に(9)* 移した。そして、彼らの居場所を見張る者どもは私を知らなかった。

(1)　ターナーによる。
(2)　ターナーによる。
(3)　ロゴス／プローテンノイア（キリスト）の、人間界への「知られざる」降下については、エイレナイオス『反駁』I, 30, 12（セツ派の場合）、セツ教**59**^{18}、**65**$^{18-19}$、フィペ手**136**^{16}—**137**^{4}参照。
(4)　**48**^{31}、§29注(13)参照。
(5)　エジ福IV **78**$^{4-5}$参照。
(6)　ヨハ一五4-5、Iヨハ二24、三24参照。
(7)　エジ福§49（セツがイエスを「着る」）参照。
(8)　ガラ三13参照。
(9)　ヨハ一四2参照。

§34 ロゴスの種子

なぜなら、私は私のみが私の種子*と共に捉え得ざるものだからである。そして、私に属する私の種子を私は達し得ざる沈黙の中にある聖なる光に［置く］であろう。

§35 表題

顕現の教え　三(1)

三体のプローテンノイア　三(2)

父によって書かれた聖なる書

完全なる知識*をもって(3)

---

(1) 「プローテンノイアの教え　一」(**42**$_{3}$)と「宿命の教え　二」(**46**$_{4}$)に続く「(第)三(部)」の意か。

(2) 本文書全体の表題。「三」は「三部(から成る)」の意か。

(3) 以上の二行には本文書の内容との直接的関係が認められない。後代の写字生による加筆か(ターナー)。

救い主の対話

小林 稔 訳

内容構成

冒頭の表題
導入(魂上昇の通り道)(§1―3)
死の時にあたっての勧め(§1)
感謝の祈り(§2)
死の際の恐れに関する教え(§3)
対話(一)(§4―14)
自分のうちにあるものを大切にすること(§4―8)
探す者、見抜く者が啓示し、聞く者が話す(§9―12)
嘆きについて(§13―14)
創造に関する神話(§15―18。うち§16後半―18は内容的には§19―20につながる)
対話(二)(戒めの挿入)(§19―20)
創造に関する神話の続き(§21―24)
対話(三)(生命の場について)(§25―34前半)

対話の第一部分の結論部（§9—12）に出た語録の再録（§79—80）
十二人の弟子たちと師の対話（§81—82）
マリヤによる総括と導入（§83）
上着について（§84—85）
内容不詳（§86—87）
芥子種の譬えの適用解釈（§88—89）
女性性の業について（§90—95）
啓示者の道について（§96）
業の解消について（§97—98）
霊と光について（§99—102）
業について（§103—104前半）
結びの教え（§104後半）
末尾の表題

表題

【120】救い主の対話。

導入

§1 救い主がその弟子たちに言った、「すでに時になっている、兄弟たちよ、われわれが自分たちの労苦を自分たちの後におき、安息*の中に(1)自分の足で立つ(時に)。

というのは、安息の中に自分の足で立つことになる人は、永遠に到るまで休息することになるのである。

さて、私は次のことをあなたがたに言う。どんな時にも上に……いなさい。(2)……時……そのことをあなたがたに……心……あなたがたの方へ……恐れさせる……。(3)怒り(4)は(一種の)恐れ[である]……。怒りの方へと動く。しかしあなたがたは、……(5)、……したから(6)、彼らはそれに(7)ついてのこれらの言葉を、恐れのうちに受け(入れ)た。そして、それは(8)彼らを支配者(アルコーン)*たちとともに自分の足で立たせた。なぜなら、それから(9)は何も(出て)来なかったからである。

しかしこの私が来た時には、私は道を開いた。選ばれた人々が単独者(10)たちとともに通り過ぎることになる(11)、その通り道を(私は)彼らに教えた。(選ばれた人々、単独者とは)【121】真理と[す]べての栄光を[信]じた(12)ゆえに、父がわかっている[人々](である)。栄光をあなたがたが帰しているからである(13)。

§2 さて、あなたがたが栄光を帰する時には(14)、次のようにして帰しなさい。『父よ、私たち(の祈り)を聞いて下さい。あなたがあなたの独り子(15)(モノゲネース)*なる子(の祈り)を聞いてこられたように。そして、あなたは(子)を自分のもとに受け入れてこられました(16)[±5]彼に多くの[ ](17)からの休息を与え[ ](18)。[あな]たは、その力が……(19)な[方]です。……あなたの武器(20)[ ]たち[ ](21)……光[ ](22)生きる……(23)……彼〈に触れる〉(24)……そ(25)のことば(ロゴス)(26)*……立ち帰り……生命(27)……あなた(28)……。あなたは[その]考えであり、単独者(が持つ)思い煩いのなさの[す]べてです。

また、私たち(の祈り)を聞い[て]下さい。あなたがあなたの選ばれた人々(の祈り)を聞いてこられたように。

（1）ヘブ四11参照。
（2）以下18行目まで写本の右半分が完全に破損。以下「……」は復元不可能な箇所、［　］は校訂者が推定復元している箇所。
（3）このあと「私は……する」とも読める。
（4）この前にある導入語は「なぜなら」とも読める。
（5）ここには「彼らが……から生じたとき」「彼らが……から生じるように」などいくつかの可能性が考えられる。
（6）ここにはコプト語でanで始まる動詞が入る。
（7）エンメルは「怒り」を示唆している。
（8）前注（7）に同じ。
（9）前注（7）に同じ。
（10）トマ福・語録四九参照。
（11）etouというふつうには出ないかたちだが、エンメルに従い、etouの意味で読む。
（12）Ⅱテサ二12参照。
（13）エンメルは、noueoouをmmoouと訂正して読むことを提案している。これを採ると、「（選ばれた人々、単独者とは）【121】真理と、あなたがたが帰している［す］べての栄光を［信］じたゆえに、父がわかっている［人々］（である）」となる。
（14）言葉通りだと「あなたがたが栄光を帰するなら」。
（15）ヨハ・アポ§19、20参照。
（16）または「あなたがあなたの独り子なる子（の祈り）を聞いてこられたように。そして、（子）を自分のもとに受け入れておられる（ように）」。
（17）エンメルはこの空白箇所の推定復元として「労苦」を提案している。
（18）エンメルは「受け入れてこられました。彼に多くの……からの休息を与え［てこられました］」および「受け入れてこられました、彼に多くの……からの休息を与え［て］」と二つの推定復元をしている。
（19）以下16行目まで写本の左半分が破損。
（20）エフェ六11-17参照。
（21）エンメルは「あなたの（諸々の）武器は……たちです」と推定復元している。
（22）エンメルは前注（21）にもかかわらず、「……はあなたの武器です。……たちは……光です」をもう一つの可能性として挙げている。
（23）「生きる」には…ouefがついているが、解読を断念。
（24）そのままだと「彼の力を見いだす」というようなことになるが、エンメルの校訂に従う。emauをemeuと読むなら、「彼らは彼に触れることがないから」。
（25）この空白の末尾は…nhだが、解読は断念。
（26）この語に続く空白の冒頭はm…。「……のことば」の可能性がある。
（27）確証がないので「立ち帰り…生命」と単語をそのまま並べたが、おそらく「生命（へ）の立ち帰り」。

この人々［は］(1)あなた（へ）の供え［物］(2)においてこそ、彼らのよ［い］業《わざ》において、内部へと来つつあります。この人々こそが自分たちの心魂*［を］盲目の［屍］から贖い出しました。(3)それは永遠に存続するためです。【122】アーメン』。

§3　私はあなたがたに告げようとしている。

解消の時が来るなら、その時には以前からの闇の力が(4)あなたがたに出会うであろう。

恐れるな。そして『見よ、その時になったのだ』と言え。

しかし、あなたがたが一つの錫を繰り返し見るなら、……(5)である。これは……(6)……(7)……次のことを知る(8)……その恐れから(9)……また、支配者*（アルコーン）たち……あなたがたに出会う(10)……実に恐れは［　　］(11)である。

さて、あなたがたが、自分た［ち］に出会おうとしているものを恐れ［る］ようなことがあれば、そのものがあなたがたを呑み込むであろう。

それら(12)のうちの一つとしてあなたがたを容赦することはなく、またあなたがた［に］憐れみをかけるようなこともないだろうからである。

そうではなく、あなたがたはこのやり方で、そのなかに(13)……を観(14)なさい。あなたがたは地の上のあらゆる言葉にうち勝っているのだから。(15)それは(16)【123】あなたがたを［　　］(17)そのなかに……(18)［僭］主……支配のない所へと連れて行く……(19)。あなたがたが……するなら、あなたがたは……(20)するものたちを見るであろうから、そしてまた……(21)あなたがたに次のことを［教］える(22)……推理力が……推理力(23)……真理……(24)しかし(25)……。だが、あなたがたは……真

(28)「あなたから」か。

(1) 読めなくなっている字を、エンメルの推定復元を採って、eunēou と読む。ドレスのように eknēou と読むなら、

「この人々は、あなた(へ)の供え[物]において、あなたが内部へと来つつあるので、彼らのよ[い]業において、この人々こそは」と続くことになる。

(2) エフェ五2、ヘブ一〇10、14参照。

(3) 「この人々」が強調のため重複されていると考えるなら、エンメルが提案するように、「この人々[は]あなた(へ)の供え[物]において、彼らのよ[い]業において、内部へと来ることにより、この人々こそは、自分たちの心魂[を]盲目の[屍]から贖い出しました」と読むことも可能。Iペト一9、ヤコ一21参照。

(4) コロ一13参照。

(5) この空白の冒頭はe…だが、解読は断念。以下16行目まで写本の右半分が完全に破損。

(6) 続く空白の冒頭はepまたはetだが、解読を断念。

(7) 10行目の初めと11行目の初めにneannou および eretmn の文字が見えるが、底本と同様、訳を断念。

(8) この語の主語、時制なども不明。

(9) この語に続く空白の冒頭はp…だが、解読は断念。

(10) この語の主語、時制などは不明。続く空白の冒頭はm…。

(11) エンメルはこの空白の前半を「力」と推定復元し、全体の推定復元として「あの闇の力」を提案している。

(12) エンメルが言うように「あなたがたに出会おうとしているもの」つまり「以前からある闇の力」の類いであろう。

(13) エンメルが言うように「あなたがたに出会おうとしているもののなかに」つまり「以前からある闇の力のなかに」。

(14) エンメルによれば定冠詞があるようなので、おそらく「そのなかに、その……を」。

(15) 前にかけたが、「あなたがたは地の上のあらゆる言葉にうち勝っているのだから、」と後ろにかけることも可能。

(16) または「彼は」。

(17) エンメルはこの空白部分の推定復元として「この山(つまり)」または「その場所(つまり)」を提案している。

(18) この頁は写本の左が破損。特に6―19行目は完全に破損。

(19) エンメルによれば、空白部分に前頁末尾の「彼」または「それ」がこの動詞の主語であることを表すfが想定できそうだが、時称などは不明。

(20) この空白(原文では5行目前半)の最後に…oouの文字があるが、訳は断念。

(21) この空白の冒頭にteの文字があるが、訳は断念。

(22) この動詞の主語、時制などは不明。

(23) エンメルはこの空白の冒頭と末尾を efšo[op…t] opos n と推定復元している。「真理の場所が……あると」あるいは「……があると、真理の場所」

(24) この空白の末尾に…ouanがあるが、訳は断念。

(25) この空白の冒頭はse.「彼らは……」であろうか。

理[1]……。これは……生きている[　　][2]……。……[　　][3]あなたがたの喜びの……のために……さて、……あなたがたの心魂*……するため、挙げ[　　][4]……その言葉が……ないため(である)。……。……あなたがたの[　　][5]側と[　　][6]に。【124】というのは、渡し場は、[　　の面]前に恐ろしいもの[7]だからである。

しかしあなたがたは、単一の心[をもってそれを][8]通り過ぎなさい。というのはその深さは大いなるものだからであり。[その]高さはきわめて大いなるもの[だ](からである)。……[9]単一の心……そして火……[10]すべての[諸][11]力*……[12]彼らは……するであろう。そして[力][13]……[14]心魂……[15]生じる……[16][17]いかなる人においても……[あ]なたがたは……[18][19]である……そして……[20]その忘却……[21]息子……[22][23]そしてあなたがたが……[24]あなたがた……[25]」。

対話(一)

§4　[マ]タイ[が]言った、「どうして……[26]」と。

§5　【[12]5】救い主が言った、「……[27]あなたの内部のものども……残るであろう。あなた……」[と]。

§6　ユダ[　　][28]」、「主よ、……[29]それらの業……[30][　　]心魂*たち……[31]これらの……それらの小さな人々[32]……、

(1)　おそらく「真理の」あるいは「真理を」。

(2)　エンメルはこの空白の部分的推定復元として「[叡]知」を提案している。

(3)　エンメルは「および」と推定復元している。

(4)　エンメルは「挙げ[られた]」と推定復元している。「挙げ[られる]」の可能性も挙げている。この動詞の後に

あるｍは訳出を断念。

(5) この空白部分には…ōmpoueš̆…f n があるが、訳出は断念。

(6) エンメルはここを「あなたがたの[内]側と[あなたがたの外側]に」と想定している。その後にaaf n…be(それを…be にする)と続く。

(7) エンメルは「[あなたがたの面]前に」と推定復元し、他の代名詞も可能だと注記している。

(8) つまり「渡し場を」

(9) この頁は右半分が破損。特に6—20行目と最後の行は完全に破損。

(10) この空白はe…pemmoueiō…となっているが、訳出を断念。

(11) エンメルの推定復元に従う。

(12) この空白の末尾にrōtn とあるが、訳出を断念。

(13) エンメルの推定復元に従う。「力の」「力を」なども可能だが、エンメルは「そして諸[力]」と理解している。

(14) この空白にはp…ehē(前に)titam(o を補えば、私は教える)と続くが、訳出を断念。

(15) この空白の冒頭には nto とある。「彼らの手によって」などが想定しうる。

(16) または「……になる」「……である」。

(17) この空白の冒頭には nno とあるが、訳出を断念。

(18) エンメルの推定復元に従う。

(19) 補語には複数の定冠詞がついている。

(20) この空白の冒頭には名詞節の導入句(če)と nt があって、想像をかき立てるが、訳出は断念。

(21) この空白の冒頭には an がある。

(22) この名詞の前には n がついている。「息子たち」あるいは「息子の」などの可能性がある。

(23) この空白の冒頭には m があるが、訳出不可能。

(24) おそらく「あなたがたが……するなら」(……するとき、……するので、なども可能)あるいは「あなたがたは……するのは……である」。そしてその動詞は un を含んでいる。

(25) この空白には emp が見いだされる。

(26) より言葉通りには「どんな……たち」。エンメルの推定復元に従う。

(27) この空白の末尾に ōn とある。以下、12行目までは左半分が完全に破損。

(28) エンメルは「ユダ[が言った]」または「ユダ[が彼に言った]」と推定復元している。

(29) この空白の末尾はe.

(30) 「それらの業に」とも読めるが、他の可能性もある。

(31) エンメルは「[それらの]心魂たち」と推定復元している。

(32) 「それらの野原」も可能。

……(1)する［なら］(2)……その時に、彼らがいることになる［　　］どこ［　　］(3)。……その霊……(4)……」と。

§7　主が［言った］(5)、「……(6)彼ら［を］引［き取］る(7)……。この人々は新たにまた死ぬようなことがない［　　］彼らは(8)新たにまた滅びたりはしない。彼らは（すでに）知っているからである、［　　］(9)伴侶（シュジュゴス）を、また［自分たちを］自らのもとに［受け入れる］ことになる者を。というのは、真理は賢人および義人を探し［求める］ものだからである」［と］。

§8　救い主［が言］った、「身［体の］*ともし火は叡知である。あなたの［内部のものども］が——つまりそれは(10)……である——まっすぐである限り、あなたがたの身体は［光］である。あなたがたの心が［闇］である限り、【126】あなたがたが待ち望んでいる、そのあなたがたの光は……(11)。この私が……した(12)。なぜなら私は行こうとしているからである……(13)私の言葉……(14)(15)私は……のところまで遣わし続けている」と。

§9　彼の弟［子］たちが（彼に）［言った］、「［主よ］、探す者は誰ですか、そして啓示する［±9］(16)」［と］。

§10　［主　　］言った(17)、「探す者［　　］啓示する［　　］(18)」と。

§11　マ［タイ］が［彼に］［言った］、「［主よ］、私が［　　］(19)、話す［なら、その時］、［　　］(20)者は誰でしょうか、［　　］聞く者は［　　］(21)」［と］。

（1） この空白の中にはeの字が見える。

（2） 底本の校訂によって、šanを補う。

（3） エンメルは「彼らがいることになる[のはいったい]どこ[でしょうか]」と推定復元している。

（4） 「その霊が……は、……ないのですか」などとも読める。

（5） エンメルはもう一つの推定復元として「主が[彼に言った]」を挙げている。

（6） この空白部分にはpとそれに続けてeun(……がある時、……があるなら、……があるから)がある。

（7） この動詞の人称、時称などは不明。

（8） エンメルはこの空白を「この人々は新たにまた死ぬようなことがない[し、また]この人々は」と推定復元している。

（9） エンメルはこの空白を「自分たちの」と推定復元し、他の人称も可能だと注記している。

（10） 「それ」は女性単数で、その補語はsで終わる単語。

（11） この頁は写本の右半分がかなり破損。特に12行辺りまでは約半分が完全に破損している。

（12） moutの字がある。mouteを想定するなら「……を呼んだ」。あるいは完了なので「すでに……を呼んでいる」。

（13） この空白の冒頭にはčの字が見える。日本語では動詞の前に入れるべきかもしれない。

（14） 「私の言葉を」あるいは「私の言葉の」。

（15） この空白の冒頭にはhatの字が見える。「その……のために」で女性名詞の単数が導入されているようである。

（16） エンメルはこの空白の推定復元として「そして[また]啓示する[者は](誰ですか)」を提案している。[また]については、あったかどうか判断を留保している。

（17） エンメルは「[主が彼らに]言った」あるいは「[主が]言った」と推定復元している。

（18） エンメルはこの空白の推定復元として「探す者[、その者こそ]が[また]啓示する[者](である)」を提案している。すると、これに続くpからp[e]を推定して「探す者[、その者こそ]が[また]啓示する[者でもある]」と推測できよう。なお、エンメルが指摘するように、この語録の「者」は「もの」であることも可能。

（19） エンメルはここの推定復元として「聞き」を提案している。

（20） エンメルはここの推定復元として「話す者」を提案している。

（21） エンメルはここの推定復元として「また聞く者は誰でしょうか」を提案している。

§12 ［主］が言った、「話す者、その者こそがまた［聞く］者（でもある）。そして、見抜く者、その者こそがまた啓示する［者］(1)（でもある）」と。

§13 ［マリ］ヤが言った、(2)「主よ、ご覧下［さい］。［私が］嘆い［ているとき］、［　　］どこから身体*を身に帯び［　　］のでしょうか。(3)また、私が［　　］ているとき、(4)（それは）どこからでしょうか」と。

§14 主が言った、「……嘆く、その(5)（諸々の）業《わざ》のゆえに……残る、そして叡知が笑う……【12】7……霊。(6)

もしも誰かが闇［　　し］ないなら、(7)彼は［　　］見ることができ［　　］であろう。(8)

さて、私はあなたがたに教える。……光は闇である。

［　　］の中に（あって）自分の足で立［　　］光を見る［　　］ない［　　］。(9)

……《虚偽》(10)……彼らはそれらを……(11)から持ってきた。あなたがたは……(12)与えるであろう、そして……永遠にまで［あ］る。……(13)永遠。

その時には上の側に（ある）諸力*［　　］(14)があなたがたを……(15)するであろう、また下の側［に］（ある）ものたちも。

あの所では、嘆きと歯の［　　］がある［であろう］(16)、これらす［べて］の終りまで」と。

創造に関する神話

§15 ユダが［言］った、「次のことを［私たちに］(17)言って下さい、［主］よ、［天と］地がまだ生じていなかった、(18)その前には、［　　］(19)は何だったのでしょうか」と。

(1) エンメルが指摘するように、この語録の「者」は「もの」であることも可能。

(2) この文書には「マリハム」「マリハムメー」などさまざまな綴りで出るが、訳語はマリヤで統一する。

(3) エンメルはこの箇所を「[私は]どこから身体を身に帯び[ている]のでしょうか」、「[私が]身体を身に帯び[ているのは]どこからでしょうか」、「[私は]どこから身体を身に帯び[るようになった]のでしょうか」と推定復元している。

(4) エンメルはこの箇所の推定復元として「私が[笑っ]ているとき]」と提案している。

(5) エンメルは「身体の」と説明している。

(6) 「霊」の前に e とあるので、そこで単語が切れているなら「霊に」か。このあたり、訳文のような順序で単語が並んでいるが、どのようにつながるのか、文法上の手がかりがない。この頁は写本の左半分が破損。特に1―13行目の左半分は完全に破損している。

(7) ertmte というふつうに使われない形だが、エンメルに従い、eršantm の意味で読む。

(8) エンメルはここの推定復元として「もしも誰かが闇[の中に](あって)、[自分の足で立ってい]ないなら、彼は[光を]見ることができ[ない]であろう」を提案している。

(9) エンメルはの推定復元として「[そして、誰かが闇]の中に(あって)自分の足で立[っていないなら、彼は]光を見る[ことはでき]ない[であろう]」を提案している。

(10) エンメルによれば、これは行間に書き加えられており、写字生の付加だという。

(11) 原文では「持ってきた」の後ろの空白末尾に c…ōs の字が見えるが、解読不可能。

(12) 原文では「与えるであろう」の後ろの空白末尾に ein の字が見えるが、解読不可能。

(13) この空白部分には ntmnt…nenoua の字が見えるが、訳出は断念。

(14) エンメルは「諸力[すべて]が」と推定復元している。

(15) この動詞の末尾は ze.

(16) エンメルは「嘆きと歯[ぎしり]がある[であろう]」と推定復元している。マタ八12、一三42、50、二二13、二四51、二五30、ルカ一三28参照。

(17) エンメルの推定復元による。「[私に]」も可能だという。

(18) 創一1参照。

(19) エンメルは推定復元として「[存在したもの]」を提案している。

§16　主が言った、「(その前に存在したものは)闇と水であり、そして【128】［水］(1)の上にある霊*(である)(2)。だが［この私が］次のことを［あなたがた］に言う。あなたがたが探し求めているもの、［　　］吟味し［　　］は(3)、見よ［　　］あなたがた(4)の中に［　　］(5)。力と秘［義］……霊……(6)、なぜなら……(7)から……悪……(8)来る［　　］叡知(9)……見よ、……(10)」と。

§17　［　　］(11)言った、「［主］よ、私たちに言って下さい、［　　が］(12)自分の足で［立っているのは］どこであるか、真［の叡知］(13)があるのはどこなのか［を］」［と］。

§18　主が［言った］、「［その］霊*の火こそがそれら二つの［　　］生じた(14)。このゆえに、［　　］(15)が生じた。それらの［内部］に［真］の叡知が生じた。［　　］(16)ある人が心［魂］*を高いところに自分の足で［立たせる］なら(17)、その［時　　］高いものとなる［　　］(18)」と。

対話(二)

§19　すると、マタイが［彼に尋］ねた、【129】「……(19)がそれを受けた……(20)、彼こそが［　　］(21)ものです」。

§20　［　　］主が言った(22)、「……よりも［強］い……、……あなたがた……(23)、あなたがた［に］ついてゆくための［

(1)　エンメルの推定復元による。創一2参照。なお、エンメルはこの前後を「闇と水と、そして【128】［水］の上に霊があった」と訳しているが、訳者は意訳しすぎだと考える。
(2) 創1 2参照。
(3) エンメルは推定復元として「[そしてあなたがたが]吟味し[ているもの]は」を提案している。
(4) tēnouという、ふつうに出ないかたちだが、エンメルに従い、tēoutnの意味で読む。
(5) エンメルは推定復元として「見[よ、それは]5あなたがたの中に[ある]」を提案している。
(6) 原文ではこの文の冒頭にauが見えるので、おそらく「……は……された」あるいは「彼らは……した」であろう。この頁は写本の右側が破損。特に8―12行目は右側の半分以上、完全に破損している。
(7) 原文では「から」の後に来る名詞にはhがついている。複数不定冠詞かもしれない。
(8) 原文では「来る」の後の空白冒頭にはeの字がある。
(9) エンメルは原文では「叡知」の後の空白の推定復元として、「[真の]叡知」(あるいは「[真理の]叡知」)を提案している。
(10) ここの空白にはe…nemp…の字が見えるが、解読不可能。
(11) エンメルは「[マタイが]」あるいは「[彼にユダが]」と推定復元している。
(12) エンメルは推定復元として「[心魂が]」を提案している。
(13) エンメルの推定復元による。
(14) エンメルはこの空白の推定復元として「[真ん中に]生じた」あるいは「[力]となった」を提案している。
(15) エンメルはこの空白の推定復元として「[霊]」あるいは「[叡知]」を提案している。
(16) エンメルはこの空白の推定復元として「[もしも]」を提案している。
(17) エンメルに従い、eršaをeršanの意味で読む。
(18) エンメルは「その[時、彼は]高いものとなる[であろう]」と推定復元している。
(19) この頁は写本の左端が全面的に破損。特に1―6行目は約半分が完全に破損している。
(20) 冒頭の空白の末尾にはbe、主語の導入句で始まる空白の末尾にはeが見えるが、解読を断念。なお動詞は「……こそがそれを受けた……」あるいは「……がそれを受けた(ゆえに)」などを示唆するかたちを取っている。
(21) §20の冒頭にかけて、エンメルは推定復元として「『彼こそが[強い]ものです』。主が言った」あるいは「『彼こそが[……する]ものです』。[彼に]主が言った」を提案している。
(22) §19の終りからここにかけて、エンメルは推定復元として『彼こそが[強い]ものです』。主が言った」あるいは「『彼こそが[……する]ものです』。[彼に]主が言った」を提案している。

「自分に［　　］(1)、またすべての業《わざ》……あなたがたの心……(2)。というのは、あなたがたの心がそれを(3)……するように、（それと同様）［　　］のは(4)、上［の側］に（ある）諸力*、また下の側に（ある諸力）にあなたがたがうち勝つようになる、その方法［　　］なのである。［　　］(5)私は、あなたがたに次のことを言う、『自分の力［　　者］に、［　　］棄てさせ、［立ち帰らせよ］(6)。そして、［　　］(7)者［に］は探［させ］、見いださせ、喜［ばせよ］(8)』と」と。

創造に関する神話の続き

§21　ユダが［言った］、「ご覧下［さい。　　］見［　　］(9)。あらゆる業《わざ》が［　　］(10)の上に（ある、諸々の）徴(11)のようにして……存在しているのを。このゆえに、それらのものはあのように生じました(12)」と。

§22　主が［言った］、「［父］が世界を［うち立て］(13)たとき、（父）はその中から水［　　］た(14)。［　　］ことば（ロゴス）*が彼から来［　　］(15)。**【130】**それは(16)多くの……(17)のうちに生じた(18)。それは(19)全地を［　　］にまさって(20)高かった。……(21)、なぜなら……［集められてい］る水は彼ら(22)の外にあるから(23)である。［　　］水の［　　］(24)大いなる火〈　　〉(25)、（その火

---

(23)　この順序で訳出したが、「……よりも」と訳した空白はepetn…bolとなっており「あなたがたを……するものよりも［強］い……」である可能性もある。「あなたがた」の後の空白はmで始まっているが、解読を断念。

(1)　エンメルは推定復元として「［力が］自分に［あるものたち］」または「［力が］自分に［ないものたち］」を提案している。

(2)　空白が多く、文として復元できないため語句をそのまま並べたが、たとえば「あなたがた［に］またすべての業……あなたがたの心（に）ついてゆくための［力が］自分に［あるものたち］」といった復元も可能。

(3)　「それ」は女性単数。これに先立つ空白に動詞があるようだが、それはouで始まる語。

(4) エンメルは推定復元として「[あなたがたが見いだすようになる]のは」を提案している。
(5) 訳文で二つの[ ]を記したが、空白は一つ。エンメルは「その方法[のすべて]なのである。[だが、この]私は」または「その方法なのである。私は」と推定復元している。
(6) エンメルはトマ福・語録八一に示唆されて、「自分の力[がある者]に、[それを]棄てさせ、[立ち帰らせよ]」と推定復元している。但し、注では「自分の力[がない者]に……」の可能性も挙げている。
(7) エンメルは推定復元として「[わかっている]者」または「[選ばれた]者」を提案している。
(8) トマ福・語録二、二四、九二、九四参照。
(9) エンメルは「[ご覧下[さい。私は]見[ています]」と推定復元している。
(10) エンメルは推定復元として「[地]」を提案している。
(11) 創一14参照。
(12) エンメルは訳として「このゆえに、それらのことはあのように起こりました」も提案している。
(13) 他のところで採った訳語で表現すれば「自分の足で[立たせ]た」。エンメルは、他の推定復元として「[父]が世界のなかに自分の足で[立っ]た」の可能性も挙げている。
(14) エンメルは推定復元として「その中から水[を集め]た」を提案している。「その中から」とは「世界の中から」だろうが、エンメルがいうように「自分の中から」も可能。
(15) エンメルは「[彼の]ことばが彼から来[た]」と推定復元するとともに、「[自分の]ことばをそれから来[させるために]」と推定復元する可能性も挙げている。エンメルがいうように「彼から」「それから」と言うときには、「父から」「世界から」「水から」が可能。
(16) エンメルが言うように、「ことば」あるいは「父」。
(17) この空白の解読は底本も断念している。この頁は写本の右端が全面的に破損。特に1—5行目は約半分が完全に破損している。
(18) あるいは「いた」。底本は「住んだ」と訳している。
(19) 前注(16)、参照。
(20) エンメルはこの空白を「全地を[めぐる……]に」と推定復元し、さらに「全地を[めぐる星々の道]に」を提案している。
(21) 「彼らは……した」らしいが、動詞の内容は不明。
(22) エンメルはこれに「星々」を提案している。
(23) 創一6参照。
(24) エンメルは推定復元として「[そして]水の[外には]」あるいは「[そして]水の[内部には]」を提案している。
(25) エンメルは重字脱落を想定し、「〈がある〉」と読むことを提案している。

は）壁のように彼ら(1)をめぐっているのである。

それらの回数［　］られた、(2)内側に（ある）［もの］の多くが分かれたときに。(3)［　］(4)が自分の足で立ったとき、彼は［　±4　］の方を観た。彼は彼に言った、(5)『行って、あなたの中から［　］なさい、(6)世代から［世代］まで、［ま］た永遠から永遠まで、［　］欠ける［　］ために』(7)と。［その時、彼は］(8)自分から投げてやった、乳の（多くの）［泉］と蜂蜜［の］（多くの）［泉］とオリーブ油と［葡萄酒］と（多くの）［よい］実を、そして甘い味と［多くの］(9)よい根を。［それは］世代から世代［まで］、またとこしえからとこし［えま］で、将来それに(10)欠乏*するようなことのない［ためである］。

§23 さて、彼は……(11)［　］(12)上にいる。【13】1［　］(13)は自分の足で立っているので、……(14)彼の美しさ……(15)。また外で、彼は［　］光であ［　］(16)。彼は自分に似ているもの(17)［　］(18)強力だからである。なぜなら彼は、上［の側］に（ある）また下の側に（ある）アイオーン*たち［　］(19)の上に支配権をふるう［　］(20)から。［　］(21)は炎から取ってこられ［　］(22)。それは(23)上の側に（ある）また下［の側に］（ある）［　］の中にまき散らされた。(24)それらにぶら下がっている［　］(25)業、それらが、上の側に（ある）天の上に、［また、下］の側に（ある）地［の上に　］もの(26)（なのである）。すべての［業《わざ》］がぶら下がっているのはそれら［に］こそなのである」と。

§24 ［さて］、ユ［ダ］はこれらのことを聞いたとき、身をかがめた。［　し］た。(27)主に栄光を帰した。

（1）前頁注(22)、参照。

（2）エンメルは推定復元として「それらの回数［が数え］られた」を提案している。これを「彼らはそれらの回数を［数え］た」と解することも可能。

(3) これも「彼らが内側に(ある)[もの]の多くを分けた時に」と解することも可能。

(4) エンメルは「[父]が」または「[ことば(ロゴス)]が」と推定復元している。

(5) エンメルが言うように、おそらく「父がことばに言った」。

(6) エンメルは推定復元として「あなたの中から[それらを投げ](棄て)なさい」または「あなたの中のものを[吐き]出しなさい」を提案している。

(7) この空白にエンメルは推定復元として「[将来、地が](何かに)欠ける[ことのない]ために」を提案している。

(8) つまりエンメルが言うように、「ことば」。

(9) 15行目から19行目にかけて「多くの」という訳語をあてたのは複数の不定冠詞。

(10) つまりエンメルが言うように、「地」。

(11) エンメルが言うように、おそらく「ことば」。

(12) エンメルは「……の」を示唆している。

(13) 主語は導入語だけで読みとれないが、男性単数。「ことば」も「地」も可能。

(14) この頁は写本の左端が全面的に破損。特に1—3行目は約半分が完全に破損している。

(15) この語の前にはⲉ、後ろにはⲛ…ⲃの字が見えるが、底本も推定復元を断念している。

(16) エンメルはこの空白を「彼は[大いなる]光であ[った]」と推定復元している。なおエンメルはこれを「[大いなる]光があ[った]」と訳しているが、訳者はⲡⲉは繋辞にとるべきだと考える。

(17) エンメルが言うように太陽を指すのであろう。

(18) エンメルはこの空白の推定復元として「[よりももっと]」を提案している。

(19) エンメルはこの空白を「[すべて]」と推定復元している。

(20) エンメルはこの空白の推定復元として「[者である]」を提案している。

(21) エンメルはこの空白の推定復元として「[光]は」を提案している。

(22) エンメルはこの空白を「炎から取ってこられ[た]」と推定復元している。

(23) 前注(21)を前提とすれば、「光」。

(24) エンメルはこの空白の推定復元として「[蒼穹]の中に」または「[プレーローマ]の中に」を提案している。「[プレーローマ]から」と訳することも可能。

(25) エンメルはここを「それらにぶら下がっている[すべての]業」または「[すべての]業[が]それらにぶら下がっている」と推定復元している。

(26) エンメルはこの空白の推定復元として「地[の上にある]もの」を提案している。

(27) エンメルはこの空白の推定復元として「[拝した]」を

§25 [マリ]ヤが彼女の兄弟たちに尋ね[1][た]、「あなたがたは[　　]子に[2](いくつかのことを)尋ねておられます[が][3]、(尋ねておられる)それらのことをあなたがたはいったいどこに置こうとしておられるのですか」[と][4]。

§26 [主が]彼女に[言った]、「姉妹よ、それらのことについて尋ねることができるようになる[　　][5]、自分の[心][6]の中にそれらを置くため、そこに自分のために場所がある(者)、【132】[　　][7]飢えた世界[　　]将来[　　]引き留めるようなことがないため[8]、[　　か]ら[9](離れて)往き、[　　]の内部に行く[10]ための[　　]自分に[　　][11][　　][12]」と。

§27 [マ]タイ[が]言った、「主よ、私はあの生命の場、悪がなく[13]、純粋な[光][14](がある)[　　]を[15][見]たい[16]です」と。

§28 主[が]言った、「兄弟マタイよ、[あなたが]肉体*を身に帯び[ている限り]、あなたはそれを見ることができないであろう」と。

§29 [マ]タイが言った、「主よ、たと[　　]それを見る[　　]なくても[17]、私に[　　]させて下さい[18]」と。

§30 15主が[言]った、「自分自身を知った者(19)はことごとく、[　　]それを行なうようにと(20)、自分に与えられてい

提案している。

(1) エンメルは写字生が nnessnēu と書いた後、「彼女の」を表す文字ｓに×印をつけて消しているという。nnesnēu だと、「その兄弟たちに」の可能性も出てくるが、これでも「彼女の兄弟たちに」とも読めるので、「《彼女の》兄弟たちに」とはしない。

(2) エンメルはこの空白の推定復元として「[人の]子に」を提案している。

(3) エンメルの推定復元に従って、文意をとる。

(4) 前注(3)参照。

(5) エンメルは「尋ねることができるようになる[者はだれであろうか]」または「尋ねることができるようになる[者は誰もいない]」と推定復元している。

(6) エンメルの推定復元による。

(7) エンメルは、この空白部分の推定復元として「[また]」を提案している。この頁は写本の右端が全面的に破損。特に1—3行目は約半分が完全に破損している。

(8) エンメルは、この空白部分の推定復元として「飢えた世界[の中に]将来[自らを]引き留めるようなことがない」を提案している。なお、エンメルに従い、nnou を nneu と読んで「将来……ようなことがない」と訳した。

(9) エンメルは、この空白部分の推定復元として「[この世界か]ら」を提案している。

(10) エンメルは、この空白部分の推定復元として「[生命の場]の内部に」を提案している。

(11) エンメルは、空白部分の推定復元として「行くための[力が]自分に[ある]」を提案している。

(12) エンメルは「[者でなくては]」と推定復元している。

(13) エンメルによれば、写字生が「闇」(kake)と書いた後、「悪」(kakia)と訂正している。

(14) 語順がふつうでないが、エンメルに従って読む。

(15) エンメルはこの空白の推定復元として「[その場]を」の類いを提案している。

(16) エンメルはこの写本の特徴から、文法的に標準でない形の推定復元も示唆している。

(17) エンメルはこの空白部分を「たと[え私が]それを見る[ことができるようになら]なくても」と推定復元している。

(18) エンメルはこの空白部分を「私に[それを知ら]させて下さい」と推定復元している。

(19) または「知っている者」。完了形を表す接頭辞と関係代名詞が etah というふつうに使われない形で書かれているが、エンメルに従い ntaf の意味でとる。トマ福・語録三、六七、一一一参照。

(20) エンメルはこの空白部分の推定復元として「[彼自身

る(1)あらゆる業《わざ》[　　それ]を見た。(2)そして、彼はそれの(持つ)善[さ]という点で(3)それに[　　]ように(4)なった、」と。

§31　ユダが[次のように]言って答えた、「私におっしゃって下さい、主よ、地を動かす[　　]が動かす[のは]どのような[方法]で[なの]か[を(5)]」と。

§32　主は一つの[石ころ]を取った。[彼は]それを自分の手のうちに握[った]、【133】[　　(6)]。「私が自分の手のうちに[それを]握っているこのものは[何か]」[と]。

§33　彼が言った、「石ころ[です]」と。

§34　彼が彼らに[言った]、「[地]を支え上げているもの、それは天を支え上げているものである。ことば(ロゴス)*が偉大さから来るなら、その時にはそれは天と地を支え上げるもののところへ行くであろう。というのは、地は動かないからである。動いたなら、見つけただろうからである。しかし初めのことばが将来活動を停止するようなことのないためである。なぜなら、それこそが世界を自分の足で立たせるのだからであり、そしてそれはその直中に生じており、そしてそれはその[中]から香りを受けているからである。というのは、あらゆる動かない[(7)]、この私は、あなたがた[人間]たちの子らすべてに(8)それらを……(9)するからである。[なぜなら]あなたがたは[あの]場からのものたち[だからである]。あなたがたは彼らの(10)(つまり)[喜び]と真理から話す人々(の)心[の]中にいる。たとえそれが人間たちのもとにある父の[身体]から来るとしても、[また]受け入れられなくても、それは再び自分の場へとめぐ［　　］(11)。

宇宙論的な知恵のことば

完全さの［　　］がわか［　　］ものは(12)、何も［わからない］。誰かが闇の中に（あって）自分［の足で］立っていないな

が］それを行なうようにと」を提案している。

（1） 言葉通りだと「彼女が彼に与えている」。

（2） エンメルはこの空白部分を「あらゆる業［のうちに、それ］を見た」と推定復元している。あるいは「……を見ている」（完了形）。

（3） あるいは「彼の善［さ］という点で」もしくは「自分の善［さ］のうちに」。

（4） エンメルはこの空白部分の推定復元として「それに［似る］ように」を提案している。

（5） エンメルは推定復元として「地を動かす［動き］が動かす［のは］どのような［方法］で［なの］か［を］」を提案している。

（6） エンメルはこの空白を「［次のように言いながら］」または「［彼は次のように言った］」あるいは「［彼は彼に言った］」「［彼は彼らに言った］」の類いで推定復元している。

（7） エンメルは、一方ではこれに続く gar の位置のゆえに［k］a と復元することをためらっているが、他方では推定復元として「あらゆる動かない［もの］」を提案している。否定詞がどれを否定しているか明らかでないので、訳者には「というのは、動く［もの］は何も、この私は、あなたがた［人間］たちの子らすべてにそれらを……しないからである。」も可能と思われる。

（8） エンメルによれば、この「すべて」は行間に書き加えられている。

（9） 133頁は写本の左端が破損しており、エンメルが推定復元を断念している箇所がある。

（10） ふつうには「女性であるあなたの」であるが、エンメルに従い、pou を peu の意味で読む。

（11） エンメルは「めぐ［るものである］」または「めぐ［りはしないものである］」と推定復元している。

（12） エンメルは「完全さの［業］がわか［らない］ものは」と推定復元している。

ら、(1)光を見ることはできないであろう。

§35 【134】［誰かが］火の生じているのが(2)［どのように］してなのか［を知ら］ないなら、(3)その人はその中で燃え［つき］てしまうであろう。彼はその（火の）根を知らないからである。誰かが前もって水を知らないなら、(4)彼には何もわからない。というのは、それによって彼に洗礼*を受けさせるために必要なものは何であろうか。(5)誰かが吹く風を、それが生じるのがどのようにしてなのかを知らないなら、(6)彼はその（風の）うちに失せるであろう。誰かが自分が自らのうちに担っている身体を、それがどのように生じたのか知らないなら、(7)彼はその（身体の）うちに［消滅する］であろう。そして、［　　］がわから［ない］(8)人に、どのようにして［　　］(9)がわかるようになるであろうか。(10)そして、あらゆる業《わざ》の根が将来（も）わかるようにならない人、(11)その人にはそれらは隠れている。(12)悪の根が将来（も）わかるようにならない人は、(13)それに対して異人ではない。(14)自分がどのようにして来たのかを知るようにならない人は、自分の行くことになるのがどのようにしてかを知らないであろう。そして彼は世に対して異人ではない。その（世）は……［　　］(15)、それは卑しめられるであろう(16)」と。

黙示的幻

§36 その時、彼は［ユダ］とマタイと［マリヤ］(17)を［　　］た、(18)……(19)【135】天［と］地の果てに。［そして］彼が彼の［　　］(20)を彼らの上に置いたとき、彼らは将来それを［　　］ように(21)と希望した。ユダは自分の両目を上げた。彼は、一つの場所が、非常に高く挙げられているのを見た。また下の側の深みの中にその場所を見た。ユダがマタイに言った、「兄弟よ、この高さにまで上って行くことのできるのは、あるいは深みの下の側に（行くことのできる）のは

誰だろうか。10なぜならそこには大いなる火と大いなる恐れがあるのだから」と。その時、そこから(22)一つのことば
(ロゴス)*が来た。それが自分[の足で]立ったとき、(23)彼はそれが[降って]きた様でそれを見た。(24) 15彼はそれに言った、

---

(1) エンメルに従い、eršatm を eršantm の意味に取る。
(2) あるいは「生じた」。
(3) エンメルに従い、ertmte を eršantm の意味で読む。
(4) エンメルに従い、ertmte を eršantm の意味に取る。
(5) 「というのは、洗礼を受けるときに必要なものは水だからである」と訳したいところだが、あえて言葉通りに残しておく。
(6) 前注(4)参照。
(7) 前注(4)参照。
(8) エンメルは「[子]がわから[ない]」と推定復元している。
(9) エンメルは「[父]が」と推定復元している。
(10) マタ一一27、ヨハ一四7-9参照。
(11) nef なので「わかった」とも読めるが、エンメルに従い、mnef の意味でとる。
(12) フィリ福123b参照。
(13) 前注に記した箇所にあわせたが、「悪の根がわかった人は」と読むことも可能。
(14) エンメルは「(悪または悪の根)はその人にとって異物ではない」を、写字生が本文のように訂正した可能性を示唆している。
(15) エンメルは「[……するようになり]」と推定復元しているが、動詞の推定には到っていない。
(16) etouna を eteuna の意味でとる。「それ」は「世」であろうが、破損箇所にありうる目的語の可能性もある。
(17) エンメルは次の頁にかけての破損推定復元として「マリ[ハム][メー]」を提案している。
(18) エンメルは推定復元として「[引き取っ]た」「[置い]た」を提案している。
(19) 以上134頁は写本の右端が破損しており、エンメルが推定復元を断念している箇所がある。
(20) エンメルは「自分の[手]を」と推定復元している。
(21) エンメルは推定復元として「将来それを[見る](ことができる)ように」を提案している。エンメルがいうように、「それ」の代わりに「彼」も可能。
(22) つまり「高い場所から」。ことば通りだと「それから」。エンメルは「ことば(ロゴス)から」「彼から」ととる可能性も挙げている。
(23) 「彼(ユダ)は自分[の足で]立ったので」も可能。
(24) エンメルがいうように「それ」とはことば(ロゴス)。「彼」はユダであろう。

「[何]のためにあなたは降ってきたのですか」と。

§37 すると人の子が彼らに声をかけ(1)、彼らに言った。「力に由来する種粒は欠乏*した(2)。そして下の側へ[あの]地の深みに行った。そして、偉大さ(3)は[彼女(4)のことを]考え、彼(5)は[ことば(ロゴス)*]を彼女[のところに(6)]遣わした。彼(7)は彼女を彼(8)の[面前]にまで運び上げた。以前からのことばが将来も活動を停止することのないためである」と。

【136】[その時、彼の弟子]たち[は]彼が自分たちに言っ[たあ]らゆる[事柄]を不思議に思い(9)、[信仰]のうちにそれらを受け入れた。

その時、彼らは悪を見ることは実に要らないことなのだと知った。

§38 その時、彼は自分の弟子たちに言った、「私はあなたがたに次のことを言ったではないか、『見られるのを常とする、雷鳴(10)と稲妻のようにして。善きものどもが光へと連れ上らせられるのは、そのようにしてであろう』」と。

§39 その時、彼の弟子たちは皆、彼に栄光を帰して言った、「主よ、あなたがまだこの場に現れ[出]る(11)より以前には、あなたに栄光を帰するのは誰だったのでしょうか。なぜなら栄光はすべてあなたの手を通して生じるのですから。それとも、[あなたを]祝福することになるのは誰なのでしょうか。なぜなら祝福はすべてあなた[から]来つつあるのですから」と。

§40 彼らが自分の足で立っていると、彼(12)は二つの霊*が自分たちとともに大いなる稲妻のうちに、単一の魂を一つ持ってくるところを見た。20そして、「彼らに彼らの上着を与えよ」と言う、一つのことばが人の子の手を通してきた。［そして］小さなものは大いなるもののように行なった。(13) 彼らは自分たち［を］受け入れたものたちに［　　］た、(14)【137】彼らは互いに……。(15) その時、弟子たち、（つまり）彼が……した(16)この人々、……。(17)

対話（四）

§41 ……マリヤが……［言った］、「5邪悪なもの……以前から……それ［ら］(18)を……互い……見……」［と］。

（1） 他のところで「尋ねる」「探す」などと訳したのと同じ語。
（2） エンメルによれば、写本には「横たわった」(štо)を本文のように šta と訂正した跡がある。
（3） 「大いなるもの」とでも言いたいところだが、言葉通りに訳しておく。
（4） つまり「穀粒」。
（5） エンメルが言うように「父」「偉大さ」。
（6） エンメルはもう一つの推定復元の可能性を挙げているが、内容的には訳し分けしにくい。
（7） §36で「それ」と訳した「ロゴス」「ことば」。
（8） エンメルが言うように「父」「偉大さ」。
（9） マタ九33、一五31、ルカ四22、八25、一二14など参照。
（10） 文脈に合わせたが、原語はより広義で「声」を表す。
（11） エンメルが言うように「この場所から現れ［出］る」「この場所に現し［出］す」も可能。
（12） これが誰であるのか不明。エンメルは「ユダ」「言葉」を示唆している。
（13） エンメルは「……のようになった」の可能性も挙げている。トマ福・語録四六、マタ一一11後半／ルカ七28後半、マコ一〇15／マタ一八3／ルカ一八17参照。
（14） エンメルは推定復元として「［似てい］た」を提案している。
（15） ここに入る語は不明だが、ne で始まるので、おそらく過去形。137頁は写本の1―9行目の真ん中と14―22行目の右端が破損。エンメルが推定復元を断念している箇所がある。
（16） ここに入る動詞は č で始まる語。
（17） 日本語ではここに来る破損箇所の語は anš で始まっている。

§42　［主］が［　[1]］言った、「あなたがそれら（のもの）を見るとき、[2]……大いなるものになる。[3]それらは……[4]であろう。他方、あなたが永遠まで（続く）ものを見るなら、[5]その時には、あのものは大いなる幻である」［　[6]］。

§43　すると、皆が彼に言った、「どうか私たちにそれ[7]を教えて下さい」と。

§44　彼が彼らに言った、「あなたがたがそれ[8]を見たいというのは、どれにおいてなのか。活動を停止する幻［において］か、それとも永遠まで（続く）［幻］（においてなのか）」と。彼はさらに続けて言った、「［努力し］、［　[9]］についてゆく力があ［る、こ］のものをあなたがたは保持しなさい。そして、あなたがたはそれを追い求め、［あなたがたは］その中から話しなさい。それは、他ならぬあらゆる［もの］が、あなたがたがそれ[10]を追い求めるとき、あなたがたと調和［するようになる］ためである。というのは、私はあなたがたに次のことを［言う］のである、『生きている神が［　］あなたがたのうちに真に［　[11]］』と。【138】彼[12]のうちに……[13]」と。

§45　ユ［ダ　[14]］、「私は［真に］……したいです」［と］。

§46　彼に［主］が［言った］、「生きている［　[15]］がいるのは［欠陥］全体……である」［と］。

§47　［ユ］ダ［　[16]］、「［　[17]］は誰でしょう」と。

§48　主が言った、「……(18)すべての業《わざ》……その他の残り(19)……、10「あなたがたが」……(20)するのはそれらのものである」

(18) エンメルによれば、写字生が「彼」「それ」を消して「彼ら」と訂正している。

---

(1) エンメルは推定復元として「[彼女に]」を提案している。
(2) ntare なので「見るために」だが、エンメルに従い、ntere の意味で読む。
(3) 接頭語の部分に損傷があり、主語は不明。ただ冒頭に a がついており、時の従属節を受けているので、「なった」「なっている」かもしれない。
(4) この部分に入る動詞は mou…a だが、推定復元を断念。
(5) エンメルに従い、eršan を erešan の意味で読む。
(6) エンメルは「[と]」と推定復元している。
(7) エンメルが言うように、「大いなる幻」のことであろう。
(8) 前注(7)に同じ。
(9) エンメルは「[あなたがた]」と推定復元し、もう一つの推定復元として「[私]」を提案している。
(10) エンメルが指摘するように、「それ」を「それら」にするか、「調和する」を単数形に修正すれば、「それ」「それら」は「あらゆる[もの]」をさす。この場合には、状況の副文でなく関係文にとって「あなたがたの追い求めているあらゆるものが、あなたがたと調和[するようになる]ためである」ととることも可能となる。
(11) エンメルは推定復元として「[他ならぬ]あなたがたのうちに真に[いる]」を提案している。
(12) エンメルは「それ」の可能性も挙げている。
(13) 138頁は写本の1―10行目の真ん中と14―22行目の右端が破損。エンメルが推定復元を断念している箇所がある。
(14) エンメルは「ユ[ダが言った]」と推定復元している。
(15) エンメルは推定復元として「生きている[神]が」「生きている[父]が」を提案している。
(16) エンメルは「[ユ]ダ[が言った]」と推定復元している。
(17) エンメルは欠損部分を補って「[私たちが……するの]は」と読む可能性を挙げているが、動詞の推定復元には到っていない。
(18) この部分は「すべての業」にかかる関係文を形成しているらしく、その動詞は šo で始まっている。「生じているすべての業」などが考えられるが、エンメルは推定復元を控えている。
(19) 「すべての業」が複数であるのに対し、これは単数で

［と］。

§49 ユダが言った、「ご覧下さい。私たちの上には支配者（アルコーン）*たちがいます。ですから、私たちを支配することになるのは彼らです」と。

§50 主が言った、「あなたがたこそが彼らを支配することになるのである。だが、あなたがたが自分たちの中から妬みを取り去るなら、その時、あなたがたは自分の上に光を着、新婦の部屋*へと入って行くであろう」と。

§51 ユダが言った、「どのようにして［私たちの］上着は私たちのところに持ってこられるのですか」と。

§52 主が言った、「あなたがたに持ってくることになっているものたち、［そして］［　］[1]を受け取るものたちは別のものたちである。【1[39]】というのは、あなたがた［に］あなたがたの上着を［与えることになるもの］たちは彼らだからである。［というのは］、値する［　］であ［るあ］の所[2]にたどり着くことができる［ようになるのは］誰であろうか。しかし、生命の上着はその人に与えられている。なぜなら、彼には自分がその中を通って行くことになっているその道がわかっているからである。そして、実に、それに[3]たどり着くのは、私自身にとっても難しいことである」と。

§53 マリヤが言った、「『毎日の労苦にはそれらで〈　〉[4]』。そして『働き人は彼の食物に値し[5]』、また『弟子は自分の師に似ている[6]』」と。彼女は万事を知って[7]いて、女性としてこの言葉を言った。

§54 弟子たちが彼に言った、「充満(プレーローマ)*とは何ですか。そして、欠乏*とは何ですか」と。

§55 彼が彼らに言った、「あなたがたは充満に由来するもの(であり)、そして欠乏のある所にいる。そして、見よ、[そら]見よ、その[8]光が私の上に[降り]注いだ[9]」と。

書かれている。

(20) この欠損部分には čōou が見られ、「それらのものへと……する」などが考えられるが、エンメルは推定復元を控えている。

---

(1) エンメルは「[あなたがた]を」「[それら]を」と推定復元している。

(2) エンメルは「値する[もの]であ[るあ]の場所に」と推定復元し、もう一つの可能性として「非常に……であ[るあ]の場所に」も提案している。

(3) エンメルがいうように「その道」のことであろう。

(4) エンメルは「毎日の労苦にはそれらで〈充分である〉」と補うこと、あるいは「それらで」(hinai)を「充分である」(hō)と訂正して「毎日の労苦で〈充分である〉」と読むことを提案している。マタ六34参照。

(5) マタ一〇10、ルカ一〇7、Iテモ五18参照。

(6) そのままで訳したが、エンメルは、この動詞が前の文とのつながりを強調する形で言われているのは誤写の可能性があるとし、先行する「値する」とのつながりで、これが省略されていると考え「弟子は自分の師に似る〈に値する〉」と読むシェンケ説を紹介した上で、「弟子は自分の師に似てい〈ない〉」という校訂をも提案している。マタ一〇25、ルカ六40参照。

(7) または「全体的に」。エンメルは英訳ではこれを本文に入れている。

(8) 「充満(プレーローマ)の」であろう。

(9) 完了形なので、または「[降り]注いで私の上にある」。

§56　[マタイ]が言った、「私に言って下さい、主よ、死んでいる人たちが[どの]ようにして死ぬのか、[そして]生きている人たちがどのようにして生きるのかを」(1)と。

§57　【140】[主]が言った、「一つの言葉、……(2)目がそれを見たことがなく、私[も]あなたを通してでなければ、それを聞いたこともない[このもの]について[　　]私に尋ね[　　](3)。だが、私は次のことをあなたがたに言う、人を動かすものが除去されるなら、その時には彼は死んでいるものと呼ばれるであろう。そして生きているものが死んでいるもの(4)を放置するなら(5)、その時には生きているものは〈　　〉呼ばれるであろう(6)」[と]。

§58　ユダが言った、「いったい何のために、彼らは真理に向けて殺したり(7)、生きたりするのでしょうか」と。

§59　主が言った、「真理に由来するもの(8)は死なないものである。女に由来するものが次々と死んでゆくのである」と。

§60　マリヤが言った、「私に言って下さい、主よ、何のために私はこの場に来ているのでしょうか。利益を見いだすためでしょうか、それとも損失をもたらすためでしょうか」と。

§61　主が言った、「あなたが現し出しているのは啓示者の偉大さである」と。

§62 マリヤが彼に言った、「20主よ、それでは……したり、あるいは[9]真理を欠いたりする、(そのような)場所が*あるのですか」[と]。

§63 主が言った、「この私がその中にいない場[10](だ)」と。

§64 マリヤが言った、「主よ、あなたは不思議(である)上に恐れ(であり)、【141】そして……[11]です。[あなた][12]を知

---

(1) トマ福・語録一一参照。
(2) 140頁は1―2行目の真ん中と下の方数行の右端が破損。エンメルが推定復元を断念している箇所がある。
(3) エンメルは「[あなたは]私に尋ね[た]」と推定復元している。
(4) エンメルによると、写本でこのように訂正されている。訂正前には「死んでいるものたち」であった可能性がある。
(5) 原語は「置く」「据える」など広義の語。
(6) そのまま訳しておいた。エンメルが言うように、「〈彼は〉生きているもの〈と〉呼ばれるであろう」または「生きているものは……〈と〉呼ばれるであろう」からの脱落誤記の可能性がある。
(7) エンメルによると、「死んだり」を写字生が行間に一字書き加えて、このように読ませている。そのまま訳しておくが、「死んだり」の方が続く答え(§59)によく合う。
(8) ヨハ一六37、Iヨハ三19参照。
(9) 「……したり、あるいは」と訳したが、エンメルによると、推定復元を断念した動詞はari の後に一字か二文字が欠損している。「真理を」はこの動詞にもかかる可能性がある。「あるいは」と訳したが、エンメルによると、この意味のギリシア語が使われる際に通常見られる、文字の上の横棒がない。従って「それでは、真理を欠いて、ari…ē している、(そのような)場所があるのですか」も可能。
(10) エンメルに従って、mmof を nhētf の意味で「その中に」と読んだ。それでもふつうの形ではないので、エンメルが言うように、22行目の末尾に動詞が欠落している可能性がある。その場合は「この私がそれを……しない場」であろう。
(11) 141頁は写本1―4行目真ん中と14―24行目の左端が破損。エンメルが推定復元を断念している箇所がある。

らない人々［　　］[1]」と。

§65 マタイが言った、「何の［ために］私たちは一［挙］に休息（でき）ないのでしょうか」と。

§66 主が言った、「あなたがたがこれらの重荷を地上に放置するなら[2]」と。

§67 マタイが言った、「どのようにして小さなものが自らを大きなものに結びつけるのでしょうか」と。

§68 主が言った、「あなたがたが、自分について来ることのできないものどもを、自分の後ろに放置するなら、その時こそ、あなたがたは休息するであろう」と。

§69 マリヤが言った、「私はあらゆる事柄を、それらがある（ままの）その［有様］で知りたいです」と。

§70 ［主］が言った、「生命を探し求めることになる者。というのは、［　　］[3]こそが彼らの富[4]なのである。というのは、この世界の［　　］[5]は［　　であり[6]］、そ（の世界）*の金とその銀とは［一つの迷い］だからである[7]」。

§71 彼の［弟子］たちが彼に言った、「私たちの業[8]が全うしきる［ため］に、私たちがなすべきことは何（ですか）」と。

§72 主が彼らに［言った］、「［あなたがたは］万物*の面前で［用意できている］ものとなりなさい。［　　］(9)を見いだしている人間は［幸いな］ものである。【142】自分の両目……(10)闘い……彼は殺し［　　］しなかったし(11)、［彼は］殺されもせず、強いものとなって出て来た」と。

§73 ［ユ］ダが言った、「私に言って下さい、主よ、その道(12)のはじめが(13)何であるかを」と。

(12) エンメルの推定復元による。

---

(1) エンメルは「知らない人々［から背を向けて下さい］」または「知らない人々［を拭い去って下さい］」と推定復元している。

(2) 「(その時できるのだ)」とでも言った帰結文が省略されているのであろう。トマ福・語録三七、九〇、マタ一一28参照。

(3) エンメルは述語の「富」に性をあわせて「これ」と推定復元し、また先立つ「探し求めることになる者」にあわせて、同じく「この者」と復元する可能性も提案している。

(4) エンメルにあわせ tou を teu の意味で読む。

(5) エンメルは推定復元として［楽しみ］あるいは［安息］を提案している。

(6) エンメルは推定復元としては「［虚偽であり］」を提案している。

(7) ヤコ五3参照。

(8) エンメルによれば、写本は「心」を消した上に「業」と書いている。

(9) エンメルは推定復元として「［戦い］を」と読むシェンケ案を提示している。

(10) 冠詞付「闘い」の前に…ue の文字がある。これが復元できないので、「自分の両目の闘い」か「自分の両目に対する闘い」か確定できない。142頁は写本1―4行目真ん中と16―25行目の右端が破損。エンメルが推定復元を断念している箇所がある。

(11) エンメルは「彼は殺し［も］しなかったし」と推定復元している。

(12) ヨハ一四5参照。

(13) エンメルによれば「その道の道が」を消して本文のよ

§74 彼が言った、「愛と善性（とである）。というのは、これらの一つが支配者（アルコーン）*たちのもとにかりにあったとすれば[1]、悪はなかったし、将来生じるようになることも、とこしえになかったであろう」と。

§75 マタイが言った、「主よ、あなたはすべてのものの終りについて、苦もなく話されました」と。

§76 主が言った、「あなたがたは、私があなたがたに言った事柄をことごとく理解し[2]、信仰のうちにそれらを受け入れた[3]。もしもあなたがたにそれらのことがわかっているなら[4]、その場合はそれらはあなたがたのもの[5]である。もしもそうでなかったなら、その場合はあなたがたのもの[6]ではない」と。

§77 彼らが彼に言った、「私たちがそこへ行こうとしてい［る、そ］の場所*は何ですか」と。

§78 ［主］が言った、「あなたがたが［　　］到達することができるようになる所、そこに自分の足で立ちなさい[7]」と。

§79 マリヤが言った、「このように確立している［その］あらゆる業《わざ》[8]が見られています」と。

§80 主が［言った］、「私はあなたがたに次のことを言った、『見抜く者、その者こそが［啓示する］[9]者（である）』

「[と]」と。

§81 彼の弟子たちが、彼らは十二の数を満たしていたが、彼に尋ねた、「師よ、【43】[思い煩い]のないこと……(10)告げて下さい(11)」と。

§82 主が言った、「私が[　　](12)た、あらゆる事柄を[　　](13)、あなたがたは[　　]となるであろう。(14) [　　]あな

うに書かれているという。

(1) 状況を述べる広義の語法であるが、主文の方に過去と未来が組み合わされているので、底本のように事実に反する仮定と理解する。

(2) 多くのところで「知った」と訳した語。

(3) Iテサ一6、二13など参照。

(4) 完了形なので「わかったなら」も可能。

(5) エンメルに従い、nōtn を noutn の意味でとる。

(6) 前注(5)に同じ。

(7) エンメルは「あなたがたが[そこに]到達することができるようになる場所、そこに自分の足で立ちなさい」と推定復元し、またもう一つの可能性として「あなたがたは到達することができるようになる場所、[あなたがたは]そこに自分の足で立[つものである]」を提示している。

(8) エンメルはもう一つの可能性として「あらゆる業が、このように確立している[その状態で]」を提示している。また、疑問文として読む可能性も提示している。

(9) エンメルは§12(126 16―17)の並行記事から、このように推定復元している。

(10) 143頁は写本1―7行目中央に、また5行目や12―24行目の左端などに破損があり、エンメルが推定復元を断念している箇所がある。

(11) 「告げて下さい」の後ろにαが見られるので「……ことを告げて下さい」かもしれない。但しこの動詞の前にも破損がある。また「師よ」の後にも破損があるので「[思い煩い]のない師よ」の可能性もある。

(12) エンメルは推定復元として「私が[あなたがたに言っ]た」を提案している。

(13) エンメルは推定復元として「あらゆる事柄を[あなたがたが理解するなら]」または「あらゆる事柄を[あなたが

たがたはあらゆる事柄を……(1)」と。

§83　マリ［ヤ］が言った、「単一の言葉、私が真理の秘義に関して主に言おうとしている（言葉があります）。こ（の言葉）のなかにこそ私たちは自分の足で立っているのであり(2)、そしてこの世的なものたちに対して現れ出るのです」［と］。

§84　ユダがマタイに言った(3)、「われわれは知り［たい］。［肉］*の消滅に際してわれわれが出てくる［なら］、われわれの上に［与え］られることになっている上着(4)が、どのような種類のもの［である］かを」と。

§85　主が言った、「支配者（アルコーン）*たち［と］（経綸）*管理者たちは上着［を］持っているが、それらは［一時的なもの］として与えられているのである。永続するものではないのである。［他方］あなたがたは真理の子だから、あなたがた［の上に］与えられているのは一時的なもの［である］それらの上着(5)ではない。しかし、私はあなたがた［に］次のことを言う、『あなたがたが［あなたがたを］脱ぐなら、その時、あなたがたは［幸いなもの］たちとなるであろう』と。というのは、【144】外側の……(6)は大いなる事柄ではないからである(7)」と。

§86　……［言った］、「私は話……、私は……する(8)」［と］。

§87　主が言った、「……あなたがたの父(9)……」と。

§88　［マ］リヤ［が言った］、「［芥子の種粒］(10)は［どの］ような種類［のもの］なのでしょうか。天からのものですか、それとも地からのものですか」［と］。

§89　主が言った、「父が自らのため世界を自分の足で立たせたとき、10 多くのことを万物の母*の手に残した(11)。こ

たが理解しないなら］」を提案している。

(14)　エンメルは推定復元として「あなたがたは［不名誉なもの］となるであろう」または「あなたがたは［不死のもの］となるであろう」（シェンケ）を提案している。

---

(1)　エンメルは推定復元として「［なぜなら］あなたがたはあらゆる事柄を……（するからである）」を提案している。

(2)　あるいは「立った」。

(3)　エンメルによれば、クラウゼは「ユダとマタイが」と校訂しているという。

(4)　エンメルが言うように「われわれの上に彼らが［与え］ることになっている」も可能。

(5)　旧約聖書の中には任命に際し、汚れた着物に代えて清い衣の与えられることがある（ゼカ三3-5）。新約聖書の中である衣服を着けることが求められたり（マタ三11-14、黙三18、一六15）、選ばれたものが特別な衣を着ているという記述があったり（黙四4、一九14）、そのような衣を与えることが約束されたりしている（黙三4-5、一九8）。旧約にも救いが同じ表象で言われていることがある（イザ六一3、10）。

(6)　144頁は写本1―7行目の中央に、また5―6行目や15―24行目の右端に破損があり、エンメルが推定復元を断念している箇所がある。

(7)　トマ福・語録三七参照。

(8)　この動詞 šōp…で始まっているが、底本は推定復元を断念している。

(8)　この語の前には…arm、後ろには nm…of と見えるが、底本も推定復元を断念している。

(10)　マタ三31-32、マコ四30-32、ルカ一三18-19、トマ福・語録二〇参照。

(11)　エンメルに従い、sĕčp を šĕčp の意味で読む。

のゆえに彼は言い、また彼は行なうのである」と。

§90 ユダが言った、「あなたがこれを私たちに言って下さったのは(1)、真理の叡知からです。私たちが祈るなら(2)、その時には、どのようにしてこそ私たちは祈るべきなのでしょうか(3)」と。

§91 主が言った、「［そこに］女がいない所で祈れ」［と］。

§92 マタイが言った、「彼が［次のことを］われわれに言うのは、（つまり）『そこに［女がいない］所で祈れ』（と言うのは）、『女性性の［あの］（諸々の）業《わざ》を破壊しろ』ということなのだ。他の(4)［誕生］ではないからで、彼らは［生む］ことをやめることになっているからだ(5)」と。

§93 マリヤが言った、「それらが拭い［去ら］れるようなことは永遠にありません(6)」と。

§94 主が言った、「それらが解消されることにはなら［ず］、【145】［そ］して［　　］所［　　］性の(7)［　　］(8)ということがわかっている人は［誰］であろうか」と。

§95 ユダが［マタ］イ［に］言った、「［　　］性の(9)［　　］解消するであろう(10)。……(11)支配者（アルコーン）*たち［　　］であろう(12)。われわれは彼ら［に対して］用意できているものと［なる］だろうが、それはこのようにしてなのだ」と。

§96 主［が言った］、「その通りである。[13] というのは、彼らは［あなたがた］を見るであろうか。［彼らは］あなたがた［を］引き取るものたちを［見るであろうか］。10 さあ、見よ、言葉だ。天［のもの］は父から深み［へと］、沈黙と［稲妻］のうちに、生成させながら、来つつある。彼らはそれを見るであろうか。それともそれよりも［強力であろ］うか。[14] しかし、このあなたがたには 15［その道］が（繰り返し、より）大いにわかるようになる。これは[15]［天使も権力

(1) エンメルは「あなたこそが言って下さい」と読む可能性も提示している。
(2) エンメルに従い、enšaをenšanの意味で読む。
(3) トマ福・語録六、ルカ二1、マタ六5-6参照。
(4) エンメルに従い、ceをkeの意味で読む。言葉通りに訳しておいたが「他の［誕生］であるというのではなく」あるいは底本のように「他の［誕生］があると言うからではなく」。
(5) あるいは「［生む］のをやめるべきだ」。
(6) エンメルは疑問文で「それらは永遠に拭い［去ら］れることはないのでしょうか」と読む可能性も提示している。
(7) エンメルは推定復元として「［そ］して［この場］所［では女性］性」を提案している。
(8) エンメルは推定復元として「（諸々の）［業も破壊される］（ことがない）」を提案している。
(9) エンメルは「［女性］性の」と推定復元している。
(10) エンメルは「（諸々の）［業は］解消するであろう」と推定復元している。
(11) 145頁は写本左端が破損。その他1行目の右半分以上と、2―7行目の真ん中など広範囲にわたって破損があり、エンメルが推定復元を断念している箇所がある。
(12) エンメルは「支配者（アルコーン）たち［は……呼ばわる］であろう」と推定復元している。復元を断念された部分はn…aである。
(13) ギリシア語 mē gar で導入される文なので、否定の同調を期待する疑問文で先行文が確認される文と見做す。
(14) 底本にならって疑問文に取ったが、「彼らはそれを見る。またそれよりも［強力である］」と読むことも可能。いずれにしても「それ」とは「言葉」を指す。
(15) つまり「この道」。

もまだ……でなく、［父］と［子と］のもの［である］。なぜなら、［彼ら］二［者］は一つの……(1)だからである。(2)［そして］あなたがたは、自分たちには［わかっている、その道］(3)を往く［であろう］。[20]［もしも］支配者（アルコーン）*たちが大いなるものになる［として］も、［彼らは］それにたどり着くことはできないことになっている。［だが、見よ］、私は次のことをあなたがたに［言う］、それ(4)自体は［私にとって］もまた、たどり着くのは難しい［こと］なのだ［と］」と。

§97 【146】［マリヤが主に］言った、「（諸々の）業《わざ》が［　　］時(5)、一つの［　　］を解消する［もの］(6)……(7)」と。

§98 ［主が言った］(8)、「[5]確かにあなたがたにはわかっている。……私が解消するなら、……(9)はその［場所］*へ行くであろう」と。

§99 ユダが言った、「霊*が現れ出ているのは何においてなの(10)でしょうか」と。

§100 主が言った、「剣(11)が［現れ出ている］(12)のは何においてなのか」と。

§101 [10]ユ［ダ］が言った、「［光］が現れ出ているのは何においてなのでしょうか」と。

§102 主が言った、「……永遠まで（続く）そのものにおいて……(13)」と。

§103　ユ［ダ］が言った、「（諸々の）［業《わざ》］を解くのは誰でしょうか、15（それも）誰の（業を）。この世……［（諸々の）業(14)］……（諸々の）［業］を解く者(15)……」と。

---

(1)　エンメルによれば、「単一者」(ouōt)と推定復元するには、破損個所が小さい。
(2)　エンメルによれば、写本には繋辞を男性単数から複数に訂正した跡がある。
(3)　あるいは「あなたがたには［すでにわかった、その道］を」。エンメルが指摘するように、完了の動詞を使う場合、標準語では関係代名詞はntになるが、現在形の場合のetが使われている。なお、エンメルによれば、写本には「その道へと」を「その道を」に訂正した跡がある。
(4)　つまり「道」。
(5)　エンメルは推定復元として「（諸々の）業が［解消するなら、その］時」を提案している。
(6)　エンメルは「一つの［業］を解消する［ものは］……」と推定復元している。関係代名詞を受ける冠詞の位置が破損しているので、エンメルが言うように、単数か複数か不明。また「もの」でなく「者」も可能。
(7)　146頁は写本1―7行目と15―24行目の中央、8―24行目の右端に破損があり、エンメルが推定復元を断念している箇所がある。
(8)　エンメルは前注(6)の「一つの［業］を」の推定復元とともに、もう一つの可能性として「［秘か］に」を提示している。この場合、「［マリヤが主に］言った、「（諸々の）業が［解消するなら、その］時、解消する［ものは］……」と。§98［主が秘かに言った］」となる。
(9)　「行くであろう」の主語は男性単数の名詞だが、エンメルは推定復元を断念している。
(10)　あるいは「何によって」「どのようにして」。以下§100、§101も同様。
(11)　エンメルも言うように、「葦」も可能（原語には区別がない）。
(12)　エンメルはもう一つの可能性として「啓示している」を提示している。
(13)　エンメルが言うように「そのものによって」も可能。また、この文はⲉで始まるので、先行文と同じように「……が……するのは永遠まで（続く）そのものにおいてである」の可能性もある。
(14)　エンメルが言うように「あなたがこの世……する［（諸々の）業］」または「この世が……する［（諸々の）業］」。後者の場合は動詞がⲕで始まる。いずれにしてもこの「業」が全体の主語になるのであろう。
(15)　エンメルによれば「（諸々の）［業］を解か［ない］者」の可能性もある。また、エンメルが言うように「者たち」も

§104 主が［言った］、「［誰が……であろうか］(1)。……(2)それらの［業《わざ》を］知っ［た者］(3)は、父の［意志］を行なう［べきである］(4)」。

結びの教え

で、［あなたがたは］、［あなたがた］(5)（の間）から［怒り］と［妬み］を取り去るように［努力］しなさい。そして、あなたがたはあなたがたの……(6)からあなたがたを裸に［しなさい］。……してはならない。【147】…………(7)侮辱する……。というのは、私は［　］言うからである(8)。……あなたがたは……を受ける……(9)…………(10)。これを……して(11)、探し求めた［者］(12)は、［　］であろう(13)。……彼は［　］まで生きるであろう(14)。［　］私は(15)次のことを［あなたがた］に言う、……［　］(16)。それはあなたがたが将来［あなたがたの］霊*とあなたがたの心魂*［を］失うようなことのないためである」と。

表　題

救い主の［対話］

可能。

(1)「[誰が……であろうか]」または「[誰が……するであろうか]」。後者の場合、動詞はpで始まる。

(2)以下の従属文を導く接続詞はeで終わっている。これを接続詞の語末でなく前置詞ととって、エンメルが言うように、「[誰が]それらの[業を]知っ[た者]に対して……するであろうか」。この場合、動詞はpで始まる。そして、以下は「彼の(なすべき)ことは、父の意思を行なうことである」と続くことになる。

(3)pe[n]tah だが、エンメルに従い、pe[n]taf の意味で読む。

(4)言葉通りだと、「父の意思を行なうことが彼のもの[である]」。ヨハ六28-29、一四10-12参照。

(5)tēno[u]だが、エンメルに従い、標準語のtēoutn の意味で読む。

(6)この名詞はeで終わる語。

(7)147頁は、最初の7行前後が完全に破損。以下も左の方は破損している。8行目と番号の振られた行は最後に句点が見えるだけ。同じく右端に、9行目はne、10行目にはōde、11行目にはe…tipe、12行目にはmntref と見えるが、底本は推定復元を断念している。

(8)エンメルは「私は[次のことを……]言うからである」と推定復元し、さらに「私は[次のことをあなたがたに]言うからである」と提案している。

(9)または「取る」。(文法的には関係代名詞ととると「私たちが……を受ける……」も可能ではあるが)人称はほぼ明らか。しかし時称などは不明。目的語には複数不定冠詞がついている。

(10)16行目の末尾にはtēnhahou と見えるが、復元を断念。

(11)または「……しながら」「……したときに」なども可能だが、動詞は不明。

(12)エンメルが推定復元するように関係代名詞だろうが、標準語のような[n]taf かこの文書に出る[e]taf かは不明。「彼がこれを……して、探し求めた[もの]」も一応は可能。

(13)エンメルは推定復元として「[休息する]であろう」を提案している。

(14)エンメルは「彼は[永遠]まで生きるであろう」と推定復元している。未来であることは確かだが、他の接頭語がついている可能性もある。

(15)エンメルは「[が、この]私は」と推定復元している。

(16)エンメルは動詞の復元は断念しているが、導入句「[……と]」があったものと推定復元している。復元を断念された動詞の末尾の字はeのようである。

Ⅱ 書簡

グノーシス主義と書簡

大貫　隆

電子メールやファクシミリはもちろん電話もない時代にあっては、書簡がほとんど唯一の遠隔通信の手段であった。古代地中海文化圏では比較的早くから陸路と海路による交通が発達していたことに対応して、他の文化圏をはるかに凌ぐ夥しい量の書簡がやり取りされた。頻繁に用いられれば用いられるほど、その書き方は、社会的相互行為に要するエネルギーの節約のために、早くから類型化されて、一つの文化的制度として定式化されることとなった。但し、その定式化は、ギリシア語圏、ラテン語圏、ヘブライ語・アラム語圏というように、地中海文化圏を構成した下位の文化圏ごとに微妙に異なっている。グノーシス主義の書簡を歴史的・様式史的に位置付けるために、まず古代地中海文化圏における書簡文化の地図づくりから始めよう。

一

ギリシア語文化圏での書簡の定式化を見る上で恰好の手掛かりとなるのは、プラトンの第三書簡の次のような書き出しである。

「ディオニュッシオス〔二世〕に、ご機嫌うるわしかれと、プラトン」と書き送れば、はたして一番美しい挨拶言葉を、正しく言いあてたことになるのでしょうか。それともむしろ、さまざまの手紙の中で親友たちへの挨拶にいつもしてきたように、わたしの流儀で、「ご清福のほどを」と書いたほうが、まだしもでしょうか。

（長坂公一訳、プラトン全集第一四巻、岩波書店、一九七五年所収）

ここからは、書簡の冒頭で「発信人誰々が受取人誰々に、ご機嫌うるわしかれ（χαίρειν）と（申し上げる／勧める λέγει/εὔχεται）」と書くことが、すでにプラトンの時代に、通常の書式となっていたことが窺われる。プラトンは親友たちに宛てるときには、その慣例とは敢えて異なって、「ご清福のほどを」（εὖ πράττειν）という独自の文言を使ってきたというのである。但し、そのプラトンも書簡の結びでは、「ご壮健にて」／「ご機嫌よう」（ἔρρωσο）／「ご幸運を祈ります」（εὐτύχει）という通常の表現を繰り返し用いている。これが定式化した結びの句であったことは、プラトン一人を越えて、ギリシア語文化圏の書簡から幅広く、文献学的に跡付けられる。

ラテン語文化圏での書式もキケロ、セネカ、小プリニウスなどの書簡集から容易に確認できる。すなわち、書き出しは「誰それが誰それにご挨拶申し上げます」（salve/salutem dare（dicere）/salutem nuntiare = s./s. d./s. n.）、「ご健勝ならば幸いです。私も元気にしております」（si vales, bene est, egoque valeo = s. v. b. e. e. q. v.）、結びは「ご機嫌よう」（vale）、「ご健康にくれぐれもお気をつけ下さい」（cura, ut valeas/valetudinem tuam cura diligenter）と書くのが最も一般的な書式であった。もちろん、書き手により、あるいは場合によって、さらに省略されたり、逆により立ち入った個人的な安否を尋ねたり、報告する文言が文頭あるいは結びに書き加えられることがある。しかし、この基本形がどれほどの定着度のものであったかは、括弧内に示したように、該当するラテン語文が単語の頭文字だけを取って並べたもの（s./s. d./s. n.; s. v. b. e. e. q. v.）に記号化されてしまったことから推して知るべきである。

書簡が社会的相互行為の重要な一類型となったのにともなって、やがて書式のみならず、書簡が扱うべき内容と主題、そして文体に関しても、さまざまな議論が重ねられ、いわゆる書簡理論の成立と発展を見ることとなった。同時に実践的な「手紙の心得・文例集」も繰り返し編まれるに至った。その発端となったのは、カッサンドリアのアルテモン（前二―一世紀）によるアリストテレスの手紙の編纂であったと伝えられている。以後、ギリシア語、ラテン語両文化圏の多くの著作家を経て、古代末期・中世初期のキリスト教教父たち（とりわけナジアンゾスのグレゴリウス、ホティオス）まで連綿と書簡理論の伝統が続くこととなった。

その中でも特に有名なのは、前四世紀後半のアテネでペリパトス派の哲学者、また政治家として活動したデメトリオスの名の下に伝わる偽書『文体について』（*Περὶ ἑρμηνείας*）である。実際の著作年代は前二世紀から後一世紀中葉までのどこかという以上には分からない。この偽書の§223―235は「書簡の型と文例集」（*τύποι ἐπιστολικοί*）と呼ばれ、書簡の文体と主題についてさまざまな忠告を行なっている。曰く、書簡は対話の一部であり、贈り物である。中断は避けるべきである。書き手の人柄が現れるべきである。プラトンやトゥキュディデースが書いた論文のように長い書簡は避け、適当な長さを守らなければならない。構成は単純で、主題は自然学の論題などは避け、書簡にふさわしいものでなければならない。箴言や訓戒も不適当である。名宛て人の身分を考慮した文彩・調子にすべきである。要するに、明瞭さと単純さが書簡の最大の眼目である。

しかし、このような偽デメトリオスの理論が念頭においているのは、実際の必要に迫られて、しかも主として友人間で書かれる書簡に限られている。文学的な内容あるいは形式の書簡は対象外とされている。そのため、この理論は古代地中海文化圏で書かれた書簡の分類には実際上あまり役に立たないのである。友人間での書簡のやり取りに関しても、この種の理論——特に取り上げてよい主題の限定——が実際にどこまで規範力を持ち得たものか、かなり疑わしい。例えばキケロにはこれを真っ向から無視するような発言が、他でもない友人アッティクス宛の書簡の中に見いだされる。「どうぞできるだけ頻繁に手紙をくれ給え。書くことが特別ない時も、筆に任せて書き給え」(『アッティクス宛書簡集』I, 12, 4)。同じようにセネカは『道徳書簡集』のある箇所で「それゆえ私は、あの筆の立つキケロがアッティクスに求めたように、『何もない時も、口に任せて』書くことはしないだろう。私には書くべきことに事欠くということはあり得ないから、キケロの手紙を埋めている主題は避けて通ることにしたい」(118, 1-2)と書き、小プリニウスも『書簡集』のある箇所で、「ああ阿呆らしい。いつまでたっても、使い古された『いかがお過ごしですか。お元気ですか』ばっかりだ。われわれの手紙にはありきたりではないもの、どうでもいいようなものではないもの、私生活に限られたものではないものがあるべきだ」(III, 20, 11)と毒づくことができた。

加えて一九世紀末から今世紀初頭にかけてエジプトのオクシリンコスで発見された大量のパピルスは、それ以前から知られていたパピルス史料と相俟って、庶民の日常生活の直中で書かれた手紙を明るみに出した。それはギリシア・ローマの文化人や文筆家とはもちろんのこと、偽デメトリオスの書簡理論が想定しているような教養とも無縁な庶民の世界であった。よく知られているように、ドイツの新約文献学者A・ダイスマンはその著『東方からの光』(初版一九〇八年)において、この発見をその書名の通り「東方からの光」と呼んで、今や明るみに出された庶民の私的・日常的な「手紙」(Brief)を、ギリシア・ローマの教養人によって同時代あるいは未来の不特定多数の人々に宛てて書かれた文学的な「書簡」(Epistel)から区別した。その上でダイスマンは新約聖書に収められた手紙はすべて前者の類型に分類したのである。

ダイスマンのこの学説は、一方で「文学的」をあまりに狭く定義していたこと、他方では新約聖書中の手紙が、必ずしもダイスマンが言うように「私的」なものではなく、宛て先の共同体の諸問題にかかわる公同的な性格のものであることが認識されたことによって、その後の研究の中では積極的な賛同を得ずに現在に至っている。われわれがここまで「手紙」と「書簡」を必ずしも厳密に術語として区別せずに使ってきたのも、この理由による。

二

それでは現在のわれわれは、古代地中海文化圏で生み出された書簡をどのような規準で、どのように分類できるだろうか。まず一つの規準としては、すでに述べたように、古代地中海文化圏を構成した下位の文化圏、すなわち、ギリシア・ローマ文化圏を中心とするヘレニズム文化圏、ユダヤ教文化圏(ヘレニズム文化圏のユダヤ教とパレスティナのユダヤ教の両方を含む)、キリスト教文化圏への三区分を採用しなければならないであろう。

次には、古代の書簡理論自体によって行なわれてきた分類、すなわち、「業務上の書簡」(litterae negotiales)あるいは「公共的書簡」(litterae publicae)対「家人・友人間の書簡」(litterae familiares)あるいは「私的書簡」(litterae privatae)という区別にヒントを得て、二つの新しい規準を設けることができるだろう。その一つは「個人的」対「集合的」という分類である。「個人的」とは、ある書簡が一個人から一個人へ宛てられている場合を指す。但し、その書簡が内容的にも形式的にも公共的な書簡であるということがあり得るから、ここで言う「個人的」は必ずしも「私的」と同義ではないことに注意が必要である。反対に「集合的」とは、ある書簡が一個人からある集合的なグループへ、あるいはある集合的なグループから一個人へ、あるいはある集合的なグループから同様に集合的な別のグループへ宛てられている場合を指す。この場合にも、その書簡が内容的には純粋に私的な問題を扱うということがあり得るから、ここで言う「集合的」は必ずしも「公共的」と同義ではないことに、やはり注意が必要である。

もう一つの新しい分類規準は書簡の内容(主題)に準じて、「家政的・牧会的・行政的」と「文化的・文芸的・思想的・教義的・科学的」に分類するものである。「家政的」とは、例えば遺言状、各種の冠婚葬祭に関する手紙、推薦状などを指し、「牧会的」とは、例えば個々のキリスト教会の共同生活上の諸問題にかかわる手紙、「行政的」とは、例えばローマ帝国のさまざまなレベルでの行政、あるいは帝国全体に広がったキリスト教会の運営にかかわる書簡を指す。それに対して、詩作、演劇、哲学、宗教、自然学などにかかわる書簡は、いささか総花的ではあるが、「文化的・文芸的・思想的・教義的・科学的」の項に分類する。

最後に最も重要な規準は、書簡形式が「実質的」か「非実質的」ないし「虚構的」であるかというものである。「実質的」とは、その書簡の発信人と名宛人が実際上の必要あるいは課題に迫られて、その解決のために書かれた書簡であることを指す。後代の歴史記述などに引用されているような場合も、史的信憑性がある程度認められれば、ここに含める。反対に「非実質的・虚構的」とは、例えば(a)発信人あるいは名宛人、あるいはその両方が偽名を用いているような場合、あるいは(b)ある虚構的な作品内に挿入されていて、虚構の書簡であることが明白である場合を指す。もっとも微妙なのは、(c)現代の書簡理論(J・シュクトゥリス)によって、「ジャーナリズム的書簡」と呼ばれるタイプの書簡である。これは例えば、発信人が同時代の実在の人物を名宛て人としながら、書簡そのものはジャーナリズムを介して不特定多数の読者に向けて発信され、そのジャーナリズムを経由して実在の名宛人にも届けられることによって、名宛て人に一層有効な形で応答を迫るような場合(例えば、イソクラテスの書簡)を指す。われわれはこのタイプの書簡も敢えて「非実質的・虚構的」に分類することにする。なお、(a)、(b)、(c)いずれの場合も、たとえ名宛て人が一個人であっても、実質的には不特定多数の読者に宛てられていることとなる点に注意が必要である。

前四世紀初めから後四世紀末までの地中海文化圏で書かれた書簡を、以上四つの規準で分類すると、後出五(二六七―二七三頁)にまとめて掲出する一覧表のようになる。

その一覧表についてここで一言すれば、欄の通し番号の③と④、および⑮と⑯の空白が特に際立っている。すなわちユダヤ教の領域では、「個人的」か「集合的」か、「家政的・牧会的・行政的」か「文化的・文芸的・思想的・教義的・科学的」かの別を問わず、「実質的」な書簡が見つからないのである。使徒行伝二八章21―22節には、ローマ市のユダヤ教徒はパウロの到着以前には彼についてエルサレムからまだ何も公式の情報(書簡)を得ていなかったとあり、後七〇年のエルサレム陥落以後もヤムニアの指導者会議がやはり書簡で各地の会堂・共同体を指導したはずであるにもかかわらずそうなのである。但し、欄の通し番号㉑と㉒に挙げた書簡には、すでに触れたギリシア文化圏の書式と並んで、冒頭で「平安」を祈る独特な型が確認できる。おそらくこれはユダヤ教の書簡の定式から来るものであろう。パウロは基本的にはギリシア語文化圏の書式に従いながら、このユダヤ教の書式をも取り入れて新しい独自の書簡形式を生み出したのである。そしてそれは第二パウロ書簡、牧会書簡、公同書簡、使徒教父の書簡など、以後のキリスト教の書簡に大きな影響を及ぼすこととなった。

三

グノーシス主義者たちも書簡という通信手段を活用したことは言うまでもない。影響力の強い人物やグループになればなるほど、その必要性が高かったに違いない。事実、ヴァレンティノスについては、再びアレクサンドリアのクレメンスがその著『絨毯』の中で、彼の書簡から三つの比較的大きな抜き書きを残してくれている。

(1)　さてヴァレンティノスも何かそのようなことを念頭に抱きながら、ある手紙の中で次のように書いているのであろう。「あのこしらえ物が、目に見えない仕方で上なる本性の種子をひそかにその中に置いていた者のゆえに、自分をその造形の業《わざ》よりも大なる者とし、憚らず語り始めた時、天使たちは恐れを抱いた。それと同じように、この世界に属する人間種族の間でも、立像、偶像など人間の手が『神』の名の下に造り出すあらゆるものが、それらを造り出す者たちにとって恐れとなる。なぜなら、『人間』の名の下に造られたアダムはあの先在の『人間』に対する恐れをもたらしたからである。というのは、その『人間』がアダムの中にいたのである。彼らは恐れに捕らわれ、直ちにそのこしらえ物を隠してしまった」。

(II, 8, 36, 2-4)

(2)　しかし、ヴァレンティノスもある者たちへ宛てた手紙で、もろもろの付属物について次のように書いている。「一人の善なる者が存在する。御子によるその方の啓示は率直さをもたらす。心はただ彼によってだけ清められる、すべての悪霊が追い払われた後に。なぜなら、心には多くの悪霊が棲みついていて、心が清くなるのを妨げるのである。彼らはしばしば粗野な欲望に猛り狂い、それぞれの仕業を成すからである。心は木賃宿と同じように苦悩しているのだと私には思われる。木賃宿も穴を開けられ、掘り返される。あるいは、だらしなく長逗留して、他人のものであるがゆえに、その部屋に何の配慮も払わない人間たちが出す汚物でしばしば一杯になってしまう。心もそれと同じで、注意が払われない限りは、汚れたままで、多くの悪霊の棲家である。しかし、ただ独り善なる父はその心に目を留め、聖別し、光で照らして下さる。その時、そのような心を持つ者は祝福されるだろう。彼は神を見るからである」。

(II, 20, 114, 3-6)

(3) ヴァレンティノスはアガトポス宛の手紙でこう言っている。「彼(イエス)はあらゆることに耐えながら、禁欲した。彼は神性をうち立てた。彼は特別の仕方で食べ、また飲んで、食物を排出しなかった。彼の禁欲の力はあまりに強かったので、食物は彼の中で消化されることがなかった。彼には消化という行為が存在しなかったのである」。 (III, 7, 59, 3)

(2)と(3)はグノーシス主義的な禁欲の倫理をイエスの禁欲から根拠付けようとする意図の手紙の一部であろう。これに対して(1)はおそらく基礎神話の一場面を説明するもので、トポス的には本シリーズ第一巻に収録された「プトレマイオスの教説」の二三二―二三三頁(エイレナイオス『反駁』I, 5, 6)、『ヨハネのアポクリュフォン』では§56に対応すると思われる。いずれの手紙についても、引用の断片性のゆえに、書簡形式の実質性あるいは非実質性についての判断は困難である。但し、いずれも「思想的・教義的」であること、(2)が「集合的」、(3)が「個人的」であることは明らかである。

ヴァレンティノスの弟子たちの中でいわゆる西方(ローマ)派の指導者であったプトレマイオスについては、彼が求道中の女性フローラに宛てた書簡『フローラへの手紙』が、四世紀後半の反異端論者エピファニオスの著作『薬籠』(XXXIII, 3, 1-7, 10)に書き写されて残っている。そこではモーセ律法の本質をめぐるフローラの問いに対して、それを布告した者が誰であるか、また、その律法の定めの内部に存在する三つの区分を正しく認識する必要があると説き起こされる。第一に純粋な律法は悪しきものを含まないから「神の律法」である。救い主はそれを成就したのであって、廃棄したのではない。例えば十戒がそれである。第二に、悪しきものと混じった律法は人間モーセによるもので、救い主によって廃棄された。例えば「目には目、歯には歯」の同害報復法がそれである。第三に、霊的な範型に倣って布告された律法がある。それは人間の長老たちによるものであったが、救い主が感覚的・可視的なものから霊的・不可視的なものへと転換した。各種の祭儀法がそれである。第一の「神の律法」の神は確かに「逆らう者」あるいは「滅びと闇の神」よりは上位の神ではあるものの、「生まれざる父、真の神」よりは下位の造物神、正しく「中央」という名前を持つ神であるにとどまる。このような内容の『フローラへの手紙』は、後出の一覧・分類表では、欄の通し番号⑥に分類できる。

ナグ・ハマディ文書の発見以前から知られていたグノーシス主義(ヴァレンティノス派)の書簡は以上の通りである。ナグ・ハマディ文書の発見とともに、われわれが手にする素材はこの点でも飛躍的に増大することとなった。すなわち、以下本巻第Ⅱ部に収録された『ヤコブのアポクリュフォン』(Ⅰ／2)、『復活に関する教え(レギノスへの手紙)』(Ⅰ／4)、『エウグノストス』(Ⅲ／3)、『フィリポに送ったペトロの手紙』(Ⅷ／2)は、いずれも現在与えられている書簡形式のゆえに、ひとまずグノーシス主義の書簡と呼ぶことができる。本シリーズ第一巻『救済神話』に収録された『アルコーンの本質』(Ⅱ／4)も、少なくともその前半(§1―19)は書簡の形式を採っている。

しかし、これらのうちで書簡形式に前述の意味での実質性を認め得るのは『復活に関する教え(レギノスへの手紙)』だけである。この書簡は後出の一覧・分類表に照らして言えば、欄の通し番号⑥あるいは⑱に該当する。それ以外のものの書簡形式はすべて非実質的あるいは虚構的と見做すべきであろう。敢えてさらに細かなことを言えば『ヤコブのアポクリュフォン』と『アルコーンの本質』(前半部)は「個人的」類型、『エウグノストス』と『フィリポに送ったペトロの手紙』は「集合的」類型に属する。内容的には、当然のことながら、すべて「思想的・教義的」な書簡である。

四

最後になお、書簡と説教という二つのジャンルの間の相互乗り入れとでも呼ぶべき事態について考えておかなければならない。

すでに本巻第I部の序「グノーシス主義と説教」において言及したように(四頁)、もともと犬儒学派やストア派の街頭説教の様式であったディアトリベーは、早くもホラティウスの『書簡集』やセネカの『道徳書簡集』などの当時の第一級の大文学において、書簡形式の中に持ち込まれた。同じことはテュアナのアポロニオスの真偽のほどはともかく合計九十七通にのぼる手紙についても言うことができる。いずれも現在は前書きと後書きを欠いた形でしか伝わらないために(二次的な編集者が元来の特殊な状況を反映する枠は削除したのであろうか)、書式の研究には適さない。しかし、本論部分の語り口においては、明らかにディアトリベーの影響を示すものが散見する(特に第三五、五八書簡)。新約聖書の中では、一連のパウロの手紙が随所でディアトリベーの語り口を応用していることはよく知られている。ナグ・ハマディ文書の中では、『復活に関する教え(レギノスへの手紙)』が間違いなく意図的にディアトリベーの技法を援用している(詳細については同文書の解説第二章を参照)。

本巻に収録した『ヤコブのアポクリュフォン』、『イエスの知恵』、『エウグノストス』、『フィリポに送ったペトロの手紙』の四文書には、書簡と説教という二つのジャンルの相互交通の問題を考える上で、ディアトリベー云々とはまた別の視点から実に興味深い事態が観察される。それは根本的には同一の素材が、ある時は書簡に、ある時は対話に、またある時は説教にと、極めて容易に衣替えされるという事実である。まず『ヤコブのアポクリュフォン』について言えば、現在の形では冒頭に「受取人への挨拶と説明」(**1** 1—**2** 7)、結びに「祈りと勧告」(**16** 12—30)が置かれて、書簡としての形式を整えている。しかし、この枠組みを仮に取り除いても、独自の導入部(2 7—40)と結び(15 5—16 11)を備えた対話体の文書が残るのである。この対話体の文書は復活後のイエスと弟子たちの対話の形式で、イエスの秘められた教え(アポクリュフォン)を伝達しようとするもので、『ヨハネのアポクリュフォン』と同類である。本シリーズ第二巻の序「グノーシス主義の福音書について」で述べた規準で言えば、後者と同様に「福音書」と呼ぶことも十分可能な文書である。そのような文書に前述のさらに上位の枠組みが、おそらくは二次的に付加されたことによって、全体の文学形式は、現に見るように、書簡に変更されたのである。

『フィリポに送ったペトロの手紙』の場合も導入部(132 2—20)が書簡となっているが、この文書の本体(133 1以下)は復活後のイエスと使徒たち(その代表者がペトロ)の対話形式で、イエスの新しい教えを啓示しようとするものである。

『イエスの知恵』と『エウグノストス』は、本巻では前者が説教、後者が書簡に分類されている。しかし、両者を相互に突き合わせて読めば直ちに明らかになる通り、二つの文書の本体部は初めから最後まで、前者では対話体、後者では神話が支配的である点を別とすれば、内容的にはほとんど同一である。もちろん厳密に言えば、分量的には『イエスの知恵』の方が大きい。その『イエスの知恵』が『エウグノストス』を分量的に越える部分、すなわち§49以下は明らかに二次的に拡大されたものと見做すべきであろう(§48がすでに一つの結びになっていることに注意)。『エウグノストス』から『イエスの知恵』へのこの拡大のプロセスは、様式上の観点から見ると、書簡が対話体の説教へ衣替えされるプロセスに他ならない。否、『エウグノストス』よりもさらに先に存在し、現在この文書の本体部を占めている救済神話から見れば、様式変更のプロセスはもっと複雑であったことになる。すなわち、まず『エウグノストス』の著者はその神話に挨拶(§1)と結論(§42)を付け加えて、全体を書簡の形式に変更した。続いて『イエスの知恵』の著者はその書簡形式を捨て、新しい枠付けを行なって、全体を復活のイエスと弟子たちの対話に変更したのである。『エウグノストス』から『イエスの知恵』に至る様式変更のプロセスは、『ヤコブのアポクリュフォン』と『フィリポに送ったペトロの手紙』の中に確かめられたプロセスと正に逆方向である。いずれのプロセスも、グノーシス主義者たちにとって、書簡、説教、対話といった様式概念がいかに流動化し、それぞれの様式の圧力が減少していたかを物語っている。

五　古代地中海世界における書簡・一覧と分類

以下に掲げる一覧表は、私自身の能力上の理由から決して網羅的なものではなく、多くの遺漏があることをお断りしておく。特にディオゲネス・ラエルティオス『ギリシア哲学者列伝』やエウセビオス『教会史』などの学説史家、教会史家の作品に直接的あるいは間接的に引用される古人の書簡については、不完全な探索しか行っていない。個々の人物と書簡の分類先の是非についても、異論があり得るに違いない。邦訳のあるものには※印を付す。特にキリスト教関係のものの多くは荒井献編『使徒教父文書』（講談社文芸文庫、一九九八年）、日本聖書学研究所編『聖書外典偽典』（全七巻別巻三）（教文館、一九七六―八二年）、上智大学中世思想研究所編訳・監修『中世思想原典集成』（平凡社、一九九五年以降継続刊行中）に収録されている。

	家政的・牧会的・行政的	文化的・文芸的・思想的・教義的・科学的
個人的	※プラトン第三書簡（前三五七年）他 ※哲学者アルケシラオス（前三世紀後半）のタウマシアス	※エピクロス（前四世紀中葉―三世紀）のヘーロドトス宛、メノイケウス宛書簡

書簡形式／実質的		
ヘレニズム	ユダヤ教	
宛遺言状（ディオゲネス・ラエルティオス『ギリシア哲学者列伝』四43―44） キケロ（前一世紀前半）『アッティクス宛書簡集』、『友人宛書簡集』 ※アウグストゥスのティベリウス宛書簡（スエトニウス『ローマ皇帝伝』二51、71に部分的引用） エジプトのオリーブ農夫ミュスタリオンの祭司ストトエティス宛の手紙（後五〇年九月一三日付、ベルリン・ギリシア語パピルス No. 37） テュアナのアポロニオス（後一世紀）の兄弟宛書簡（No. 55） 小プリニウスと皇帝トラヤヌスの往復書簡（特に No. 96, 97） 背教者ユリアノス『書簡集』（後四世紀中葉） リバニオス（四世紀後半）『書簡集』 ①	③	※『フィレモンへの手紙』 コリントのディオニュッソス（二世紀）のクリュソフォラ宛書簡（エウセビオス『教会史』IV, 23） コルネリウス（三世紀）のアンティオキア司教ファビウス宛書簡（エウセビオス『教会史』VI, 43） テルトゥリアヌス（三世紀前半）のアフリカ総督スカプラ宛公開書簡
ホラティウス（前一世紀後半）のアウグストゥス宛、フロールス宛書簡、『第二書簡集』 プルタルコス（後五〇頃―一二〇頃）「魂の安静について」（パッキウス宛書簡）、「ティマイオスにおける魂の生成について」（二人の息子アリストブーロスとプルタルコス宛書簡） 背教者ユリアノスのテミスティウス宛書簡 ②	④	※イグナティオスのポリュカルポス宛書簡（二世紀初め） アレイオス（アリウス）のニコメディアのエウセビオス宛書簡（三一八年） アタナシオス（四世紀中葉のテュニス司教セラピオン宛、コリント司教エピクテトス宛書簡（他） 大バシリウスの書簡（No. 38, 335 他多数） ナジアンゾスのグレゴリウス（四世紀後半）のニコブーロ

書簡形式／非実質的・虚構的	
ヘレニズム	キリスト教
エジプト王アマシスのサモスのポリュクラテス宛の書簡（ヘーロドトス『歴史』III, 40） イソクラテス（前四世紀中葉）の書簡（No. 1-4 他） デモステネス（前四世紀中葉）へラクレオドーロス宛書簡（No. 5） ※クラウディウス・リシアの総督フェリックス宛書簡（使二三26-30） テュアナのアポロニオスの告発者エウフラテス宛書簡（No. 1-8, 14-18 他） ダレイオス三世とアレクサンドロス大王の往復書簡（偽カリステネス『マケドニア人アレクサンドロスの生	オリゲネス（三世紀前半）『書簡集（四編）』（内いくつか） カルタゴのキュプリアノス（三世紀中葉）の書簡（No. 3「兄弟エウクラティウスへ」他） アレクサンドリアのディオニュッシオス（三世紀中葉）のノヴァティアノス宛書簡（エウセビオス『教会史』VI, 45; VII, 1-23 に引用） 大バシリウス（四世紀中葉）の書簡（No. 2, 55, 66, 69 他） ナジアンゾスのグレゴリウス（四世紀後半）『書簡集』（内いくつか） ニュッサのグレゴリウス（四世紀後半）『書簡集』（内いくつか） ヒエロニュモス（四世紀後半）『書簡集』（内いくつか） アウグスティヌス（四世紀—五世紀前半）『書簡集』（内いくつか） ⑤
エピクロスのピュトクレス宛書簡 ホラティウス『第一書簡集』 セネカ『道徳書簡集』（六二—六四年） テュアナのアポロニオスの書簡 No. 19（言述の分類）、35（徳と富について）、58（死と生について） 小プリニウス『書簡集』VII, 27; IX, 33 他多数 アレクサンドロスのアリストテレス宛書簡（偽カリステネス『マケドニア人アレクサンドロスの生涯』III, 17） ギリシア語魔術パピルス（P I, IV） 背教者ユリアノスの名による外典書簡（内いくつか）	ス宛て（No. 51）、※クレドニオス宛書簡（No. 101, 102） ヒエロニュモスの長老リパリウス宛書簡 スプリキウス・セウェールス（四世紀末）の書簡（三通） アウグスティヌス『書簡集』（内いくつか） ⑥

書簡形式／非実質的・虚構的		
	ユダヤ教	キリスト教
涯』I, 36, 38; II, 17 他多数、後三〇〇年頃） 背教者ユリアノスの名による外典書簡（No. 74-84 の内のいくつか、四世紀） ⑦	パリサイ人パウロがダマスコへ携行した大祭司の書簡（使九1） ※プトレマイオス二世と大祭司エレアザルの往復書簡（『アリステアスの手紙』三五—五〇章、前二世紀） ⑨	※ヤコブへのペテロの手紙（『ペテロの宣教集』一—三章、三世紀中葉） クラウディウスへのポンテオ・ピラトの手紙（『ペテロとパウロの行伝』四〇—一〇二章、年代不詳） イエスとエデッサ王アブガロスの往復書簡（エウセビオス『教会史』I, 13） ⑪
⑧	※『アリステアスの手紙』（前二世紀） ⑩	※『セネカとパウロの往復書簡』（四世紀中葉） ※『ディオグネートスへの手紙』（二／三世紀） ⑫

集合的

	ヘレニズム
家政的・牧会的・行政的	※ニキアスのアテネ市民宛書簡（トゥキュディデース『ペロポネソス戦争史』VII, 11-15） ※プラトン第七、第八書簡（前三五二年） デモステネスのアテネ市議会宛書簡（No. 2, 3〔前三二四—三二三年〕他）
文化的・文芸的・思想的・教義的・科学的	

書簡形式／実質的		
	ユダヤ教	キリスト教
キケロ『友人宛書簡集』(特にXIV, 6-7; XVI, 5. 7-13) 背教者ユリアヌスのアテネ市議会と市民宛の書簡(三六一年) ⑬	⑮	※パウロの手紙(Iコリ、IIコリ、ガラ、フィリ、Iテサ) ※ヨハネの第二、第三の手紙 ※ローマのクレメンスの手紙『コリントのキリスト者へI』(一世紀末) ※イグナティオスの諸教会(エフェソ、マグネシア、トラレス、ローマ、フィラデルフィア、スミルナ)宛書簡(二世紀初め) ※ポリュカルポスがフィリピの教会へ宛てた手紙(二世紀) ヴィエンヌとリヨンの教会からアジアとフリュギアの諸教会へ宛てた書簡(一七七―一七八年、エウセビオス『教会史』V, 1-3) コリントのディオニュッシオス(二世紀)の合同書簡(七通、エウセビオス『教会史』IV, 23) カルタゴのキュプリアヌス(三世紀中葉)の書簡(六五通の大半) ※アレクサンドリアのアレクサンドロス『すべての司教への手紙』(三一九年)
⑭	⑯	※『ローマ人への手紙』 アレイオス(アリウス)からアレクサンドリアのアレクサンドロス宛の書簡(三二〇年頃) ※カイサリアのエウセビオス『教区の信徒への手紙』(三二五年) 大バシリウスの書簡(No. 52, 210他)

	書簡形式／非実質的・虚構的	
	ヘレニズム	ユダヤ教
ポントスのグレゴリウス・タウマトゥルゴス（三世紀）の書簡 エジプトの修道士アントニウスの書簡（四世紀中葉） エジプトの修道士パコミウスの書簡（四世紀中葉） アタナシウス復活祭書簡（特に第三九書簡、三六七年） 大バシリウス（四世紀）の書簡（No. 22, 92 他多数） アンブロシウス（四世紀）の書簡（九一通） ⑰	デモステネスの書簡（No. 4） シリア王デメトリオスがユダヤ人に宛てた書簡（『第一マカバイ記』一〇25―45、一一30―37、前二世紀後半） ※プトレマイオス四世フィロパトルの勅令状（『第三マカバイ記』七1―9、前一世紀―後一世紀） テュアナのアポロニオスがローマの総督たちに宛てた書簡（No. 30 他多数） アレクサンドロス大王がアテネ市に宛てた勅令状（偽カリステネス『マケドニア人アレクサンドロスの生涯』II, 18） ⑲	ラビ・ガマリエル一世（九〇年頃）がガリラヤとユダの農民に十分の一税の納入に関して送った書簡（バビロニア・タルムード「トセフタ・サンヘドリン」II, 6 他 ＝Strack/Billerbeck I, 154; IV/2, 684） ラビ・シメオン・ベン・ガマリエルとラビ・ヨハナン・ベン・ザッカイが十分の一税の納入に関して送った書
⑱	※アンティオコス四世エピファネスがユダヤ人に送った哀訴の書簡（『第二マカバイ記』九19―27） テュアナのアポロニオスの書簡（No. 24-27 他） ⑳	※『エレミヤの手紙』（前四―一世紀） ※エルサレムとユダヤに住むユダヤ人がエジプト在住ユダヤ人に送った第一、第二書簡（『第二マカバイ記』一1―二18、前二世紀末） ※バルクの手紙（『シリア語バルク黙示録』七八―八六章、後一世紀後半）

書簡形式／非実質的・虚構的	
キリスト教	
※使徒たちがアンティオキアの教会に宛てた書簡（使一五23-29） ※第二パウロ書簡（エフェ、コロ、Ⅱテサ） ※牧会書簡（Ⅰテモ、Ⅱテモ、テト） ※公同書簡（ヤコ、Ⅰペト、Ⅱペト、ユダ、Ⅰヨハ） ※『使徒たちの手紙』（二世紀） ※『ポリュカルポスの殉教』（＝スミルナの教会がフィロメリウムの教会へ送った手紙、二世紀） ※『パウロとコリント人の往復書簡』（別名『コリント人への第三の手紙』二世紀末） ※『ラオデキヤ人への手紙』（成立年代不詳、遅くとも五世紀まで） ㉓	簡（ミドラッシュ・ハ・ガードール申命記二六13） ㉑
※『ヘブル人への手紙』（一世紀末） ※アジアに在る七つの教会（エフェソ、スミルナ、ペルガモン、ティアティラ、サルディス、フィラデルフィア、ラオディキア）への手紙（黙二—三章、一世紀末） ※『バルナバの手紙』（一世紀末—二世紀） エジプトのマカリオスの書簡『神の子たちへ』（四世紀後半） 偽テトス書簡『純潔について』（五世紀） ㉔	※エレミヤの手紙（『エレミヤ余録』六19—25、七24—34、後一世紀末—二世紀前半） ㉒

ヤコブのアポクリュフォン

筒井賢治訳

内容構成

一　受取人への挨拶と説明（手紙枠）

§1

【1】［ヤコブ］から［　　］トスへ[1]。平和［から］の平和、愛［からの愛］、恵み［からの恵］み、信仰からの

［信仰］、聖なる生命からの生命が［あなたに］ありますように。

主によって私とペトロに明かされた秘密の教え（アポクリュフォン）を伝えてほしいとあなたはお求めです。私にはそれを断ることも、また（直接にお会いして）話すこともできませんので、［私は］それをヘブライの文字[1]で［書き記し］、あなたにお送りします。それも、あなた一人だけに。しかしあなたは聖なる人々の救いのための奉仕者なのですから、この文書を多くの人々に（無差別に）読み聞かせることのないよう心掛け、注意してください。救い主は、これを私たち十二弟子の全員に伝えることを望まなかったのです。しかし、この教え（言葉）を信じて救われる人々は幸いです。

§2　十箇月前私は、救い主が私に明かした別の秘密の教え（アポクリュフォン）をあなたに書き送りました。しかし、それは私ヤコブに明かされたのだと考えてください。それに対して、これ（今回書き送る教え）は**【2】**[2]

………

二　アポクリュフォン

導　入

§3　十二弟子は全員、一緒になって座［っており］、救い主が彼ら一人ひとりに密かに、あるいは明白に語ったことを思い出し、それを文書にまとめていた。［私もまた、私の文書］[3]に書かれていることを書いていた。すると見よ、救い主が現れた。［私たちの］見ている前で［私たち］から去っていった救い主[4]が、死者たちの中から復活して五百五十日後に(5)(現れたのである)。

§4 私たちは彼に尋ねた、「あなたは行ってしまい、私たちから離れてしまったのですか」。

イエスは言った、「いや。しかし、私は私がそこから来た場所に戻る。もしあなたがたが私と一緒に来ることを望むなら、来なさい」。

彼らは皆、答えて言った、「もしあなたが命じるならば、行きます」。

§5 彼は言った、「まことに私はあなたがたに言う。誰であれ、私が命じたから天の王国に入る、ということは決してない。(あなたがたが天の王国に入るのは)あなたがた自身が満たされている、という理由(だけ)によるのである。ヤコブとペトロを私によこしなさい。彼らを私は満たそう」。そして彼は二人を呼んで脇へ連れて行き、

---

(1) 「[……ケリン]トス」と復元する説がある。巻末の本文書の解説参照。

---

(1) 巻末の本文書の解説参照。

(2) **2**頁の冒頭から7行目の途中までがひどく破損しているため、この箇所(訳文「しかし、それは」以下)の正確な内容は不明。文脈からは、「十箇月前」に送った教えと今回の教えとの違いの説明の他、これから今回の教えを読む受取人へのアドバイスのようなものがあったと推定できる。なお、キルヒナーは次のような意味への復元を試みている(巻末の本文書の解説参照)。「それに対して、これ(今回書き送る教え)は私[にはまだ完全には理解できておらず、またあなたや]あなたと一緒にいる人々[のために]啓示された[ものでもあるわけですから、あなたは]熱心に努力して[教えの真意を探し]求めてください……」。

(3) 「十箇月前」に送ったという「別の秘密の教え」(§2)のことか。

(4) あるいは「[私たち]から去っていき、[私たち]が待ち望んでいた救い主」。

(5) **8**[3](§17)参照。

残りの者たちには、(それまで)やっていたことを続けるよう指示した。

イエスとヤコブ・ペトロの対話

§6 救い主は言った、「あなたがたは憐れみを受けた。【3】………[1]では、あなたがたは満たされることを望まないのか。あなたがたの心は酔っている[2]。では、あなたがたは素面《しらふ》になることを望まないのか。だから、恥じよ。これからは、起きていても寝ていても[3]、自分たちは人の子を見たのだ、そして彼と話し、彼の言葉を聞いたのだ、ということを思い出せ。人[の]子を見た者たちは禍いだ。幸いなのは、その人[4]を見なかった者たち、彼と交わりを持たなかった者たち、彼と話さなかった者たち、彼から何も聞かなかった者たちだ。生命はあなたがたのものである。

§7 だから知れ。彼が病気であったあなたがたを癒したのだ。あなたがたが王となるために[5]。病気から解放されて安らいでいる者たちは禍いだ。なぜなら、彼らは再び病気になるだろうから。病気になったことのない者たち、病気になる前に安らぎを知った者たちは幸いだ。神の王国はあなたがたのものである。それゆえ、私はあなたがたに言う。満たされていなさい、そしてあなたがたの内に空虚な場所を残すな。やってくる者[6]があなたがたをあざ笑うことがないように」。

§8 するとペトロが答えた、「ご覧下さい、三度[7]あなたは私たちに【4】『[満たされて]いなさい』と言われました[が]、私たちは満たされています」。

〔救い主は答えて〕言った、「〔私が〕あなたがたに『満たされていなさい』と言った」のは、〔あなたがたが虚しくならないため〕である。〔虚しくなる者たち〕は〔救われる〕ことがない。満たされるのは善いことであり、〔虚〕しくなる〕のは悪いことだからである。だから、あなたが虚しくなるのは善いこと、あなたが満たされるのは逆に悪いことなのであり、同じく（誰であれ）、満たされている者は虚しくなり、虚しくなった者は満たされることがなく、他方、虚しくなっている者は満たされ、満たされた者は十分に完成されるのである。従って、（あなたがたは）あなたがた自身を満たすことができるように虚しくなるべきであり、虚しくなることができるように満たされるべきである。それによって、あなたがたがますます自分を〔満たす〕ことができるように。だから、あなたがたは霊によって満たされ、言葉[8]*においては虚しくありなさい。なぜなら、言葉は魂*であり、また魂は[9]」。

（1）写本3頁目、冒頭から7行目途中まで破損。
（2）写本の読みは（あなたがたの心は）「油を塗られている」。
（3）「これからは、起きていても寝ていても」は訳文直前の「恥じよ」にかけることもできる。
（4）「の子」に当たる文字が書き落されている可能性が高いが、一応写本および底本の読みの通りに訳しておく。
（5）あるいは「支配する」。Ⅰコリ四8、Ⅱテモ二12、トマ福・語録二、八一参照。
（6）本書が予定している読者のことか（巻末の本文書の解説参照。但しこの箇所は単数形）。あるいは、マタ一三43-45／ルカ一二24-26参照。
（7）どう数えているのか不明。厳密に詮索する意味はないとも考えられるが、直前の箇所の他、欠損部分で二度言われたのかもしれない。
（8）言語「ロゴス」は、この箇所に限らないが、「理性」とも訳せる。巻末用語解説参照。
（9）「言葉（理性）は魂であり、また心魂的である」と訳せなくもないが、おそらくテキストが破損している。「魂は」を受ける述語が欠落してしまっているものと思われるが、「言葉（理性）は魂に属し、また魂の本質なのだから」、「魂に属する言葉（ないし理性）は（それ自身）心魂的なのだから」などの修正案もある。

§9 私は答えて彼に言った、「主よ、もしお望みなら、私たちはあなたに従うことができます。なぜなら、私たちは父、母、村を棄ててあなたに従ってきたのですから(1)。ですから、私たちが邪悪な悪魔によって試みられることのないようにして下さい(2)」。

§10 主は答えて言った、「父の意志を行なうことが、あなたがたにとってどういう功績になるのか。もしそれ(3)が彼（父）から贈り物として、あなたがたがサタンに試みられている時に与えられるのでなければ。しかしもしあなたがたがサタンによって苦しめられ、迫害され、そして（まさにその時に）彼（父）の意志を行なうならば、【5】私は［言う］、彼はあなたがたを愛し、あなたがたを私と等しくし、［あなたがたが、］彼の計画（プロノイア）*に従って、あなたがた自身の選択によって［愛される者］となったことを認めるだろう。

§11 さあ、あなたがたは、肉*を愛して苦しみを恐れることをやめないのか。あるいは、あなたがたは知らないのか、あなたがたがこれから、私と同じように、悪しき者によって暴行され、不正な告発を受け、捕らえられて牢獄に入れられ、不法に断罪され、理由なく十字架につけられ(4)、屈辱的な埋葬を受けるだろう(5)ということを。（それでも）あなたがたは敢えて肉を大事にするのか。霊*の城壁によって四方を守られている者たちよ。世があなたがた以前に(6)どれほど長くあったか、またあなたがたの後にどれほど長く存続するかを考えれば、あなたがたの一生は一日に過ぎず、あなたがたの苦しみは一時間に過ぎないことが分かるだろう。なぜなら、善なるもの(7)は（この）世の中へ入らないからである。だから、死を軽蔑し、生命のために配慮しなさい。私の十字架と私の死を思い出しなさい。そうすれば、あなたがたは生きるだろう」。

§12 私は答えて彼に言った、「主よ、十字架と死の話はしないで下さい。それらはあなたから(もはや)遠いのですから」。

【6】主は答えて言った、「まことに私はあなたがたに言う。私の十字架を信じる者以外には、誰も救われないだろう。なぜなら、私の十字架を信じた者たち、神の王国は彼らのものだから。だから、死を追い求める者となりなさい。死んだ者たちが生命を追い求めるように。なぜなら、彼ら(8)が追い求めるものは、彼らに明かされるのだから(9)。何が彼らを不安にさせるのか。あなたがたが死を味わう時、それ(死)はあなたがたに(あなたがたの)選びを教えるだろう。まことに私はあなたがたに言う。死を恐れる者は誰も救われないであろう。神(10)の王国は殺される(11)人々のものだから。私よりも優れた者となりなさい。聖霊の子のようになりなさい」。

---

(1) マコ一〇28-29/マタ一九27-29、ルカ一八28-29参照。

(2) マタ六13/ルカ一一4参照。

(3) 「父の意志を行なう」機会。もしくは、文全体を「あなたがたがサタンによって迫害されるという事態が、父からの贈り物に他ならないのでないとすれば」という意味に解釈することもできる。

(4) 写本の読みは「理由あって」。

(5) 写本の読みは「砂の中に」(埋葬される)。

(6) 写本の読みは「あなたがたが倒れてから」。

(7) 複数形。「善なる者たち」と人格的に訳すこともできる。解釈が困難なので、「苦しみを受け得ない者たち」とする修正案がある。

(8) あるいは、一般に「人々」(次の「彼ら」も同様)。

(9) マタ七7-8/ルカ一一9-10参照。

(10) 写本の読みは「死の」。

(11) あるいは能動的に「自らを殺す」(人々)。

§13　そこで私は彼に尋ねた、「主よ、どうすれば、預言するよう私たちに求める人々に対して預言することができるようになるでしょうか。というのは、私たちに願い、私たちから（預言の）言葉を聞くことを望む人々が多いのです」。

主は答えて言った、「あなたがたは、預言の頭がヨハネをもって切り取られた(1)ということを知らないのか」。

私は言った、「主よ、預言の頭を切り取るということが可能なのでしょうか」。

主は私に言った、「『頭』とは何のことかがあなたがたに分かり、また預言が頭から出るということが分かった時に、『それ（預言）の頭が切り取られた』という言葉の意味を理解しなさい。【7】最初、［私は］あなたがたに譬えを用いて語り、あなたがたは理解しなかった。今私はあなたがたに明白に語っており、あなたがたは（それでも）理解しない(2)。しかしあなたがたこそ、私にとっては譬えの中の譬え、明白の中の明白であった(3)。

§14　救われるように急ぎなさい。（但し）人から願われてそうするのではなく、あなたがた自身の意志で熱心でありなさい。そして、もしできれば、私の先を越しなさい。そうすれば、父はあなたがたを愛するだろうから。

§15　偽善と邪悪な思いを憎みなさい。なぜなら（邪悪な）思いが偽善を生み出すのだから。偽善は真理から遠いものである。

§16　天の王国を萎れさせてはならない。それは周囲に実を散らしたなつめやしの若枝に似ている。それら（実）からは芽が出たが、（少し）育った後で胎（母体である実そのもの）が乾いてしまった。（天の王国は）この同じ根から生まれた(別の)実にも似ている。それが(正しく)摘み取られ(て栽培され)ると、多くのものによって(多くの手間をかけた後で)、(いくつもの)実を実らせる。もし今、その新しい木々を育て上げることがあなたにできるならよかったであろうに。(それならば)あなたはそれ(天の王国)を見いだしただろうに[4]。

§17 私はもうすでに[5]このようにして栄光を受けたのだから、あなたがたは、行こうとしている私をどうして引き留めるのか。**【8】**なぜならあなたがたは、[業][6]を終えた私を、譬えのために、さらに十八箇月[7]の間留まるよう強制したのだから。一部の人々には、教えを聞くだけで十分だった。(それだけで)彼らは『羊飼い』[8]、『種』[9]、『建物』[10]、『おとめたちのともし火』[11]、『労働者の賃金』[12]、『ドラクメ銀貨と女』[13]を理解した。

---

(1) マタ一一13/ルカ一六16およびマコ六27/マタ一四10参照。
(2) 「……理解しないのか」と疑問文(あるいは修辞疑問文)にも訳せる。
(3) 意味不詳。
(4) 「それ(根)はよいものであった。もし今、新しい木々を植えることがあなたにできるならば、あなたはそれ(根?)を見いだすであろうに」と訳す案もあるが、いずれにしても意味はよく分からない。
(5) 直訳すれば「時の前に」。
(6) あるいは「苦難」。
(7) 写本の読みは「十八日」。底本もこれをそのまま採用しているが、**2** 19—20(§3)の「五百五十日」に合わせる(ルローの注釈も見よ)。巻末の本文書の解説参照。
(8) マタ一八12-13/ルカ一五4-6、あるいはヨハ一〇1-18以下参照。
(9) マコ四3-9/マタ一三3-9、ルカ八5-8、マコ四14-20/マタ一三19-23、ルカ八11-15、あるいはマコ四26-29参照。
(10) マタ七24-27/ルカ六47-49参照。
(11) マタ二五1-13参照。
(12) マタ二〇1-16参照。
(13) ルカ一五8-10参照。あるいは『ドラクメ銀貨』と『女』と解釈することもできる。この場合、『女』はマタ一三33/ルカ一三20-21やトマ福・語録九七など、別の譬えを指すことになる。

§18　言葉（ロゴス）*に関して熱心な者となりなさい。なぜなら、言葉の第一の部分は信仰、第二は愛、第三は業《わざ》であり、生命はこれら（三つ）から生じる。なぜなら、言葉は一粒の麦に似ている。ある人がそれを蒔いた時、彼はそれを信じた。そしてそれが育ったとき、彼はそれを愛した。一粒ではなく、多くの麦粒を見たからである。そして彼が（収穫の）業を終えたとき、彼は救われた[1]。それを食料にし、また（一部を）蒔くために残したからである。これと同じようにして、あなたがたは天の王国を受けることができる。それを認識*（グノーシス）によって受けるのでなければ、あなたがたはそれを見いだすことができないであろう。

§19　それゆえ、私はあなたがたに言う。素面《しらふ》になりなさい。迷わされてはならない。幾度となく私はあなたがた全員に言った。またヤコブよ、あなただけにも言った。『救われよ』と。また私はあなたに、私に従うよう命じた。また私はあなたに、支配者たち[2]の前で言うべき言葉を教えた。見なさい、私は下に降り、話し、苦しみ、あなたがたを救った後で[3]冠を受けた。【9】なぜなら、私はあなたがたと一緒に過ごすために下に降ったのであり、それは、あなたがたもまた私と一緒に過ごすためであった。そして私は、あなたがたの家に屋根がないのを見て、下に降った時に私を受け入れることのできる家に住んだ。

§20　それゆえ、私を信頼しなさい、わが兄弟たちよ。誰が[4]大いなる光であるかを理解しなさい。父は私を必要としていない。父が子を必要とするのではなく、子が父を必要とするのだから。私は彼のもとへ行く。なぜなら、子の父はあなたがたを必要としていないのだから。

§21 言葉*（ロゴス）を聞きなさい。認識*（グノーシス）を理解しなさい。生命を愛しなさい。そうすれば、あなたがたを迫害する者は誰もおらず、あなたがたを苦しめる者は誰もいない。あなたがた自身を除いては。

§22 惨めな者たち、不幸な者たち、真理を偽る者たち、認識*（グノーシス）を偽証する者たち、霊*に背く者たちよ。あなたがたは、今でもなお、聞くことに耐えられるのか。むしろあなたがたは最初から語っているべきだったのに。あなたがたは、今でもなお、眠ることに耐えられるのか。むしろあなたがたは、天の王国があなたがたを受け入れるために、最初から目を覚ましているべきだったのに。**【10】**まことに私はあなたがたに言う。聖なる者が穢れの中に落ち、光に属する者が暗闇へと落ちることの方が、あなたがたが王となること[5]、あるいは（王と）ならないことよりも容易である。

§23 私はあなたがたの涙と苦しみと悲しみを思い出す。それらは（もはや）私たちからは遠い[6]。だから今、父の財産を相続する資格のない[7]あなたがたは、ふさわしい場所で泣き、苦しみ、そして善い者を告げ知らせなさい[8]。子

（1）（仕事から）「解放された」とも解釈できる表現。
（2）原語は「アルコーン」であるが（巻末の用語解説参照）、ここでは――迫害の状況を念頭に置いて――地上の支配者や裁判官を指しているのかもしれない。
（3）あるいは「私はあなたがたを救うために下に降り、話し、苦しみ、冠を受けた」。
（4）または「何が」。
（5）§7注（5）参照。
（6）あるいは、『それらは私たちから遠いのです』（とあなたがたは言っていた）」と直接話法的に訳す。
（7）直訳すれば「父の（財産の）相続の外にいる」。
（8）あるいは「よい知らせ」、「福音」。

がふさわしい仕方で昇っていくのだから[1]。まことに私はあなたがたに言う。もし私が、私の言葉を聞く者たちのところへ遣わされたのだったら、そしてその者たちと話したのだったら、私は決して地へ降りては来なかっただろう。だから、これからは彼らの前で[2]恥じなさい。

§24 見よ、私はあなたがたから離れ、去っていく。私はこれ以上あなたがたのもとに留まることを望まない。あなたがた自身もまたそれを望まなかったように。だから今は急いで私に従いなさい。そのために私は『あなたがたのために私は降ってきた』とあなたがたに言うのである。あなたがたは愛されている。あなたがたは多くの人々に生命をもたらすであろう。父に呼びかけよ。何度も神に願え。そうすれば彼はあなたがたに与えるであろう[3]。彼が天使たちに囲まれて告げ知らされ、聖なる者たちに囲まれて彼が栄光を受けた時、あなたがたが彼と一緒にいるのを見た者は幸いである[4]。生命はあなたがたのものである。神の子らとして喜び、祝いなさい。**【11】**救われるように、彼の意志を守りなさい。私から叱責を受け、自らを救いなさい。あなたがたのために私は父に願い、彼はあなたがたの多く(の罪過)を赦すであろう」。

§25 私たちはこれを聞いて喜んだ。なぜなら、私たちが先に触れた言葉[5]を聞いて私たちは悲しんでいたからである。しかし彼は、私たちが喜んでいるのを見て言った、「弁護者[6]を持っていないあなたがたは禍いだ。恵みを受けていないあなたがたは禍いだ。大胆に語って恵みを手に入れた者は幸いだ。よそ者のようになりなさい[7]。あなたがたの町の前で彼らがどのように過ごしているか(を考えなさい)。あなたがたが自分の意志で自らを追放して町から遠ざけるのなら、どうしてあなたがたは不安を覚えるのか。なぜあなたがたは、自分の意志で住処を捨て、そこに住むことを望む人々にそれを譲るのか。追放者よ、亡命者よ[8]、あなたがたは禍いだ。あなたがたは捕らえられるだろう。

§26 あるいはもしかしたら、あなたがたは、父が人間を愛しているとか、祈りによって願いを叶えるとか[9]、別の人のために誰かに恵みを与えるとか[10]、願う人間を我慢する、などと考えているのか。彼は（人間の）意志も、肉*が必要とするものも知っているのだから[11]。（まさに）それ（肉）が魂*を求めるのではないか[12]。なぜなら、魂なしで体が罪を犯すことはない。**【12】**霊*なしで魂が救われることはないのと同じである。しかし悪のない魂が救われ[13]、霊もまた救われるのなら、身体*には罪がなくなる。なぜなら、霊が魂を起こし、身体がそれ（魂）を殺すのだから。すなわち、それ（魂）が自らを殺すのである。

（1） あるいは「子がふさわしい仕方で昇っていくことを」。なおここで「ふさわしい仕方で」と訳した語（ギリシア語 kalōs）は「美しく」「立派に」が本来の意味。
（2） あるいは「これらのことを」。
（3） §12の注（9）参照。
（4） あるいは「あなたがたが自分と一緒にいるのを見た者は幸いである。彼は天使たちの間で宣べ伝えられ、聖なる者たちの間で栄光を受ける」。
（5） あるいは、写本の読みを修正して「彼が先に言った言葉」。
（6） ギリシア語「バラクレートス」。Iヨハ二1、ヨハ一四16等を参照。
（7） トマ福・語録四二参照。あるいは「自分たちをよそ者に例えてみなさい」。
（8） あるいは、「選ばれている者たち、（それなのに）逃げている者たちよ」。
（9） あるいは、「祈りによらず願いを叶える」。
（10） 贖罪信仰を批判しているのか。
（11） マタ六8参照。
（12） あるいは「なぜなら魂を求めるのはそれ（肉）ではないのだから」。
（13） あるいは、「魂が悪から救われ」。

§27 まことに私はあなたがたに言う、彼は魂の罪を*決して赦さず、肉の罪過を*も決して赦さないであろう。なぜなら、肉をまとった者は誰も救われないからである。あなたがたは、多くの者が天の王国を見いだしたと思うのか。自らを天における第四の(1)者として見た者は幸いである」。

§28 私たちはこれを聞いて悲しんだ。しかし彼は私たちが悲しんでいるのを見て言った。「私がこう言うのは、あなたがたが自分自身を知るためである。なぜなら、天の王国は畑に実った(穀物の)穂に似ている。熟した後、それは自分の実を散らし、次の年、畑を再び穂で満たした。あなたがたもまた、生命の穂を収穫するように急ぎなさい。それによってあなたがたが王国によって満たされるように。

§29 そして、私があなたがたと一緒にいる間は、私に注意を向け、私に従いなさい。しかし私があなたがたから離れる時には、私を思い出しなさい。私を思い出しなさい、なぜなら、私があなたがたと一緒にいたとき、あなたがたは私を認識しなかったのだから。(2)私を認識した者は幸いだ。聞いたのに信じなかった者たちは禍いだ。私を見なかった[のに信じた]者たちは幸いだ。

§30 【13】もう一度あなたがたに[言う](3)。私は家を建てる者としてあなたがたに啓示されている。(4)もしあなたがたがそこに身を隠すならば、それ(その家)はあなたがたにとって非常に有益である。それは、あなたの隣人の家(5)が崩れようとしているとき、それを支えることができるであろう。まことに私はあなたがたに言う、私が彼らのためにこの場所*へと遣わされた、その者たちは禍いだ。父のもとへ昇っていく者たちは幸いだ。もう一度あなたがたを私は叱責する、(今)ある者たちよ、(今)ない者のようになりなさい。それによって、(今)ない者たちと一緒になることができるように。

§31 天の王国をあなたがたの内で荒野にしてはならない。(あなたがたを)照らす者の光のゆえに誇ってはならない。そうではなく、自分たち自身に対して、私があなたがたに対してそうであったのと同じような者になりなさい。あなたがたのために私は自らを呪いのもとに委ねた(6)。それによって、あなたがたが救われるために」。

§32 これに対してペトロが答えて言った、「あなたは、ある時には私たちを天の王国へと向け、ある時には私たちを引き戻します、主よ。あなたは、ある時には私たちを説得し、信仰へと引き入れ、生命を約束しますが、ある時には私たちを天の王国から放り出します」。

§33 主は答えて私たちに言った、「私はあなたがたに幾度も確言し、その上、あなたがたには私自身を顕した、【14】

---

(1) 「種蒔きの譬え」で四番目に登場するグループ(良い地の上に落ちて無数の実を結ぶ種、マコ四8/マタ一三8、ルカ八8、マコ四20/マタ一三23、ルカ八15)のことか。あるいはダニ三(特に25)と関係しているか。この他、数字「四」についての哲学的・神秘的思弁(「テトラクテュス」)と関連する可能性も指摘されている。

(2) あるいは、「認識しなかったのだ、ということを」。

(3) あるいは、「説得する」「願う」「命じる」。

(4) マタ七24-27/ルカ六47-49参照。

(5) 正統教会を暗示しているのかもしれない。

(6) ガラ三13参照。

[ヤ]コブ[よ]。しかしあなたがたは私を理解しなかった。今また、私はあなたがたが幾度も喜ぶのを見る。あなたがたが生命を約束されて喜んでいる様子を。その一方で、あなたがたは王国のことを教えられている時に嘆き、悲しんでいる(1)。しかしあなたがたは信仰と認識*によって(すでに)生命を受けたのである。だから、拒絶(の言葉)を聞いてもそれを真に受けるな。約束(の言葉)を聞くならば、ますます喜びなさい。まことに私はあなたがたに言う、生命を受け、王国を信じる者は、たとえ父がその者を追い出そうと望むとしても、そこから去ることはない。

§34 私があなたがたに語るのはこれで終りである。私は、私がそこから来た場所に戻る。しかしあなたがたは、私が行こうと急いでいた時に私を放り出し、私についてくるのではなく、(むしろ)私を(引き止めるために)追いかけた(2)。しかし私を待っている栄光に目を向け、心を開いて、天で(私を)待っている賛美の歌を聞きなさい。なぜなら今日、私は父の右の座(3)に着かなければならない。しかし私は最後の言葉をあなたがたに言った。私はあなたがたのもとから去る。霊の馬車(4)が(すでに)私を上へと持ち上げているのだから。今から私は服を脱ぐ。(別の)服をまとう(5)ために。

§35 しかし注意しなさい。子が降る前から子(の福音)を告げ知らせていた者たちは幸いだ。それによって、私が来て、(また)昇るために(6)。**【15】**生まれる前から子によって告げ知らされていた者たちは、三重に幸いだ。それによって、あなたがたがその者たちと交わりを持つために(告げ知らされていた者たちは)」。

結び

§36 こう言って彼は去った。私たち、すなわち私とペトロは躓き、感謝し、心を天へと送った。私たちは戦争の騒音、ラッパの響き、そして大きな騒動を耳で聞き、目で見た。

§37 私たちは、その場所を通り過ごし、理性（ヌース）をさらに上へと送った。私たちは天使たちによる賛美と祝福、そして天使たちの喜びを目で見、耳で聞いた。諸天の大いなる者たちが賛美しており、私たちもまた喜んだ。

§38 その後私たちは、霊*（プネウマ）を大いなる者へまで引き上げようと望んだ。しかし、昇った後、私たちには見ることも聞くことも許されなかった。なぜなら、残りの弟子たちが私たちを呼んで尋ねたからである。「あなたがたは何を先生から聞いたのか」、また「何を彼はあなたがたに言ったのか」、また「彼はどこへ行ったのか」と。

（1） あるいは、「今また、私はあなたがたが幾度も喜ぶのを見る。あなたがたは、生命を約束されて讃えられている時に嘆き、王国のことを教えられている時に悲しむのか」とも訳せる。

（2） あるいは、「私を迫害した」。

（3） 使七55-56、マコ一六19等参照。

（4） ユダヤ教黙示思想および中期・新プラトン主義で広まっていた観念。

（5） 存在様式を変える、という意味。

（6） あるいは、「私が来て、（また）昇ることを（告げ知らせていた者たちは幸いだ）」とも解釈できる。

§39　私たちは彼らに答えた。「彼は昇っていった。彼は私たちに保証を与え、私たち全員に生命を約束し、私たちの後に来ることになる子供たちを私たちに現した。【16】私たちは彼らのゆえに［救われる］のだから、彼らを愛するように、と［私たちに］命じた後で」。

§40　彼らはこれを聞いて啓示を信じたが、これから生まれる者たちのことで腹を立てた。そこで、彼らを躓かせることを望まなかった私は、彼ら一人ひとりをそれぞれ別の場所に行かせ、私自身はエルサレムに上った。これから現される、愛された者たちと交わりを持つことができるよう祈るために。

三　受取人のための祈りと勧告（手紙枠）

§41　私は祈ります、あなたが（その）始まりとなりますように。なぜなら、私の救いは、彼らが光を私を介して受けることによって可能となるのですから――私の信仰によって、そして私の信仰よりも優れた別の信仰によって[1]。私は、私の信仰がより劣ったものであることを願っています。ですから、あなたは彼らのようになるように努め、彼らと交わりを持つことができるように祈りなさい。なぜなら救い主は、彼らのゆえに、私が述べたこと以外には啓示を私たちに明かさなかったのです[2]。私たちは、告げ知らされている彼ら、主が自らの子と定めた彼らとの交わりを告げ知らせている（に過ぎない）のです。

(1) 受取人の信仰を(勧告ないし願いの意味を込めて)指す。

(2) あるいは、「なぜなら救い主は、私が述べた理由で、彼らについての啓示を私たち(十二弟子全員)に(は)明かさなかったのです」といった意味に解釈する案もある。

復活に関する教え

大貫　隆　訳

内容構成

一　まえがき

§1　【43】わが子レギノスよ、多くのことを知りたがる者たちがいるものだ。彼らは現に未決のままになっている問題に関るときに、そのような欲求を抱くものだ。そして、首尾よく思いを遂げると、自分たちを偉大な者のように考えるのである。しかし、私には、彼らが真理のことば(ロゴス)*に即しているとは思われない。彼らが探し求めているのは、実際には、彼ら自身にとっての気晴らしに他ならないからである。他方で、私たちは(真の)安息[1]*を、私たちの救い主、私たちの主、至善なる方[2]から受けたのである。【44】私たちが真理を知り、その上に安らいだときにそれを得たのである。

§2 しかし、あなたは復活*に関して重要な事柄を、私たちに意を尽くして尋ねている。そこで私はあなたにこれを書き送るのである。すなわち、それは必然的な事柄なのである。しかし、それを信じない者は多いが、それを見いだす者は少ない[3]。だからこそ、私たちの間でも、それをめぐる議論がなされるべきなのである。

二　救い主の働き、その神性と人性(キリスト論)

§3 主はどのように振る舞われただろうか[4]、肉*の中に在られたとき、そしてまた、ご自分を神の子[5]として顕されたときに。彼はこの場所*——とはすなわち、あなたが現に今住んでいる場所(世界)*のことである——を行き交いつつ、自然界の法則——と私が言うのは、死のことである——について説き明かされた。

§4 しかし、レギノスよ、神の子は人の子[6]でもあられた。彼はそのいずれをも含んでおられたのである。なぜなら、彼には人性と神性が備わっていたのである。それは、一方では彼が神の子であることによって、死を打ち破るためであり、他方では彼が人の子であることによって、やがて万物*がプレーローマ*へ回復されるためである[7]。

§5 なぜなら、彼は上からの真理の種子*として存在しておられたからである。(この世界*の)構成が生じてきて、その中に諸々の支配する者たちと神々が存在するようになる以前から。

---

(1) 文字通りには「他方で、私たちはそれを」と訳すべき箇所。この場合、「それ」は直前の「気晴らし」を受ける。しかし、後続とのつながりでは、「気晴らし」では意味が通じず、本文に示したように意訳するべきであろう。一説によれば、「気晴らし」と訳したコプト語(mtan)はギリシア語「アナパウシス」(anapausis)の訳語で、このギリシア語が「気晴らし」と同時に「安息」も意味する。

(2) 原語はギリシア語からの借用語「クレーストス」(chrēstos)。**48** 19、**50** 1も同様。内容的には「キリスト」(christos)と同じ、あるいは語呂合わせと見て、「キリスト」と訳す訳者が少なくない。本シリーズ第一巻に収録されたヨハ・アポ§20注†1参照。ユスティノス『第一弁明』(IV, 5)、アレクサンドリアのクレメンス『絨毯』(II, 4, 18, 3)では、キリスト教徒の呼称に関連して同じ語呂合わせが行なわれている。

(3) マタ七13-14、三14参照。

(4) 文字通りには「どのように事物を用いられただろうか」。「用いられた」の原語はギリシア語からの借用語「クロー」(chrō)。しかし、これを「託宣を授ける」を意味するギリシア語動詞 chrāo と同定して、「どのように物事を宣言されただろうか」と訳す提案がある(ピール)。

(5) 次の§4に出る同じ表現とともに、『復活に関する教え』が「神」に言及する唯一の事例。「神の子」の文言そのものは新約聖書で頻繁にイエスに適用されているものである。しかし、『復活に関する教え』は一定のグノーシス主義神話を前提にしており、「神」はプレーローマの至高神を指す。「主」(イエス、キリスト)はその至高神の先在の「子」(§5参照)。以下、後者については立ち入った論述が行なわれるが、至高神については全く説明がない。

(6) 「人の子」の文言そのものは、正典福音書でイエスの発言の中に頻繁に現れる(マコ二10、28、八31、38、九9、12、31、一〇33、34、45、一三26-29、一四21、62他)。しかし、そこでは地上のイエス自身を指す場合も含めて、終末論的かつ超越的存在を指すのに対し、この箇所では、一定のグノーシス主義の救済神話を前提しながら、先在の(§5参照)救い主・「神の子」が地上に人間の姿で現れていることを指

§6　私は自分が【45】（問題の）解答を難解な言葉で持ち出していることを自覚しているつもりである。しかし、真理のことば*には何一つ難解なところはない。むしろ彼がやって来たのは解き明かしのため[1]、現に在るものに関して何一つ隠されたままにはしておかず、すべてのことを明解に啓示するためなのである。すなわち、劣悪なものが解消されるとともに、優れたもの[2]が明らかにされるためである。これ[3]は「真理」と「霊*」からの流出のことである[4]。「恵み」は「真理」に属する[5]。

§7　救い主は死を呑み込んでしまった[6]。あなたは（この点で）無知であってはいけない。彼は滅びに定められたこの世界*を退け、それ[7]を不朽のアイオーン*と取り替えたからである。彼は見えるものを見えざるものによって呑み込んでしまった後、起き上がった。そして彼は私たちのために不滅性への道を備えてくれたのである。

三　霊的な復活と終末（救済論と終末論）

§8　それから私たちは、あの使徒[8]も言ったように、彼とともに苦しみを負い、彼とともに甦り、彼とともに天に昇ったのである。とは言え、もし私たちが（現に）この世界*の中に現れており[9]、彼を私たちの身に負っているのだとすれば、それは私たちが彼から発せられる光線となっているということであり、私たちの終末*、すなわち、この世の生活において死を迎えるときまで、彼によって捕らえられているということである[10]。

§9　私たちは彼によって天へ引き上げられてゆく。ちょうど光線が太陽によってそうされるように[11]。そのとき私たちを妨げるものは何もない。(12) これが霊的*な復活*である。【46】それは心魂*の復活も肉*の復活も同様に呑み込んでしまう。

§10 しかし、誰であれこのことを信じない者がいる場合、彼を説得することはできない。なぜなら、わが子よ、

す。エイレナイオス『反駁』(I, 12, 4)に報告されたプトレマイオス派の神話、ヨハ・アポ§45、フィリ福§54、120など類例多数。「神の子は人の子でもあられた」は一種の定式表現で、内容的差異は別とすれば、ナザレのイエスの具体的・統一的人格を「真に神、真に人」(vere deus, vere homo)と言い表していった後二世紀以降の正統主義教会の信仰告白(イグナティオス『エフェソのキリスト者へ』二〇2、エイレナイオス『反駁』III, 12, 7; 20, 4; 21, 4など)と、グノーシス主義の影響圏(知恵Ⅲ **105** 20『ソロモンの頌歌』三六3＝『聖書外典偽典・別巻・補遺Ⅱ』教文館、一九八二年所収)の両方に広範に見いだされる。

(7) 「回復」はギリシア語からの借用語で「アポカタスタシス」(apokatastasis)。プレーローマの原初の統合性がある事件によって「失われた」ことは、§13で言及される。三部教 **123** 20 (§68)、エイレナイオス『反駁』I, 8, 4(プトレマイオスの教説、本シリーズ第一巻『救済神話』二四六頁)参照。

(1) 本文 etrepbôl を etbe pbôl と修正する訳。

(2) 「劣悪なもの」と「優れたもの」はいずれも単数形。人間の中の価値的に異なる部分を指すのか、あるいは相異なる人間種族を指すのか、はっきりしない。§16では同じ対句が人間論の枠内で現れる。

(3) 文脈上は直前の「優れたもの」を指すべきであるが、原語は指示代名詞・女性・単数形であるため、先行部分(**45** 5)で述べられている「解き明かし」(女性名詞)と取る解釈がある(ピール)。この場合実質的には、「解き明かし」としてやってきた者、すなわち、救い主・キリストと等しくなる。

(4) 真福§19参照。

(5) 「真理」、「霊」、「恵み」に「　」を付したのは、プレーローマを構成する神々の一部として神話論的に擬人化されていることを示すためであるが、不確実。

(6) Ⅱコリ五4、Ⅰコリ一五53-54参照。

(7) 直前の「世界」を指すが、再帰的に「彼自身を」と訳すこともできる。

死んでいる者が甦るだろうということ、これは信仰の事柄であって、説得の事柄ではないからだ。この場所[1]*の哲学者たちの間にも信じる者がいる(としよう)。しかし、彼が甦りに与るのは私たちの信仰のゆえにである。だから、この場所の哲学者をして自分のことを、自分で自分を立ち返らせる者だ、などと信じさせてはいけない[2]。

§11 すなわち、私たちは人の子を知り、彼が死人の中から甦ったことを信じたのである。そしてこの方こそ、「死にとって滅びとなった」と私たちが言う方である。信じられるこの方が大いなる者であるように[3]、信じる者たちも大いなる[4]者たちである。救われた者たちの思考は滅びることがないであろう。彼を認識した者たちの叡知(ヌース)も滅びることがないであろう。

§12 それゆえ、私たちは救いと贖いへ選ばれているのである。私たちは、無知の中にある者たちの愚かさに落ち込むことのないように、初めから定められている[5]からである。むしろ私たちは到達するであろう、真理を認識した者たちが備える知恵にまで。

§13 彼らが衛る真理は放棄されることも、生じることもできない。プレーローマ*の組織は強力である。(そこから)失われて、この世界*となったものは僅かな部分に過ぎない。反対に、万物*は固く保たれるものである。それは存在するようになったものではない。**【47】**それは(端的に)存在したのである[6]。

四　肉体の運命、幻影としての世界

§14　それだから、わが子レギノスよ、復活*に関して決して疑うことがないように。もしあなたがかつて[5]肉*を備

(8)　パウロを指す。パウロはヴァレンティノス派のテオドトスにとって、「復活の使徒」であった(アレクサンドリアのクレメンス『抜粋』23, 2)。以下の引用文については、ロマ六4-11、八17、エフェ二5-6、コロ二12-13、三1参照。

(9)　「それ」と訳して、直前の「世界」を指すこともできるが、ロマ一三14に沿って、救い主キリストを指すと解する。

(10)　フィリ三12参照。

(11)　Iテサ四17、アレクサンドリアのクレメンス『異邦人への勧め』(IX, 84, 2)『ソロモンの頌歌』一一10-13、一五2、8-9、二一4-7参照。

(12)　真福§24、エイレナイオス『反駁』I, 7, 1(本シリーズ第一巻二三七頁)参照。

---

(1)　複数形。現実の世界のこと。

(2)　先行する「この場所(世界)の哲学者たちの間にも」以下ここまで、構文解釈がきわめて困難な箇所。写本の語順を忠実に再現して訳せば次のようになる。「そして、この場所(世界)の哲学者たちの間にも信じる者がいる。しかし、彼は甦るだろう。そして、この場所にいる哲学者をして自分のことを、自分で自分を立ち返らせる者だと信じさせないように。そして(それは)私たちの信仰のゆえに」(ピールがほぼこの訳)。本文に示したのは解釈を加えた意訳で、メナールとレイトンの訳文と実質的に同じ。但し、後者は最後の部分を「そして私たちの信仰のゆえに」と訳して、独立の文章の冒頭句と見做し、その後に一定量の文言の脱落を想定する。クラウゼは、「……この場所の哲学者には信じさせてはいけない。彼は自分自身の周りを堂々巡りする者なのだ。そして私たちは私たちの信仰のゆえに、(以下§11へ)」。ギリシア・ローマ世界の哲学者が繰り返しキリスト教の復活信仰に向けた論難については、巻末の本文書解説第四章を参照。

(3)　ピールはこの部分も「死にとって滅びとなった」に続けて、直接話法に編入する。

(4)　写本の読み nat を nac に修正する訳。

(5)　ロマ八29-30、エフェ一4、真福§12参照。

(6)　フィリ福§57、トマ福・語録一九参照。

えて先在していたのではないとすれば、あなたはこの世界*に到来したときに肉を受け取ったのである。（とすれば）どうしてあなたはあの（永遠の）アイオーン*へと昇ってゆくときにも、肉を受け取らないであろうか。肉よりも優れたものが、肉にとっての生命の原因(1)となっているのである。あなたのために生じたものはあなたのものではないのか。あなたのものであるものは、現にあなたとともに在るのではないのか(2)。

§15 しかし、あなたがこの場所(3)*に在る間、あなたが欠いているものは何なのか。（それは真の意味の復活*である。それなのに）あなたが学びたいと熱望していることは、からだの胞衣《えな》(4)のことなのか(5)。それならそれは老年のことである。あなたは滅びの中に在る(6)。

§16 あなたにとって（この世からの）退去(7)は利得である。なぜなら、あなたが立ち去ってゆくとき、あなたは（あなたの）優れた部分まで払戻しはしないだろうから。劣悪なるもの（肉体）には磨滅が生じる(8)。しかし、それには恵みが在る(9)。

§17 それゆえ、私たちをこの場所(10)*から贖い出すものは何もないのである。しかし、万物*——とはすなわち、私たちのことである——は救われている。私たちは余すところなく救いを得た。私たちはそう考えようではないか。そう受け取ろうではないか。

§18 しかし、ある者たちは、探究に探究を重ねて、知りたがっている。救われている者がそのからだ（ソーマ）を

後に残して立ち去るとき、彼は直ちに救われることになるのかどうかと。(11)

§19 このことについては何人《なんびと》も疑うことがあってはならない。

---

(1) 肉を生かしている超越的な生命のこと。**45** 34の「この世の生活」、**49** 20の「この生活」がギリシア語からの借用語「ビオス」(bios)で表現されるのに対し、用語上も区別されている(コプト語 wônih＝ギリシア語の「ゾーエー(zôê)」に対応)。

(2) レイトンは、パラグラフ冒頭の「もしあなたがかつて肉を備えて先在していたのでないとすれば」以下ここまでの全体を、著者自身の積極的な意見の表明ではなく、むしろ考え得る仮想の論敵からの反問を代弁するものと見做し、次の§15がそれに対する著者自身の反論であると言う。この点について詳しくは、巻末の本文書解説第二章参照。

(3) 複数形。

(4) 原語はギリシア語からの借用語「コリオン」(chorion)で、胎児を包んでいる皮膜のこと。オリゲネス『ケルソス駁論』(VII, 32)は、同じ単語を魂の転生論の文脈で用いて、魂が母親の胎内に在る期間だけ有用であるが、魂が新しい胎児としてこの世へ出てくる時に脱ぎ捨てるものを意味している。しかし、目下の箇所の「胞衣」は「からだ」と同格に用いられ、次に続く文では老化した肉体のことであるとされる。その含みは、地上の肉体における生涯全体が、言わば母親の胎内の胎児の状態に他ならないということになる。これと同じ見方は、やがて新プラトン主義者ポルフュリオス『マルケラへの手紙』XX, XIIにも認められる。グノーシス主義の領域では、『シェームの釈義』**5** 26(第四巻に収録)が、同じ見方の延長線上で、現実の地上的世界を女性の生殖器(子宮)に比している。

(5) コプト語では、平叙文も記号的な区別を全く伴わずに、そのまま疑問文にもなり得る。従って、この文章も逆に平叙文に訳すこともできる。

(6) 前注に述べた理由によって、反語的疑問文(レイトン)に訳すこともできる。なお、このパラグラフ全体のコプト語本文は構文がきわめて難解で、訳者によって解釈の違いが大きい。おそらく本文が壊れているのであろう。

(7) 原語はギリシア語からの借用語「アプーシア」(apousia)。レイトンの仮説によると、このパラグラフは、(1)ギリシア・ローマ世界で死者の葬送の場面(特に墓碑銘)に定

§20　それでは、どうして[1]目に見える、死せる肢体が[2]*【48】救われないことになるのか。それら（死せる肢体）の中に在る活ける肢［体］[3]は甦ることになるというの[4]に。

§21　それでは、復活*とはいったい何なのか。それは、どのような時であれ、甦ったもの[5]から覆いを取り除くことである。

§22　なぜなら、もしあなたが福音書[6]の中で、エリヤが、また彼とともにモーセも現れたとあるのを読んだことを思い起こすときには、だから復活*は幻影[7]のようなものなのだなどと、決して考えてはならない。それは幻影ではなく、真実なものである。だから、次のように言う方がずっと適切である。この世界*こそが復活よりもはるかに勝って幻影に過ぎないと。その復活は私たちの救い主、至善なる方イエスによって生じたのである。

§23　ところで私は今あなたに何を教えているのか。生きている者たちは死ぬであろう[8]。どうして彼らは幻影（の世界*）の中に生きられようか。富める者たちは貧しくなり、王たちは投げ捨てられてしまった。万物*は流転するものなのだ[9]。この世界は幻影である。こう言っても、私は（この世の）事物を不当にけなすことにはならないだろう。

§24　しかし、復活*にはこのような（今述べたような）特徴は無縁である。なぜならそれは真理だからである。それは確固として立つもの、（真に）存在するものの啓示、事物の変容、新しさへの変貌である。すなわち、不滅性が

着していた特定の修辞法、(2)貨幣の鋳造法の二つを前提している。前者では、人間の肉体は自然という銀行から利子付きで借り受けたもので、死に際して魂が抜け出た後は、自然に返済されるべきものとして語られる。後者では、貨幣の改鋳の際、流通によって生じた磨滅分が損益と見做される。『復活に関する教え』の著者は、この箇所の「アプーシア」にこの両方の意味をかけて、魂が肉体という磨滅した貨幣を離脱することが、魂にとって損益ではなく、利得であると言おうとしていることになる。

（8）「優れた部分」と「劣悪なるもの」は§6にも言及がある。内容的にはアレクサンドリアのクレメンス『絨毯』(IV, 26, 164, 3)の文章、「確かに誰もが認めるように、人間においては、魂が優れたもの、肉体は劣ったものであるが」を参照。

（9）「それには恵みが在る」の「それ」(人称代名詞・三人称・男性・単数形)が「優れたもの」と「劣悪なるもの」のどちらを受けると見るかによって、意味が大きく異なってくる箇所。「劣悪なるもの」を受けると取れば、肉体にもなお一定の救いの可能性が留保されることになる。反対に、「優れた部分」を受けると取れば、そのような可能性はないことになる。§17の冒頭の文章とのつながりの上では、この第二の解釈の方が適切であろう。レイトンは§14注(2)で紹介した解釈に基づいて、「それ(肉体)が(魂に)負うのは感謝である」と訳し、肉体がそもそも存在し得たのはひたすら魂のお陰であり、その離脱後は滅びる他はないという意味だとする。

（10）複数形。

（11）肉体の死と復活との間に一種の待ち時間があるかどうかということ。例えばIテサ四15のパウロの発言は、そのような待ち時間を前提している。テルトゥリアヌス『死者の復活について』(XXII, 1)も同様。

（1）コプト語本文が壊れているために、翻訳が著しく困難な箇所。「どうして」は本文をnnes nheと区切って、これを疑問詞nnesch nheの書き損じと見做す訳。この他に、「古いやり方では」あるいは「古い鎖の中では」と読んで、以下の文章全体を否定の平叙文に訳す提案がある。ピールは翻訳を断念している。

（2）複数形。

（3）複数形。魂に複数の部分を認めるプラトンの説(『フィレボス』14E,『法律』795E)との関連が考えられる。

（4）レイトンはこの§20の前半「どうして……死せる肢体が救われないことになるのか」を修辞的な反語疑問と解した上で、§20全体を§18で言及された論敵(「ある者たち」)からの引き続いての反問と見做し、引用符を付した直接話法で訳出する。次の§21がそれに対する著者の側からの反

【49】可〔滅〕的なるものの上に〔下った〕[1]からである。また、光が暗黒の上に流れ降って[2]、それを呑み込み、プレーローマ*は欠乏*を（再び）満たしたからである。これらは復活の象徴であり、模像*である。それ[3]が善きものを生み出すのである。

五　生活の訓練と実践（倫理）

§25　こういうわけだから、レギノスよ、部分的なことを考えるのは止めなさい。また、この肉*に即した生活を送ることで、（肉との）一体性を求めることも止めなさい[4]。むしろ、散漫と鎖[5]から抜け出しなさい。そうすれば、あなたはすでに復活*を手にするのである[6]。

§26　死に定められたもの[7]でさえ、自分自身を知り[8]、自分が死ぬであろうこと、また、たとえ多くの年をこの生活[9]の中で過ごしても、死へと導かれることを知っているとすれば、なぜ他でもないあなたは[10]あなた自身について、自分がすでに甦っていることを見ないのか。あなたはそれを見るに至るだろう[11]、もしあなたが甦りを手にしているならば。しかし、あなたは相変わらず、あたかもこれから死ぬかのように考えている。あの（死に定められた）ものは、自分がすでに死んでしまっていることを知っているというのに。とすれば、どうして私はあなたの訓練[12]の足りなさを否定することができようか。

§27　誰にとっても、多くの仕方で実践を積んで、この（肉*という）要素[13]から解き放たれることはよいことである。

そうすれば彼は迷うことがなく、むしろ 35 再び初めから在った自分自身を受け取るであろう。

問と解答だとされる。詳細については、巻末の本文書解説第二章参照。

（5）複数形。先行する§20との関連では、もの的に「活ける肢体」を指すが、後続の§22との関連では、人格的に「甦った者たち」の意になる。

（6）原語はギリシア語の借用語「エウアンゲリオン」(euangelion)。この箇所はこの語が「福音」ではなく、文献としての福音書を指すようになってゆくことを示す比較的古い証言。以下のエリヤとモーセの言及については、マコ九2-8／マタ一七1-8／ルカ九28-36のいわゆる変貌物語を参照。フィリ福§26aも同じ箇所に言及する。

（7）原語はギリシア語からの借用語「ファンタシア」(phantasia)。輪郭が不鮮明で実在性を欠くという否定的な意味。但し、レイトンの想定では、このパラグラフ全体の背後に、変貌物語中のエリヤとモーセを「実例」にして、死から復活した者も少なくとも幻影(幽霊)のような身体性を持つと主張する立場が前提されており、著者はその身体性を否定しているのだという。この仮説について詳しくは、巻末の本文書解説の第二章を参照。

（8）「生きている者たち」が積極的にグノーシス主義者を指すのか、否定的に「幻影の中に生きる者たち」を指すのか、判読が難しい。前者の場合には、内容的にフィリ福§4、21、90aに並行する。

（9）ソクラテス以前の自然哲学者の一人ヘラクレイトスは、川の水が終始流れている限り、何人も二度と同じ川の流れに踏み込むことはできないことに譬えて、いわゆる万物流転説を唱えた(H. Diels/W. Kranz, *Die Fragmente der Vorsokratiker*, Bd. 1, 12. Aufl. Zürich 1966, Frag. 12, 49a, プラトン『クラチュロス』402A, 411C 参照)。この箇所はその説を暗示するもの。

（1）Iコリ一五51-54参照。

（2）フィリ福§125b参照。

（3）原語は三人称・男性・単数形の人称代名詞の強調形。文脈上は直前の「復活」を受けたいところであるが、これは女性名詞であるから、文法上不可能である。「光」、「プレーローマ」、あるいは「救い主」(キリスト)と取るべきであろう。

（4）構文の取り方次第で、「この肉に即した生活を送ることを止めなさい。一致の(回復の)ために」と訳すこともできる。この場合、「一致」はプレーローマの統合性の回復を指すヴァレンティノス派の術語「ヘノーシス」(henô-

六　あとがき

§28　以上のことを私は私の【50】主、至善な［る方］、妬みなきイエスから受けた[1]。［私は］それをあなたとあなたの兄［弟］たち、すなわち、私の子供たちに教えたのである。私はあなたがたを力づけるのに役に立つことは、何一つ省かなかった。もし（以上の）私の説明がこの（手紙の）論題（ロゴス）*について、何か難解なことを書いているようならば、あなたがたがそれについて（改めて）尋ねるときに、説明することにしよう。しかし、今は（あなたが私から聞いて）あなたに属するものを、何一つ惜しんではいけない。なぜなら、それは（他の者たちにも）役に立つのだから[2]。

§29　私があなたに書き送ったこの手紙を、多くの者たちが注視している。私は以上のことを彼らにも告げるのである。彼らの間に平安と恵みとがあるように。あなたに、また、兄弟愛をもってあなたを愛している者たちにも、私からよろしく。

復活に関する教え

sis)に並行する。
(5) ヨハ・アポ§77では、古代末期の宿命論の一般的な用語法に準じて、「宿命の鎖」の意。ここではおそらく牢獄としての肉体を指す。
(6) フィリ福§63aにも類似の復活観が見られる。
(7) 人間の肢体の一部としての肉体を指すとする解釈(レイトン)があるが、現実の人間を指すと取る方がよいであろう(ピール)。
(8) デルフォイ(アポロ神)の有名な神託「汝自身を知れ」参照。
(9) §14注(1)参照。
(10) レイトンはこの「あなた」を、人間の肉体(§26注(7)参照)と価値的に区別された叡知的・霊的部分の擬人的言い換えと解する(以下同様)。
(11) この文を前文に編入した上で、それ以下を次のように訳す提案がある。「……自分がすでに甦っていること、それ(甦り)に導かれていることを見ないのか。もしあなたが甦りを手にしていながら、相変わらず、あたかもこれから死ぬかあのように考えている――あの(死に定められた)ものは、自分がすでに死んでしまっていることを知っているというのに――のであれば、どうして私はあなたの訓練の足りなさを否定することができようか」。
(12) 哲学(愛知の業)を「死の演習」と定義するプラトン『パイドン』67E, 80E参照。
(13) 原語はギリシア語からの借用語「ストイケイオン」(stoicheion)。古典期ギリシアからヘレニズム時代までの宇宙論(自然学)の中で長い伝統を有する術語。新約聖書は複数形を「世を支配する諸霊」(ガラ四3、9、コロ二8、20)あるいは「自然界の諸要素」(Ⅱペト三10、12)の意味で用いている。ここでは単数形。§26との関連から推して、「肉」を指すと解する。

---

(1) 原文では名詞形で「妬みのなさ」。このパラグラフ末尾の「惜しむ」と対照を成す。「妬みのなさ」はグノーシス主義の至高神の重要な属性の一つ。三部教§4とプラトン『ティマイオス』29E参照。
(2) 「しかし、今は」以下は次のように訳すこともできる。「しかし、今はあなたの仲間の誰をも妬んではいけない。なぜなら、その人は(あなたを)助けることができるのだから」。

エウグノストス

小林　稔　訳

内容構成

§1 挨拶

V 1 1—3

【1】エウグノストスから［　±11　息(1)］子たちと(2)［　±14　］たちへ［。］ごきげんよう［。］

§2 神と宇宙に関する哲学者の諸意見とそれらに対する評価†1

V 1 4—24

私は［あなたがたに知って］ほしいと思っている、［地］の［生まれ］の人［間］が皆、宇宙の開［闢］以来、今に至るまで、神を、それが誰であるか、それは何に似ているかと求［め］ており、そしてその方を見いだしていないことを。

さて、彼らのうちから、宇［宙］への関［心］から(1)（自分たちが）賢人だと思っている人々、この人々はそのうちに真理のない人たちである。

なぜならそれへの（つまり）このアイオーン*の確立（した秩序(2)）が、彼らの手によって［て］三つの型で語られるものだからである。次の理由で、彼らは互［いに相手と］同意しない。［±11（文頭の3文字判読可能）］［±16（文頭の2文字判読可能）］。なぜなら［彼らの中のある者たちは、それ

III 70 1—3

【70】祝されたエウグノストスから、彼のものである人々へ、次のことで喜べと（挨拶を送る）。

III 70 3—71 1

生まれた人間が皆、宇宙の開闢以来、今に至るまで、塵であるということを、あなたがたに知らしめる（ということで喜べ）。彼らは神を、それが誰であるか、それはどのようにあるかと、求めてはいるのだが、その方を見つけてはいない。

彼らのうちでもっとも賢い人々(1)は宇宙の秩序付けから真理を思索し、そしてその思索は真理に到達しなかった。

なぜなら秩序付けは、すべての哲学者たちの手によって、諸意見が三つ（のかたちで）それについて話されるものだからである。次の理由で、それらは調和しない。なぜなら彼らの中のある者たちは、宇宙について、それ自身が導かれたのは自身によってだと言い、他の者たちは摂理だと

はそれ自身によって霊だと言い〕、〔他の者たちは摂理のもとに〕生じ〔たのだと〕（言い）、他の者たちは運〔命のもとに生じたのだ〕と（言うからで）、

〔これらの〕誰も〔真理を獲〕得しなかった。(3)

V 1 1—**2** 1

§3 三つの説への個別的反論†1

〔± 11（途中1文字判読可能）〕〔± 16（途中1文字判読可能）〕…………(1)

【2】〔± 21（文頭の1文字、途中2文字判読可能）〕〔± 4（文頭の2文字判読可能）〕

---

§1

〔V〕(1) パロットは脚注で、**5** 7—8に基づき、ここを「生まれざるものの」と想定復元している。

(2) または「〔子〕供たち」。

§2

†1 知恵§2参照。

〔V〕(1) 「彼らのうちで、宇〔宙〕への関〔心〕ゆえに」とでも訳したいところだが、同じ表現の繰り返しを訳文にも生かしたい。

（言い）、他の者たちは、生じているが、それは運命だと（言い）、

そしてこれらのどれでもないからである。

で、私が言ったばかりの三つの声は、それらのどれも

【71】真理と見做すことが（でき）ない。

III 71 1—5

というのは、それ自身からのものは流れてしまう生活であり——それは（繰り返し）自らをつくり出している（にすぎない）——、摂理は愚かさであり、運命は（他のものを）知覚しないものだからである。

(2) 並行する写本IIIに出る動詞「到達し（なかった）」と同じ語根の名詞。

(3) より言葉通りには「〔真理を受〕けなかった」。

〔III〕(1) 「思索したが、しかし」とでも言いたいところだが、ふつうには順接の接続詞なのでそのまま訳出しておきたい。

§3

†1 知恵§4参照。

〔V〕(1) この後約七行分の欠損。

§4　別の取り組み方

V 2 2―6

さて、（次のことをする）［力が自分の内に］ある［人］、（つまり今）［話］された、［これら三つの声］と離れ［た］他の声［によって［真理］の［神］のところへ来る］（ことのできる人、この人はその神）のゆえに一切のこ［とにおいて］調和す［る］であろう。

III 71 5―11

さて、（次のことをする）力が自分の内にある人、（つまり）私が話したばかりの、これら三つの声を棄てることによって内部に来（1）、他の声によって内部に来、真理の神の前に現れ、（その神）のゆえに一切のことにおいて調和する（ことのできる）人、

§5　別の取り組み方をする人についての記述†1

V 2 6―8

そして（この人は）［死なない者］である。彼らは死なない者であるが、この人は、他ならぬ死んでいる人間たち（1）［の真ん中］にいる。

III 71 11―13

この人は死ぬことを常とする人間たちの真ん中にいて、不死である。

§6　存在者、生まれざる者についての記述†1　一

V 2 8―12

［さて］その方は、言い表すことが（でき）［なく］て、いかなる時にも存在するものである。諸アルケー（権力）も諸権威*も、また［定める］ものたちもいかなる［本］性も、その方が分からないでいる、

III 71 13―17

存在する方は言い表すことが（でき）ない。アルケー（はじめ）も権威*も屈服もいかなる本性も宇宙の開闢以来、その方が分からないでいる、

§7 彼を知る唯一の例外者は彼自身†1

V 2 12—13

その方だけが自分を知[ってい]ることを除いては。

III 71 18

ただその方自身を除いては。

§8 存在者、生まれざる者についての記述†1 二

V 2 13—3 4

あの方は、その方を[超える]神性(など)は存在しなくて、永遠のもので[あ]る。永遠のものであって、生成の内にあったことがない。生まれのないものであって、[似姿]のないものである。

III 71 18—73 3

あの方は不死のものであり、生成がなくて、永遠のものである。なんであれ、生成のあるものは、滅びるからである。

その方は、はじめがなくて、生まれたのでないものである。というのは、なんであれ、はじめのあるものは、終り

---

§4

〔Ⅲ〕(1) 「内部に来る」という表現が繰り返されるのを、そのまま訳した。底本は「これら三つの声から自らを解き放ち」と理解している。

§5

†1 知恵§6参照。

〔Ⅴ〕(1) 状態を表すかたちなのでそのように訳したが、底本は「死につつある人間」と解したのであろう、「死すべき人間たち」と訳している。

§6

†1 知恵§8参照。

§7

†1 知恵§9参照。

§8

†1 知恵§10参照。

〔Ⅴ〕(1) 約五行分の欠損。

〔Ⅲ〕(1) 他に用例のない語(cecm)で、辞書にもないが、「その跡を……することを受け得ない」という文脈から、底本の推定を採る。『知恵』も同様だが、写本Bの方はそのように(tacse)と伝えている。

その方は、似姿で示される［ことが不可能で、姿の内に］存在することのないものなのである。［姿の内に存在するも］のは［何か］他のものの［創造物］だから［である］。［± 23（途中8文字判読可能）］その［方］自身には［範型*がある。一切のものよりも］大いなる［もので、そして一］切のもの［よりも優れているのである］。［± 12］［……（文末の1文字判読可能）……］そして［± 19（文末の2文字判読可能）］自身［ ± 17 (1) ］似姿［なき± 23（文頭の4文字判読可能）］………

【3】［祝されたものであり、］自分は［洞察され（得）ないものであり、 ± 18 ］生まれなきもの［であり、言い表すことのできないものな］ので、通常［万物の父*と］呼ばれている。

があるのだから。その方を支配するものは何もなく、【72】その方には名もない。というのは名のあるものは何か他のものの創造物だからである。その方は名付け（られ）えない。その方には人間の姿はない。人間の姿があるものは何か他のものの創造物だからである。

その方にはその方自身のイデアがある。われわれがそれを受けたことのある、あるいはそれを見たことがあるよう（なもの）ではなく、異質のイデアである。（というのは、そのイデアは）それ以外の他の一切のものと違っていて、万物*よりも優れており、あらゆる方向から見、自分自身を、自分そのものを通して観るからである。

終りなきものであり、到達し得ないものであり、何か不滅のものとして留まっている（ような）ものである。何かその似姿がない（ような）ものであり、変化なく善きものであり、欠乏*なきものであり、何か留まっている（ような）ものであり、祝されたものであり、自分自身は自らを常に洞察していながら、洞察され得ないものである。測り得ないものであり、その跡をたどり得ない(1)ものである。完全なものであり、欠乏がないので、【73】不滅の祝されたものであり、通常万物の父*と言われている。

§9 すべてを捉える知的存在としての至高者†1

V 3 4—15

他方、[現れているこれらのもの]のうちの[何]もまだ現れなかった(1)(それより)[以前]、(つまり)諸勢力や諸[権]威*(が現れる以前)、――ところで、自らの内に存在するこの方はそれら[す]べての全体を捉え[続け]ており、他方その方のほうは何ものによっても捉えられないのだが――、この方は叡知[と]思考[、]また[思]索[と]賢さと計画[であり]、そして計画と力の上にある方(である)。諸力はすべて彼のものである。それらすべての泉として[存在する]からである。

§10 すべての類がその方の予知のうちにあった†1

§9 †1 知恵§12参照。

[V](1) または「[見えているこれらのもの]のうちの[何]もまだ見え(はじめ)なかった」。

III 73 3—13

現れているもののうちの何もまだ現れていなかった(1)(それより)以前、(つまり)その方の内に存在する勢力や諸権威*(が現れる以前)、その方が捉えているのは万物のすべてであり、そして、その方を捉えるものは何もない。というのは、あの方は全体として叡知、思考と考え、賢明〈さ〉、計算と能力(だからである)。これらはイソデュナミス(力の等しい者)たちであり、万物の泉である。

III 73 14—16

そして、これらの類は皆、〈以前〉(のもの)〈から〉それらの最後(のものに到る)まで、アゲンネートス(生まれざ

§10 †1 知恵§13参照。

[III](1) または「見えているもののうちの何もまだ見えていなかった」。

るもの）が、（それらの存在に先立って）初めに知ることの内にこそ存在するのである。

§11 不滅の諸存在の間に違いがある †1

III 73 16–20

（その時点で）それらはまだ現れているものになっていなかったからである。

さて、不滅のアイオーン*たちの間に、ある違いが存在した。

われわれは次のようにして洞察すべきである。

§12 滅びるものと不滅のものの違い †1

V 3 15–24

というのは消滅するも［のから］生じることを常とするもの［は］すべて、非存在になるであろう。［不］滅［のもの］(1)に［由来するものは、］非［存在に］なる［ようなこととなるのではなく、］よ［り不滅のものと］なるであろう。

［　±6　］不滅のものに由来するも［の］である［ゆえ］に。［±15（文頭の1文字、文末に2文字判読可

III 73 21–74 7

消滅するものから生じている限り、それらのものはことごとく消滅するであろう。

それらは消滅するものから生じているゆえである。

【74】不滅のものから生じているものは、消滅することになるのではなく、不滅のものになるであろう。

不滅のものに由来するゆえである。

能)」

〔というのは、〕人間〔たちの〕群〔が〕、(事態は)〔この〕(よう で)〔ある〕(という)違いが〔分から〕ないため、失われてしまっている。〔人を殺すものたち(といる)ようにして、彼らは死んでしまっている。〕

§13 次の主題への移行部

V 3 25—31

〔そして、 A 〕のうちにいる〔不滅の〕神〔については、これで十分である〕。〔B(A+B=±7)〕〔 ±6 (途中5文字判読可能) ±10〕〔 ±5(途中6文字判読可能) ±11 〕〔 ±7 〕人が〔それらの言葉*を信じたいと〕欲しているなら、〔 ±8 〕の上に〔±9(文末の1文字判読可能)〕〔座っていなさい。〕

§11 †1 知恵§16参照。

§12

その結果、人間の群は迷ってしまっている。(事態が)この(ようで)ある(という)この違いが分からないままである。彼らは死んでしまっている。

III 74 7—14

そして、これで十分である。なぜなら(諸々の)言葉*の本性に対して戦うことは誰にもできないからである。私が先に行なったのは、祝された者、不滅の者、真の神について話すことであった。

さて、もしもそれら言葉を信仰したいと欲している人がいるなら、座っていなさい。

†1 知恵§17参照。

〔V〕(1) 言葉通りだと「不滅性」。以下同様。

§14 真の知識への道 †1

［その人を行かせ］なさい、【4】［隠れている、数え切れないものどもから。そして、現れるこれらのものの完成を追求］させ［なさい］。 V 3 31—4 7

そうすれば彼は現れ得ないものどもを現れているものどもの内に見いだすであろう。というのは、思考がそれらを教示するだろうからである。

というのは、高い信仰とは、現れないものどもは現れるものどもである（ということ）だからである。

§15 グノーシスのはじめ

そして、これがグノーシス*のはじめである。 V 4 7—8

§16 原父とその自己認識としての父 †1

［万］物*の主は、普通に父と名付けられていたが、真理性に即［し］て（言えば）、そうではなく、「先にあった父」と（名付けられるべき）であった。というのは父は自分を通［し］て来つつあるものどもの、はじめだからである。 V 4 8—27

その人に追求させなさい、隠れているものから現れ出ているものの完成を。 III 74 14—19

そうすればこの思考が彼を教えるであろう、現れ出ないものどもにおける信仰が、現れ出ているものどもにおいて、どのようにして見いだされているかを。

理解のはじめはこれである。 III 74 19—20

万物*の主は、普通に父と呼ばれているが、真理に即して（言えば）、そうでなく、プ［ロ］パトール（原父）と（呼ばれるべきである）。というのは父は【75】現れ［出］ているもののはじめだからである。 III 74 20—75 11

それに対して、終［る］ことのない、はじ［め］なき者として存在したのは、「先にあ［った］父」である。それはわれわれが一つの名においてその方に好意を持ちたいと欲するようになるためであった。というのはその方が誰であ［る］かということが、われわれには分かっていないからである。

さて、その方はいかなる時にも自分の内に自分を知っているから、ちょうどイデアが現［れ］出、その方に似ているので、その中で（知る）ようにして（自分を知っているから）、自分自身で［生成する］者［なる父］（とか）、［彼の顔の前にある者と名］付けられている［のは、この型］である。生成な［きものに］先［立って］、この［型］の内に、［その方が現れ出たからである。彼］（つまりこの型）［には自分に先立ってあ］った［光なる］ものとの間に［時］間の［同等性はなかった］。彼は［先には］その方を知らなかったからである。［しかし］彼が非［存在］の中にあったとき、［時はなかった］。彼はいかなる時［もその方の内にいたからである］。

§14 †1 知恵§19参照。

というのは、あの方（つまり万物の主）ははじ［め］のないプロパトール（原父）だからである

その方は自分自身を、鏡の中に（見る）ようにして、自分の中に見ており、その似像*として彼が現れ出ているのである。アウトパトール（自らの父である者）、つまりアウトゲネトール（自ら生み出す者）として、またアントポース（目を正面に据えた者）として。先に存在したアゲンネートス（生まれざる者）に面と向かっているからである。彼はもちろんその方と等しく時を経た者である。

§16 †1 知恵§20参照。

§17　王なき種族†1

Ⅴ 4,27—5,19

［そしてある人たちは］（たびたび）［次のように考えている、］彼が［その方に対して同等ではない］のは［力において］だ、と。

　自分の［後で］彼は［±14（文末の7文字判読可能）を］現［し出し］た、［　±8　］そして後［には±9（途中1文字判読可能）］の内に［ア］ウトゲネー［ス］＊（自ら生じる者）［たち　±10　］、【5】［±26（途中3文字判読可能）栄光のうちに　］数え得ない［これらは、］（地上に）ある［諸］王［国の中にあって］、（たびたび）「その上に［王］なき［種族］＊」と名付けられる］。

　さ［て］、自分たち［の上に］王なき人々の［群衆］全［体］は（たびたび）「生まれざる者にして自分自身で現［出］する者」の［子］らと名付けられる。

　他方、（他の者たちに）分かりえない者は、消滅せざる栄光すべてと言い表せない喜びで満ち足りているのである。

　この［ゆ］えに、彼の他の子らには皆、彼の内に休息がある。彼らは喜び、彼の変わることのない栄光と測り得ない歓びのうちに留まっているのである。

Ⅲ 75,11—76,10

しかし彼は力においてはその方に対して同等ではない。

　そして、自分の後で彼は一つの群を現し出した、アントポース（目を正面に据えた者）たち、アウトゲネース＊（自ら生じる者）たち、イソクロノス（等しく時を経た者）たち、イソデュナミス（力の等しい者）たちを。

　彼らは栄光のもとにあり、彼らは数え切れず、彼らは、（地上に）ある諸王国の中にあって、通常「その上に王国がない(1)種族＊」と呼ばれているのである。

　さて、その上に王国のない場所の群全体、通常彼らは「アゲンネートス（生まれざる者）なる父」の子らと言われている。

　さて、彼は「自らを洞察さ（れ）ざる者」（である）、【76】いつも不滅性［と］言い表せない喜びで［満ち足りている］のである。

　彼らは皆彼のうちに休息しているのである。満ち足り、言い表せない喜びのうちに、常に変わるようなことのない栄光と常に測り（直さ）れるようなことのない歓びのゆえ

これはいまだかつて聞かれたことがなく、［知られたことも］ないもの（である）、彼らのどの世界*また彼らの諸世代（アイオーンたち）*〈に〉おいても［。］

§18 次の原理への移行部

V 5 19—23

さて、この自分自身からの現出［か］ら、（すなわち）［彼］自身のモノゲネース*（独り子）の、（つまり）全く（類例のない）言葉*の生［成から］、（もう一つ）他の原理［が現］出した。

§19 不死の人間の出現†1

V 5 23—6 4

という［のは］、万物*よりも前に、この者が［現れ］出た

---

§17 †1 知恵§21参照。

§19 〔Ⅲ〕（1）『知恵』と同様、写本Vと異なって「王国がない」。

に喜んでいるのである。

これはいまだかつて聞かれたことがなく、洞察されたこともないもの（である）、世代（アイオーン）*全体にも彼らの世界*にも。

Ⅲ 76 10—14

そして、ここまでで十分である、われわれが無限に（どこ）まで（も）行ってしまわないために。

知識*の（もう一つ）他の原理は、〈アウト〉ゲンネートス（自ら生まれる者）からの、その（アウトゲンネートス）による（原理）は、これである。

Ⅲ 76 15—24

万物*よりも前に、限界のないものの内に現れた初めの

†1 知恵§23参照。

〔Ⅲ〕（1）または「決めた」。他のところで「洞察した」と訳したのと同じ語。

（が、それ）［は］、終りのない［アイオーン＊］の内に、自分自身を［成長させる者、］原理［である］父（の内に）［であった。］

言［葉＊］をその中に持［つ］こ［の者］は、照ら［す、言い表せ］ない［光］に満ち足りているからである。さて、［はじめに］彼は、［自分の似像＊を大きな力に］なら［せようと］考え［る］とき、【6】［光が照らしていて、　±9　］直［ち］に、あ［の光］の［はじめ］（また原理）［である人間が］このアイオーン［に、死ぬことのない、男《お》］女《め》＊［なる者］として［現れた］。

§20　不死の人間の両面

一方で、［彼女の男性］性は、通常「自分自身を完［成させる］生成の叡知」と［名付けられる。他方で］彼の［女性］性は、思考、すべての知恵の女、諸知恵を生む［女］（と名付けられるのを常とする）。　V 6 5—14

［彼女は］通常真理と［名］付けられている。なぜなら彼女は先に生じた彼らの親たちと力において同等だからである。

その彼女は［戦］わない真理性である。彼女は隠れている

者は、自ら生まれ育ち、自己創造した父である。

彼は、照らす言い表せない光に満ちているが、この者がはじめに自分の似像＊を大きな力にならせることを思いみた。(1)直ちに、あの光のはじめ（また原理）が、不死で男《お》女《め》＊なる人間として現れ出た。

その【77】男性（として）の名は、通常「完成している叡知なる生成」と言われている。　III 76 24—77 9

他方、その女性としての名は、汎知恵、母なる知恵（である）。

彼女はまたその兄弟に、また伴侶（シュジュゴス）に似ているとも言われる。

真理は（ふつう）彼女と戦わないものである。というのは、

ものの内に、自分の中で、自らを［知っ］ているからであり、彼女には誤りがあって、（これが）彼女に対して戦うのである。

§21 名の出現とアイオーンの創造†1

V 6 14—7 2

さて、死ぬことのない人間*から、先立って、［神］性と主権と王［国］と、これらの後で（生じる、また）これらに由来するものども、名前が現れ出た。†2

さて、父、深さの人間、自分か［ら］の［父］という名［前］を与えられたこの者、これを現し出した者は、自分のために、［こ］の自分自身の偉大さに［向け］て、大いなるアイオーン*を生成させた。

ひとりの［友］(1)がいて、彼は連結（して）いる。

彼は彼［に］大きな権威［を与え］たのである。彼は［自分］のために、神［々］と天使長たちを、［彼らが］仕え［るようにと、幾］万と、それらを数え切れ［ない］（ほど）創り、［それらを］支配した。

下の真理は（ふつうは、真理）とともにある誤りが（その真理）と戦うのだからである。

III 77 10—78 3

不死の人間*の手により、先立って、命名†2、すなわち神性、王国が現れ出た。

というのは父は通常「アウトパトール（自らの父である者）なる人間」と言われていて、（この父が）これを現し出したからである。彼は自分のために、自分の偉大さに向けて、大いなるアイオーン*を創り出した。

さて、（アウトパトールなる人間）は（このアイオーン）に大きな権威を与えた。彼は自分のために、神々と天使長たちと天使たちを、彼らが奉仕するようにと、幾万と、数え切れな

---

§21 †1 知恵§25参照。

†2 真福§33参照。

［V］（1） 知恵§24参照。但し、ここでの「友」は男性的存在。

さて、この者から神[性]と主[権と]王[国]と、[これらに]ついて行くものたちが[始ま]〈っ〉た。

[このために彼]には【7】[神々の神、主たちの主、王]たちの[王という]名前が与えられた。

§22　最初の人間の知的能力とそれらの位階秩序†1

V 7 3—18

[さてこの者]から他の[　±7　]が[現れ出た]。(彼は)自分の後で[生]じた[ものたちの]泉[である。

さて彼には]叡知と[思]考と意志、また考え[と]賢[さ]と助言と助言[を]超[えるもの]と力、

完全で死[な]ない(諸)肢[体]*がある。

他方、不滅と[いう点]では、彼らに似ているもの[ども]と均等なのである。

他方、[力という点]では、それらは相異なっている。父を(子から)分け、子を(父から)分けるように、また子が父に対して、また子が思考に対して(相異なっている)。〈そして〉、思考は生じた他のものども全部と違っている。そして、生じないものどもの中での一者のように(違って

い(ほど)創った。

さて、あの人間の手によって、【78】神性[と王国]が始まった。

このた[め]に、神々の神、王たちの王という彼の名が与えられた。

Ⅲ 78 3—17

初めの人間*は、これらのものの後で生じることになるものたちの「信仰」である。

彼には、彼の内に彼自身の叡知、彼が(思考)であるかのようにして思考が、(また)思いと賢明さ、計算と能力がある。

存在する肢体*はどれも完全で、不死である。

一方で、不滅という点では、それらは均等であり、

力という点では、違いがある。ちょうど父の子に対する相違、また子が思考に対して、また思考が残りのものに対して(異なる)ように。私が先立って言ったように、生じたものどもの中で一者が先立って存在している。

いる)。

§23 それらの質の相違と数の対応

V **7** 18—**8** 6

そして、デュアス(二分されたもの)が〈デ〉カス(十分割されたもの)〈たち〉まで(続く)。

さてデカス(十分割されたもの)たちは百の群たちを〈治〉め、また、百の群たちは千の群たちを〈治〉め、また千の群たちは万の群たちを〈治〉めている。

この型がまた死なないものたちの中に存在す[るも]のである。他方一者と思[考]は[死なない]人間に(属しており)、(諸々の)考えは十であるもの(デ[カ]ス)〈たち〉のために[存在しており]、また百の群たちは[(諸々の)賢]さ[であ]り、[また千の群たちは](諸々の)助[言]である。[また]万の群たちは(諸々の)力で[あ]る。[また、する]ものたちに[由来するもの]たちは、彼らの[±11]とともに個々のアイオー[ン]*の[う]ちにある。[±12][±20(途中3文字判読可能)]

III **78** 17—24

これにデュアス(二分されたもの)とトリアス(三分されたもの)が十分の一まで続いている。さて、十分の一は百分の一を治めている。百分の一は千分の一を治め、千分の一は万分の一を治めているからである。

これが不死のものたちにおける型である。初めの人は(1)このよう(である)。彼の一者は……である。………

---

§22
†1 知恵§26参照。

§23
〔III〕(1) 以下**79**—**80**頁は欠損。

【8】［±8（文頭の1文字判読可能）］はじめに叡知から思考と（諸々の）考えが現れ出た。そして、考えから（諸々の）賢さが、賢さから（諸々の）助言が、助言から力が（現れ出た）。

§24　これらのものから生じるもの†1

V8 6—18

そし［て］、後に諸［肢体］*全体が（現れ出た）。彼の諸力*か［ら］現［れ出］ているものすべてが現れ出た。そして、創〈ら〉［れた］このものから、［かたち造ら］れたこのものが現れ出た。そして形相を与えられたこのものが、［かたち造ら］れたこのものから現れ出［た］。名前を与えられたこのものが、形相を与えられたものから現れ出た。

生成したものたちの（互いの）違いは、名［前］を与えられたそのものの内に現れ出たからである、はじめからその終りまで、アイオーン*たちすべての力に従って。

§25　不死なる人間の王国における喜び

V8 18—27

そして、死ぬことのない人間*が満ち足りているのは、消滅することのないあらゆる［栄］光と、言い表せない喜びによってである。その王国全体がその中で歓んでいるのは、永遠までの歓びによってであり、いまだかつて聞か［れ］たことがなく、25 彼［ら］の後に生［じた］どの世［代］（アイ［オー］ン）*においても、ま［た］そ（の世代）の世［界］*（においても）知ら［れた］ことのないことどもによってである。

V 8 27—9 13

§26 不死の人間の初子とその伴侶なる知恵†1

その後で、死なない人［間か］*ら（もう一つ）他［の原］理（［ア］ルケー）が生じた［、］30 通常「自分［自身］を完成させている［生成］者」という［名前］を与えられている者が。［彼は］自分の伴［侶］（シュ［ジュゴス］）である［大いなるソフィア*（知恵）］の同意をもら［う］（と、その）［時には、先に行なわれた、］あ［の男性の**【9】**女］の［発生を］現し出［した(1)］。通常「［神の］初めの生まれの［息子］」という名］前［を与えられている者］（の発生を現し出したの）［である］。

彼の女性［性］は、［万物*の母なる］、初［めの生まれの］ソ

III 81 1—3

§24 †1 知恵§29参照。

§26 †1 知恵§27参照。

〔V〕（1） あるいは「啓示した」。

フィア(知恵)、あ[る人々]が愛と[呼び]慣わしているもの(である)。[彼の方は]最初の生まれ(である)。[彼には]その[父]からの[権]威があるからである。

[彼は]自分のために、自分の偉大さに向けて、大いなる[アイオ*ーン]たちを創っ[た]。

自分のために、数ええない[幾]万の天使たちを、彼らが仕えるようにと、[創る]ことによって。

§27 初子に創られた天使の群

V **9** 13—21

その天使たちの増加(した群)全体は、通常聖なるものたちの集会†1(エクレーシア)、(多くの)光、また陰[の]ないもの〈たる〉ものたちと呼ばれている。

ところで、あの天使たちは、もし[も]彼らが互いに接吻しあうと、彼らの挨拶は、(そのたびに)[彼らに]似た天使たちと[なる]。

§28 アダム。人の子の王国の喜び†1

V **9** 21—**10** 2

[父 ±5]彼らの最初に先立つ者[は通常 ±7]叡[知](ヌ[ース])、[光の目なるア]ダ†2*[ム、子なる光

【81】 彼は[自分のために]、数[え切れない]、幾万の天使[たちを]、彼らが奉仕するようにと、創[っ]た。

Ⅲ **81** 3—9

あの天使たちの群全体は、通常聖なるものたちの集会†1(エクレーシア)、陰のない(多くの)光と言われている。

さて、あの者たちが互いに挨拶しあうと、彼らの挨拶は、(そのたびに)彼らに似た天使たちとなる。

Ⅲ **81** 10—21

父なる、第一に生む者†2*(プロートゲネトール)は、通常光のものなるアダムと呼ばれている。

から来た］者という名前を付けられている。(その子は)［その王国全体が、言］い［表せない喜びに満］ち［ている］(ものである)。［……………………］［…………………(1)また］【10】［それらの］あとで［生じたあらゆる世代(アイオーン)*においても］、また［彼らの世界に］(おいて)［も現されなかった。］

§29 救い主とその伴侶なる知恵†1

V 10 2―13

その後［で、人の］子である者か［ら ±3 が］生じた。彼は［自分の］伴侶(シュジュゴス)［であるソフィア*(知恵)と］同意［し］たとき、大いなる光り［輝くもの］(フォース［テール*］)を［現し出し］た。［彼は男性］の女であって、通常［その男性としての名前は、救］い主、［すべてのもの］を生じさせる者［と］呼［ば］れる。その女性性の名前を

§27 †1 または「教会」。エジ福§30参照。

§28 †1 知恵§31参照。 †2 ヨハ・アポ§56、エジ福§18参照。

人の子の王国は、言い表せない喜びと、常に変わるようなことのない歓びに満ちているからである。彼らは歓喜し、言い表せない歓びのうちに、自分たちの消滅することのない栄光、決して耳にされることがなかった、またかつて生じたあらゆる世代(アイオーン)*にも、また彼らの世界にも現されなかった(栄光)の方に向かって、留まっている。

III 81 21―82 6

さて、人の子は自分の伴侶(シュジュゴス)であるソフィア*(知恵)と協調した。彼は男性の［女］である大いなる光を現し出した。【82】［その］男性性の名前は、通常救い主、すべ［て］のものを生じさせる者と［言］わ〈れる〉。その女性性の名前は、通常パーンゲネティラ・ソフィア(すべてを生み出す女なる知恵)と言われる。ある人々はたびたび

［V］(1) 前の［……］と合わせて二十一字前後の行が五行分判読不可能。また33行目も左の十一字前後が判読不可能。

§29 †1 知恵§33参照。

ある人々は[たびたびピスティス]・ソフィア(知恵なる[信仰])と名付け[ている]。

§30 救い主の六対の力と三百六十の力

V 10 13—12 21

ところで、救い主が自分の伴侶(シュジュゴス)である知恵なる信仰(ピスティス・ソフィア)*と同意したとき、彼は六つの霊的*なも[の]を現し出した。それらは男性の女であって、彼らの男[性]性の名前は次の通りである。

第一のはすべての者〈の父なる〉生成なき者であり、第二のは自ら生じた者[であり]、第[三]のは生じた者であり[、第四のは第一の]者に属する生[じ]た者[であり、第]五のは[万物*を生成させる者であり、第六のは　±15　で]あ[る。]

[　彼らの女性性の名]前[は次(1)の通りである。]初[めのは　±6　であり]、…………

【11】[　±12　][　±10　][　±
13　第五のは愛なる知]恵([アガペー・ソフ]ィア)[であり、第六のは]知[恵なる信仰]([ピスティス・]ソフィ

彼女をピスティス(信仰)と言っている。

III 82 7—84 11

さて、救い主は自分の伴侶(シュジュゴス)である知恵なる信仰(ピスティス・ソフィア)*と協調した。彼は霊的*な男性の女を六つ(1)現し出した。彼は彼らに先立つものたちの原型なのである。彼らの男性としての名前は次の通りである。

第一のは生まれたのでない者(アゲンネートス)であり、第二のは自ら生まれた者(アウトゲンネートス)であり、第三のは生む者(ゲネトール)であり、第四のは第一に生む者(プロートゲネトール)であり、第五のはすべてを生む者(パーンゲネトール)であり、第六のはアルキゲネトール*(最初に生み出す者)である。

彼らの女性としての名前というのは次の通りである。第一のは汎知恵(パーン・ソフィア)であり、第二のは汎母なる知恵(パーンメートール・ソフィア)であり、第三のはすべての母親なる知恵(パーンゲネテイラ・ソフィア)であり、第四のは第一の母親なる知恵(プロートゲネテイラ・

[ア]）[である。]

[そして]彼らには[他の]（種々の）[名]前、私が[先にあなたがたに]与えた[もの]が[あ]る。

さて、私が先ほど言ったばかりの[彼らの]、[同]意[か]ら、諸思考（エンノイア）が、先ほど言及されたばかりの[アイオーン*たちの内に現れ]出[た]。ま[た]諸思考（エンノイア）か[ら]は（種々の）考えが、[また]（種々の）考え[か]らは（種々の）賢さが、[また]（種々の）賢さか[ら]諸助言が、諸助言からは（種々の）意志が、（種々の）意志からは（種々の）言葉が（現れた）。

そして彼らには他の名前がある。諸思考（エンノイア）は神々と呼ばれ、また（種々の）考えは[主]たちと（呼ばれる。種々の）賢さは天使たちであり、諸助言は天使たちであり、（種々の）意[志]は言葉で[あ]る。

§30

†1　ヨハアポB§30参照。

[V]（1）　以下六行の欠損。

（2）　以下約二行の欠損。

（3）　関係代名詞があるので、言葉通りだと「また、先立って生じた、彼のものである息子の型として生じた時は」。これだと本動詞がなくなってしまうので、乱暴だが、et がないかのようにして読む。

ソフィア）であり、第五のは愛なる知恵（アガペー・ソフィア）であり、【83】第六のは知恵なる信仰（ピスティス・ソフィア）である。

私が先ほど言ったばかりの、彼らの協調[から]、そこにあるアイオーン*たちの内に諸思考（エンノイア）が現れた。〈諸〉思考からは（種々の）思い（エンテュメーシス）が、（種々の）思い（エンテュメーシス）からは（種々の）賢明さ（フロネーシス）が、（種々の）賢明さ（フロネーシス）からは諸計算（ロギスモス）が、諸計算（ロギスモス）からは（種々の）意志（テレーシス）が、（種々の）意志（テレーシス）からは（種々の）ことば*（ロゴス）が（現れた）。

[III]（1）　または「彼は、自分たちに先立つものたちの類型である霊的な男性の女を六つ現し出した」。

（2）　写本では二百を現す文字が繰り返されて「二百ずつ」となっているが、底本に従い、よく似た文字の書き写しと見做す。その結果、6×6+6×6=72 となる。但し、自分との「協調」がなされないとこの組み合わせは成り立たない。

［さて］先ほど［言］われた［ばか］りの、十二から成る、（互いに）［同意］した力は、［各］自そ［れ］ぞ［れ］が、［六つ］から成る［霊］的な［力］を現し出した。ちょうど彼らの［六つの］（もののうち）［男性性］の［ものたち］六［つ］の（組み合わせが）六［つある］ように、それと［同］様、［女性の霊］である［もの］たち［も六つずつ］（である）。

［そして七十二か］ら成［る］［[2]諸能力*］（デュナミス）［なるものたちが現れ出た。］…………

【12】［　三］百［六十から成るものたち……。彼らの一致は父の］、（つまり）［彼らが型にな］るようにと、［彼らを現した］方［の、意志である］。

さ［て、死ぬことのない］人［間は、われわれの世代］（アイオーン）［が］彼の［型］として生じ［た］。また［時］（クロノス）は、先立って生じた、［彼のものである息子の型］として生じた[3]。また年は救い主の［型として生］じた。また［十二の］月は、救い主から現れ出た十二［の力］の［型として］生じた。天使たちは年の三百六十の日†1である。それらは、救い主から現れ出た三百六十の力の型として生じた。これらのものたちか［ら］生じた天使たちは、数えきれないが［、彼ら］の型として、日とそれらの時間［と］それ

さて、私が先ほど言ったばかりの十二の力は互いに協調した。男性が〈六つずつ〉、女性が〈六つずつ〉[2]現し出し、こうして彼らは七十二の諸能力（デュナミス）になった。

この七十二は各自それぞれが五つの霊的なものを現し出した。

（つまり）これらは三百六十の諸能力（デュナミス）である。彼ら全体の一致は意志である。

さて、不死の人間は、われわれの世代（アイオーン）が彼のために、その型として生じた。時（クロノス）は第一に生む者（プロートゲネトール）の型、その［息］子として生じた。【84】［年］は［救い主］の型［として］生じ［た］。十二の月は十二の力の型として生じた。年の三百六十の日†1が生じたのは三百六十の力の型としてである。これらが現れ出たのは救い主からである。天使たちが生じたのはこれらの数え切れないものたちからである。彼らのために型として時間と瞬間が生じた。

らの瞬間が生じた。

§31 十二のアイオーン†1

V 12 21—25

このようにして、また、現れ出た[ものたち]、その彼らの父、(つまり)[これら]すべてを生じさせた者は、[自分のため]、十[二のアイオーン]*を、例の十[二](の力)に彼らが[奉仕する]ように、[先]立って創り出した。

§32 六つの霊的な力と三百六十の諸天

V 12 26—13 4

このよう[にして、彼か]ら現[れ出]た七十二の力の[もの]たち、それらのアイ[オーン]*たち、それぞれ各一つずつ、[それらには、彼らの全諸天のなか]で[五つ]の蒼[穹がある]。その結[果]、[三百六十の蒼穹となる]。…………(1)【13】[　±9　]先ほ[ど言]われたばかりの[もの](である)。

蒼[穹が完成し終ったと]き、彼らは、先[に]あったアイ

III 84 12—17

さて、私が先ほど話したものたちが現れ出たとき、彼らの父である、すべてを生む者(パーンゲネトール)は〈自分〉のため、十二の天使たち〈に〉奉仕するようにと、十二のアイオーン*を先立って創り出した。

III 84 17—85 6

そして、それらすべての(十二の)アイオーン*たちの内には、それぞれのうちに、六つずつあった。その結果、七十二の天になる。彼から現れ出たものたち七十二の力の、そして、それらの諸天すべての内には五つずつの蒼穹があった。その結果、【85】彼らから現れ出[たものたち]三百六十の力[の]三百六十の蒼[穹]となる。

蒼穹が完成し終ったとき、彼らは自分たちの前(にあ

---

§31 †1 知恵§36参照。

§32 〈V〉(1) 以下約二行分の欠損。

オーンたちの［三百六十の諸天］と［名］付けられ［た］。

§33 女性性の欠如†1

V 13 5—7

［さて、これらすべては］完全である。［彼らはよ］いものだからである。［そし］て、このようにして女性性（という）欠乏*［が］現れ［出］た。

§34 第一・第二のアイオーンを把握するもの†1

V 13 7—20

［そして、初め］のアイオーン*は、［死ぬことのない］人間*のものである。第二のは人［の子のもの］、（つまり）初めの発生と呼ばれ［る］者（のもの）である。

第三のは、通常人の子の子、救い主と呼ばれる者のものである。

さて、これらの者を捉える者は、自らの上に王国なき［者の］アイオーン、永遠までにして、［その終り］がない［神］の（アイオーン）、死ぬことの［な］いものたち［のアイ］オー［ンたちの］（アイオーン）、混沌（カオス）*［の中に現］れ出た第八*の天の］（アイオーン）である。

った）諸天の名にちなんで三百六十の天と名付けられた。

III 85 6—9

そしてこれらすべては完成していて、また、よい。そして、このようにして女性性（という）欠如（ヒュステレーマ）が現れ出た。

III 85 9—21

さて、初めのアイオーン*は不死の人間*のものである。第二のアイオーンは人の子のもの、（つまり）通常第一に生む者（プロートゲネトール）と言われる者、通常救い主と呼ばれる者（のもの）である。

これらのものを捉える者は、あのアイオーン、自らの上に王国が存在しない者、永遠まで限界のない神の（アイオーン、つまり）彼の内にある不死のアイオーンたちのアイオーン、混沌（カオス）*の内に現れ出た第八*（天）の上に（あるアイオーンである）。

§35　不死の人間が現し出したもの †1

V 13 21—14 9

［さて、］死［なない人間*が、アイオーン*たち］と諸［王国と諸］力*［を現し出し］た。［彼は権威*を］彼から［現］れ出［たものたち］すべて［に与えた］。［　A　あの］混沌（カオス*）［の内に　B（A＋B＝±33）　］。…………(1)【14】［　A　栄光のうちに　B　数えることの不可能なC（A＋B＋C＝±19）］。自分の名［前をつけら］れたこれらのものは）、は［じ］めと［真ん中と完成］である終りなき［もの］の、（つまり）初めのアイオー［ンと、第二の］と第三の（アイオーン）［と］（である）［。］このもののうちで［初めのものは］「一［つ］であること［と休息と］の［上にあるもの］」と名付けられた。

III 85 21—86 15

さて、不死の人間*そのものがアイオーン*たちと諸力*と諸王国を現し出した。彼は権威*を、【86】彼から［現れ出］たもの各々に与えた。彼らが［欲していることどもを］、あの混沌（カオス*）よりも〈上〉にある日々に到るまで、彼らに行なわせるためである。というのは、彼らは互〈い〉に協調したからである。彼らは偉大さをことごとく、そして、あの霊から群をなす光〈を〉現し出した。（その光は）栄光のもとにあり、数え切れないのである。これらのものこそがはじめに名付けられた。つまり、これが初め、真ん中、〈そして〉完成である。つまり、これが初めのアイオーンと第二のと第三の（アイオーン）なのである。それは、一つであるこ〈と〉、ま〈た〉安息*と名付けられた。

§33　†1　知恵§37参照。

§34　†1　知恵§39参照。

§35　†1　知恵§40参照。

〔V〕（1）　A＋B＝±33と書いたが、より正確には［±16（途中2文字判読可能）］で一行。［±13］の欠損のあとに［あの］混沌［のうちに］がくる。以下約五行分の欠損。

§36 第三のアイオーンである集会・命†1

V 14 10—30

それぞれ一つひとつには［その名前がある。］それは、第三のアイ［オーンが］*、一つ（のアイオーン）の内に現れ出た増加の［ゆ］えに、集［会］†2（エク［レーシア］）と名付けられるためである。

それは、彼らが皆、自分たちの場所に一つに集まって、彼らの名前が集会と将来呼ばれるようになるためである、諸［天］で高くなっているあの集会から（名を取って）。

（その諸天）は、オ［グ］ドアス*（第八天）の［集］会（［エクレー］シア）が現れ出ているものである。それは、［男性の女である］ので、［男性としての側面と女性としての側］面とに［従って名付けられている］。男性［としての側面は集］会と、［他方、女性としての側面は命と名］付けられている。［それは］、すべての［ものども］にとって生命が［女］性［から］生［じ］た［ことが］現れ出るようになるためである。他方］、（1）（種々の）［名前は］すべて［　±37　］

…………

Ⅲ 86 15—87 9

それぞれ一つひとつにはその名前があるので、（1）〈第〉三のアイオーン*は集会†2（エクレーシア）と名付けられている。群の群衆から、群衆（になっている）一つ（のアイオーン）のうちに現れ出た《ゆえに》（2）。

このゆえに、群が集まって、彼らが一つであるようになると、彼らは集会と呼び慣わされる、天で変わってゆくあの集会から（名を取って）。

このゆえに、第［八］*（天）の集会は、**【87】**男性の［女］として現し出［されている］。それは半ば男性として、［そ］して半ば女性として名付け［られている］。男性（として）は集会、女性（として）は命と名付けられている。それはすべてのアイオーンたちのうちで生命が女性から生じたことが現れ出るようになるためである、名前はことごとく、はじめ（アルケー）から受けられていて。

§37 集会とその伴侶による不死の者の増殖†1

V 15 2—18

【15】……(1)あの[神々に属するいわゆる一つの神々……]。そして、その神々の神々が自分たちの[賢さ]のうちに[神々を現し出し]た。そして、その神(2)[々]が自分たちの賢さか[ら]、主たち[の主たちを現した。そして]、その主たち[の主]たちが、[自分たちの]助言[から][主]たちを現した(3)。そして、[その主たちが自分たちの諸力]*から、天使長たちを現し[た](4)。そして、その天[使長]たちが、自分たちの言葉から天使たちを現した(5)。また、これらのものから、エイドス(形相)や有様や姿やすべてのアイオーン*と彼ら

§36
†1 知恵§41参照。
†2 または「教会」。エジ福§30参照。
〔V〕(1) 以下約三行分の欠損。
〔III〕(1) 従属節で始まるが、写本には以下の主文を理由の従属節とする接続詞がついている。底本に従い、これを省いて読む。
(2) 括弧で記したように、底本は省いて読むよう指示している。

§37
†1 知恵§42参照。
〔V〕(1) 第1行目は欠損。

III 87 9—88 3

彼の同意と彼の思考から、諸能力(デュナミス)*が現れ出た、(つまり)神々と名付けられているものたちが。そして(1)、その神々が、自分たちの賢明さから、神々の神々を現し出した。そして、その神々が、自分たちの賢明さから、主たちを現し出した。その主たちの主たちは、自分たちの諸々のことば*から、主たちを現し出した。その主たちは、自分たちの諸権力から、天使長たちを現し出した。その天使長たちは天使たちを現し出した。これ〈ら〉のものから例の諸イデアが、【88】有[様や姿]をとって、

(2) または、「自分たちの賢さのうちに、主たち[の主たちを現し出した]」。
(3) または「[自分たちの]助言[のうちに][主]たちを現し[出し]た」。
(4) または「[……自分たちの諸力]のうちに、天使長たちを現し出し[た]」。
(5) または「自分たちの言葉のうちに天使たちを現し出した」。
〔III〕(1) すぐ後に「主たちの主たち」という表現が出るので、このように訳したが、底本はクラウゼの理解を採って「神的な神々」と理解している。トラカテリスは訳者と同意見。文法的には両方可能。

の世［界］*が現れ出た。

V 15 18―16 4

§38 不死の人間からの権威で設けられた王国†1

死なない者たちには皆、［死なない人間］*の［力からの権威*があ］る。彼らを［名付けるためである］。［ソフィア］*（知恵）［は］シゲー（沈黙）［と名付けられた。彼女はエンテュメーシス］（思い）［のうちに］言葉［なしに、自分の偉大さを］すべて（1）［完成させたからである］。［　±21　］
…………

【16】［　±12　］［それらについて話］し［得ない栄光］（今に至る）［まで、いまだかつて］聞［かれたことのないものたち］［それらは一切の本性の内に植え付け］ることができない［からである］。

§39 天使の軍勢と処女なる霊たちの発生†1

［すべての］アイ［オーン］*たち［及び］彼らの世界*に名前を付けるために、現れた。

III 88 3―21

不［死］の者たちは皆、彼らについて私は先ほど言ったばかりだが、彼らには皆、不死の人間*とその伴侶ソフィア*（知恵）との力からの権威*があるので、――（ソフィアとは）シゲー（沈黙）と言われたもの（であり、彼女が）シゲーと名付けられたのは、エンテュメーシス（思い）によって言葉なしに、自分の偉大さを完成させたからである。――

不滅の者たちには権威があるので、彼らは一人ひとりが自ら自分のため、不死の諸天すべてのうちに、彼らの大いなる王国と彼らの蒼穹、（つまり）王座、神殿を、自分たちの偉大さのためにしつらえた、

もっとも、ある者たちは、そのいる場所と戦車との内にいて、話し得ない栄光と共に（あり）、これらはいかなる本性のうちにも植え付けることができないのではあるが。

V 16 5—14

さて、彼らは［自分たちのために天］使長たち［と］天使［たち］の［諸軍勢を］、それらを数［えることが不可能な］幾［万］の（諸軍勢を）創り出した、［礼拝と］栄光のために。また［処女］たち［と］霊*たちを（創り出した）。それら（処女たち、霊たち）は、話し得ないあの［光］なのである。というのは、［彼らには］その手元に［労苦］も弱さもなく、（それは）ただ意志だけなのである。

そして、それは直ちに生じるのを常とする。

§40 この領域から他のアイオーンが発生する †1

V 16 15—24

そして、このようにして、そのアイオーン*［は］その天や蒼穹とともに成り遂げた、死なない人間*［と］彼が自分のうちに有している、そのソフィア*の（天や蒼穹とともに）。

§38 †1 知恵§43参照。

〔V〕(1) 以下約八行分の欠損。

§39 †1 知恵§45参照。

§40 †1 知恵§46参照。

III 88 21—89 6

彼らは自分たちのために天使の諸軍勢を幾万と、数え切れないほどしつらえた、奉仕【89】と栄光のために。その上、［処］女〈なる〉霊*たちを、話し得ない、あの光をも（しつらえた）。

彼らには労苦がなく、弱さがなく、（それは）まさに意志である。

それは直ちに生じるのを常とする。

III 89 6—15

このようにして(1)、アイオーン*たちは、彼らの天や蒼穹たちとともに、不死の人間*とその伴侶ソフィア*の栄光のために成し遂げられた(2)、あらゆるアイオーンへの範型*のため

†2 他で「原型」と訳した語。

〔III〕(1) 但し、写本につけられた句読点によれば、「それは、このようにして、直ちに生じるのを常とする。アイオーンたちは……」。

(2) または「彼らの天や、不死の人間とその伴侶ソフィアの栄光の蒼穹たちとともに」。

その（アイオーン）［には、］その［中にあらゆるアイオーンたちの範型が、またあらゆる世］界［やそれら］の後で［生じたものたちの］（範型が）［ある］。（それは）［混沌］（カオス）［の］諸［天とそれらの諸］世［界］で、［あの場所］か［ら諸］型［†2］［姿をしつらえさせるため］（である）。

§41 すべての本性の喜び[†1]

V 16 24—17 6

そして、本性［ ±5 ］全［体］…………（1）

［彼らは喜び］、【17】［自分たちの］変わ［ることのない栄光と、測り］得ない［休息のうちに］、（つまり）［それ］ら［のものの後で］生じた［すべてのアイオーン］や彼らの力［の間では、それらについて］話す［こと］も［理］解［すること］も［不可］能［なものたち］（のうちに）［留まっているのである］。

§42 結論[†1]

V 17 7—17

に〉、また彼らの諸世界やそれらの後で生じたものたちを〈受け〉た場所（が成し遂げられた。それは）あの場所の型姿[†2]を、（つまり）混沌（カオス）の諸天とそれらの諸世界での彼らの似像を、しつらえさせるため（である）。

III 89 15—90 3

さて、不死の者からの本性全体は、「生まれざる者」（アゲンネートス）から混沌（カオス）の啓示に到るまで、あの照らす、陰なしの光と、話し得ない喜びと、言い表し得ない歓びとのうちに（ある）。彼らは、自分たちの常に変わるようなことのない栄光と、自分たちの常に測り（直さ）れるようなことのない安息、（つまり）【90】生じたすべてのアイオーンや彼らの力の間柄では、それについて話すことが不可能な、また将来もそれを洞察することが不可能な（安息）のゆえに、歓喜し、（その状態に）留まっているのである。

III 90 4—11

［　±7　］あなたがたにはここまでで十分である。［さて、これらの、あなたが］た［に言わ］れたばかりのこと［は］す［べて］、私が、あなたがたがそれらを［すべ］て［自分のた］めに受ける力が［あったようなか］たちで、それらのことを話してきた、教［えを］（誰も）彼に［与え］（る必要の）［な］い者の言葉＊、それがあなたがたのうちに来るまで（のこととして）。そして、（その言葉は）あなたがたのためにこれらのことを、単一の、純粋なグノーシス＊のうちに解くであろう。というのは、誰であれ持っている者は皆、［その人には］より加えられるだろうからである。

そして、ここまでで十分である。さて、これらの、私があなたに言ったばかりのことはすべて、私は、あなたがそれを担うことのできるようなかたちで言ってきた、あなたの中に、教えを与え（られる必要の）ない者が現れ出る時まで（のこととして）。そして、彼はそれらをすべて、喜びと純粋な理解のうちに、あなたに言うであろう。

§43 表題

V 17 18

［エウグノス］ト［ス］

III 90 11―12

祝されたエウグノストス

---

§41 †1 知恵§47参照。
〔V〕（1） 以下約十七字、そして一行二十一字前後が五行と、31行目の左八字前後が判読不可能。

§42 †1 知恵§48参照。

フィリポに送ったペトロの手紙

荒井献訳

内容構成

§1 表　題

【132】フィリポに送った
ペトロの手紙[1]

§2 手　紙

「イエス・キリストの使徒ペトロが、われらの愛する兄弟[2]、われらの仲間の使徒[3]フィリポ[4]に、またあなたと共にいる兄弟たちに挨拶を送る。

さて、われらの兄弟よ、私はあなたに知ってほしい、私が全世界の主にして救い主から命令を受けたことを。――私たちが［一緒に］集まって、われらの主イエス・キリストにより私たちに約束された救いにあって[5]教え、かつ説くようにと。【133】しかしあなたは、私たちから離れており、私たちが一緒に集まることを欲せず、私たちが福音を宣教するためにどのような体制を組んだらよいのかを知ろうとしない。だから、われらの兄弟よ、われらの神[6]イエスの命令に従うべきではなかろうか[7]」。

§3　使徒たちの集合

フィリポがこれを受け取り、これを読んだ時、[10]彼は喜びに溢れてペトロのもとに赴いた。時にペトロは、ほかの者(使徒)たちをも集めた。彼らは[15]「オリーブ」という山に登った。そこは彼らが、祝された(8)キリストが身体にあった時(9)、彼と共に集まっていた場所である(10)。

---

(1)　パピルス本文のファクシミリ版を見れば明らかなように、この表題と本文の間は一行空けられている。これは、表題が本文全体に及ぶことを示唆していよう。しかしこの表題は、実際にはこれに続く「手紙」の部分(§2)にのみ妥当する。

(2)　『ピスティス・ソフィア』四四でイエスが弟子たちの一人フィリポに「愛するフィリポ」と呼びかけている。「使徒」が自らを「兄弟」と呼ぶ例は使一五23参照。

(3)　ヨハ二16(「仲間の弟子たち」)参照。

(4)　「十二使徒」の一人フィリポについては、マコ三18／マタ一〇3／ルカ六14、ヨハ一43-46、六5-7、一二21-22、一四8-9、使一13参照。このほかに「七人」の一人(使六5-7、八4-40)あるいは「宣教者」(二一8-9)フィリポも有名である。「使徒」と言えば前者を指すが、二世紀以降になると、前者と後者が混同される場合がある(エウセビオス『教会史』III, 31, アレクサンドリアのクレメンス『絨毯』III, 6参照。本文書の場合、「フィリポ」は本書の全体から見ると十二使徒の一人であろうが、部分的には——とくに以下の「手紙」の内容——「宣教者」フィリポをも示唆している可能性があろう。

(5)　コプト語の前置詞 hraï hin の直訳(ヴィッセ、マイヤー)。ベートゲは「救いについて」、メナールは「救いを」と意訳。

(6)　キリスト論的称号としての「神」については、ヨハ二〇28、Iヨハ五20、イグナティオス『ローマのキリスト者へ』三3、『スミルナのキリスト者へ』一1、『トラレスのキリスト者へ』七1参照。

(7)　以上のフィリポ像に、迫害を避けてエルサレムから離れ(使八1)、サマリアで伝道をし(八4-40)、カイサリアに住んだ「七人の一人である宣教者フィリポ」(二一8)のことが反映している(マイヤー)か。それとも、使徒フィリポをめぐる二世紀以降の伝説を想定すべき(ベートゲ)か。

(8)　ギリシア語で makarios. マリ福8 12でもイエスが「祝された方」と呼ばれている。

(9)　つまり、「生前のイエスの時」。

(10)　マコ一一1／マタ二一1／ルカ一九29、二一31、使一12参照。

§4　使徒たちの祈り

使徒たちが一緒に集まり、跪いた時、彼らは祈って言った、

「父よ、父よ、不滅性を有する光の父よ、(1)［あなたが］聖なる僕《しもべ》イエス・キリストを(2)［嘉《よみ》した］時のように、私たちにも聴いてください。彼は私たちのために、暗闇の中に光り輝くもの(3)*となったのです。【134】そうです、私たちに聴いて下さい」。

そして、彼らは他の時に再び祈って言った、

「命の子よ、光にある不死の子よ、子よ、不死のキリストよ、われらの救い主よ、私たちに力を与えて下さい。彼ら(4)が私たちを探して殺そうとしているのです」。

§5　キリストの顕現

その時、大いなる光が現れ、現れた者の顕現によって山が輝いた。そして、一つの声が彼らに呼びかけて言った(5)。

「私があなたたちに語る言葉を聴きなさい。どうしてあなたたちは私に求めるのか。私はイエス・キリストであり、いつもあなたたちと共にいるのに(6)」。

§6　弟子たちの問い

そこで、使徒たちが答えて言った。

「主よ、私たちはアイオーン*たちの欠乏*とそのプレーローマ*（充満）を知りたいのです[7]」。また、「どうして私たちは住んでいるこの場所に留められているのでしょうか」。あるいは、「25どのようにして私たちはこの場所に来たのでしょうか[8]」。あるいは、「どうして【135】私たちは大胆という（使徒たちの）権威を有するのでしょうか[9]」。あるいは、「どうして諸権力が私たちに戦いを挑むのでしょうか」。

§7　答えの理由

すると、一つの声が光から彼らのもとに臨んで言った、

「私はこれらのすべてをあなたたちに語った。5あなたたち自身がその証人である。しかし、あなたたちの不信

（1）「光の父」についてはヨハ一5、ヤコ一17参照。「不滅性を有する父」についてはロマ一23、Ⅰテモ一17、『使徒たちの行伝』一九（「父の不滅性」）参照。
（2）使三13、26、四27、30参照。
（3）「フォーステール」。これがイエス・キリストに冠せられるのはグノーシス文書においてのみ。「暗闇に輝く光」についてはヨハ一5、八12、一二35-36参照。
（4）**135** 2、**137** 10以下から判断して、「諸権力」あるいは「アルコーン（支配者）たち」。
（5）この顕現場面についてはマコ九2-13／マタ一七1-13／ルカ九28-36、使九3-19参照。グノーシス文書でも同様の場面は数多いが、とりわけオリーブ山上における「大いなる光」「光の中の光」を伴なうキリストの顕現場面については『ピスティス・ソフィア』二―五参照。
（6）マタ六20参照。
（7）対話**139** 14―15で同様の問いが弟子たちにより救い主に提出されている。
（8）グノーシス主義の古典的定式を想起。アレクサンドリアのクレメンス『絨毯』78, 2, 真福**22** 14―15、闘技者**138** 8―10、知恵B **117** 14―17など参照。
（9）使四13、29、31参照。

のゆえに私はもう一度語ろう。

§8　第一の答え――欠乏について

まずアイオーン*たちの〔欠乏〕*について言えば、これが欠乏〔である〕。(1) すなわち、母の不従順と愚かさが父の偉大さの命令なしに現れた時に、彼女はアイオーンたちを立ち上げようとした。そして、彼女が語ったとき、自惚れ者が現れた。そして、彼女が（自らの）一部*を後に残した時、自惚れ者がそれを手に入れた。こうして、それが欠乏となったのである。これがアイオーンたちの欠乏である。

さて、自惚れ者が（彼女の）一部を手に入れた時、彼はそれを蒔いた。そして、彼はその上に諸権力と諸権威*を置いた。そして、〔彼は〕それを死せるアイオーンたちの中に閉じ込めた。そして、この世の諸権力は彼らが生まれたことを喜んだ。(2)

【136】しかし、彼らは先在する〔父〕を知らない。彼らは彼に対して異邦人だからである。しかし彼こそは、彼らが力を与え、讃美しつつ仕えた方なのだ。しかし自惚れ者は、諸権力の讃美のゆえに高慢になった。(3) 彼は嫉妬深くなり、一つの像*の代わりに一つの像を、一つのかたちの代わりに一つのかたちを造ろうとした。(4) そして、彼は自らの権威をもって諸権力に、死ぬべき諸々の身体をこしらえることを委託した。こうして、それらは像に非らざるものから、つくり出された外形から生じたのである。(5)

§9　第二の答え――プレーローマ（充満）について

次に、プレーローマ*について言えば、私がそれである。(6) 私は失われた種子*のゆえに身体の中に遣わされた者なのだ。そして、私は彼らの死ぬべきこしらえ物*の中に降った。しかし、彼らは私を認めなかった。彼らは私を死ぬべき人と思ったのだ。そして、私は私に属するもの(7)と語った。彼は私に聴いた。ちょうど今日あなたたちが私に聴いたように。そして、私は彼に、彼が彼の父性の遺産に与る権威を与えた。そして、私は受け取った【137】⌈ ±20 ⌉彼らは満たされた⌈ ±20 ⌉彼の救いによって。[そして]彼は欠乏*であったので、それゆえにプレーローマとなったのである。(8)

---

(1)「以下に話されることが欠乏の原因である」の意(ベートゲ)。但し、マイヤーは「これ」を「この世」ととり、対話**139** 17—18(「あなたがたは、欠乏のある所に住んでいる」)を指示している。

(2) 以上、「欠乏」に関するイエスの答えは、グノーシス派におけるソフィア神話——例えばヨハ・アポ§26「ソフィアの過失」→§27「異形の子の誕生」→§28「ヤルダバオート」→§29「ヤルダバオートの世界創造」——の要約になっている。「母」は「ソフィア」、「自惚れ者」は「ヤルダバオート」(ヨハ・アポ§43「ヤルダバオートの無知」参照)。母の「一部」(ギリシア語で「メロス」)は彼女の「力」あるいは「種子」(**136** 18)に当る。「彼女はそれ(一部=種子)を蒔いた」については、エイレナイオス『反駁』I, 5, 6(「ソフィアにより……蒔かれた霊的人間」)参照(本シリーズ第一巻『救済神話』一三三頁)。

(3) アルコ§23(「そして高慢になって、言った、『私こそが神である。私の他には何者も存在しない』」(イザ四五5、四六9)と」)、ヨハ・アポ§35参照。

(4) トマ福・語録二一参照。

(5) ヨハ・アポ§47「心魂的アダムの創造」、アルコ§5参照。

(6) マイヤー、ベートゲも同様。コロ一19、二9、エフェ一22-23、三19参照。

(7) =18行目の「失われた種子」=**136** 18、22の「(ソフィアの)一部」、つまり人間の本来的自己。

(8) 以上、「プレーローマ」についての答えは、ヨハ・アポII **30** 11—**32** 6における「プロノイアの自己啓示」、あるいは、これに並行する三プロ**46** 5—**50** 20におけるプローテンノイアのロゴスとしての「顕現の教え」に対応し、その要約とも言える。「種子」の「欠乏」から「プレーローマ」の回復についてはヨハ・アポII **25**参照。

§10　第三の答え――「留められている」理由

あなたたちが（朽ちゆくものの中に）留められているのは、あなたたちが私に属する者だからである。もしあなたたちが朽ちゆくものをあなたたちから脱ぎ捨てるならば、その時にあなたたちは死すべき者どもの中で光り輝くもの*となるであろう(1)。

§11　第四の答え――「戦わねばならぬ」理由

あなたたちが諸権力と戦わねばならぬのは、彼らはあなたたちが救われることを欲しないので、あなたたちのように安息*を持たないからである」。

§12　さらなる問答――「いかにして戦うべきか」

その時、使徒たちが再び跪拝して言った、

「主よ、私たちにお話し下さい。どのようにして私たちはアルコーン*（支配者）たちと戦ったらよいのでしょうか。アルコーンたちは私たちの上にいるのですから(2)」。

その時、［一つの］声が顕現したものから彼らに呼びかけて言った、

「あなたたちはこのように戦ったらよい。アルコーンたちは内なる人(3)に対して戦を挑んでいるのだ。あなたたちは彼らに対してこのように戦ったらよい。一緒に集まりなさい。そしてこの世にあって約束と共に救いを教示しなさい(4)。そしてあなたたちよ、わが父の力の武具を身につけなさい(5)。そして、あなたたちの祈りを顕しなさい。

そうすれば、かの父はあなたたちを助けるであろう。彼があなたたちを、私を遣わすことによって助けたように。

【138】恐れてはならない。［　±17　］私がかつて、身体にあった時に、あなたたち［に語った］ように」。

§13 「顕れたもの」の帰天

その時、稲光と雷声が天から出で、あの場所で彼らに顕れたものが天へと取り去られた。

§14 エルサレムへの途上にて——受難に関する問答

そこで、使徒たちはあらゆる讃美をもって主に感謝を献げた。そして、彼らはエルサレムに帰って行った。さて、彼らが（エルサレムへ）上って行った時、途上で彼らはお互いに、現れ出た光について話し合った。こう言われたのである。

「われらの主が自ら苦しみを受けたのなら、私たちはさらに多くの（苦しみを受けるべきではないか）」。

ペトロが答えて言った、

「彼は［私たちの］ゆえに苦しみを受けたのだから、私たちも私たちの卑小さ(6)のゆえに苦しみを受けなければな

(1) ヤコ・アポ**14** 35–36、トマ福・語録二一、三七、対話**132** 11–12、IIヤコ黙**56** 7–14、『トマス行伝』一一一参照。『反駁』(I, 21, 4「グノーシスは内なる人の救済」)参照。

(2) 対話**138** 11–14参照。

(3) ロマ七22、IIコリ四16、エフェ六10-20、エイレナイオス

(4) **132** 19–**133** 1参照。

(5) Iテサ五8、エフェ六11-17、Iペト一13参照。

(6) 前出(§8)の「欠乏」と同義。雷**17** 25–30、三部教**115** 3

らない」。

そのとき、一つの声が彼らに臨んで言った、

「私はあなたたちに何度も語った。あなたたちは苦しみを受けなければならない(1)と。彼らはあなたたちを会堂や総督たちに引き渡さなければならない(2)。その結果、あなたたちは苦しみを受けるであろう。しかし、苦しみを受けない者は【139】［ ±20 ］［ ±18 父］［ ±20 ］彼が［ ±18 ］するために。

§15 エルサレム神殿にて——要約的報告

そして、使徒たちは大いに喜び、エルサレムに上った。そして神殿に上り、主イエス・キリストの名によって救いを教示した。そして、彼らは多くの人々を癒したのである(3)。

§16 ペトロの説教

ところで、ペトロが口を開き、彼の(仲間の)弟子たちに(4)言った、

「[まことに]われらの主イエスは、彼が身体にあったとき、私たちにすべてのことを示した。彼は降って来たのだ。わが兄弟たちよ、私の声に耳を傾けよ」。

そして、彼は聖霊に満たされた(5)。彼はこう言った、

「われらのフォーステール*・イエスが降って[来て]、十字架(7)にかけられた。そして、彼は茨の冠をかぶった。そして、彼は紫の衣を身に着けた(6)。そして、彼は木に[かけられ]、墓に葬られた(8)。そして、彼は死人の中から甦っ

た。(9) わが兄弟よ、イエスはこのような受難に対しては異邦人(10)である。むしろ私たちが、母の違反(11)によって苦しみを
受けた者である。そして、そのために彼は、25私たちと同じように、あらゆることをなした。主イエス、父の測り
難い栄光の子、彼がわれらの命の君(12)なのだ。だから、わが兄弟たちよ、このような無法者ども(13)に従わないようにし
よう。30そして歩もう【140】[± 20]

§17 使徒たちの最後の集合

[その時、ペ]トロが[ほかの者たちをも集めて]言った、

—11、セツ教**54** 4、10、11—12参照。

(1) ルカ二四26、使一四22、Ⅰテサ三3-4、テモ三12-13、ヤコ・アポ**6** 15—17参照。

(2) マタ一〇17-18/ルカ二一12、マコ一三9参照。

(3) ルカ二四52-53、使一12、二42-47、五12-16、42等の「要約的報告」に類似。

(4) マルコ補遺1(「ペトロのもとにいる者たち」)、イグナティオス『スミルナのキリスト者へ』三2(「ペトロを囲む人々」)参照。

(5) 使四8、31、七55、一三9、52参照。

(6) マコ一五17/マタ二七28-29/ヨハ一九2、特にヨハ一九5参照。

(7) 使五30、一〇39参照。

(8) マコ一五46/マタ二七60/ルカ二三53/ヨハ一九41-42、使一三29、Ⅰコリ一五4参照。

(9) 使三15、四10、一〇41、一三30、34、一七3、Ⅰコリ一五4、12、20参照。以上を結合した信仰告白定式については、Ⅰコリ一五3-5、使二22-24、三13-15、五30-31、一〇36-42参照。

(10) 真福**31** 1、アダ黙**69** 17—18、十二伝**3** 6—7、『トマス行伝』一〇九参照。イエスは受難とは本質的に無関係であるという、グノーシス派のいわゆるキリスト仮現説を示唆。

(11) **135** 10—11(「母の不従順と愚かさ」)参照。この場合の「母」にはソフィアとエバが重ねられていよう。

(12) 使三15、五31、ヘブ二10、一二2、『クレメンスの手紙Ⅱ』二〇5参照。

(13) =「母の違反」に由来する「諸権力」あるいは「アルコーン(支配者)」たち。**135** 2、**137** 10以下参照。

「[おお、主イエス・]キリスト、われらの安息*の君よ、私たちが奇蹟を行なうことができるように、私たちに知解の霊を授けて下さい」。

そのとき、ペトロと他の使徒たちは[彼を]見た。そして、彼らは聖霊に満された。(1) そして、おのおのが癒しの業《わざ》を行なった。(2) そして、彼らは主イエスを宣教するために分かれた。そして(その前に)彼らは集まり、お互いに挨拶を交わして(3)言った、

「アーメン」

そのとき、イエスが現れて彼らに言った、

「あなたたち[すべての者]と私の名を信じるあらゆる者に平和があるように。(4) そして、あなたたちが出発するとき、喜びと恵みと力があなたたちにあるように。そして、恐れてはならない。見よ、私はいつもあなたたちと共にいる(5)」。

そのとき、使徒たちは、宣教するために、四つの言葉へ(6)と別れた。(7) そして、彼らはイエスの力にあって平和の中に歩んで行ったのである。

(1) ヨハ二〇19-22、使二1-3参照。
(2) 使五12参照。
(3) ロマ一六16、Iコリ一六20、IIコリ一三12等参照。
(4) ヨハ二〇19、21参照。
(5) マタ二八20参照。
(6) コプト語で epiftoou inšače. e- は「……へ」を意味する前置詞。pi- は冠詞。ftoou は「四」、inšače は「言葉の」の意。従って、文字通りには「四つの言葉へ」。しかし、これでは文脈の中で意味をなさないので、種々の提案がなされている。
ベートゲは epiftoou insa če と修正し、「四つの方向に」つまり「四方に」と読む。しかし、もし文字通りにとれば、「四つの言葉」とは「東」「西」「南」「北」のことと、とるべきであろう、と言う。『トマス行伝』二八(「その使者たちが世界の四つの地方に宣教している」)参照。また『使徒たちの行伝』三〇では、復活のキリストが使徒たちに「東、西、北、南へと宣教する」ようにと命じている。
メナールは、「四つの言葉」を「四福音書のメッセージ」ととる。マイヤーも同様の立場から、ここを「四つのメッセージを持って」と訳し、「世界の四つの地方」(「全世界」の意)と「四福音書」を重ねて、各福音書を世界の「柱」と説いているエイレナイオス『反駁』III, 11, 8)を指示している。
(7) 全世界への宣教を目的とする使徒たちの分散については、前述の『使徒たちの行伝』三〇の他に『トマス行伝』一、エウセビオス『教会史』III, 1, 知恵III **119** 14―16/B **127** 1―9、マリ福**19** 1―4、『ピスティス・ソフィア』一四八(「彼ら(使徒たち)は三人一組になり四つの地方に出発した。……東の場所から西の場所に存在する全国民への証人として」)参照。

解説——魂の解明

荒井　献

一　写　本

『魂の解明』はナグ・ハマディ文書第Ⅱ写本に、『ヨハネのアポクリュフォン』『エジプト人の福音書』『フィリポによる福音書』『アルコーンの本質』『この世の起源について』に続いて第六書(127頁18行目から137頁27行目)として収められているものであり、この文書の後に第Ⅱ写本最後の『闘技者トマスの書』が続く。

『魂の解明』で使用されているコプト語は、準アクミーム方言である。本文書も、ナグ・ハマディ文書の大半と同様、原文はギリシア語であったと想定される。

二　文学様式・内容

この文書には第一行目と最終行目にそれぞれ「魂の解明」——文字通りには「魂に関する解明」(texegēsis etbe tepsychē)——という題名が明記されている。

『魂の解明』の主題は、人間の本来的自己のメタファーとしての「魂」(ギリシア語の発音に即して「プシューケー」と表記するが、日本語表記としては「プシケー」あるいは「プシケ」が一般的である)の堕落(現実)と現実からの救済に関するグノーシス主義的解明と、それに基づく勧告にあり、この解明と勧告が、聖(文)書――旧・新約聖書のみならずホメーロス『オデュッセイア』――の引用によって裏付けられている。

内容の構成は邦訳部分の冒頭(本巻一九―二〇頁)に提示した通りである。それを整理縮少して表示すれば、次の通りである。

Ⅰ　A　魂の堕落(127_{19}―129_{5})
　　B　引用による解明(129_{6}―131_{12})
Ⅱ　A　父による救済(131_{13}―132_{35})
　　B　引用による解明(133_{1}―$_{30}$)
Ⅲ　A　兄弟との結婚(133_{31}―134_{15})
　　B　引用による解明(134_{15}―135_{3})
Ⅳ　勧告と引用(135_{4}―137_{26})

このように『魂の解明』の内容構成には比較的に整合性があるので、全体からBの部分とⅣを取り除くと、Aの部分にほぼ一貫した魂に関する物語部分が残り、ここから魂に関する救済神話を容易に取り出すことができる。

魂はその本性からして女性であり、子宮さえ持っていた。しかし、至高神としての「父」のもとにいた間、処女であり、しかも地上的性を超えた「男女《おめ》」的存在であった。ところが、彼女が「身体」の中に堕ち、この世の命の中に来たとき、「盗賊」あるいは「無法者」たちの手中に陥る。彼女は彼らによって凌辱され、彼らに褥の上で仕えなければならなかった。ところが、結局のところ、彼らは彼女を棄て、彼女は「貧しいみじめな寡婦」として取り残される。彼女が「盗賊」たちと交わって産み出したものは、聾で盲目で狂気の子供であった。彼女は絶望の果てに自らの現状を知り、父に助けを求める。父は彼女の懇願に心を動かされる。父は彼女を憐れみ、外側に向いていた彼女の「子宮」を「内側に」向ける。こうして彼女は水に浸され（洗礼を受け）、外側の穢れから清められる。そこで彼女は、よき子らを産もうとする。しかし、女一人で子をもたらすことはできない。そこで父は、天から真の夫――すなわち彼女の「兄弟」、あるいは父の「長子」――を花婿として彼女のもとに遣わした。魂は花婿を迎えるために、恐れと喜びをもって「新婦の部屋」を整える。彼女は真の夫の容貌を忘れていたのであるが、父は夢によって彼女に彼を知らせる。花婿が到来し、魂との間に聖なる結婚が執り行なわれる。

魂は花婿から「命を与える霊」を受け、よき子らを産み、彼らを育てる。これが魂の「再生」であり、「復活」であり、「捕囚からの救済」であり、「天への高挙」、「父への道行き」である――。

このような魂の救済神話の後に、人々への勧告が続く。だから、神に祈り、罪を悔い改めなさい。そうすれば、憐れみ深い神は「私たちの願いを聞きとどけるであろう。神に栄光、永遠にあれ。アーメン」。この言葉をもって「魂の解明」が閉じられる。

こうしてみると、『魂の解明』の文学類型は、魂の運命を解明することによって人々に悔い改めを迫る「説教」あるいは「講話」ということになろう。

三　思想とその系譜

以上に確認した『魂の解明』のプシューケー神話は、その単純さと一貫性から見て、一般的には複雑多岐なグノーシス諸神話の「原型」に近い印象を与える（私自身、本シリーズ第一巻『救済神話』所収の解説「救済神話」（三五五―三六四頁）の冒頭で「多様な神話の原型」を「理念型的に構成」するに際し、『魂の解明』を素材の一つに用いている）。そのためか、この文書の研究の初期において、これをグノーシス派の「父祖」といわれるシモンに、あるいはシモン以前に――シモンが自らの神話形成に用いた資料に――遡源させる仮説が、ナグ・ハマディ文書の校訂・翻訳・研究の一拠点となっている「ベルリン・グノーシス研究グループ」（代表ハンス・マルティン・シェンケ）によって提起された（この仮説とそれに対する批判について、文献を含めて詳しくは、荒井献「シモン派のグノーシス主義と『魂の解明』」、『新約聖書とグノーシス主義』岩波書店、一九八六年、三四五―三七六頁を参照されたい。以下においてはその要旨を研究の現状を踏まえて論述し直すこととする）。

まず、「グノーシス主義者」シモンの歴史的実在性が疑われている現在（前掲解説「救済神話」三五六頁参照）、歴史的には「シモン」ではなく、「シモン派」について論ずることが事態に即しているといえよう。

シェンケたちによれば、シモン派のエンノイア／ヘレネー神話と（エイレナイオス『異端反駁』I, 23, 1-4. 邦訳は荒井献『原始キリスト教とグノーシス主義』岩波書店、一九七一年、第九刷＝一九九七年所収）『魂の解明』のプシューケー／ヘレネー神話との並行関係は、「凌辱」「売春」あるいは「対《つい》」関係などの諸動機のみならず、元来は父のもとにあった女性像が一貫して堕落し救われるべき存在とみなされていることに存立している。その上、「エンノイア」（思考）も「プシューケー」も共に「救われるべき人間」の「本来的自己」（「原型」）とみなされている。

にもかかわらず、私には、『魂の解明』を「前シモン派的」と特徴付けることはできないと思われる。シモン派のエンノイア神話と『魂の解明』のプシューケー神話との間には、共通の諸要素と並んで、なお本質的な相違が確認されるからである。

シモン派のエンノイア神話では、「父」としてのシモンと「母」としてのエンノイアが一つの対《つい》をなしているのに対し、『魂の解明』のプシューケー神話では、魂の伴侶は――事後的に――「父」自身ではなく父の「長子」、プシューケーの「兄弟」であることがわかる。つまり、『魂の解明』の背後にある神話の頂点には、「父」と男女一対の「兄弟」と姉妹「魂」とが立っているのであって、シモン派の神話におけるように「父」とその伴侶「エンノイア」ではないのである。その上、シモン派の神話では、脱落したエンノイアを解放するために下降して来るのはシモン自身である(この「至高神」＝「救済者」像にシモン派の神話論の第一の特徴がある)。しかし、『魂の解明』では、上界に不動のままとどまっている「父」がその「長子」(魂の「兄弟」)を、身体に脱落し、「売春宿」に身を沈め悔い改めつつある魂のもとに、彼女の「花婿」として遣わしている。この「花婿」が『フィリポによる福音書』など、キリスト教グノーシス文書において、「父の子」「イエス・キリスト」と同定されるのであるが、これはシモン派の「父」には当らないのである。

最後に、シェンケたちが指摘する、シモン派でも『魂の解明』でもエンノイアと魂とがいずれも「ヘレネー」と結合されているという事実について、私の見解を述べておきたい。

第一に、『魂の解明』の中で「ヘレネー」に言及されるのは、シェンケたちがプシューケー神話にとっては「二次的」(事後的に加筆された部分)と判断している、この文書の最終の「勧告」部分、しかも「引用」の導入部分(136 35)に属している。とすれば、両「ヘレネー」を神話の同じレベルで対応させることは方法論的に不可能であろう。

私にはむしろ、『魂の解明』の内容構成の中で、魂の神話部分(ⅠのA、ⅡのA)を一次的、引用部分(ⅠのB、ⅡのB)と最後の勧告部分を二次的とみなし、前者を文書の基層、後者を事後的加筆部分と想定することは不可能と思われる。『魂の解明』の著者にとって、プシューケー神話に前提されているプシューケー物語は読者にとっても共通に了解可能な伝承であったであろう(プシューケー物語については後述)。しかし同時に、「引用」や「勧告」部分に用いられている旧・新約聖書や『オデュッセイア』もまた、著者と読者に共通して伝承されてきていた聖文書であった。これらの伝承ないしは文書を、素材としてプシューケー神話を形成するに際し、私にはプシューケー物語よりもむしろ聖書や『オデュッセイア』の方がより重要な役割を果たしているように思われる。なぜなら、第一に、プシューケーの「堕落」「父からの離反」「悔い改め」「父の憐れみ」「子による救済」「再生」など、プシューケー神話の重要な構成要素に対しては、プシューケー物語よりもむしろ聖文書の方が、その素材を提供していると思われるからである。第二に、「魂」が「救わるべき人間の原型」のメタファーであること、つまりプシューケー神話の根本的メッセージは「引用による解明」部分(ⅢのＢ)に言及されている。——「こうして魂は、再生によって救われるであろう。しかしこれは、苦業の言葉によっても、技能によっても、教程によっても、もたらされるものではない。そうではなくて、それは[父]の恩[恵]である。そうではなくて、それは[±8]賜物である」(134 28—33)。

要するに、『魂の解明』は、「すでにキリスト教グノーシス文書として構想された冊子」の一つである」(クラウゼ)ことに留意しなければならない。そして、この種の冊子でナグ・ハマディ文書のうち、『魂の解明』と比較的に共通点が多いのは、『真正な教え』(Ⅵ／3)と『フィリポによる福音書』(Ⅱ／3)であろう。

まず、『真正な教え』の中にも、『魂の解明』の場合と同様に、この世へと、とりわけ物質《ヒューレー》へと脱落した救済されるべき魂が暗示的にではあるが前提されている。特に、「売春宿」に投げ込まれて背徳の生活を余儀なくされる魂の描写(24 5—10)は、『魂の解明』の場合に酷似している。

他方、『真正な教え』において魂に救済を可能にするものは、彼女の「花婿」によって投与される「ロゴス」(言葉)像である。このような「花嫁」プシューケーの救済者としての「花婿」の表象は、再び『魂の解明』のグノーシス的プシューケー神話と共通するであろう。しかし、『真正な教え』においてその機能上「花婿」に当るのは、魂に属する「ヌース」（叡知）なのであって、この「ヌース」像は『魂の解明』に全く欠けている。

次に、『魂の解明』に類似する文書として引き合いに出されるのが『フィリポによる福音書』である。この福音書では、受苦する魂を「花嫁」として救済するために「花婿」キリストが来臨する。そして、そのキリストのために用意される「新婦の部屋」が典礼の中では最も高く位置付けられているのであるが、ほかならぬこの「新婦の部屋」が『魂の解明』でも「花嫁」プシューケーによって「花婿」の「兄弟」のために整えられ、これが彼女の救済・再生・解放の場となっている。『フィリポによる福音書』がヴァレンティノス派出自であることは確実視されているところからから、クラウゼなどは、『魂の解明』をも同派の作品と判断するのである。ヴァレンティノス（プトレマイオス）派の救済神話におけるソフィア／アカモート像も、それを単純化すれば、『魂の解明』のプシューケー像と重なることも事実である。

しかし、すでに私が『真理の福音』の解説の中で（本シリーズ第二巻『福音書』三七五—三七六頁）言及したように、人間の悪の起源を心理的不安定状態（パトス）に帰因させ、それをソフィア／アカモートに（『真理の福音』ではプラネー＝迷い）に人格化して、神話的ドラマの中で重要な役割を演じさせるのが、他のグノーシス派にはあまり例のない、ヴァレンティノス派の特徴である。ほかならぬこの特徴が、『魂の解明』のプシューケー像には明確な形で認められないのである。

いずれにしても注目すべきは、『魂の解明』の神話において魂が、初めから終りまで一貫して人間の本来的自己のメタファーとみなされていることである。つまり、この文書は、超地上的魂と地上的魂とを名称の上でさえ区別していない。その上ここには、「プシューケー」以外には——例えば「ヌース」とか、「ロゴス」のごとき——他のいかなる高次の原理も人間論的術語として用いられていないのである。もちろん、人間論的には唯一の高次の原理と理解されているこのプシューケーも、堕落後には、彼女にその花婿あるいは命を与える霊を介してもたらされる救済を必要とする。それでもなお、『魂の解明』において、ほかならぬプシューケーが一貫して「本来的・超地上的魂」とみなされていることは目立つ事柄である。なぜなら、多くの場合、「プネウマ」(霊)と同定されたプシューケーに地上の魂が対立している、あるいは、大抵の場合プシューケーは、三元論的原理に即して、地上的プシューケーと呼ばれているからである。このようにプシューケーに対してプネウマが超地上的・人間論的原理として前景に出されるのは、一般的に承認されているように、グノーシス主義者が、元来はセム語系人間論の原理であるプネウマ(ヘブライ語では「ルーアハ」)をもって、原則的には「プシューケー」で特徴付けられたヘレニズム的・プラトン主義的人間観と宇宙観を「革命的に」(ハンス・ヨナス)乗り超えようと試みた結果である。もし、『魂の解明』において「魂」が首尾一貫して前景に出されているとすれば、私たちは必然的にその背景をヘレニズム・ローマ文学あるいはプラトニズムに探らなければならないであろう。

ギリシア・ローマ神話においてプシューケーは、ヘレニズム時代になると、エロース(ラテン語では「アモル」、「愛」の意)と結びつけられて考えられることが多くなっている。例えば、有名なプシューケーとアモルの恋愛物語は、二世紀のローマの作家アプレイウスがその作品『黄金のろば』(原題は metamorphoseon『変身の物語』)の中に挿入している。そして、この中に見いだされるプシューケーが寝床の中でアモルを待つ場面の描写(五四)は、『魂の解明』においてプシューケーが「新婦の部屋」で「花婿」の到来を待つ場面の描写(132 17—19)と類似しているのである。

他方、私たちは実際に、『魂の解明』におけるプシューケー神話に類似した物語を、例えばアパメアのヌメニオス(二世紀後半)、プローティノス(三世紀中期)、プロクロス(五世紀中期)によって代表される中期、とりわけ新プラトニズムの中に見いだすことができる。しかもこの流れの中で、ホメーロスの作品に登場するオデュッセウスのみならず、ほかならぬヘレネーも魂の運命の化身として解釈されている(スコペロ)。特に注目すべきは、――ロビンソンが指摘しているように――プローティノス『エネアデス』の中で、私たちは『魂の解明』に極めて類似したプシューケー物語に出会うのである。

かくて魂は、それが生来の持ち前を保っている限り、神への愛情をいだいて、神と一体になることをこいねがうものなのであって、それはあたかも処女が、よき父に対して美しい愛情を寄せるがごとくである。しかしそれが生成の世界に来て、求婚者の誘惑のごときものに欺かれる時、父を見捨てて、もう一方のはかない愛欲に見かえ、これに耽溺するにいたるのである。しかしさらにまたこの地上的な耽溺が厭わしくなる時、魂はこの世のものから自己を清めて、ふたたび父の膝下にわが身を寄せることに喜びを感ずるようになる。

(VI, 9, 34-39――田中美知太郎・水地宗明・田之頭安彦訳、プロティノス全集第四巻、岩波書店、一九八七年、五九〇頁)

この種の物語を旧・新約聖書を素材にして、グノーシス主義の視点から解釈し、魂を元来は「父」のもとにあったが、「神性内の分裂」の結果、上界から脱落し、それゆえに「父」から遣わされた「霊」によって救わるべきものとみなせば、ここから『魂の解明』におけるような単純な形を伴ったグノーシス的プシューケー神話が成立するであろう。

『魂の解明』の著者と読者が共有する環境世界において、旧・新約聖書と並んで、プシューケー物語が親しまれており、その中にオデュッセウスやヘレネーが魂の運命の象徴として位置付けられていた。『魂の解明』の著者は、そのようなプシューケー物語をグノーシス主義の立場から改訂し、旧・新約聖書とオデュッセウス物語により「解明」することによって、読者の魂にグノーシス的「回心」のメッセージと勧告を伝えようとしたのではなかろうか。

四　成立年代・場所

『魂の解明』には外証がないので、成立年代について正確なことはわからない。四世紀の前半に現行のコプト語版が成立していたこと、またこれがギリシア語版に遡ることはほぼ確実なので、ギリシア語の原典は二世紀の後半から三世紀には成立していたものと思われる。

成立場所はエジプトと見て、旧・新約聖書と共にギリシア・ローマ出自のプシューケー物語が同時に親しまれていた場所といえば、アレクサンドリア以外には想定し得ない。

五　翻訳底本・参照文献

本巻所収の私訳は、前掲小著『新約聖書とグノーシス主義』所収の私訳の改訂版である。小著所収の私訳を作製するに際しては、以下に挙げた改訂本の①を底本とし、②をも参照した。これを改訂して本巻所収の私訳を作ったのであるが、この度は改めて③を底本とし、④をも参照して改訂作業を行なった。この③は校訂者（レイトン）と英訳者（ロビンソン）が違うので注意されたい。ロビンソンは③で「序文」を書いているが、⑤に挙げた論文もあり、本「解説」で「ロビンソン」は③ではなく⑤を指す。

① M. Krause, P. Labib, *Gnostische und Hermetische Schriften aus Codex II und Codex VI*, Glückstadt 1971, pp.68-87.

② Jean-Marie Sevrin, *L'Exégèse de l'âme (NH II, 6), Texte établi et présenté*, Qubéc 1983.

③ The Expository Treatise on the Soul, edited by B. Layton, translated by W. C. Robinson, Jr., in: *Nag Hammadi Codex II, 2-7*, ed. by B. Layton, Leiden 1989, pp.144-169.

④ M. Scopello, *L'Exégèse de l'âme. Nag Hammadi Codex II, 6. Introduction, traduction et commentaire*, Brill 1985.

⑤ W. C. Robinson, "The Exegese on the Soul", in: *Novum Testamentum* 12, 1970, pp.102-117.

なお、私訳の傍注における「クラウゼ」は①、「スブラン」は②、「レイトン」「ロビンソン」は③、スコペロは④を指す。

解説　闘技者トマスの書

荒井　献

一　写本

『闘技者トマスの書』はナグ・ハマディ文書第Ⅱ写本の第七文書、この写本の最後に収められているものである。これに先行する六つの文書は、⑴『ヨハネのアポクリュフォン』、⑵『トマスによる福音書』、⑶『フィリポによる福音書』、⑷『アルコーンの本質』、⑸『この世の起源について』、⑹『魂の解明』である。⑴、⑷、⑸は本シリーズ第一巻『救済神話』に、⑵、⑶は第二巻『福音書』に、⑹は本文書と共に本巻に、それぞれ邦訳が収められているので、本巻をもってナグ・ハマディ文書第Ⅱ写本の邦訳は完結したことになる。

『闘技者トマスの書』で使用されているコプト語は、第Ⅱ写本所収の他の大部分の諸文書と同様に、サヒド方言を基本とし、これにアクミーム方言、準アクミーム方言、その他の諸方言を織り混ぜたものである。本文書の保存状態はほぼ良好であるが、各頁の最終五、六行に当る部分が欠損しており、この部分の復元はほとんど不可能である。

『闘技者トマスの書』も、他のナグ・ハマディ文書と同様に、原本はギリシア語であったと想定される。この文書は、『トマスによる福音書』や『トマス行伝』と共に、東シリアのエデッサ教会出自の伝承系統――いわゆる

「トマス派」（本シリーズ第一巻三六一―三六三頁所収の荒井献「救済神話」参照）――に属するので、その原本はシリア語であった可能性はあろう。

二　表題と文学様式

「闘技者トマスの書」という表題は、次のような本文書の後書き（145, 17―19）から採ったものである。

トマスの書　pčōme inthōmas
闘技者記す　pathētēs efchai
完全なる者たちへ　ininteleios

下段のコプト語本文では「トマス」（Thomas）と「闘技者」（athlētēs）が相前後して記されているので、伝統的には「闘技者」を「トマス」の同格名詞ととり、三行目の「完全なる者たちへ」を省略した上で、「闘技者トマス」が本文書の表題として掲げられる。筆者もこの表題を採用した。しかし、「トマス」と「闘技者」は元来別人であった可能性もある（シェンケ――後出文献③）。

第一に、「トマスの書」で改行の上「闘技者記す」と筆写されている。

第二にクラウゼ（後出文献②）やレイトン／ターナー（後出文献①および⑥）のように、この後書きの意味を「（完全なる者へ記す）闘技者トマスの書」ととれば、それに対応するコプト語本文の綴り方が現本文と異なっていなければならない。

第三に、本文書の序では、「救い主がユダ・トマスに語った、隠された言葉。それを私マタイ、が書き記した」と明記されている。

この問題は、本文書の文学様式とそれに対応する本文書成立のプロセスに関わっていよう。文学様式は全体としていわゆる「啓示対話」(revelation dialogue)である。トマスの問いに対してイエスが答える形で「隠されている事柄」が読者に啓示される。もっとも「対話」と言っても例えばプラトンの「対話(dialektikē)篇」の場合とは異なり、対話者相互の問答によって無知の自覚から真知に至るというものではなく、トマスの問いは救済者(イエス)の答え(啓示)を引き出す機能以上のものを果たしてはいない。この意味で、本文書の文学的ジャンルは「対話篇」よりもむしろ「質疑応答」(erōtapokriseis)に近い。後者の文学様式はヘルメス文書をはじめヘレニズム・ローマ時代には広く流布しており、ナグ・ハマディ文書でも、『ヨハネのアポクリュフォン』『イエスの知恵』『救い主の対話』『フィリポに送ったペトロの手紙』などがこれに近い文学様式で記されている。本文書をはじめとするこれらのキリスト教的グノーシス文書の場合目立つのは、イエスにより弟子(たち)を介して読者に啓示が与えられる時が、イエスの復活と昇天の間になっていることである。つまり、生前の地上のイエスをめぐる弟子たちになお「隠されている言葉」あるいは「事柄」が、復活後・昇天以前に、復活者イエス(本文書では「救い主」)によって特定の弟子(本文書では「トマス」)を介して特定の読者(これについては後述)に顕される、ということである。

なお、本文書においてイエスの「隠された言葉」が語られるトマスは、前述のように、イエスの「双子の兄弟」と呼ばれており、これには「人間に属するもの」すなわち本来的「自己」(§12)を具現しつつそれを啓示するイエスと、「自己を知る者」の代表的存在(§2)としてのトマスがその本質を一つにするという意味があろう(この意味でトマスはイエスの双子の兄弟か）。しかし、同時にこのトマスが読者の代表的存在でもあることに注意したい。本文書では、トマスの問いに対するイエスの答えが、二人称単数形（「お前」「あなた」）ではじまりながら、いつの間にか二人称複数形（「お前たち」「あなたたち」）に変わり、本文書の後半ではもっぱら二人称複数形になっていることからも明らかである。特に本文書に頻出するイエスの勧告部分は、「自己を知る者」に対するというよりはむしろ「自己をいまだ完全に知らない者」に対する戒めの機能を持っている。

ところで、本文書は全体として「啓示対話」文学ではあるが、実際にはこの文学様式は全体の五分の三（138 1—142 21前半）で、後の五分の二（142 21後半—145 16）は——トマスの問いにイエスが答える形式にはなってはいるものの——モノローグで語られるイエスの「説教」となっている。しかもこの後半部分には、グノーシス主義的要素はほとんど認められず、逆に「禍いの詞」や「幸いの詞」にマタイ福音書（およびルカ福音書）におけるイエスの「山上の説教」と並行する句が認められ、イエスの短言を繋いだ「語録集」の観を呈している。

他方、本文書の「書き出し」(incipit)が原文では「隠された言葉」（複数形）となっており、これを「救い主がユダ・トマスに語」り、「マタイが書き記した」といわれている（序）。ターナーによれば——この点ではレイトンだけではなくシェンケも同意している——この「書き出し」（「隠された言葉」）が元来、本文書後半（語録集形式で語られる「イエスの説教」）の表題で、「序」に当る部分も元来、「救い主が語った隠された言葉。それを私マタイが書き記した」となっていた。そしてターナーは、この序におけるイエスの「隠された言葉」を、「イエスの説教」の導入部となっているトマスの問い（142 21後半—26）の最初の言葉「あなた（イエス）の言葉は豊かです」が受けていると見る。

このようなターナー仮説が正しいとすれば、本文書の後書きの中の第一行目「トマスの書」は、本文書前半（第

Ⅰ部「救い主との対話」）の表題で、第二─三行目の「闘技者記す／完全なる者へ」は、元来後半（第Ⅱ部「救い主の説教」）の表題（序の「隠された言葉」に対応）であったことになる。そして、第Ⅰ部と第Ⅱ部を縫合して現本文を編んだ編集者にとっては、「トマス」と「闘技者」が同一人物であった。それは、イエスの言葉の受け手としてのトマスを編集者が前景に出した結果であって（『トマスによる福音書』序でもトマスがイエスの「隠された言葉」の筆記者となっている）、本文書の序（ここではマタイが筆記者になっている）との矛盾を無視した、ということになろう。

なお、後書きされている二番目の表題中の「闘技者」は、ターナーによれば、伝承資料の段階ではマタイであることになる。そしてターナーはその可能性を、本文書の後半にマタイ福音書との並行句が見いだされること、またこのマタイは他のキリスト教グノーシス文書の中で──トマスと共に──イエスの言葉の伝達者して位置付けられていることによって裏付けようとしている。

しかし、マタイが「闘技者」──本文書の場合「闘技」の相手は「火炎」に象徴される「肉欲」──である痕跡は、本文書はもとより、ユダヤ・キリスト教・グノーシス文書のどこにも見当らない。そのためにシェンケは、ヘレニズム・ユダヤ教の伝承（例えばアレクサンドリアのフィロン）の中で族長ヤコブが「神の闘技者」と見做されていることを理由に、本文書の第二の表題の「闘技者」も元来は「ヤコブ」であった可能性を示唆している。しかし、このヤコブについては本文書で全く言及されていないので、シェンケの示唆も憶測の領域を出ない。

いずれにしても、本文書では「闘技者」はトマス以外に考えられない。伝承資料の段階でそれがトマスと別人であったとしても、少なくとも本文書の最終的編者にとって「闘技者」はトマスであった。この意味で、「闘技者トマスの書」という表題は──シェンケの異議申し立てにもかかわらず──現本文の表題として不適当とは思われないのである。

三　内　容

『闘技者トマスの書』の内容は、すでに指摘したように、二部から成る。

第Ⅰ部は、トマスと救い主との対話であり、トマスの問いに答える様式で、救い主がトマスに、⑴「認識」について(§2―3)、⑵身体の「獣」性と「光」について(§4―7)、⑶賢者と愚者の差異と愚者の宿命について、それぞれ啓示する。

第Ⅱ部は、トマスの問いに導かれて語られる、モノローグ様式の救い主の「説教」で、トマスに代表される宣教者を冷笑する者どもに対する裁きの預言に始まり(§17)、十二の「禍いの詞」(§18、20)、一つの「譬え話」(§19)、三つの「幸いの詞」(§21)が語られ、最後に「肉体からの救済」(§22)が預言される。

第Ⅰ部から第Ⅱ部を貫ぬいて本文書のキーワードとなっているコンセプトに「火炎」がある。これは「人々の霊を焼き焦がす(肉体の)欲情」(140 3―4)のメタファーであると共に、生前にこの「火炎」から逃れることのできなかった人間の魂を死後に「タルタロス」(奈落)で焼き尽すもの(劫火)でもある。「欲情」のメタファーとしての火炎は比較的に第Ⅰ部で、劫火としての火炎は比較的に第Ⅱ部で多用されている。

もう一つ、第Ⅰ部で多用されるキーワードに「獣」がある。これは人間の「身体」のメタファーであり、共通項は「性欲」とそれに基づく「交合」である(§5)。

従って、このような「火炎」と「獣性」から逃れる者は賢者であり(§8)、真理の上に安息する(§11)のに対し、これから逃れることのできない者は愚者であって、永遠の裁きを蒙る(§15―16)。救済は身体、とりわけ肉体からの解放ということになる(§22)。

『闘技者トマスの書』にはすでにその巻頭に、ナグ・ハマディ文書では『真理の福音』（§13）に確認されたグノーシス主義の古典的定式が見いだされる。――救い主はトマスに、彼が自らの「双子の兄弟であり、真《まこと》の友」であることを確認した上で、「……だから、自らを測り知り、お前が何者なのか、いかにして存在しているのか、いかなる存在になるのかを学び知りなさい」と勧めている。そして、救い主が「真理の知識」であることを認識した者は「自己を知る者」であり、自己を知った者は「万物の深淵について認識に達した」者である。と言う（以上§2―3）。

ところがこの「人間を救済する自己認識」というグノーシス的宗教思想は、この後本文書では神話論的に展開されていないだけではなく、そのような神話論が前提されているとも思えないのである。僅かに§12に、「真理」は人間に「属するもの」であり、人間はその中で「安息する」という文言が認められるだけである。この文言は§2―3で確認した「自己」認識のモティーフに連なるだけではなく、「真理」は人間存在の根源であり（『真理の福音』§1―3）、人間がそこに「安息」を見いだす「王国」は人間の「直中にある」（『トマスによる福音書』語録三）という他のグノーシス文書と通底するものである。それにしても、これは散発的発言で、これが本文書全体を通底しているわけではない。

『闘技者トマスの書』が全体としてグノーシス文書といえない理由は、本文書にグノーシス主義の最大の特徴である「反宇宙的二元論」がないからであろう（グノーシス主義の定義については、本巻巻頭所収の荒井献「序にかえて――ナグ・ハマディ文書とグノーシス主義」参照）。本文書にも、「すべての権力の上に王として支配している上なるアルコーン(支配者)」が登場する(§17)。しかし、この「上なるアルコーン」は、他のグノーシス文書(『ヨハネのアポクリュフォン』『アルコーンの本質』『この世の起源について』『三部の教え』など)における「第一のアルコーン」(＝「ヤルダバオート」あるいは「アルキゲネトール」)のごとき、人間の本来的自己にとっては否定的な、非本来的宇宙の「造物主」としての機能を有してはいない。彼は、宣教者を冷笑する者どもを天から奈落に投げ落し、タルタロスの大いなる深淵に閉じ込める審判者であるに過ぎないのである。

もっとも、「上なるアルコーン」の下位に位置する「諸権力《エクスーシア》」は「悪霊ども《ダイモーン》」と呼ばれて人間の身体を捕え、苦しめる宇宙的力(宿命)と見做されている可能性はある(144$_{11-13}$)。しかし、彼らもまた、「上なるアルコーン」の手下として人間の身体を責め苛む「火炎」であって(144$_{14}$)、身体が彼らの出自なのではない。

こうしてみると、本文書の主題は、自己認識としてのグノーシス主義にあるよりはむしろ、肉欲の「火炎」、死後の魂を焼き尽す「火炎」(劫火)から免れる勧め、すなわち禁欲主義にある。そして、このような禁欲の勧めの背景をなす終末思想(魂の審判)は、プラトンの『パイドン』や『パイドロス』に遡る古代末期のプラトニズムにあり、禁欲思想そのものは、プラトニズムの影響下に成立した――いずれもグノーシス主義とは無関係の――『セクストゥスの金言』や『シルウァノスの教え』、あるいはヘレニズム・ユダヤ教を代表するアレクサンドリアのフィロンの作品、あるいはアレクサンドリアのキリスト教を代表するクレメンスの作品に――その都度傍注で指摘したように――並行する個所が多いのである。

それにしても、本文書では「女性との性交」のみならず女性との「不潔な共存」さえも呪詛の対象とされている。このような男性を対象とした過激な禁欲の勧めは、男性に限定された世俗外の禁欲生活あるいは禁欲共同体においてのみ実践可能であろう。

グノーシス派の場合も、女性は男性とは対照的に負的にしか評価されていない。しかしそれは、救済さるべき人間の本来的自己のメタファーである限りであって、救済された本来的自己のメタファーとしては正的に評価されている（例えばマグダラのマリヤ評価はこの意味でアンビバレントである。この点をめぐっては荒井献「マグダラのマリア小論」ジャクリーヌ・クラン『マグダラのマリア　無限の愛』福井美津子訳、岩波書店、一九九六年所収、参照）。この意味における女性評価の現実社会への反映がグノーシス派における女性教師や聖職者の進出であろう（この点については、エレーヌ・ペイゲルス『ナグ・ハマディ写本』荒井献・湯本和子訳、白水社、一九九六年、七四―一〇一頁参照）。

これに対して、成立しつつある正統的教会はその聖職者位階制から女性を締め出し、男性のみによる聖職者は独身であることを条件とした。特にこの聖職者位階制からさえ身を引き、荒野で一人隠修生活を送った「隠修士」や、世俗外禁欲共同体を形成した「修道士」は、とりわけ女性との接触を絶つ厳しい禁欲の倫理を自らに課した。彼らは、まさに欲望に対する「闘技者」であったのだ。

こうしてみると、『闘技者トマスの書』は、全体としてはグノーシス者よりはむしろ正統的教会のいわば外延を成した修道者に向けて編まれたものと思われる。

もしそうだとすれば、本文書の前半、特に§2―3に見いだされるグノーシス主義的要素と文書全体を貫く――グノーシス派の場合とは必ずしも重ならない――禁欲思想の関係はどのように説明さるべきであろうか。これは伝承史的に、すなわち第Ⅰ部と第Ⅱ部は元来別種の伝承に従って成立していたものを、本文書の編者が――二つの部分に共通する――禁欲思想の視点に立って縫合した結果である、と説明できるかもしれない。

いずれにしても、グノーシス主義的要素を含有したままで、全体としては禁欲思想に貫かれ、しかも正統的教会から「異端」として排斥されていない文書は、本文書以外にも存在する。それは、本文書と同じ著者名を冠した

『トマス行伝』である。この行伝のギリシア語写本では、明らかにグノーシス主義の立場から詠われている「真珠の歌」の部分(一〇八―一一三)を例外とすれば、全体としてはシリアのユダヤ的キリスト教の禁欲的グループに由来すると想定されている(『トマス行伝』の邦訳(荒井献・柴田有)と概説(柴田有)は日本聖書学研究所編『聖書外典偽典7 新約外典II』教文館、一九七六年所収)。とすれば、グノーシス主義的要素と未分離の禁欲的グループがシリアのキリスト教に存在した、ということである。ナグ・ハマディ写本全十三巻も、おそらく同じような系統に連なるエジプトの禁欲グループ――あるいは個人――の蔵書であった可能性があろう(この点については、本巻所収「序にかえて」viii―ix頁をも参照)。

五　成立年代・場所

『闘技者トマスの書』のコプト語本文が、他のナグ・ハマディ文書と同様に、四世紀前半にエジプトで成立したことは疑い得ない。しかしその原本は、三世紀の前半には東シリア(おそらくエデッサ)で編まれていたと想定される。その理由は以下の通りである。

第一に、二世紀半ばに同地で成立したと見做されている『トマスによる福音書』(本シリーズ第二巻『福音書』の「解説」参照)を『闘技者トマスの書』の著者が知っていた可能性がある。それは、両書でトマスが共にイエスの双子の兄弟とされているだけではなく、『闘技者トマスの書』の序と最終パラグラフ(§22)に『トマスによる福音書』の序と語録二が利用されている形跡が見いだされる。

第二に、三世紀半ばに成立したと想定されている『トマス行伝』(前掲柴田有による「概説」参照)は、『闘技者トマスの書』よりも後期に著わされたと思われる。すでに言及したように両書は共にグノーシス主義的要素を内含しながら全体としては禁欲思想を説く点で共通しているが、霊肉二元論の度合が前者よりも後者の方に強く出ている。すなわち、『闘技者トマスの書』において人間の救済は身体からの解放であるのに対し、『トマス行伝』は――部分的にではあるが――身体の救済でもある。そして、後者における霊肉二元化への傾きは、そのギリシア語写本よりも後期に成立したと想定されているシリア語写本において強化される（『トマス行伝』の両写本の関係については荒井献編『新約聖書外典』講談社文芸文庫、一九九七年所収の私訳〔シリア語写本〕の「解説」参照）。このことは、「トマス」の名を冠する三つの書『トマスによる福音書』『闘技者トマスの書』『トマス行伝』共通の出自である東シリア（エデッサ）教会が、三世紀から四世紀にかけて時代が下るに従って、当初に持っていたグノーシス的要素が後景に退き、次第に「正統化」されていくことを示唆していよう。そしてこの傾向は、実は初期シリア教会史の思潮に妥当するのである（この点については、W. Cramer, *Der Geist Gottes und des Menschen in Frühsyrischer Teologie*, Aschendorff: Münster 1979 参照）。

以上要するに、『闘技者トマスの書』の成立年代は『トマスによる福音書』（二世紀中葉）と『トマス行伝』（三世紀中葉）の中間に、すなわち二世紀の後半から三世紀の前半頃に想定される、ということである。

六　翻訳底本・参考文献

翻訳に当って次の校訂本の中①を底本とし、②③④を参照した。⑤のドイツ語訳、⑥の英語訳をも随時参考にしている。

① The Book of Thomas the Contender writing to the Perfect, Introduction by J. D. Turner, Critical Edition by B. Layton, Translation by J. D. Turner, in: *Nag Hammadi Codex II, 2-7*, edited by

B. Layton, E. J. Brill: Leiden 1989, pp.173-205.
② M. Krause und P. Labib, *Gnostische und hermetische Schriften aus Codex II und Codex VI*, J. J. Augustin: Glückstadt 1971, S.88-106.
③ *Das Thomas-Buch* (*Nag Hammadi-Codex II, 7*), neu herausgegeben, übersetzt und erklärt von H.-M. Schenke, Akdademie-Verlag: Berlin 1989.
④ *Le Livre de Thomas* (*NH II, 7*), Texte établi et présenté par R. Kuntzmann, Les presses de l'université Laval: Québec 1986.
⑤ Das Thomasbuch, übersetzt von M. Krause, in: *Die Gnosis II: Koptische und mandäische Quellen*, herausgegeben von W. Foerster, Artemisverlag: Zürich/Stuttgart 1971, S.136-167.
⑥ *The Gnostic Scriptures. A New Translation with Annotations and Introduction* by B. Layton, SCM Press: London 1987, pp.400-409.

なお、私訳の傍注と「解説」における「レイトン／ターナー」あるいは「レイトン」「ターナー」は①、「シェンケ」は③、クンツマンは④、「レイトン」は⑥を指す。①の「概説」はターナー、校訂はレイトン、英訳はターナーによるもので、⑥は①の校訂（レイトン）に基づいてレイトンが自ら英訳したものである。

解説

イエスの知恵

小林 稔

一 『エウグノストス』との関係

ナグ・ハマディ文書が発見される前から、一八九六年にベルリン博物館が入手した写本(ベルリン写本 8502)の中に『イエス・キリストの知恵』という文書が知られていた。ところがナグ・ハマディ文書第Ⅲ写本にこれと同じ文書が見つかった。両者とも冒頭には「イエス・キリストの知恵」という表題があり、末尾はベルリン写本は冒頭と同じ、ナグ・ハマディ第Ⅲ写本のほうは「イエスの知恵」という表題がついている。後者をこの末尾の表題で前者から区別することもあるが、ここではもっぱら後者をⅢ、前者をBGとして区別したい。

ところで、第Ⅲ写本は直前に『エウグノストス』(あるいは第Ⅴ写本の同文書と区別して『聖なるエウグノストス』)という、少なくとも形式としては、エウグノストスという一人の教師が自分の弟子たちに書き送った手紙がある。較べてみると類型の違いにもかかわらず、エウグノストスが書き送る内容と、イエスが弟子たちに啓示する内容は酷似している。

第Ⅲ写本は『エウグノストス』の末尾に「さて、これらの、私があなたに言ったばかりのことはすべて、私は、あなたがそれを担うことのできるようなかたちで言ってきた、あなたの中に、教えを与え(られる必要の)ない者が現れ出る時まで(のこととして)。そして、彼はそれらをすべて、喜びと純粋な理解のうちに、あなたに言うであろう」(本巻所収§42。第V写本では少々異なる)とある。従って教師エウグノストスが予告した、「教えを与え(られる必要の)ない者」イエス「が現れ出」て、エウグノストスが弟子たちの「担うことのできるようなかたちで」書いたのと同じ内容を「喜びと純粋な理解のうちに」語ったとして、『イエスの知恵』を収めたのであろう。

二つの『エウグノストス』と二つの『イエスの知恵』があり、後者が登場人物から見ただけでも、いわゆるキリスト教グノーシス文書であるのに対し、前者にはキリスト教的な動機がほとんど見当たらない。

どちらが古いのか。クラウゼ(M. Krause)は両文書を、両者に共通な部分と片方にしかない固有部分とに区別し、固有部分が共通部分と整合する文書の方が古いという基準を立て、この基準を当てはめると『エウグノストス』の方が古いと主張した。『イエスの知恵』に固有の材料を『エウグノストス』の著者が棄てたというよりは、前者の著者が後者に固有なものを加えた可能性の方が大きい。そして前者になくて『エウグノストス』にだけあるものもあるが、それは共通部分にあるものと同質なので、『イエスの知恵』の著者は採用しなかったが、その使った資料『エウグノストス』にはあったというわけである。この説が出されてからは(一九六四年以来)、研究者たちは『エウグノストス』の方が古いということを前提にして論じ始めた。

以上を前提して、両文書を並べると、キリスト教とは関係のない宗教哲学的な書簡が、キリスト教の啓示説話に変えられてゆくのを見ることができる。底本の校訂者パロット(D. M. Parrott)は英訳全集(Nag Hammadi Library)において、「新しく獲得したキリスト教信仰を表すため、あるいは、キリスト者をグノーシスの教えに惹きつけるために、あるいは多分その両方の理由で」どのように変わっていったかを明らかにするため、各文書の二つの版を第III写本で代表させ、欠けたところは第V写本、ベルリン写本で補うという形で対観表にしている。

同じパロットは底本の方では、見開き二頁に四つの写本を対観させるかたちで公刊している。これで読んでゆくと、四者の間の一致・不一致はかなり入り組んでいて依存関係を明らかにするのは容易ではない。そのため、各文書を一つにまとめてしまうのは躊躇せざるをえないし、他方、日本語縦書きで四つを対観させることは技術的に不可能である。というわけで、『エウグノストス』と『イエスの知恵』を対観表にすることは断念せざるをえなかった。較べていただく際の便宜として、比較が容易になるようにということを念頭に置いて本文を区分し、§番号と小見出しを付けた。小見出しの傍注にもエウグノストスの並行箇所をその§番号で注記した。小見出し区分は底本31―34頁を参照したが、この点を第一にしたので、全体の内容を有機的につかむためには必ずしも適当ではない。

二　『イエスの知恵』が『エウグノストス』に加えた諸要素

本文書の話の進め方は『エウグノストス』に沿っているので、概略の重複は避け、この文書が『エウグノストス』に加えた諸点に言及するに止めたい。

『エウグノストス』の結びで、V（第V写本を以下こう表記）が「教［えを］（誰も）彼に［与え］（る必要の）［な］い者の言葉、それがあなたがたのうちに来るまで（のこととして以上を私はあなたがたに話してきた）。そして、（その言葉は）あなたがたのためにこれらのことを、単一の、純粋なグノーシスのうちに解くであろう」（§42）と書くところを、Ⅲ（第Ⅲ写本を以下こう表記）は「あなたの中に、教えを与え（られる必要の）ない者が現れ出る時まで（のこととして）。そして、彼はそれらをすべて、喜びと純粋な理解のうちに、あなたに言うであろう」と書く。Vが内的照らし、洞察、悟りのようなものを予告しているところで、Ⅲは一人の人物を予告する。そして写本Ⅲがこれに続けて収録した『イエスの知恵』は、イエスを登場させ、彼に語らせるのである。

その救い主（キリスト）は、「無限の光から」あるいは「終りのない光から」来た者、その光が「わかっている」者（§3）である。『エウグノストス』§7によれば、至高者を知っているのは当の至高者だけであるが、文脈上、これに並行する『イエスの知恵』§9では、例外として知っているのは至高者自身と仲介者であり、その仲介者は「大いなる救い主」なる「私」である。「上方の場所から大いなる光の望みによって（あるいは意志によって）来た」（§34）者である。

光の雫つまり人々が神的領域から見える世界に来る。それは「知恵が遣わした」（§34）と肯定的な表現でもなされるが、また「知恵が……彼女の夫なしに、……生じさせたいと望ん」だために起こったとも言われ、またこれが「女性の欠陥」と結ばれている（§50）。いずれにせよ、展開原理は女性的存在ソフィアとされている。

神的領域から来た者たちが住むこの世界は「全能者」の世界であり、忘却と高ぶりと盲目と貧しさがこの世界全体をおおっている（§34）。「混沌（カオス）」の全能者に属する埃の領域であり、彼らが来ることによって「こしらえ物」つまり身体が目に見えるものとなるが（§50）、この世界は、神的領域から来た者たちに、自分がどこから来たかを忘れさせ、眠り込ませ、焼失させてしまうような世界である（§51）。この世の支配者たちは自分たちのことを神々であると言って高ぶっている（§53）。

§34の終りの勧告のところで「妬み（あるいは恐ろしい火、すなわち）肉的な（部分）に由来する汚れた実践」が生じなくなるようにしろというようなことが言われ、これと並行して「彼らの慮《おもんぱかり》を踏みにじれ」と言われている。わかりにくいところだが、パロットはこれは性のことを示唆しているのだと言っている。性はこの世界の全能者やその配下にある諸権力が人々を隷属させるために用いる手段なのだというわけである。

人間の置かれたこのような状況のもとで救い主のしたことが、§34や§52—53で述べられる。彼は「盗人たちの」つまりこの世の支配者たちの「業を断ち切った」(§34)。この世界の支配者たちの縛りを解き、門を破り、慮を卑しめた(§52)。そして、人々に同じことをするように教える。「私は知恵から遣わされたあの雫を」つまり他の人々の内奥にあるものを「呼びさました、それが私の手によっ[て]多くの実を結ぶため、それが完成されるため、また(将来は)もはや欠陥のないものとなるため、また、私、大いなる救い主の手によってくび〈き〉をつけられるためである」(§34)。彼が来たのは人々の「盲目を遠ざけるため、……あらゆる人に、万物の上に(いる)あの神のことを言うためである」(§53)。

この救い主の業《わざ》によって人々が救われることになるが、『イエスの知恵』§52はその人々を二つの階層に分けている。「清[いグノ]ーシス[のうちに父が]わかっている者、[この者は]父のところへ立ち[去って、生]まれたのでない(アゲンネー[トスなる])[父の内に休息するであろう]」といわれる。それに対して「[欠乏のうちに彼]がわ[かっている者は、その欠乏]と[第八](天)[の]安息[へと立ち]去るであろう」と言われている。

これらの内容は、他のグノーシス文書にもよく見られる要素である。パロットは非キリスト教グノーシスにも共通してある要素だという。だとすると、想定されている主な読者は、キリスト者というよりも非キリスト教グノーシス主義者だということになり、キリスト者をグノーシスに招くという意図を除外しないとしても、著作の主要目的は、非キリスト教グノーシス主義者をキリスト教グノーシスに引き込むことあるということになるであろう。

いずれにせよ、明らかにキリスト教グノーシス文書である。パロットは以上のような『イエスの知恵』で加えられた内容にセツ派、オフィス派の思想との近さを見ている。

三　成立年代

そもそもティル(Till)によれば、コプト語はギリシア語を話すキリスト者たちが、エジプトの人々にキリスト教の使信を伝えようとしてエジプト語をギリシア文字で表すことから生じたという。そして、この文書にはオクシリンコス・パピルスに並行ギリシア語断片(§16—20の傍注に訳出)がある。かつてこの文書はコプト語で書き下されたという主張もなされたが、このことから、おそらくギリシア語で書かれ、コプト訳されたものと言えよう。

また、このオクシリンコス・パピルスの古さから、ピュエシュ(Puech)は遅くとも四世紀初頭と成立年代の下限を設定している。彼はまた二世紀後半から三世紀の初めと示唆している。ティルは『ヨハネのアポクリュフォン』に見られる哲学的視点が消えており、『ピスティス・ソフィア』で終る世界観の発展の初期段階を示しているとして、両文書の間に位置付けている。またドレス(Doresse)は後者に近い時期に置いている。

パロットは、読者と著作意図を根拠にずっと以前にまで遡らせる。先にも述べたように、彼は次の点を指摘する。この文書の著者は『エウグノストス』にいくつかの要素を加えているが、その内容はグノーシス主義のもので、著者はそれらを読者が知っていることを前提にしている。従って、想定されている読者は、非キリスト教グノーシス主義者であり、著者は彼らをキリスト教グノーシスに引き込もうとしているのだという。

そして、『ヨハネのアポクリュフォン』と較べる。その冒頭ではヨハネが神殿に上り、ファリサイ人アリマニアスから、イエスはお前たちを騙し、父祖の言い伝えから引き離してしまったとなじられる(§1)。彼は神殿を立ち去って、荒涼たる場所に退く(§2)。そして啓示を受けた彼は末尾で、神殿に帰るのではなく、「彼の仲間たちのもとへ行き」(§81、本シリーズ第一巻所収、大貫訳から引用)告げ知らされたことを伝える。彼の「(同じ)霊の(仲間)たちに密かに伝える」よう求められ、報酬のために(他の人々に)告げられたことを「与える」者、「渡す」者は呪われよと言われている。この文書にも、山に行ってそこで啓示を受け(§1)、末尾では「神の福音を宣べ始める」

(§51)という枠組みがあるが、『ヨハネのアポクリュフォン』に見られるような外部との軋轢は見いだされない。また、体系化された二世紀のグノーシス主義の影響も見られない。従って、二世紀中葉に生じたグノーシス主義内部の各派の論争以前だとパロットは主張する。

パロットは成立年代を遡らせるもう一つの根拠として、本文内部に矛盾があり、まだ十分に整備された大系ないし教説となっていないという点を挙げる。彼によれば、『エウグノストス』の教説の中で、キリストを位置付けようとすれば、彼は「人の子」と同定されなければならない。ところが、§34で話し手「私」は「救い主」とされている。§33によれば、その救い主というのは「人の子」とその伴侶ソフィアによって現し出されたものである。『エウグノストス』§34でVが「第二のは人[の子のもの]……。第三のは、人の子の子、救い主と呼び慣わされる者のものである」と書くところをⅢが「第二のアイオーンは人の子のもの、(つまり)第一に生む者(プロートゲネトール)と言い慣わされる者、救い主と呼び慣わされる者(のもの)である」と書くのに対応して、『イエスの知恵』§39も「初めのアイオーンは、人の子のものである。(つまり)第一に生む者(プロトゲネトール)と呼び慣わされている者、救い主と呼び慣わされている者、現れ出た者(のものである)」と書く。いわば親子が同じ名前を持つのは十分に体系化されたプトレマイオスの教説におけるソフィアなどにも見られる現象ではあるが、パロットはここからこの文書を初期段階のものと位置付ける。

そして、以上のような理由から、パロットはこれを一世紀末ないし二世紀初頭に成立したものと結論付けている。

四　底　本

W. Till, "*Die Sophia Jesu Christi,*" in: W. Till/H. M. Schenke, *Die gnostischen Schriften des koptis-*

chen Papyrus Berolinensis 8502, 2. Aufl., Berlin 1972 や C. Barry, *La Sagesse de Jésus-Christ* (*BG, 3; NH III, 4*), Québec 1993 (BCNH section textes 20) もあるが、もっぱら D. M. Parrott, *Nag Hammadi Codices III, 3-4 and V, 1 with Papyrus Berolinensis 8502, 3 and Oxyrhynchus Papyrus 1018. Eugnostos and The Sophia of Jesus Christ* (*NHS 27*), Leiden 1991 を用いた。

解説に関しては、D. M. Parrott, "Eugnostos the Blessed (III, 3 and V, 1) and The Sophia of Jesus Christ (III, 4 and BG 8502, 3)", in: J. M. Robinson (ed.), *The Nag Hammadi Library*, 2 ed., Leiden 1984, pp.206-207 の簡略な序文を特に参照した。

解説　雷・全きヌース

荒井　献

一　写　本

『雷・全きヌース』はナグ・ハマディ文書第VI写本の第二文書であり、第一文書に当る『ペトロと十二使徒の行伝』と第三文書『真正な教え』（本巻所収）の間に収められているものである。

本文書で使用されているコプト語は、第VI写本所収の他の大部分の諸文書と同様に、サヒド方言を基本とするが、これにアクミーム方言、準アクミーム方言、その他の諸方言の要素を織り混ぜたものである。最初の四頁（**13** 1—**16** 34）は保存状態が良好であるが、五頁目から各頁の最初五、六行に当る部分が欠損しており、復元はかなり困難である。

『雷・全きヌース』も、他のナグ・ハマディ文書と同様に、原文はギリシア語であったと想定される。

二　表題と文学様式

「雷・全きヌース」と訳されている表題（TEBPONTH: N̄TELEIOS）は、——ナグ・ハマディ文書では珍しく——本文の冒頭に、しかも表題であることを目立たせる飾り記号で囲って記されている。

右の表題の中二番目の「全きヌース(叡知)」は、本文の中(18 9)に、本文書の内容の語り手「私」の補語として出てくるので、一番目の表題はここから採られたものと思われる。しかし、この「私」は女性代名詞で受けられている、つまり「私」の文法的性は女性と想定されているのに対し、「ヌース」(ギリシア語からの借用語)の文法的性は男性である。

ところで、「全きヌース」に先行して付されている表題「雷」(これもギリシア語からの借用語「ブロンテー」)の文法的性は女性である。従って、この表記は「私」の性と合致する。但し、この表記は本文中のどこにも見いだされないのである。なぜ「雷」が表題として、しかも第一の表題として選ばれたのであろうか。

「雷」は聖書をはじめとする本文書の周辺世界で、神または神的存在の「声」のメタファー、つまり「雷声」として用いられている(その用例は邦訳の傍注——本巻一〇五頁——(1)を参照)。しかも本文書において、語り手の「私」は——すでに言及したように——女性的存在ではあるが、両性具有的存在でもある(13 27—28「私は花嫁にして花婿」など)。このような存在の男性的側面は「全きヌース」で表記されたのに対し、その女性的側面は「雷」で表記されたと想定できるのではなかろうか。その上、本文書において「私は(雷の)声重なる言述」とて自己を啓示している(14 11)。この場合、「声」に当るコプト語の hroou は男性形であるが、「言述」と訳したコプト語の smē は女性形であり、この背後に想定されるギリシア語の phōnē も女性形であることに注目してよいであろう。とすれば、「雷」が本文書の第一の表題として選ばれたのは、女性としての「私」の啓示手段とその内容を示唆するために最もふさわしかったからである、と見てよいのではなかろうか。

さて、『雷・全きヌース』は、その大半が一人称単数「私」を主語として自らの本質を聴衆(読者)に啓示するいわゆる「自己啓示」文学である。ヨハネによる福音書でも、この「世」に「父」から遣わされた啓示者イエスが、

「私は……である」という、いわゆる「私章句」を駆使して、さまざまな自己啓示を行なう(六51「私は……パン」、八12「私は世の光」、一〇7「私は(羊の)門」、一〇11「私は良い羊飼い」、一四6「私は道、真理、命」等々)。但し、ヨハネによる福音書全体が「私章句」で占められているわけではなく、この文学様式はこの福音書の部分的特徴である。

ナグ・ハマディ文書の中で『雷・全きヌース』に文学様式として最も近いのは『三体のプローテンノイア』(XIII/2)であろう。この文書は、「[私は]プロー[テンノイア]」にはじまり、その大部分が「私章句」から成る。しかも、この文書の語り手「プローテンノイア」も、女性的啓示者でありながら、自らを男性(「声」および「ロゴス」)としても啓示している(詳しくは本巻所収の「解説　三体のプローテンノイア」参照)。しかし、ヨハネによる福音書にも『三体のプローテンノイア』にも認められない、『雷・全きヌース』に独特な自己啓示様式は、常識的価値観から見ると互いに矛盾するアンビバレント(価値両義)的本質の逆説的統合体として自らを顕す語りの手法である。たとえば

13 16以下——

私は最初の者にして最後の者。
私は尊敬される者にして軽蔑される者。
私は娼婦にして崇敬される者。
私は妻にして処女。
私は母にして娘。
……

もっとも、『雷・全きヌース』においてこのような私章句は、「あなたたちは……してはならない」という「戒め」によって囲まれているだけではなく、「戒め」によって中断されている(本巻一〇三―一〇四頁の「内容構成」参

照)。但し、これらの「戒め」部分も、その多くは「私」の本質に対する認識を促す、あるいは本質に対する誤解を戒める内容となっており、その結果、「戒め」部分の中にも「私章句」が見いだされさえするのである(たとえば――「屈辱を受けた者にして大いなる者」(**14** 33—34)、「憐れみ深くして残忍」(**15** 15—16)、「愚者にして賢者」(**15** 29—30))。

三　内　容

「雷・全きヌース」というタイトルの呈示(§1)に続き、「私」はまず「序言」に当る冒頭部分(§2)で、自らの出自(「力」からの派遣)とその偏在性(「私を求める者の中に見いだされた」)を宣言した後に、「戒め」(一)の部分(§3)で、「私に無知であってはならない」と諭し、その理由として自らのアンビバレントな本質を「私」章句の第一部(§4)で顕す。逆説的対《つい》関係を挙げれば、次のようになる。

「最初の者―最後の者」
「尊敬される者―軽蔑される者」
「娼婦―崇敬される者」
「妻―処女」
「母―娘(母の一部)」
「不妊―多産」
「既婚―非婚」
「助産婦(産みの苦しみを和げる者)―産み出さない者」
「花嫁―花婿」

「父の夫―父の母―父の姉妹」

「奴隷―支配者」

これに続く第二の戒めの部分（§5）では、このような価値両義的な「私」の本質の一方を憎み（拒み）、他方を愛する（告白する）「あなたたち」を戒める。そして、もう一度「私を知る者となるように」と勧めて、第二パラグラフ（§6）の「私」章句に移る。

「知識―無知」

「控えめ―大胆」

「恥知らず―恥を知る」

「強力―恐れ」

「戦争―平和」

第三の戒め部分（§7）では、「貧困―富」「地上に投げ出される―王国の中に見いだされる」「愚者―賢者」等の逆説的統合体としての「私」を呈示しつつ、負的本質のゆえに「私」を見棄てることのないようにと戒める。

第三の「私」章句（§8）では、次のような「私」の本質が顕される。

「ギリシア人―非ギリシア人」

「像多き者―像無き者」

「憎まれた者―愛された者」

「命―死」

「法―無法」

「追いかけた者―捉えた者」
「散らした者―集めた者」
「恥じた者―恥じなかった者」
「祭儀無き者―祭儀多き者」
「神無き者―神多き者」
「思い入れた者―軽視した者」
「隠れた者―現れた者」

以上の「私」章句はいずれも、「私はあなたたちが(私に対して)……する者」、あるいは「私はあなたたち(私を)……と呼ぶ者」という構文になっている。従って、これに続く「戒め」第四の部分(§9)では、「私」の負的側面の印象から「私」を見棄てることなく、正的側面を理解して「私」を受け入れるようにと勧められる。

「私」章句の第四部分(§10)では、その前半で「私」の正的本質が列挙される。――「[全き]ヌース」「私の探究の知識」「私を求める者たちの発見」「私に尋ねる者たちの命令」「私の知識の内なる諸力の力」「御使いたちの力」「神々の力」「男の霊の力」「女の力」

そして、後半で「私」のアンビバレントな本質の開示に戻る。

「敬われ、讃えられる者―軽蔑され、疎まれる者」
「平和―戦争」
「外国人―市民」
「本質―非本質」(「私の本質を共有する者は私を知らない者―私の本質に在る者は私を知る者」)

ここで「私は、」章句が壊れ、「私」に関わる広義の「私章句」となる。

「私に近い者は私を知らなかった―私から遠くにいる者たちは私を知った者」

「私が［あなたたち］に近づく日に、あなたたちは［私から］遠くにいる―私があなたたちから遠くにいる日に、

［私は］あなたたちの［近くにいる］」。

そして数行の欠損箇所の後、再び「私は、」章句となる。

「抑える者―抑えない者」

「結合―解消」

「滞在―解消」

「下り―上り」

「有罪―無罪」

「罪無き者―罪の根の出自」

「欲望―節制」

「すべての人に達する聴力―捉え得ない言葉」

「唖者―多弁」

この後に一つの戒め（§11）が置かれ（「私に優しく聴きなさい―私から厳しく学びなさい」）、「私」章句の第五部
分（§12）に移る。

「叫ぶ者―大地に投げ出される者」

「パンと［……］内にヌースを備える者」

「私の名の認識」

「叫ぶ者―聴く者」(以下数行欠損)

「真理―暴力」

第六の「戒め」部分(§13)では、「あなたたち」には「裁き人」と「党派性」が同時に内在すること、また、「あなたたちの内側は外側である」ことを告知し、「裁くこと」の相対性を示唆している。

最後の「私」章句部分(§14)は、「私」の二つの正的本質と三つの逆説的本質の開示ではじまる。

「あらゆるものに達する聴力―捉え得ない言葉」

「声の名前―名前の声」

「文字の徴―分離の顕示」

この後に破損が多いため、文章としてはほとんど読み取ることができない。但し、この部分に、おそらく「私」の出自(§2の「力」)と関わりがあると想定される「大いなる力」という名詞を見いだすことはできる。

最後の「戒め」部分(§15)では、負的状況の「酔いから醒め」るように勧められ、もしそうすれば「憩いの場所に昇り行く」こと、そこで「私を見いだす」こと、そして、「再び生き」「死ぬことはないであろう」ことが約束される。

四　思想とその系譜

以上の「内容」から見て明らかなように、『雷・全きヌース』は、すべての正・負の対立を包括・統合する汎女神、両性具有的存在のモノローグ様式で記された自己啓示文書なのである。それだけに、この文書の思想的・宗教的位置付けをめぐっては、研究者間の意見が大きく分れていた。つまり一方では、本文書はグノーシス主義的ではなく、むしろグノーシス主義が成立した環境世界、とりわけエジプト出自のイーシス神話とそれを背景にしたいわゆる「イーシス・アレタロジー」の影響下に「知恵文学」を担ったユダヤ人グループに遡源される。

実際、イーシス神話において女神イーシスは本性上、一方において「至高のもの」（あるいは「善なるもの」）に傾いているが、他方「すべてのものの受容者」であり、「無数の名を持ち、いかなる姿形でも受け入れる」、アンビバレントな「女性的なものそのものである」（プルタルコス『エジプト神イシスとオシリスの伝説について』五三、柳沼重剛訳、岩波文庫、九八頁以下参照）。そしてこのようなイーシス像を反映して、イーシス碑文の中で彼女自身が独白の様式で自らの本質を吐露しているのである（自らの本質、特にその「アレーテー」――ギリシア語で「徳」の意――を独白する文学様式を「アレタロジー」（aretalogy）と呼ぶ）。そして、このようなアレタロジーに類似する言表は、本文書邦訳部分の傍注に挙げたように、その多くがアレクサンドリアのユダヤ人の間で成立したと想定されているユダヤ教「知恵文学」、とりわけ『知恵の書』や『シラ書』の中の「知恵」に関わる言葉に多く認められるのである。

しかも本文書では、神性（プレーローマ界）からの「私」の脱落については明言されていない。反宇宙的・反身体的二元論も確認できない。その上、人間の「内側」と「外側」をつくる者（創造神か）は積極的に評価されている（§13）。それでもなお、立ち入って考察してみると、本文書の「私」章句は、救済論的言表によって枠付けされていることもまた事実なのである。天的「力」からの「私」の出自（**13**^{2}以下）、地上への投棄（**15**^{2}以下）、上界への帰昇――死を知らない安息の場所への霊の帰昇（**21**$^{26-31}$）。しかも、このような枠組の中で、「破廉恥と恥辱から、あなたたちの内なる私の肢体を取り返しなさい」（**17**$^{17-19}$）と勧められている。こうしてみると、「私」章句の中に一人の女性的とりわけ両性具有的存在の両義的性格がグノーシス的救済神話を前提として言述されている、と見ることもできるのである。

さて、『雷・全きヌース』も、『魂の解明』(Ⅱ／6)の場合と同じように、研究の初期の段階においては、「私は娼婦にして崇敬される者」(13 18)という言述と「大いなる力」という「至高神」表象を手掛りとして、グノーシス派の「父祖」といわれるシモンに、あるいはシモン以前の資料に遡源されている。しかし筆者はすでにこの仮説に批判を加えているので、ここでは繰り返さない(荒井献「『真正な教え』と『雷《ブロンテー》——全き叡知《ヌース》』について——シモン派のグノーシス文書2」『新約聖書とグノーシス主義』岩波書店、一九八六年所収)。

『雷・全きヌース』との並行箇所といえば、——すでに筆者自身右の論文で指摘しているように——ナグ・ハマディ文書Ⅱ／5『この世の起源について』(およびそれに部分的に並行するⅡ／4『アルコーンの本質』)の中に見いだされる(両文書の邦訳は本シリーズ第一巻『救済神話』所収)。

雷**13** 19—32

私は妻にして処女。私は〈母〉にして娘。私は母の一部。私は不妊にして多産。私は婚宴数多くして非婚。私は助産婦にして産み出さない者。私は産みの苦しみを和らげる者。私は花嫁にして花婿。そして私を産んだのは父の夫。私は私の父の母にし

起源**114** 4—15

ところでエバは最初の処女である。彼女が夫なしで産んだとすれば、彼女こそは自分で自分の助産婦を務めた者である。このゆえに、彼女について人々は言うのである、彼女はこう語ったと。「私は母の一部。私は母。私は女。私は処女。私は妊婦。

アルコ**89** 10—18

そして、霊的な女が彼(アダム)のところにやって来た。彼女は彼に言った、「立ちなさい、アダムよ!」と。すると彼は彼女を見て言った、「あなたが私にいのちを授けてくれた方です。あなたは生けるものの母と呼ばれることでしょう。なぜなら、

て私の夫の姉妹。そして彼は私の子孫。

私は助産婦。私は産みの苦しみを和らげる者。私の夫が私を産んだ。私は彼の母であり、彼は私の父、私の主。彼は私の力。彼が望むこと、それを彼は正しく語る。私は成ろうとしている。しかし〈私は〉すでに一人の人間を主として産んだ」。

彼女が私の母なのですから。彼女は医者であり、女であり、産んだ者である」。

『この世の起源』における「私」章句の「私」は「エバ」である。ところが、これに対応する『アルコーンの本質』では、このエバが「霊的な女」と呼ばれている。そして、この「霊的な女」に当るのが、『ヨハネのアポクリュフォン』では「光のエピノイア」である。彼女は肉体の中に拘禁されたアダムを覚醒させるために働く女性的救済者で、プロノイアの顕現形態であり、エバに内在する(§57—68)。しかも、『雷・全きヌース』において、「私」は「エピノイア」と自称している(**14** 10)。

こうしてみると、本文書における「私」は、エバ→霊的な女＝光のエピノイア→プロノイア(＝バルベーロー)の系列に属する女性的啓示者にして救済者ということになるであろう。

さらに、『三体のプローテンノイア』において「プローテンノイア」は「最初のエンノイア(思考)」の意味であり、「私」章句の中で「エピノイアの命」(**35** 13)とも「バルベーロー」(**38** 8)とも自称している。他方『ヨハネのアポクリュフォン』では「エンノイア」が「父」(至高神)の「思考」で「バルベーロー」あるいは「プロノイア」あるいは「力」と呼ばれている(§13)。『雷、全きヌース』において「私」は「力」の出自であった(**13** 2—3)。

ここで興味深いのは、本文書(14 10—14)において、「私」は「思考重なるエピノイア」に続いて、「声重なる言述にして、かたち重なるロゴス」と自称していることである。『三体のプローテンノイア』で「声」「言述」「ロゴス」はプローテンノイアの三つの滞在様態で(37 20—25)、この文書全体ではこれらが彼女の三つの顕現形体である(『三体のプローテンノイア』の「解説」——本巻四三七頁以下——参照)。とすれば、『雷・全きヌース』の「私」の本質は、『三体のプローテンノイア』の「私」(プローテンノイア)の滞在様態あるいは顕現形体に対応することになろう。

以上に挙げた『雷・全きヌース』の「私」と深く関わる諸文書——『この世の起源について』『アルコーンの本質』『ヨハネのアポクリュフォン』『三体のプローテンノイア』——はいずれもセツ派の出自である。とすれば、本文書もまたセツ派に由来する、あるいは少なくともセツ派の視点から編集された知恵文学的「私」章句と見做しうるであろう。

このように、もし『雷・全きヌース』がセツ派のグノーシス主義の立場からその救済神話を前提しつつ「私」言葉のみを前景に押し出した文書であるとすれば、この立場から見て「私」はいわゆる「救済される救済者」の機能を有する女性的存在となろう。「私」の負的側面は「救済さるべき」本質であり、正的側面は「救済者」の本質である。「救済者」は「救済さるべき」本質を内包するゆえに、救済さるべき人間の「救済者」となりうる。だから、そのような意味における「私」の本質を「あなたたち」はその負的側面(外見)のゆえに見誤ってはならない、というのが本文書の「戒め」部分の中核となろう。

但し、このようなグノーシス主義的「救済される救済者」像の自己啓示として解釈し切れない「私」言葉も本文書に存在することもまた事実である。その逆説的統合がほとんど恣意的と思われる「私」章句さえ存在する。従って『雷・全きヌース』は、その成立期に流布していた種々の宗教的系統に属する「私言葉」を収集しつつ、セツ派のグノーシス主義の立場から緩やかに編集した結果成立した作品と見てよいのではなかろうか。

五　著者・成立年代・場所

著者と成立場所について、§8の「私」章句が示唆を与えているように思われる。――「〔私は〕エジプトでその像多き者にして、非ギリシア人の中で像無き者」。「非ギリシア人の中で(偶)像無き者」とは明らかにユダヤ人で、それが「エジプトで像多き者」と対照されているところから見て、本文書の著者はおそらくユダヤ人、成立場所はエジプト、特にこの文脈で「ギリシア人」を意識しているところから推定して、アレクサンドリアであろうか。成立年代は確定できないが、セツ派との関わりから見て、二―三世紀と想定される。

六　翻訳底本・参考文献

翻訳に当って次の校訂本の中②を底本とし、①と③を参照した。④の英訳をも随時参考にした。

① M. Krause und P. Labib, *Gnostische und hermetische Schriften aus Codex II und Codex VI*, J. J. Augustin: Glückstadt, S.122-132.

② G. W. MacRae, The Thunder: Perfect Mind, in: *Nag Hammadi Codices V, 2-5 and VI with Papyrus Berolinensis 8502, 1 and 4*, ed. by D. M. Parrott, E. J. Brill: Leiden 1979, pp.231-255.

③ *Le Tonnerre, Intellect parfait* (*NH VI, 2*), *Texte établi et présenté*, par Paul-Hubert Poirier avec deux contributions de Wolf-Peter Funk, Les presses de l'université Laval: Québec 1995.

④ B. Layton, *The Gnostic Scriptures. A New Translation with Annotations and Introductions*, SCM

Press: London 1987, pp.77-85.

なお、私訳の傍注における「クラウゼ」は①、「マクレイ」は②、「ポワリエ」は③を指す。

解説　真正な教え

小林　稔

一　写本と表題

ナグ・ハマディ文書第Ⅵ写本に収められた第三の書は、魂の起源、現状、最後の至福についての説明である。同じ写本の直前に収められた『雷・全きヌース』、および後に来る『われらの大いなる力の概念』と別の文書であることには疑問の余地がないであろう。

比較的よく保存されているが、最初の七頁(22―28頁)は上の数行が破損している。

『雷・全きヌース』は冒頭のみに表題があり、『われらの大いなる力の概念』は冒頭と末尾、両方に表題がある。この書の冒頭(第22頁の最初の数行)は破損しているが、末尾に表題が見いだされる。そこには冠詞なしで「真正なロゴス」と書かれている。

この「ロゴス」は、いくつかのヘルメス文書やプトレマイオスの神話などに現れる神的存在と見ることもできるが、この文書の中ではロゴスは、魂の花婿によって与えられ、魂を癒すもの、つまりグノーシスあるいは認識可能性として言われているので、通常の表記通り「真正な教え」と訳しておく。

二　文学様式・内容・構成

この文書は、魂の起源、堕落、物質的世界に対する勝利、つまり魂の生について述べている。マクレイ(MacRae)によれば、紀元後数世紀の間に「魂について」書かれた文学が数多くあるが、彼がテルトゥリアヌスやその背景にあるもの、ポルフュリオスのもの、ヤンブリコスのものと較べたところでは、これらとはかなり違っているという。この文書の表現が全く非哲学的であるという彼の指摘は、読者自らの目で確認していただけるであろう。

この文書は多くの隠喩で語られる。魂は放蕩の葡萄酒を飲む売春婦であり、聖いものであることも、もみ殻と混じって汚れたものであることもできる小麦であり、人生という闘いを闘う者であり、ロゴスという薬で癒される病人であり、悪魔的な漁師が捕らえようとする魚であり、最後には婚礼の間で自分の花婿と横になる花嫁である。およそ起源から終りに至るまで、つまり人間の誕生から死に至るまでの順序で述べられるが、必ずしもその筋の中にすべてが統合されているわけではない。その中で、物質世界の邪悪な性格、霊的な魂の天的起源、啓示された知識、救済するものとしての役割が強調されている。

語りの形で述べられるが、魂の運命は皆同じというわけではないようであり、その限りにおいて物質世界を棄てて起源に戻ることを読者に勧告しているのであろう。勧告の形は取っていないが、魂はこの世に生きる限り常に、「敵対者」に、つまり物質の魅力に屈する危険にさらされており、それゆえ警戒を怠ってはならないとされている。

三　資料と編集

マクレイはこの書が、同じテーマについての種々の説明の複合あるいは収集であると示唆し、三つの理由を挙げている。

第**25**頁の終りの方で、この文書の著者は「……それ（聖い種子）は[25]倉で自らを守っているものである、（それらの倉）は安全であるから」と、そこまでの話を結んだ後、「ともかく、以上すべてのことをわれわれは話した」といい、その後は「そして何かが生じる以前に、存在するのは父だけである。……」と原初の叙述に移る。マクレイはこれを何らかの素材の冒頭を示唆するものと見ている。

そこから**31**[7]にかけて、特に**26**[20]以降には「われわれ」で言われるところが、いくつかあり、最後は「あなた」に対する悪魔の手練手管の暴露で終る。このいわば「われわれ章句」も、ひとまとまりの素材であった可能性がある。

その上、食べ物、薬、花婿のような、鍵になる表象は、繰り返し使われているものの、同じテーマ（この世での魂の状態）を説明するにあたって、さまざまな表象が次々に導入される。マクレイによれば、その中には新婦の部屋、闘いとしての人生のように、ヘレニズム世界の文学と共通の素材もあれば、悪魔の比喩としての漁師や身体を売買する商人のような少なくとも今までのところ他には知られていない独特のものもある。

確かにさまざまな素材が使われているが、これらは書き下ろした著者が自分の記憶の中から寄せ集めた可能性もあり、著者の使った複数の文書資料を復元するのは易しくないであろう。

四　グノーシス主義内部での系譜

他の多くのグノーシス文書におけると同様、霊的な魂は天的な起源のもの、悪しき物質世界との闘いのうちにあるもの、啓示された知識の援けによって救われるべきものと考えられているが、この世の起源を叙述するグノーシスの神話は含んでいないようである。それがありうる箇所の欠損はわずか数行だからである。

マクレイは『フィリポによる福音書』(本シリーズ第二巻『福音書』所収)、『魂の解明』(本巻所収)、『シルウァノスの教え』(第Ⅶ写本)のほか、『ヘルメス・トゥリスメギストゥスとタートとの対話』(第Ⅵ写本)や『ヘルメス文書』(荒井献・柴田有訳、朝日出版社、一九八〇年)と比較した結果を、「共通点はあるが、この書が、ヘルメス文書であることを示唆するものはない」と報告している。

キリスト教やユダヤ教との関係についていえば、一方で確かに「呼びかけ」(**34** 7)、「宣言する」(**34** 19)そして「福音宣教者」(**35** 6)という言葉が見いだされる。これらの中にキリスト教との関連を求めることができるかもしれない。また**33** 4―**34** 32に「われわれ」と対照される「無分別な人々」への論争があり、そこでは「異邦人」が、その無知のゆえに、多かれ少なかれ弁解の余地のあるものとされている。それゆえ異邦人との対照から「ユダヤ人」への非難を見ることもできるかもしれない。

しかし、ユダヤ教、キリスト教との関連を示すものはせいぜいこれだけであり、ユダヤ教、キリスト教、いずれの信条もそれらの実践も、明示するものは何もない。傍注にはマクレイに従って新約文書の箇所を挙げておいたが、これらは歴史的な依存関係よりも、たまたま類似モティーフや発想があるという程度に過ぎず、ユダヤ教やキリスト教から素材を取ってきたとまではいえないように思われる。訳者は非キリスト教文書だと判断する。

東方派の二元論か、西方派の一元論かという分類に関しては、シモン派と結びつけようとする人々に対する反論の中で荒井献が興味ある指摘をしている（「『真正な教え』と『雷――全き叡智』について――シモン派のグノーシス文書？」『新約聖書とグノーシス主義』岩波書店、一九八六年、三七七―三九五頁）。この文書では救済者が、花婿、叡知（人間に内在する高次の実体）といわれ、至高神そのものとはされていないこと、この文書のロゴスがグノーシス、信仰、花婿によって提供される認識可能性とでもいったもので、人間に内在する力ではないことを指摘するとともに、「天にある世界が現れる以前には、地上の世界も、はじめも権力も力も……［彼の命令にそって］現れ［　±　］。そして［　±　］。彼の意志なしには何も生じなかった［からである］」（**25**[27]―**26**[7]）とあること、続いて「さて、彼、つまり父は、自分の［富］と自分の栄光を顕したいと思ったので、この世界にこの大いなる闘いを置いた。闘士たちを現れさせ、闘う者たち皆に、生じたものを棄てさせ、優れた、把握できない知識によってそれらを軽蔑させ、存在する方の方に急がせたいと思ったからである」（**26**[7―19]）という言辞のあることを指摘している。つまり、敵対者の発生も、魂の敵対者の存在も、魂に自らの決断を促す「父」の意志によっているわけである。荒井の言葉で言えば、「至高神の意志の中に統合されている」わけである。

従って、この書は、一方で物質世界の中での魂の運命を述べるにあたり、反宇宙的、二元論的であることは否めない、つまり実践的には二元論的であるが、しかし教説としては一元論的、つまり西方的といってよいであろう。

五　成立年代・場所・言語

成立年代や場所を示唆するものは皆無である。

メナールによれば、標準コプト語（サヒド方言）で書かれている。

なお、この文書は、同じ内容を表すのに同じ語彙を繰り返すのでなく、いくつかの語で言い換えをしている。しかし、訳出にあたって、特に訳語統一や訳し分けの点検はしていない。

そして、コプト語には少々曖昧なところがあり、例えば主文の背景となる状況を述べる従属節と、動詞でなく主語か補語を強調する文とが、外見上同じ形を取る。この文書には意識的かどうか分からないが、このような現在形が繰り返されるところがいくつかあり、いくつもの理解が可能である。ここでは一つの可能性を採って訳出したにすぎないことも書き添えておきたい。

六　翻訳底本・参照文献

校訂本文としては次のものがある。

① M. Krause/ P. Labib, *Gnostische und hermetische Schriften aus Codex II und Codex VI*, Glückstadt 1971, pp.44-47; 133-149.

② J. E. Menard, *L'Authentikos Logos(BCNH 2)*, Quebec 1977.

③ G. W. MacRae, "Authoritative Teaching (VI, 3: 221-35, 24)", in: D. M. Parrott (ed), *Nag Hammadi Codices* (*V, 2-5 and VI with Papyrus Berolinensis 8502, 1 and 4* (*NHS 11*), 1979, pp.257-289.

一応、マクレイのものを底本としたが、これは欠損部分の推定復元にきわめて慎重である。そのような部分など、適宜メナールのものを参照した。メナールのものはその他、かなり詳細な説明がついているが、これは割愛した。

内容構成はメナールのものに準拠し、以上の解説と段落区分については、G. W. MacRae, D. M. Parrott,

"Authoritative Teaching (VI, 3)", in: J. M. Robinson (ed.), *The Nag Hammadi Library*, 2 ed., Leiden 1984, p.278 も参照した。

解説　真理の証言

大貫　隆

一　写本

『真理の証言』はナグ・ハマディ文書第Ⅸ写本の第三文書として、同写本の第29頁6行から写本末尾にかけて筆写されている。先行する第一文書は『メルキゼデク』(第1頁1行―27頁10行)、第二文書は『ノレアの思想』(第27頁11行―29頁5行)である。使用言語は基本的にサヒド方言であるが、準アクミーム方言の特徴が少し混在する。原本はギリシア語である。コプト語への最初の翻訳者はそれをサヒド方言へ翻訳しようと努めたものの、彼自身が準アクミーム方言を話す人物であったため、この方言の特徴が無意識のうちに混じり込んだとする説が有力である。本文の保存状態について言えば、『真理の証言』は『メルキゼデク』と同様、ナグ・ハマディ文書全体の中でも最悪の部類に属する。まずこの点について、より詳しい説明が必要である。

第Ⅸ写本は、それを包んでいた包装材(カートナジ)の断片に記された年代的な手掛かりと古書体学的な証拠から、後四世紀に作成されたものとするのが定説である。技術的には、合計十九枚のパピルス・シートを重ね、中央で綴じて二つ折にする形で作られている。そのパピルス・シートの高さは二六・三センチ、長さは、綴じを解いて見開き両頁にした状態で測ると、写本の外側に近いもので三〇・四センチ、写本の最も内側のもので二七・八センチである。この長さの違いは、十九枚のシートを中央で綴じて二つ折にした後で、綴じと反対の開く側で頁の端が不揃いにならないように切り揃えたことから生じている。同じ理由から、写本を閉じた状態でも、外側(表紙あるいは裏表紙)に近い頁の幅は一五・二センチ、内側の頁のそれは一三・九センチと変動している。それに応じて文字面の幅も変動しているが、平均すると一行には十八—十九文字が含まれる。各頁の平均行数は二十九である。

十九枚のパピルス・シートを二つ折にして、どの半シートも裏表に筆写しているので、全体で合計七十六頁から成る写本であったことになる。すなわち、写本の中央は**38**/**39**頁であり、この両頁を両開きにすると、十九枚のパピルス・シートがすべて両開きの状態になる。写本自体が奇数頁では左上の余白、偶数頁では右上の余白に頁番号を表記している。その表記は**3**—**6**、**9**—**10**、**13**—**15**、**18**—**22**、**24**—**36**、**41**—**50**、**55**—**62**、**65**—**68**、**73**—**74**頁については程度の差はあれ、判読あるいは復元が可能であるが、その他の頁(**1**—**2**、**7**—**8**、**11**—**12**、**16**—**17**、**23**、**37**—**40**、**51**—**54**、**63**—**64**、**69**—**72**、**75**—**76**)については不可能である。

さらに、頁数の表記が判読あるいは復元可能で、しかも上端部から下端部まで、途中どれほどの欠損があろうとも、とにかくつながっている頁は、表/裏の形で示すと、**5**/**6**、**13**/**14**、**27**/**28**、**29**/**30**、**41**/**42**、**43**/**44**、**45**/**46**、**47**/**48**の計十六頁に過ぎない。他の頁はあまりに断片的で、どの断片がどの断片と同じ頁に属すのか、それらが一体第何頁なのか、まさにジグソーパズルを解くようにして再構成する他はない。写本の発見以来今日まで、多くの研究者によって、パピルスの繊維、色、染み、汚れなどの連続性あるいは不連続性、断片の縁の破れ方(プロフィール)の連続性と不連続性、判読可能な文章を含むものについては内容的の連続性と不連続性などを規準として、そのような再構成が試みられてきた。

それでもなお、**63**/**64**、**75**/**76**の四頁については、復元が全く不可能(完全に喪失)であり、**23**、**52**、**54**頁については、元来それぞれの頁の下端余白部に属したと思われる断片(大きいものでも二×三センチ)が、**51**、**53**頁についてのは、二センチ四方大で三―六文字が辛うじて判読できる断片が確定されているに過ぎない。それ以外に八十六個の小断片が所属先不明のまま残されている。それらは一ミリ四方から最大二×六センチの大きさで、多くて十文字が辛うじて判読できるが、文章はおろか単語としても読むことができない。それらの断片は、写本を初めて開封した時点ですでに絶望的なまでに入り乱れていた上に、その後の取扱の軽率さも加わったため、ジグソーパズルにもならない状態で現在に至っている。

文字面が比較的良好に残っているのは、写本の内側に位置する第**27**頁から**48**頁にかけてである。第三文書『真理の証言』はその途中から始まるものの、頁を追うごとに本文の欠損が著しくなる。前述のように、**63**／**64**、**75**／**76**頁は完全に喪失し、**51**―**54**頁については微小断片が残るに過ぎない。仮に第**76**頁の最終行まで目一杯筆写されていたとして全体で約千四百十五行から成る文書であったはずである。しかし、この内完全に残っている行数は二百二十に過ぎず、部分的に残存するものは、推定的に復元されたものも含めて七百二十七行、両者合わせても全体の約四十五％に留まる。

最後になお一点、『真理の証言』の第**36**から**41**頁にかけての頁付けの不規則性に触れておかなければならない。この部分の頁付けは**36**→[**40**→**37**]→[**38**→**39**]→**41**頁の順になっている。このうち、[　]で括った**40**頁と**37**頁、**38**頁と**39**頁は同じ半シート分のパピルスの表側に二欄の文字面(**40**頁と**37**頁)、裏にも二欄の文字面(**38**頁と**39**頁)というレイアウトで筆写されている。通常は半シート分のパピルスの表と裏にそれぞれ一欄の文字面で一頁とされているのに比較すれば、極めて異例な措置である。実は表に**40**頁と**37**頁、裏に**38**頁と**39**頁を載せたパピルスシートは、通常の半シートにもう一つの半シート・パピルスを貼り合わせて幅を広げた上で、表裏いずれにも二欄の文字面を設けたものになっているのである。貼り合わせ部には幅約三センチの第三のパピルスをつなぎに用いている。そのつなぎ部のパピルスの保存状態から推すと、写本を閉じる際には、そのつなぎ部で二つ折りにして、貼り合わされた外側のシート（表が37頁、裏が38頁）を内側に収納していたものと考えられる。

このような不規則な頁送りになったのは、おそらく写字生が筆写ミスを犯し、それを事後的に補正したためであると推定される。その写字生は第36頁を筆写し終わった後、40頁へスキップし、40頁をある所まで（私の見るところでは、ほぼ三分の一程度）筆写した時点で、間違いに気付いたのである。そこで彼はその頁の右側の余白を切り落とし、つなぎのパピルスを使いながら、半シートのパピルスを貼り合わせた。しかし、すでにある分量（ほぼ三分の一）を筆写し終わっていた第40頁については、これを抹消せず、そのまま文字面の最後まで筆写し、文の途中ではあったがそこで筆写を一度中断した。次に貼り合わされて右側に用意された半シートのパピルスに、第36頁から続く37頁を筆写し、続けてその裏面に38、39頁を二欄にして筆写した。次に41頁の第1行では、先に筆写を中断してあった40頁最終行の文章から先を続けたのである。

翻訳本文を参照すれば直ぐに明らかになる通り、第36頁の最終行と40頁の第1行は内容的に連続しない。にもかかわらず、写字生の目が37–39頁を越えて飛んでしまったのはなぜか。特に、彼が間違いに気付いて前述のような対策を講じた際に、40頁の最終行を文の途中で中断できたのはなぜなのか。この疑問に対する解答は、私が見るところ、一つしか考えられない。その写字生の面前には先行するコプト語写本があり、彼はその写本の各頁の文字面のレイアウトを行数はもとより、第1行の第一文字から最終行の最終文字まで、一字一句変更せずに、忠実に保存しながら筆写しているのである。とすれば、第IX写本に含まれた『真理の証言』はギリシア語原本からの最初のコプト語訳ではなく、コプト語訳それ自体の内部でも何世代目かの写本であることが、そこから同時に明らかになる。

二　構成と文学ジャンル

おおまかな内容構成は翻訳本文に先立って「内容構成」として示した通りである。それを今少し補足すれば、大きな三部構成の内、第Ⅱ部と第Ⅲ部の間の区分は、§22に含めた第**51**―**54**頁の本文が実質的にはほとんど完全に失われて、その内容を知る由もないために、あまり確実とは言い難い。しかし、第Ⅰ部と第Ⅱ部の間の区分（境目は**45**^{6}）については疑問の余地はない。§17は内容的にも、文体的にも明らかに結びの文章だからである。それに続く第Ⅱ部は第Ⅰ部で述べられたところから個々の論点を並列的に取り上げて釈義的に根拠付ける。

さらにこの関連で注目に値するのは人称代名詞の用法である。これを一覧表にすると次のようになる。

人称代名詞	指示対象	第Ⅰ部	第Ⅱ、Ⅲ部
(1)「私」	著者	§1、4	―
(2)「あなたがた」	読者	§4	―
(3)「われわれ」	著者と読者	§4、12、13	§18、23、26、32
(4)「彼ら」	論敵	§5、10他	多数
(5)「君たち」	論敵	―	§18、22

著者は冒頭の§1から「私」(1)で語り始め、§4では読者に「あなたがた」(2)と呼びかけ、以後自分とその読者を「われわれ」(3)で一括する。この「われわれ」は第Ⅲ部まで、つまり文書全体にわたって繰り返し現れる。この「われわれ」と区別され、さまざまな側面から著者によって論駁される論敵を指すのが「彼ら」(4)であり、§5以後やはり文書全体にわたって頻繁に現れる。ところが同じ論敵が§18と22では、「とすれば、なぜ君た［ち］

は（今なお）［さまよ］い、これらの秘義（の意味）を探し求めないのか」（§18）、あるいは「［そして、君］たちは『私たちはキリ［ストを信じます』と］言［うときに］、［そのキリストを霊］的な意味で理［解していない］」（§22）というように、二人称複数「君たち」（5）でも言及される。この「君たち」は第I部の冒頭で同じ二人称複数の「あなたがた」が読者を指しているのとは非常に対照的である。この点から見ても、§17と§18の間に大きな構成上の切れ目があることは間違いない。そのため、一つの仮説として、『真理の証言』は元来は§17で、つまり第I部だけで終っていたが、それに二次的に第II、III部が加えられて現在の形に拡大されたのだ、という見解（B・A・ピアソン）が表明されている。

文学ジャンルに関しては、これを「書簡」と見る説が研究史の比較的早い段階で提出されたことがあるが、現在では「説教」あるいは「説教的な内容のパンフレット」（ピアソン）とするのが多数意見である。ジャンル史的にもう少し踏み込んで言えば、ヘレニズム・ユダヤ教の説教の伝統に連なるものと言うことができる。その理由として、次の四点が挙げられる。

(1) 読者あるいは聴衆に「あなたがた」と呼びかけ、それに「私」を加えた「われわれ」で一貫する語り口は、新約聖書の特にパウロ書簡に関する様式史的研究（R・ブルトマン、H・ティエン他）によって明らかにされたように、ヘレニズム・ユダヤ教の会堂での説教とそこから派生した文学（特にアレクサンドリアのフィロン）にも特徴的なものである。

(2) ヘレニズム・ユダヤ教の説教の文体は、同じ様式史的研究によれば、前述(1)の語り口も含めて、ヘレニズム文化圏におけるいわゆるディアトリベーの影響を強く受けている（ディアトリベーについて詳しくは、本巻第I部の序「グノーシス主義と説教」の第一章と『復活に関する教え』の巻末解説の第二章を参照）。他方、『真理の証言』に認められるその他の文体上の特徴、すなわち、不特定多数の論敵(§8「ある者たち」参照)の主張をいったん報告した上で、それに反論を加えてゆく論の運び(§5、7、8、11、40)、語呂合わせ(§4訳注(7)、§19訳注(13)参照)、あるいは読者(聴衆)を自分自身で答えを探すように誘う修辞的疑問文(§15、20、22、37)などにも、ディアトリベーの影響が認められる。

(3)「こ[のこ]とについては、律法の中に、神がアダムに命[じ]たこととして、「こう」書かれている」(§19)、「また(別の)〈ある〉箇所[で]はモーセがこう書いている」(§21)、「またこうも書かれている」(§21)など、『真理の証言』が旧約聖書からの引用を行なう場合、引用に先立つ導入句が該当箇所を明示せず、いささか曖昧な形になっていることも、ヘレニズム・ユダヤ教の説教に定着している慣例に正確に並行する。

(4) そのようにして引用された記事の個々の語句の意味を順次説明してゆく際の釈義的な語り口(§20)、あるいは寓意的解釈(§21)も、フィロンに代表されるヘレニズム・ユダヤ教の説教の特徴である。

『真理の証言』の成立地は、後述する通り(第五章)、アレクサンドリアと考えられる。また著者はヘレニズム・ユダヤ教の領域で生み出された旧約外典文書も多数知っている(第四章参照)。従って、ヘレニズム・ユダヤ教の説教の伝統の影響が認められることは異とするに足りない。しかし著者は、新約正典および外典からの頻繁な引用ないしは暗示が示すように、主観的には確信的なキリスト教徒であるから、『真理の証言』はパウロの書簡の説教的な部分、ヘブル人への手紙などと同じように、ヘレニズム・ユダヤ教の説教の形式の影響下に立ちつつも、あくまでキリスト教の枠内で成立した説教である。但しそれは、「あなたがた」と呼びかけられた読者(あるいは聴衆)に「真の」キリスト証言、聖書解釈、禁欲倫理を提示して、彼らを鼓舞するだけの説教ではない。すでに触れた通り、自分たちとは異なる見解と倫理によって生きる論敵たち——その内実については、第四章で詳述する——に対する激しい論駁が、暗示的あるいは明示的に随所に認められる。従って、同信の仲間を鼓舞する説教であると同時に、強烈な論争の書でもあることに注意が必要である。

三　神学思想

翻訳本文に先立って掲出した「説教で言及される神話的役柄と観念」から明らかなように、著者がプレーローマ、中間界、地上界という三層から成るグノーシス主義救済神話の基本枠を知っていて、その枠内で思考していることは間違いない（§15の一連の設問参照）。それぞれの層に属する神話論的な存在もいくつか言及される。しかし、それらの存在相互の間の関係はせいぜい暗示的にしか指示されない。この場合、著者はフルスパンの、かつ体系的な一定の救済神話に積極的にコミットしていながら、説教というジャンルに縛られて、止むなくその程度の言及に留めているという可能性が一応考えられる。しかし、それに劣らず考えられるのは、著者がもはや特定の神話体系にはコミットしようとはせずに、むしろ、それを実存論的に「非神話化」しようと図っているという可能性である。いずれにせよ、著者の主たる関心は救済者の到来と働き、それに対する人間の応答と禁欲的倫理に係わる問題圏、つまり神学用語で言う救済論にある。

著者は「人の子」（随所）、「キリスト」（§5、8、9、18、21、22）、「イエス」（§4、7、32）、「救い主」（§18、29、33）の四つの呼称を全く互換的に用いる。これらの呼称の間に何ら本質的な差異はなく、いずれも超越的・霊的な存在としての救済者を意味する。四つのうちで最も頻繁に用いられる「人の子」についても同様であって、同じナグ・ハマディ文書の中でも例えば『復活に関する教え』がこの呼称によって、超越的な「神の子」が同時に人間であることを言おうとする（復活§4と訳注（6）参照）のとは極めて対照的である。『真理の証言』における「人の子」

は、一義的に超越的な意味で用いられる点で、ユダヤ教黙示文学(ダニエル書七章)から共観福音書に至る流れに沿っている。

その救済者は一方では、「不滅性」から直接ヨルダン河へ降下したと言われ(§4)、他方では「処[女から生]まれ、[そして]肉を取り……」(§12)、あるいは「処女の胎を通ってやってきた」(§18)と言われる。文言としては互いに矛盾すると言わざるを得ない。しかし、いずれの場合にも著者が言わんとするところは、救済者のこの世への到来が人間の「肉」の欲、すなわち性的欲望から隔絶された仕方で起きたということに他ならない。そのようにして到来した救済者(「人の子」)はさらに自分の肉を滅ぼし(§6)、「十字架のことば」で光と闇、不滅性と滅びを分けてゆく(§13)。

他方、現実の人間は三分法的に理解されている。すなわち、人間は「真理の父」なる「叡知(ヌース)」の断片を宿している一方で(§14、16、20)、肉欲(性欲)に縛られている。彼の「魂(プシュケー)」(§3、16)はその二つの力の間に置かれている。「魂」が欲せざる過失から清められ、救済者に倣って立ち上がることができるか否かは、個々人の決断による。「なぜなら、このことは人それぞれによるからである。人はそれぞれ死といのちを自分自身の中に持っている。実に彼はその二つのものの間に生きているのである」(§16)。実存論的解釈で言う「決断の二元論」がグノーシス主義の領域でこれほど明瞭に定式化されることも珍しい。ある人が正しく決断し、しかも生涯かけて「この場所」、すなわち現実の肉の世界を拒否して生き通すならば、彼の叡知はやがて、彼がもともとそこからやってきた「あの場所」へ、すなわち「不滅性」へ帰ってゆくだろう」(§3、16)。そして神的な者となった彼を捕まえて連れ戻すことはもはやできない(§41)。

さらに『真理の証言』は口先だけではなく、生涯かけて生き抜く禁欲的世界拒否こそが、真の洗礼であり、真の殉教（証し）であることを、次節で見るように、さまざまな方面に対して論争的に主張してゆく。その禁欲主義は一口に禁欲主義と呼ばれるものの中でもかなり過激なものと言うことができる。もっとも、真理を認識した者は駄弁と議論を排して沈黙を守るようにという繰り返し行なわれる勧め（§16、35）からは、穏やかな静寂主義が連想されるかも知れない。事実、その連想を間違いと断定できる根拠はない。著者がいわゆる行動主義的な倫理を読者に提示しようとしていないことは確かだからである。にもかかわらず、彼の神学的理解においては、駄弁と議論を排しながら、生涯かけて性的禁欲を貫くこと、このこと以上に激しい行動はあり得ないのである。なぜなら、目の前の肉の世界の増殖を妨げ、やがてはそれを破壊へと導くためには、それ以外の行動は無力だからである。『真理の証言』の禁欲主義が、例えば後四世紀前半に上エジプトに展開し、他でもないナグ・ハマディ文書の発見とも密接に関連するパコミオスの修道院運動のそれと比べて、「攻撃的・反世界的」（K・コショルケ、第六章の文献表④）と呼ばれる所以である。

四　思想史的位置

『真理の証言』は前章で見たような神学的および倫理的立場から、一方では同時代の正統主義（古カトリック）教会、他方では他のキリスト教的グノーシス主義グループに対して激しく論争的な発言を繰り広げる。従来、正統主義教会の側がグノーシス主義的「異端」に向けた反駁は、エイレナイオス『異端反駁』、ヒッポリュトス『全異端反駁』、アレクサンドリアのクレメンス『絨毯』、エピファニオス『薬籠』など、十分以上に知られていたが、逆に後者の側が正統主義教会に向けた反駁に関しては、全くと言ってよいほど情報がなかったのである。ナグ・ハマディ文書の画期的な意義の一つは、まさにこの側面に関する直接資料を提供する点にある。『真理の証言』と『ペトロの黙示録』(VII／3)がそれである。二つの内でも『真理の証言』がとりわけ興味深いのは、正統主義教会に対する論難に加えて、グノーシス主義的「異端」の陣営それ自体の内部でも、さまざまなグループの間で論争が行なわれていたことを具体的な論点とともに教えてくれるからである。

正統主義教会に対して向けられていると考えるべき論難は、暗示的なものも含めて次の通りである。(1)キリストとは誰かを知らない(§5)、(2)旧約聖書の神の正体を知らず(§19)、従って旧約聖書も真に理解してはいない(§10)、(3)終りの日の肉の復活を待望している(§8、10)、(4)不正な金銭で享楽し、利子付きで金を貸し、性交を容認する(§34)、(5)異端説に呪詛を加える(§40)、(6)口先で信仰を告白し(§5、22)、自分を地上の権力者の手に渡して殉教の死を遂げることが神に対する最大の「犠牲」(§10)であり、世に対する最大の「証言」であると考えている。

特に論難(6)は第I部の中心テーマである。『真理の証言』は正統主義教会の殉教の神学を否定して、覚知者(グノーシス主義者)として禁欲の生涯を生き抜くことをもって真の「殉教」、つまり「証言」と考える。そのように殉教死に対して批判的あるいは懐疑的であることをグノーシス主義一般の特徴と見做すのが従来の定説であった。しかし、本巻に収録した『ヤコブのアポクリュフォン』(I／2)には、明瞭にグノーシス主義の意味での殉教の勧め(**4**24—**6**20)が含まれているから、ナグ・ハマディ文書の発見はこの点でも従来の定説を覆す結果となったわけである。しかし、そのことは逆にすべてのグノーシス主義グループが殉教死に対して積極的であったことを論証するものではもちろんない。最も有力なグループの一つであったヴァレンティノス派が殉教死に否定的であったことに変わりはない。彼らにとって、真の「殉教」とは、つまり真の「証言」とは、真の認識(グノーシス)に到達することに他ならなかった。『真理の証言』も同じ考え方に属すると言えよう(§8、10)。この文書の著者からすると、正統主義教会の信徒たちが遂げる殉教死は一見信仰の至上の証しのように見えながら、実は現実の世界に対する拒否と禁欲が不十分なのである。§36は彼らが水の洗礼を行ない、それを「封印」と呼び、自分たちも世界(サタン)を「拒んでいる」と主張していることを報告している。事実、この「封印」と「拒否」という二つの表現は正統主義教会の洗礼式に定着していた術語であったことが知られている。しかし、『真理の証言』の著者はこのような洗礼理解をも「口先だけ」の世界拒否に過ぎないと断罪する。不十分な世界拒否こそが、彼によれば、正統主義教会の「根本的欠陥」(K・コショルケ)である。

グノーシス主義陣営そのものの中では、ヴァレンティノス派(§23、24)、バシリデース派(§25)、シモン派(§26)が明瞭に言及される。その他§26の欠損本文の復元の仕方によっては、コッダイアノス派が加わる。§11に報告される性的な放埒主義を思わせる発言はカルポクラテス派を示唆するかも知れない(§11訳注(14)参照)。§40の「異端者たち」と§42の「路地で刻んだもの(偶像)や悪賢いやり方で教える者たち」にも、正統主義教会と並んで他のグノーシス主義グループも含まれるかも知れない。

著者自身がこれらのグループをすべて直接関知していたかどうかは疑わしい。場合によっては、正統主義教会の反異端論者の著作からの受け売りという可能性も十分あり得るであろう。しかし、著者とヴァレンティノス派との関係に限っては、そのような一般的な説明では片付かない問題がある。すなわち、『真理の証言』をヴァレンティノス派に関するエイレナイオス『異端反駁』(本シリーズ第一巻『救済神話』所収の「プトレマイオスの教説」参照)、ヒッポリュトス『全異端反駁』、アレクサンドリアのクレメンス『テオドトスからの抜粋』などの間接的報告、あるいはヴァレンティノス派自身の産物である『三部の教え』(ナグ・ハマディ文書I/5、本シリーズ第二巻『福音書』に所収)や同派の周辺で著された『復活に関する教え』(本巻に所収)などと突き合わせて読むと、この派に固有な術語と観念がいくつか見いだされる。それらを『真理の証言』の該当箇所、およびヴァレンティノス派の神話の並行箇所と合わせて簡略に示せば次のようになる。

術語・観念	該当箇所	並行箇所
(1)経綸(オイコノミア)	§15	三部教§43—49
(2)キリストは処女の胎を通ってやって来た	§18	§18訳注(2)参照
(3)オグドアス(八つのもの)	§23	「補注・用語解説」参照
(4)十字架のことば・「分かつ」	§13	§13訳注(15)参照
(5)子宮のアルコーン(ヨハネ)	§4	§4訳注(11)参照
(6)霊的復活」／肉の復活	§9、10	復活§9 フィリ福§23abc

この内、(3)と(6)は厳密に言えば、ヴァレンティノス派の枠を越えて他のグループにも見いだされるものであるが、それ以外——特に(2)、(5)——はヴァレンティノス派にのみ固有なきわめて特殊な観念である。しかも、注目すべきことに『真理の証言』の著者は、これらの術語と観念をすべて例外なく、論敵の言い分の一部としてではなく、地の文で自分自身の発言の一部として用いているのである。この限りでは彼はヴァレンティノス派の影響下にあって、同派の術語、観念、思考に深く通じている者でなければならない。ところが彼は、すでに触れたように、他でもないそのヴァレンティノス派の洗礼式と「偶像崇拝」を痛烈に批判しているのである(§23、24)。従って、彼のヴァレンティノス派に対する関係はきわめてアンビヴァレントな関係であると見なければならない。そして、このように微妙な思想史的位置は、次章で述べる通り、『真理の証言』の著者を歴史的に推定する上で重要な手掛かりを提供するのである。

それに先立って、著者が立っている伝承史的あるいは正典史的位置についても、広い意味での思想史的位置に係わる問題として、ここで触れておかなければならない。著者によって明示的あるいは非明示的に引用される旧約文書は、創世記(§3、19、20、22)、出エジプト記(§20、21)、イザヤ書(§20)、サムエル記下(§37)、列王記上(§37)の五つである。引用ではなく、暗示的な言及と呼ぶべきものは、エレミヤ書(§1)、イザヤ書(§1)、創世記(§2、13)、詩篇(§4、5)、ヨシュア記(§4)、ホセア書(§5)、エゼキエル書(§11)について発見される。

新約聖書正典からは大変な頻度で引照が行なわれている。明示的あるいは非明示的に引用されているか、暗示的に言及されていると思われる箇所は、その都度の訳注に可能な限り網羅的に列挙した通りである。引用も暗示的言及もされない文書は、私の調べた限りでは、フィレモンへの手紙、ヨハネの第二、第三の手紙の三つのみである。現在の新約聖書正典二十七文書は、教会史上の事実としてよく知られているように、後三六七年にアレクサンドリアの司教アタナシウスが発信した復活節書簡によって最終的に確定された。次章で示す通り、『真理の証言』の執筆年代はそれよりはかなり早い時期と思われるが、執筆場所は同じアレクサンドリアが最有力の候補地である。すでにこの文書の著者の手には、やがて正典文書とされることになる新約文書の大部分が揃っていた可能性が高い。その中で、彼が自分自身のグノーシス主義的神学の拠り所として最も積極的に引照するのは、パウロ文書(特にロマ、ガラ、Ⅰコリ、エフェ)と四福音書である。さらに四福音書の中では、ヨハネ福音書の「人の子」キリスト論の影響が最も大きい。これら新約文書からの一連の引用を見れば、著者がグノーシス主義の類型区分(本シリーズ第一巻一―七頁参照)で言う「キリスト教的グノーシス主義」に属することは言うまでもない。

暗示的言及というレベルでは、現在の正典旧新約聖書には属さない、いわゆる旧約および新約外偽典文書、あるいは使徒教父文書などとの並行関係も著しい。すなわち、これらの文書のここかしこに現れる文言と類似の文言が

『真理の証言』にも見いだされるのである。具体的にはそのつど訳注で触れた通りであるが、ここで参考までにそれらを一覧表にしておくことにする。

該当箇所	書名	成立年代	成立地
§13注(13)参照	預言者の生涯	後一世紀	パレスチナ
§13注(13)§18注(4)参照	預言者イザヤの殉教と昇天	後一世紀後半	不詳
§19注(12)参照	モーセの黙示録	前一—後一世紀	不詳
§19注(15)参照	アダムとエバの生涯	前一—後一世紀	不詳
§37注(15)参照	ソロモンの遺訓	後一—三世紀	エジプト
§5注(13)参照	イグナティオス『ローマのキリスト者へ』	二世紀初頭	小アジア
§5注(13)§17注(20)参照	ポリュカルポスの殉教	二世紀前半	小アジア
§7注(8)参照	使徒たちの手紙	二世紀	エジプト
§13注(15)参照	ヨハネ行伝	三世紀末	小アジア
§14注(1)参照	パウロ行伝	二〇〇年頃	小アジア
§16注(5)§18注(4)参照	ヤコブ原福音書	二世紀後半	不詳
§38注(4)参照	自然学者	二世紀	エジプト
§13注(16)、§34注(4)§35注(7)、(11)§39注(2)参照	トマスによる福音書	二世紀中葉	シリア

五　著者・執筆年代・場所

執筆場所としては、ヴァレンティノスとバシリデース、およびそれぞれの弟子たちの活動についての言及(§24、25)があることから推して、アレクサンドリアであることはほぼ間違いないと思われる。すでに見たような説教の文体の上でのフィロンとの類縁性に加えて、個々の観念の次元でも同じフィロンとの並行関係が指摘できる。すなわち、「叡知」(ヌース)の男性性の強調(§16)についてはフィロン『十戒各論』II, 3、『世界の創造』165に、十字架の裁断力についての文言(§13)についてはフィロン『神のものの相続人』130-140に、それぞれ類似の観念が見いだされる。このこともアレクサンドリア起源を裏付ける。

執筆年代は、まず前章の最後に掲げた諸文書との並行関係から推すとすれば、後二世紀後半から三世紀前半を考えるのが妥当であろう。他方、アレクサンドリアの正統主義教会が異教権力との衝突の中で多数の殉教者を輩出することになったのは、教会史の上では司教デメトリウスがその地の教会の指揮を取った期間、すなわち後一八九―二三一年であることが確認されている。『真理の証言』が論難するのはこの時期の正統主義教会が展開した殉教論であると見做せば、前記の年代的な推定とも見事に符合する。

著者についても、他の大半のナグ・ハマディ文書の場合と異なって、ある特定の歴史上の人物に焦点を絞ることができる。その手掛かりになるのは、すでに前章で確認したように、ヴァレンティノス派に対する著者の非常にアンビヴァレントな関係である。B・A・ピアソンは、後二世紀から三世紀にかけてのアレクサンドリアで、一方ではヴァレンティノス派の神話と術語に通じていて、他方では彼らと論争状況にあり、同時に正統主義教会の殉教論にも反駁を加え得たような人物として、ユリウス・カッシアヌス(Julius Cassianus)の名を挙げる。この人物についてはアレクサンドリアのクレメンスの『絨毯』が唯一の情報源である。その報告は分散しているが、集約するとかなりの量になる。以下、重要と思われる点を順次挙げておく。

(1)『絨毯』III, 13, 92, 1によると、「彼（カッシアヌス）自身はヴァレンティノス派から出発した」この報告はカッシアヌスがやがてヴァレンティノス派と袂を分かったことを含意すると読める。

(2)『絨毯』III, 13, 91, 1によると、カッシアヌスには『禁欲と去勢（独身制）について』という著作があったと言う。この表題自体がすでに『真理の証言』の過激な禁欲（独身）主義との親近性を示している。さらにクレメンスによれば、カッシアヌスはその著作の中で、性的に放埓な生き方をしているある者たちを批判するために、彼らの言い分を引用している。その引用もクレメンスの報告の中に含まれている。その内容は『真理の証言』の中でやはり引用文として現れる文章、「神が［性器］をお造りになったのは、われわれがそれを使い、（からだを）汚し［ながら子孫を増や］すため、（また）わ［れわれ自身］を満悦させ［るた］めである」（§11訳注（14）参照）に非常によく似ているのである。『真理の証言』の著者も、カッシアヌスと同じように、この文章の立場を激しく論難する。

(3)『絨毯』III, 14, 95, 2によると、カッシアヌスは創世記三21にある「皮の衣」という表現を肉体の意味に解し、「この世の支配者たちに服する者たちは生み、かつ、生まれる。しかし、われわれの進む道は天にあり、救い主がそこからやって来られるのを待っている」と語ったと言う。この発言も第三章で整理した『真理の証言』の結婚・生殖観、救済論、終末論によく並行する。

(4)　クレメンスは『絨毯』III, 13, 92, 2-93, 1において、カッシアヌスがある時に行なった引用を報告し、その出典は『エジプト人福音書』であると断定している。クレメンスが報告するその引用文と部分的に並行する文言が『真理の証言』の§35（訳注（7）参照）にも現れる。

(5) 『絨毯』I, 21, 101, 2によると、カッシアヌスには『釈義集』という著作もあったと言う。『真理の証言』も第Ⅱ部以下(§18以下)はきわめて釈義的な性格の強い文書である。

以上はカッシアヌスの名前を明示した上での報告である。その他、名前の明示はないが同じカッシアヌスかそのグループを指すとおぼしき箇所が二つある。

(6) 『絨毯』III, 12, 86, 3によると、ある禁欲主義者たちはマタ六19「地上にあなたたちの宝を積むな。そこでは衣魚と虫が宝を食い、泥棒が壁に穴を開けて盗んでしまう」を引いて、性交によって子供をもうける行為を禁じていたと言う。『真理の証言』も他でもない男女の性交を貶める文脈で、同じ箇所を引用する(§4訳注(16)参照)。

(7) 『絨毯』III, 12, 87, 1によると、同じ禁欲主義者たちはルカ二〇35「しかし、かの世と死人のうちからの甦りとにふさわしいとされた者らは、娶らず、嫁がない」も同じ趣旨で引用したと言う。『真理の証言』も§10で(訳注(12)参照)、マタイとマルコでこの文言(ルカ二〇35の並行句)と密接不可分に結合されて現れるマコ一二24/マタ二二29を引用している。

ピアソンは概ね以上のような観察に基づいて、『真理の証言』の著者は仮にカッシアヌスその人ではないとしても、少なくともその直接の弟子によって、二世紀末から三世紀初めにかけて著されたものだとする。この説に対してコショルケは、アレクサンドリアのクレメンスの報告によるかぎりカッシアヌスには、『真理の証言』において重要な論点を成す洗礼と殉教に対する論駁が見当たらないことを理由として、懐疑的である。コショルケ自身は『真理の証言』が余りに多数のグノーシス主義派閥との接点を示すので、特定の既知のグノーシス主義者あるいは派閥に帰属させることは不可能だという見解を示している。その他、エジプトにおける修道院運動の指導者パコミウスとほぼ同時代(三〇〇年頃)に活動し、エジプトに禁欲主義(エンクラティズム)を広めたコプト教徒レオントポリスのヒエラカス(Hierakas)を著者と想定する説(F・ウィッセ)も提示されている。しかし、現在のところ、ピアソン説の有利は揺るがないと思われる。J・P・マエも最も新しい校訂本に付した解説でピアソン説に賛同している。

六　翻訳の底本・参照文献

翻訳にあたっては②を底本とし、必要に応じて①を参照している。二次的な研究文献についても、これら二つの校訂本に付された文献表に詳しい。但し、全体を四十二のパラグラフに区分したのは今回のこの邦訳のための独自の工夫である。

① B. A. Pearson/S. Giversen, *The Testimony of Truth*, in: B. A. Pearson (ed.), *Nag Hammadi Codices IX and X*, Leiden 1981 (*NHS* XV), pp.101-203. ＝ギーベルセン／ピアソン

② A. et J.-P. Mahé, *Le Témoignage Véritable* (*NH IX, 3*), *Gnose et Martyre*, Québec/Louvain 1996 (*BCNH* 23). ＝マエ

③ K. Koschorke, Der gnostische Traktat "Testimonium Veritatis" aus dem Nag-Hammadi-Codex IX. Eine Übersetzung, *ZNW* 69 (1978) 91-117. ＝コショルケ

④ ———, *Die Polemik der Gnostiker gegen das kirchliche Christentum*, Leiden 1978 (*NHS* XII).

⑤ W.-P. Fuck (ed.), *Concordance des Textes de Nag Hammadi, Les Condices VIII et IX*, Louvain-Paris 1977, pp.574-585.

解説　三体のプローテンノイア

荒井　献

一　写本

『三体のプローテンノイア』はナグ・ハマディ文書の第XIII写本に第一文書(35頁1行から50頁24行)として収められているものであり、その後に一〇行分(50 25—34)だけ『この世の起源について』(第II写本第五文書——本シリーズ第一巻『救済神話』所収)の最初の部分(97 24—98 4)に並行する異本が続いている。

本文書で使用されているコプト語は、サヒド方言である。保存状態は中程度で、頁が進むにつれてパピルスの上下に欠損が多くなっており、復元が不可能な箇所もかなり見いだされる。その字母数を推定できない場合もあるので、その場合には[　]内に±に続いてアラビア数字を入れていない。

『三体のプローテンノイア』も、原本はギリシア語であったと推定される。このことは例えば、「プローテンノイア」がギリシア語からの借用語で、「プローテー」(「最初の」の意)と「エンノイア」(「思考」の意)の合成語であり、文法的性が女性であるだけではなく、「父」(至高神)の女性的属性である「思考」の自己啓示が本文書の主題となっているのに、この「思考」を男性形のコプト語名詞「メウエ」で受けていること(書き出しの二行分35 1—2参照)からも明らかであろう。このほかにも本文書には、他のナグ・ハマディ文書の場合と同様に、ギリシア語からの借用語が多く見いだされる。

二　表題と文学形式

「三体のプローテンノイア」という表題は、本文書の**50**$_{22}$にギリシア語(prōtennoia trimorphos)で後書きされている(trimorphosは「三様態」あるいは「三形体」の意)。しかし実際には、この前(22行)と後(24—25行)に更に二つの表題が併記されているのである(本巻二〇六頁参照)。

本文の終りに続く最初の表題は、ギリシア語からの借用語を用いながらも、冠詞と前置詞はコプト語で、つまり全体としてはコプト語(plogos intepiphania)で記されており、「顕現の教え」を意味する。しかしこれは、これのすぐ後に認められるΓ(ギリシア語のアルファベット三番目の「ガンマ」——数字3の表記にも用いられる)から推定して、本文書第三部(**46**$_{5}$—**50**$_{20}$)の表題と思われる。第一部の終り(**46**$_{4}$)にも表題が付記されており、p[log]os intpōtennoia [a](「プローテンノイアの教〔え　一〕」の意)と復元されるので、この推定にほぼ間違いないであろう。ちなみに、第二部の終り(**46**$_{1}$—$_{4}$)は欠損していて、第二部の表題を復元する直接的手掛りはないが、第一部と第三部の表題から[pathimarmenē b](「〔宿〕命〔論　二〕」)と復元されている。

最後に記されている第三の表題(「父によって書かれた聖なる書／完全なる知識をもって」)は、本文書の内容との直接的関係が認められない。本文書は「父」(至高神)の霊感によって書かれた「聖なる書」である、という解釈をもって後生の写字生が加筆したものであろうか。

いずれにしても、本文に後書きされている二番目のタイトル「三体のプローテンノイア　三」が本文書全体の表題であると想定される。但し、このタイトルの最後の字母(3を表すギリシア語のガンマ)は、最初のタイトルに付記されているガンマ（これをわれわれは「第三部」の意にとった）とは異なり、「三部から成る」の意にとるべきであろう。

さて、『三体のプローテンノイア』の文学形式上の特徴は、一人称単数を主語として（「私は……である」）語られる、プローテンノイアの「自己啓示」が本文書の基調をなしていることにある（**35** 1—**36** 27、**40** 29—**41** 1、**42** 4—27、**45** 2—12、**45** 21—**46** 3、**46** 5—7、**47** 5—23、**49** 6—22、**50** 9—20）。但し、これはあくまで基調であって、この間に、プローテンノイアによって告知される「秘義」が三人称を主語として語られる「教え」の部分（**36** 27—**40** 29、**41** 1—**42** 2、**42** 27—**45** 2、**46** 7—**47** 4、**47** 24—**49** 5?、**49** 22—**50** 9）、さらにはプローテンノイアを「キリスト」あるいは「イエス」と同定する部分（**37** 31、**38** 22、**39** 6—7、**47** 14—15、**49** 7—8、11—15、18—20、**50** 10—16）などが挿入されている。要するに、全体として本文書は、プローテンノイアの自己啓示を文学的形式として、「グノーシス」による救済を告知するものである。

三　内容

すでに表題との関わりで言及したように、本文書は三部構成になっている。

一　プローテンノイアの教え（§1—14）

二　宿命論（§15—22）

三　顕現の教え（§23—35）

但し、本文の中に付記されている、右のような三部分の表題は、本文書の内容を必ずしも的確に表現するものではない（これらの表題は写字生によって事後的に加筆された可能性があろう）。

バルベーローとも呼ばれるプローテンノイア（最初の思考）は、父のエンノイア（思考）という女性的属性が人格化された存在である。この「思考」が、第一部においては「声」(男性)として自己を啓示する。この意味で、「声」は「思考」の出自であり(**36**$_{26-27}$、**37**$_{20-21}$、**46**$_{29-30}$)、「父の思考」であり(**36**$_{17}$、**38**$_{8}$)、「認識」の顕現様態である(**36**$_{13、19}$)。この声は、第一に「父」として、第二に「母」(あるいは「言述」)として、第三に「子」(あるいはロゴス)として存在し、この「子」なる「ロゴス」が「クレーストス」(至善)で塗油された「キリスト」である(§5)。彼がアイオーンたちに自らを顕し、彼らの上に四つの光(アルモゼール、オロイアエール、ダヴェイタイ、エーレーレート)を立てた(§9)。そして、最後の光エレーレートからエピノイアとその子ヤルダバオートが出現した。彼が母エピノイアから力を奪い、陰府と深淵の支配者となった「悪霊」である。彼は世界と人間を形成し、人間を陰府と深淵の中に閉じ込める(§10—11)。しかし、プローテンノイアは深淵に下降し、陰府の捕囚から彼女の「一部」としての人間の霊魂を解放し、彼らに「秘義」を語る(§12—14)。

こうしてみると、本文書の第一部の内容は、「プローテンノイアの『声』(『父』)としての自己啓示」といわるべきであろう。

次に、第二部は「宿命論」と後書きされてはいるが、実際に人間の「宿命」(ヘイマルメネー)を司る星座について否定的に言及されているのは§17の二箇所(**43**$_{13、17}$)だけで、「宿命」それ自体が第二部の主題になってはいない(このタイトルも本文への事後的付加と思われる)。

ここでプローテンノイアは「言述」(コプト語で女性形の「スメー」)あるいは「母」として自己を啓示し、全被造物に「アイオーンの終り」を告知し、「秘義」を語る(§15—16)。こうして宇宙の破滅が近づいたとき、惑星と人間に「宿命」を「配当」し、「家」を「測定」する星座が震撼した(§17)。諸権力もまた、彼らの長《おさ》アルキゲネトールと共に自らの滅亡を予感する(§18)。そこでプローテンノイアは、不義の終りと万物の完成を予告し(§19)、彼女を知る者を「全き光」の中に導き、「栄光」「玉座」「衣」「洗礼」「光の伝授」から成る「五つの封印」の秘儀を示唆し、万物に「かたち」を与え、「聖なる霊」を注いで、「光の中へ」と帰昇する(§21—22)。

以上第二部の主題は、「プローテンノイアの『言述』(『母』)としての自己啓示」となろう。

最後に第三部は、「プローテンノイアの『ロゴス』(『子』)としての自己啓示」である。三度目に思考は、「ロゴス」(言葉)として自らを顕し、秘義を教示する(§23—25)。彼は万物に遍在するが、その「衣」をまとっていたので、天的諸力も彼を知らなかった(§26)。しかしロゴスはエピノイア/ソフィアの出自で、「万物を照らす光」である。ロゴスとしてのプローテンノイアは、彼女を知る者たちを「洗礼者」と呼ばれる天的存在に委ねて「五つの封印」(「衣」「洗礼」「玉座」「栄光」「光の授与」)を伝授する(§27—29)。「キリスト」「イエス」はプローテンノイアの仮りの象《すがた》であり、彼女は彼を「呪われた木」(十字架)から運び去って、「父の居場所」に移した(§30、33)。闇は解消され、無知は死に、彼女の「部分」は「光の子ら」となるであろう。こうしてプローテンノイアは、彼の「種子」を「聖なる光に(置く)」であろう」(§31、32、34)。

要するに、『三体のプローテンノイア』の内容は次の三部から成る、と結論付けられよう。

一　プローテンノイアの「声」(「父」)としての自己啓示

二　プローテンノイアの「言述」(「母」)としての自己啓示

三　プローテンノイアの「ロゴス」(「子」)としての自己啓示

四　思想とその系譜

『三体のプローテンノイア』は、傍注でその都度指摘したように、グノーシス諸派の中でもセツ派の出自と想定される諸文書、ナグ・ハマディ文書の中では特に『エジプト人の福音書』(本シリーズ第二巻『福音書』所収)や『ヨハネのアポクリュフォン』(第一巻『救済神話』所収)と神話論的に並行する諸要素をかなり多く有している。これは、とりわけ『ヨハネのアポクリュフォン』において目立つところであるが、両文書は神話論の個々の要素だけではなく、その枠組をも共有しているのである。

まず、「長写本」(ⅡとⅣ)と「短写本」(ⅢとB)から成る『ヨハネのアポクリュフォン』の四つの写本の中で、特に「長写本」Ⅱの最終部分(§80「プロノイアの自己啓示」――第一巻『救済神話』一二〇―一二四頁)において、「父」の女性的属性プロノイア(バルベーロー)が三度陰府に降り、「私」を主語として自己を啓示し、「肉体」という「牢獄」に捕縛されている者に「自己」覚醒のメッセージを伝え、水の光の中で「五つの封印」をする。これに対応して本文書では、同様に「父」の女性的属性であるプローテンノイア(バルベーロー)が――『ヨハネのアポクリュフォン』§80におけるプロノイアの三度にわたる陰府降りを本文書の全体に拡大するかのごとく――第一部では「声」(「父」)として、第二部では「言述」(「母」)として、第三部では「ロゴス」(「子」)として――自己(「私」)を啓示し、各部で一度ずつ、つまり三度陰府に降り、肉体の牢獄から彼女の「一部」を解放し、天的「洗礼者たち」に彼らを委ねて「五つの封印」の秘儀に与らせる。

このような両書の対応から見て、『三体のプローテンノイア』(以下PTと略記)は『ヨハネのアポクリュフォン』(以下AJと略記)Ⅱの§80を拡大することによって成立したようにも思われる。しかし、このように単純には想定できないようである。

大貫隆によれば(以下の大貫説については第一巻『救済神説』所収の「解説」二九二頁以下参照)、AJの長写本Ⅱ§80(この部分の内容については短写本つまりⅢとBでは短く、しかも不完全な仕方で言及されているだけである)は、短写本を拡大増補することによって成立した部分ではなく、ＡＪ全体の構造にとって「不可欠な一環」であり、ＡＪの「元来の一部（エピローグ）」であった。§80はこのエピローグの位置にあって、そこまで神話を語ってきた「救い主」が実はバルベーロー・プロノイアに他ならないことを、「バルベーロー・プロノイア自身が自らを啓示することによって、明らかにする場面であったと考えられる」。

ＡＪⅡの§80がＡＪの元来のエピローグであったことについては、筆者がＰＴ邦訳の底本に用いた校訂本の著者ターナーも（この底本については後述）、大貫とは全く独立に、大貫と同様の結論に達している。それだけに、この大貫・ターナー説にはかなりの蓋然性があると判断すべきであろう。

もしこの説が正しいとすれば、ＡＪの本体において潜在していたバルベーロー・プロノイアの啓示者・救済者としての役割が、ＰＴにおけるバルベーロー・プローテンノイアの中で顕在化していることになる。とすれば、ＰＴのプローテンノイア像はＡＪ§80のプロノイア像の単なる拡大ではなく、ＡＪに元来前提されていたプロノイア像と対応することになろう。

もしそうだとすれば、次に問題となるのはＡＪとＰＴの相互関係である。ＡＪがＰＴを知っていて、ＰＴの女性的啓示（救済）者像を——その本文の本体において——「男性化」したのか。あるいは逆に、ＰＴがＡＪの男性的啓示（救済）者像を——その本文の全体において——「女性化」したのか。この問いには、両文書——特にＡＪ——にかなり複雑な伝承史があるので（前述したＡＪに関する大貫の「解説」参照）、正確な答えを出すことは困難である。いずれにしても、ほぼ確実に言えることは、ＡＪのプロノイア像もＰＴのプローテンノイア像も共にユダヤ教知恵文学（特にエチオピア語エノク書四二章、シラ書二四章、知恵の書七—八章）における「ソフィア」像に遡ることであろう。ここでは、父なる神の女性的属性「ソフィア（知恵）」が人格化され、エチオピア語エノク書によれば、ソフィアは二度天から降って「人の子ら」の間に住もうとしたが果たせず、天に帰昇して「御使いたちの間に居を定めた」(四二1―2)。他方、知恵の書によれば、ソフィアは「永遠の光の反映、神の働きを映す曇りのない鏡、神の善の姿」であり、「ひとりであってもすべてができ、……世々にわたって清い魂に移り住み、神の友と預言者を育成する」(七26―27)。PTの場合、これらのソフィア像をグノーシス主義の視点から結合し、三度にわたるプローテンノイアの漸進的自己啓示と救済行為に仕上げたものと思われる(AJについては、荒井献「『ヨハネのアポクリュフォン』におけるソフィア・キリスト論」『原始キリスト教とグノーシス主義』岩波書店、一九七一年、第九刷=一九九七年所収、参照)。

さて、ターナーによれば、PTは伝承史的に三つの層に分けられる。「私」を主語として自己を啓示する箇所は「基層」で、伝承史的に最も古く、三人称で語られる「教義的」箇所は基層に付加された部分で、「キリスト論的」箇所は最後に付加された最も新しい層である、といわれる。第一の層と第二の層をターナーのごとくに伝承史的に分けられるか否かをめぐっては、筆者は態度を保留しておくが、第三の「キリスト論的」層が二次的付加部分であることは疑いえないと思う。この点についても、AJの場合に対応するであろう(ここでは、より古い「短写本」(ⅢとB)からより新しい「長写本」(ⅡとⅣ)に移行するに従って「キリスト論」的部分が拡大・強化されていく)。要するに、PTは――AJの場合と同様に――二次的に「キリスト教化」されたグノーシス文書といえよう。

この「キリスト教化」は、第一部では「アウトゲネース」(「独り子」「自ら生まれた者」)が「キリスト」と同一化されることによって行なわれており(**37**31、**38**22―23、**39**5―6)、これはAJの場合と対応する。但し、第三部(ロゴスとしての自己啓示)では「キリスト教化」が第一部(およびAJ)の場合とは調子が異なる。第三部で「キリスト」や「イエス」には、ロゴスとしてのプローテンノイアの仮象として、すなわち正統的教会のキリスト論に対する反駁的調子で言及されている。

いずれにしても、ＰＴの思想的系譜はセツ派に連らなるであろう。このことは、ＰＴに特徴的な洗礼を中心とする「五つの封印」と呼ばれる入会の秘儀(あるいはこれに類似する典礼)が、ＡＪや『エジプト人の福音書』『アダムの黙示録』(本シリーズ第四巻『黙示録』所収予定)などのセツ派出自の諸文書に言及されている、あるいは少なくとも示唆されていることによっても裏付けられよう。

五　ヨハネ福音書との関係

『トマスによる福音書』(本シリーズ第二巻『福音書』所収)が新約聖書の最初の三つの福音書(マタイ、マルコ、ルカのいわゆる「共観福音書」)あるいはマタイとルカがそれぞれの福音書を編む際に共通して資料として用いたイエス語録集(いわゆる「Ｑ文書」)との関連で注目を集めたのに対し、『三体のプローテンノイア』(ＰＴ)は第四福音書に当るヨハネ福音書との関わりで研究者たちの注目を引いている。

ヨハネ福音書は、共観福音書とは異なって、部分的にではあるが、独特の文体で記されている。この福音書でイエスは繰り返して、「私は……である」という、いわゆる「私章句」を用いて、さまざまな自己啓示を行なうのである。――「私は世の光である。私についてくる者は闇のうちを歩むことなく、命の光を持つことになる」(八12)。「私は道、真理、命である。私を介してでなければ、誰も父のもとに行くことはできない」(一四6)等々。

実はルドルフ・ブルトマンが有名な『ヨハネ福音書』(注解)を一九四一年に著したとき、ヨハネ福音書に前提されている資料の一つに、グノーシス文書に由来する、「私章句」を特徴に有する「言葉資料」を想定した。その際にブルトマンが用いたグノーシス文書が主としてマンダ教やマニ教出自の諸文書であり、これらの文書の成立がヨハネ福音書よりもかなり後の時代であったこともあって、彼の「言葉資料」仮説はその後批判の対象となり、現在ではこれを支持する研究者はほとんど見いだされないほどになっている。

　ところがナグ・ハマディ文書が発見されて、その中のＰＴが他ならぬ「私章句」による自己啓示文書であり、特にその第三部には「ロゴス」として自己を啓示するプローテンノイアが「私は万物を照らす光である」と語っている（**47** 28—29、**46** 16、31—33をも参照）。しかもブルトマンが、その背後に同種のグノーシス文書を想定したヨハネ福音書冒頭（一1-14）のいわゆる「ロゴス讃歌」の中で、はじめに神と共にあった「ロゴス」において生じたことは「命」であり、「その命は人々の光であった。その光は闇の中にあって輝いている」といわれている（一4-5）。しかもＰＴの成立は、ヨハネ福音書の成立年代（九〇年代末期）よりも、マンダ教・マニ教文書以上に遅くはない（後述のように二世紀後半）。とすれば当然想定されるのは、ヨハネ福音書に関わるブルトマン仮説は、そのための資料をＰＴに替えれば、現代でも成り立ちうるのではないか、ということである。

　しかし、このようなブルトマン仮説「再興」には、なお慎重たるべきであろう。すでに言及したように、ＰＴにも伝承史があり、ターナーによれば、それは三層にもなる。しかも、「キリスト論的」部分の最も多い第三部には、ヨハネ福音書よりも後の時代（二世紀前半）にヨハネの手紙の中で批判されている「反キリスト」的言説（キリスト仮現説）が見いだされる（Ⅰヨハ二22-23、四2-3、Ⅱヨハ7参照）。

　しかし他方、至高神「父」の女性的属性としてのプローテンノイアによる「ロゴス」（男性！）としての自己啓示は、ヨハネ福音書のロゴス讃歌（一1-14）の宗教史的背景を探る上で重要な手掛りを与えるものである。特に最近、ロゴス讃歌の「ロゴス」は、ユダヤ教知恵文学における「ソフィア」の男性化であるという想定がほぼ定説になっているからである。すでに言及したように、ＰＴのプローテンノイアも、「ソフィア」に遡ると思われる。とすれば、ヨハネ福音書とＰＴはそのロゴス・キリスト論において同根であり、前者は女性的「根」を完全に男性的「ロゴス」に化したのに対し、後者は「根」の女性性を保持したまま、その顕現様態において「ロゴス」とした、ということになろう。フェミニスト視点に立つ女性新約学者が、ヨハネ福音書よりもＰＴの方を評価する所以である（例えば、I. S. Gilhus, Trimorphic Protennoia, in: S. Fiorenza, *Researching the Scriptures. A Feminist Commentary*, New York 1994, pp.55-65 参照）。

六　成立年代・場所

キリスト教化される以前の『ヨハネのアポクリュフォン』の原本成立年代が二世紀前半と想定されている（前掲の大貫による「解説」参照）ので、これと極めて近い関係にある『三体のプローテンノイア』も、その基層はほぼ同時代の成立と見てよいであろう。しかし、キリスト教化された現本文は二世紀後半以降となろう。成立地も、『ヨハネのアポクリュフォン』同様、エジプトであろう。

七　翻訳底本

本巻所収の私訳は、荒井献『新約聖書とグノーシス主義』（岩波書店、一九八六年）所収の私訳の改訂版である。小著所収の私訳を作製するに際しては、以下に挙げた校訂本の①を底本とし、②をも参照した。この度は、①②を批判的に検討した上で比較的に最近公刊された③を底本として、初出の私訳を全面的に改訂した。

① *La Prôtennoia trimorph* (*NH XIII, 1*). *Texte établi et présenté* par Y. Janssens, Québec 1978.

② *Die dreigestaltige Protennoia* (*Nag-Hammadi-Codex*), *herausgegeben, übersetzt und kommen-*

tiert von G. Schenke, Berlin 1984.

③ J. D. Turner, NHC XIII, 1: Primorphic Protennoia, in *Nag Hammadi Codex XI, XII, XIII*, ed. by C. W. Hendrick, Leiden 1990, pp.359-454.

なお、私訳の傍注における「ヤンサン」は①、「シェンケ」は②、「ターナー」は③を指す。

解説　救い主の対話

小林　稔

一　表題と類型

この文書には冒頭(120 1)と末尾(147 23)に「救い主の対話」という表題がある。確かに主な内容はひとりの人物とその弟子たちとの、それもほとんどすべてがユダ、マタイ、マリヤとの対話である。

しかし「救い主」という称号は僅かな例外をのぞいてほとんど見られず、主要人物はもっぱら「主」と呼ばれている。新約文書に慣れ親しんだ人なら、「主」と聞くと、死を通して完成された復活後のイエスを予想するだろうが、死を越えて生命への道を行くことに関して「たどり着くのは、私自身にとっても難しい」という彼の言葉が繰り返されており(§52、96)、その限りでは完成途上にある生前のイエスである。また、生前のイエス物語ならもちろんのこと、復活顕現物語でもふつうは場所が設定されるが、この文書では「天[と]地の果て」(§36)で三人の弟子たちが幻を見る以外、一切場所の設定がない。従って復活後のイエスと弟子たちの対話と見ることはできない。

文書全体としては『トマスによる福音書』と似て、語録集のように見ていいだろうが、『トマスによる福音書』のように共観福音書伝承と密な関わりがあるわけではない。冒頭(§1―3)はヨハネによる福音書の演説に似て、もっぱらイエスの独白である。かといって、全体としてみると、ヨハネによる福音書のように著者が自分の思想をイエスの説教として展開しているわけでもない。一般的に言うと、イエスの語録が対話の形に展開され、さらにその言葉を契機に著者が自分の思想を展開してゆくようになるが、この文書はその途上にあるものと考えてよいであろう。

そして、この文書は全体として対話の形式だが、内容構成にも記したとおり、創造に関する神話や、四元素説を前提とした一連の知恵の言葉、また黙示的な幻が間に入っている。

底本の序文でケスター(H. Koester)とペイジェルス(E. Pagels)は、対話、創造神話、知恵の言葉、黙示的幻という、これら四つの相異なる類型の部分にそれぞれ独立した資料ないし伝承を想定し、それらの資料・伝承の思想、それらを使ってこの文書を書き上げた著者の思想を説明している。われわれが持っているのはコプト語本文だが、原語はおそらくギリシア語であるため、著者の筆と資料との間の分離作業は、もっぱら類型の違いに依存しており、用語などによる裏付ができない。その点で、彼らの説明は訳者には不満が残るが、以下、彼らの考えに沿って解説を試みてみたい。

二　資料と伝承

1　対話資料

(1)　対話の第一の部分(§4―14)

§1―3の導入の教えの後、§4―14は対話の第一の部分。

§4―8はマタイやユダとの対話。自分のうちにあるものを大切にする人が死を無事に通り抜けうることを述べる。一連の対話は§8の救い主の言葉で終わる。これはマタ六11-13、ルカ一一34-36、トマ福・語録二四と似ており、

「ともし火」や「身体」と「心」（および推定復元の「光」と「闇」）といった隠喩による展開の仕方はヨハ一一9-10、一三35にも見られる。ちなみに、対話の部分ではここでだけ、「主」でなく「救い主」の語が出る。

§9―12は弟子たちおよびマタイとの対話。「探す―啓示する」「話す―聞く」「見抜く―啓示する」というモティーフで展開される。先行する§8とのつながりは、トマ福・語録二三の発想と似ていなくもない。「探す―啓示する」というモティーフはマタ七7、トマ福・語録九二、九四の「探す―見いだす」と似ている。「話す―聞く」はヨハ一六13の「聞いたことを語る」と似ている。

§13―14は嘆き（と笑い）について（ルカ六21、ヨハ一六20、闘技者§21にも出る）のマリヤの問いとこれに対する答え。答えとしての主の言葉の中には光と闇（トマ福・語録三三後半、ヨハ一六20、闘技者§18（143 30―32）参照）、身体と霊が出てきて、§8との結びを示している。嘆きと歯［ぎしり］に関する言葉で終るが、これはマタ八12などに出る表現である。

(2) 対話の第二の部分（§19―20）

§15―24ではユダとの対話の形で宇宙生成の神話が語られるが、そのなかにある§19―20のマタイとの対話は、戒めである。その内容は、マコ八34、トマ福・語録一、九二、九四（およびヨハ一六24）と並行している。なお、世界開闢神話の中にある§16の発言はルカ一七21、トマ福・語録九二と共通している。

(3) 対話の第三の部分（§25―34）

§21―24で世界創造についての神話が続けられた後、§25―34前半は対話の続きで、「生命の場」（§27）について話される。これはトマ福・語録二四にも見られる。

§25―30の話の進め方はヨハ一四2-12に似ており、§30の結論はトマ福・語録三と似ている。

§31―34前半は石の譬え。これはイザ二四18-20にも見られる。§34前半の結びの所には、トマ福・語録五〇と並行する話(133 15―16)、ヨハ一11、14と似た話(133 18―21)がある。知恵のリストへの移行部(§34後半、133 21―134 1)では、光と闇についての§14に出た語録が再録される。

(4)　対話の第四の部分(§41―104前半)

宇宙論的な知恵の言葉(§35)と黙示的幻の記述(§36―40)の後、それらに続く§41―104前半の対話をケスター、ペイジェルスは対話資料の続きと考えている。語録と論議そして解説が主題に従って並べられている。しかもそれらの主題は論理的にではなく、連想に従って並べられているようである。

§41―46は神を見ること(ヨハ一四8-9参照)について。

§47―48は、問いも答えも破損している。ケスターとペイジェルスは§49とのつながりがあるものと前提して、これを根拠に「われわれを支配する者」についての対話だと推定しているが、エンメルは推定復元を控えている。

§49―50は支配者(アルコーン)たちの支配について。ユダの問いへの答えには「新婦の部屋」(トマ福・語録七五)の約束が加えられる。

§51―52は生命の上着について。答えは少々長い。ケスター、ペイジェルスは語録に注釈が加えられたものと考えている。

§53のマリヤの発言は、マタ六34、一〇10、ヨハ一三16、マタ一〇24と較べると、三つの語録を引用した形になっている。マリヤの発言に、「彼女は万事を知っていて、女性としてこの言葉を言った」という説明がつく。ケスター、ペイジェルスはこれを編集者が自分の評価を付加したものと見做している。ここでも、また§64、§83でもマリヤの発言は先行部分を総括し、次の話題を導入する移行部分として機能している。

§54―55は充満(プレーローマ)と欠如について。

§56―57は死んでいる人々と生きている人々について。問いはトマ福・語録一一と共通しており、答えの導入はトマ福・語録一二(Ⅰコリ二9参照)と共通している。

§58―59は死ぬこと、生きることが出たので加えられたもののようであり、§57と論理的なつながりはない。内容は、ヨハ一二25や後で(5)対話資料における主の言葉の並べ方の項で)部分的に引用するアレクサンドリアのクレメンス『絨毯』III, 9, 63-64が伝えるエジプト人福音書と似ている(なお、これは第二巻所収の同名ナグ・ハマディ文書とは別である)。

§60―63は場所について。女性に対して否定的な§59末尾の発言に対する女性マリヤの自然な反応としてつながるように訳者には思えるが、ケスター、ペイジェルスは、§59に出る「真理」を機会に、§62―63の語録(§25にも出たテーマで、トマ福・語録二四と並行)を導入するため、このように編集者がつないだものと見做している。

§64はマリヤの主への賛美で、§53と同様、先行部分の総括と後続部分導入の機能を果たしている。

§65―66は休息について。トマ福・語録三七と並行している。語録九〇、マタ一一28をも参照。

§67―68も§66と同様、休息の条件として「重荷の放置」を求めており、内容的にも先行部分の自然な続きに見えるが、ケスター、ペイジェルスは「放置」という言葉の連想による付加とみなしている。

§69―70の語録は真の富について。ヤコ五3と同様、この世の金銀に対して否定的である。

§71―72はなすべき「業《わざ》」について。§68で「ついてくることのできないものども」といわれたが、この「もの」が§71の「業」と同じ語なので、この語録がここに入れられたものと、ケスター、ペイジェルスは考えている。

§72には「……人間は[幸いな]ものである」とあるので、この類型(「幸い」言葉)の伝承だとケスター、ペイジェルスはみなしている。
§73―74は道について。ヨハ一四5参照。
§75―76の問いと答えの構造はトマ福・語録五一と似ている。
§77―78は、§25、§60―63と同じく、道について。
§79―80は、対話の第一部分の結論部(§9―12)に出た語録の再提示。
§81―82では、十二人の弟子たちが主要人物を「師」と呼んでいるが、破損が多く内容は不明。
§83は、§53と§64と同様、マリヤの発言による総括と導入。
§84―85は§51―52と同様、与えられることになっている上着について。ここではこの世界の支配者たちの一時的な上着と比較して説明される。最後に出る言葉はトマ福・語録三七と似ている。
§86―87は写本の破損が激しく、内容はほとんど不明。
§88―89は芥子種の譬え(マコ四30-32／マタ一三31-32／ルカ一三18-19)の適用解釈。トマ福・語録二〇参照。
§90―95では祈りについての問い(トマ福・語録六参照)を契機に、「女性性の業《わざ》」(トマ福・語録一一四、アレクサンドリアのクレメンス『絨毯』III, 9, 63-64が伝えるエジプト人福音書、参照)について述べられる。
§96は啓示者の道について。ケスター、ペイジェルスは二次的挿入と考えている。
§97―98は業の解消についての対話であるが、内容はほとんど不明。
§99―102は霊と光についてだが、答えは断片的である上、破損している。
§103―104前半は業について。ケスター、ペイジェルスは§97―98で業について述べられたのを契機にここに加えられたものとみなしている。内容はヨハ六28-29、一四10-12と似ている。

§104後半は文書の結びゆえ、当然著者の手が入っているものと予想されるが、実際にテキストを見ると、どこまでが対話資料で、どこからが著者の筆かを区別するのは易しくない。ケスター、ペイジェルスは「探し求める」こと、「〔休息する〕」こと、「〔永遠に〕まで生きる」ことに関する語録に基づいた「対話資料」の結びにこの文書の著者が手を加えたものとみなしている。内容については、ヨハ六63、八32、トマ福・語録一―二参照。

(5) 対話資料における主の言葉の並べ方

およそ以上のような内容であるが、形式的に見ると、対話の中のあるものは一問一答であり、他の場合には、ある問題をめぐっての論議となる。その論議は通常は「主の言葉」で決着がつけられるが、逆に主の言葉で論議が始まることもある。このように多様な対話形式はマタイ、ルカ、ヨハネ、トマスの福音書と共通している。

以上に概観してきた内容が、ケスター、ペイジェルスの言うように、対話資料にあったものだと前提すれば、先に(第一項で)この文書について述べたことが、対話資料について言えることとなる。つまり、常識的に見てこれらの対話は、共観福音書や『トマスによる福音書』の場合と同様、個々の独立した主の言葉伝承が核となり、伝える人々の間で成長・拡大してきたものであろう。『トマスによる福音書』との並行が多いことから、『トマスによる福音書』に見られる伝承に関係していることもありうる。ヨハネによる福音書の場合には、これがさらに説教へと展開されてゆくわけであるが、そこまでの展開は見られない。ましてや、哲学的・神学的概念を用いて作文された書簡『エウグノストス』を資料として、これを対話の形にした『イエスの知恵』とは大いに異なる(両文書とも本巻に所収)。主の言葉を解説するにあたっても、これを自分の言葉で展開するのでなく一つか二つの言葉あるいはそこに出た語彙に焦点が向けられており、「この言葉の解釈を見いだす者は死を味わうことがないであろう」(トマ福・語録一)という段階で満足しているように思われる。

さて、ケスター、ペイジェルスは対話の流れというか、主の言葉の並べ方に意味のあることを指摘している。『トマスによる福音書』に見られる主題との間に共通点が見られ、大きく見ると、『トマスによる福音書』に見られる「救いの順序」がここにも見られると言うのである。トマ福・語録二には「求める者には、見いだすまで求めることを止めさせてはならない。そして、彼が見いだすとき、動揺するであろう。そして、彼が動揺するとき、驚くであろう。そして、彼は万物を支配するであろう」(第二巻の荒井訳から引用)とある。さらに、並行するオクシリンコス・パピルス654(こちらの方がより古いとされる)では「[彼は驚いて]から支配するであろう」に「そして支配してから休息するであろう」と続いている(『聖書外典・偽典』第六巻、教文館、三三頁の川村輝典訳から引用)。つまり、求める／見いだす、動揺する、支配する／休息するという順序が見いだされる。

本文書の対話資料でも、「身[体の]ともし火は叡知である」(§8)あたりから始まった対話は、§15―18の創造神話を挿んで、§20で「[わかっている]者[に]は探[させ]、見いださせ、喜[ばせよ]」と結ばれている。このあたりの動機はトマ福・語録二四や語録二、九二、九四に現れる。

§25でそこまでの対話が結ばれた後、弟子たちの願いに応じて場所(トマ福・語録二四参照)についての解説がなされる。黙示的幻(§36―40)が挿入された後では、ユダが「支配者たち」という新しい話題を導入する(§47ないし§49)。その解説にはいくつかの言葉伝承(トマ福・語録一七、三六、三七、五一、七五、マタ一〇10、24)が含まれている。そして、§65では「何の[ために]私たちは一[挙]に休息(でき)ないのでしょうか」という新しい話題が導入される。これに続く部分にも『トマスによる福音書』(語録六、二〇、二四、三七、五一、六一、一一四)と並行する語録が見いだされる。

つまり、ここでも、探す／見いだす(§20)、驚きを呼び起こす黙示的幻(§36―40)、支配(§47ないし§49以下)／

休息（§65以下）と、主題がトマ福・語録二と同じ順序で配置されているというわけである。そして、本文書（ケスター、ペイジェルスによれば特に対話資料）でも休息は将来のことであり、現在は身体と地上の業《わざ》の重荷を負っているとされ、このことを知っているマリヤが賞讃されている（§53）。

その後、§91以下では、トマ福・語録一一四が示唆する女性性の業《わざ》の解消について説明される。そして、女性性の業は、地上の重荷を担うことと関連付けられている（§65―66）。とすると、女性性の業とは、子を産むことによって身体的存在を継続させることであろう。アレクサンドリアのクレメンス『絨毯』IX, 63, 1-2でも、「エジプト人による福音書」によれば「救い主自身が、『私は女性の業を解消するために来た』と言った。『女性の』とは『欲望の』（という意味であり）、業とは生成と消滅（である）」と言われているからである。そして、この女性性の業への敵対的な姿勢が、「万事を知っている」女性、マリヤへの高い評価と結ばれている。

2　創造に関する神話

§15―18と§21―24は対話の枠組みの中に組み込まれているが、創造に関する神話として前後とは異なる一つのまとまりを形成しているといってよいであろう。そして、これが創世記一―二章に基づいていることにも異論ないであろう。§15の「［天と］地」は創世記一1と、§16の「闇と水」「そして［水］の上にある霊」は創世記一2と無関係ではないだろうからである。そして、§21の「［地］の上に（ある、諸々の）徴」は創世記一14に、そして§22で水が集められて世界の外にあるというのは創世記二6に由来するようである。但し、ここでは、火の壁によって分離された水が世界を実りあるものにするという、創世記にはない要素が見られる。§22では、言葉によって、乳と蜂蜜とオリーブ油と［葡萄酒］の泉が生じ、それによって地が実りあるものになると言われるが、これは創世記二10-14

の楽園から流れ出る四つの川のモティーフから採られたもののようである。著者はこの神話を語るにあたり、霊という語が出たのを機会に、それを説明するため、創造神話の叙述を真の叡知についての話で中断している(§16後半─20)。

3　四元素説を前提とした知恵のことば

§34─35では火、水、風、身体などについて「誰かが……がどのようにして生じたのかを知らないなら、その……のうちに消滅するであろう」という形式が繰り返される。火、水、風(空気)とくれば、もう一つの元素として土が予想されるが、ここでは身体に置き換えられ、「誰かが自分が自らのうちに担っている身体を、それがどのように生じたのか知らないなら、彼はその(身体の)うちに[消滅する]であろう」と言われている。

これらが四元素説を前提としてそれを変形したものだとすれば、それに続く「[子]がわから[ない]人に、どのようにして[父]がわかるようになるであろうか」ということば(マタ一一27、ヨハ一四7-9参照)と「悪の根」への言及は著者の付加ないしは他の資料から採って加えられたものということになるであろう。内容としては、悪はその根が隠れている限りは強いが、掘り返され、知られてしまうと力を失うというフィリポによる福音書§123bと似ている。水に関して洗礼に言及しているが、これは定型句からはずれるので付加と見ることができよう。これと§35末尾の「自分がどのようにして来たのかを知るようにならない人は、自分の行くことになるのがどのようにしてかを知らないであろう。そして彼は世に対して異人ではない」を、ケスター、ペイジェルスは著者の筆だとし、以上全体を古くからの知恵文学的な材料をキリスト者が救済論的に解釈したものだと評価している。

4　默示的幻

§36―40では默示的幻が述べられる。類型が異なるだけでなく、ここにはある種の矛盾が見られるので、資料を想定せざるをえない。

ここにはユダとマタイとマリヤの三人がいるのだが、§36では「彼はそれが［降って］きた様でそれを見た」と言われ、また§40では「彼は二つの霊が自分たちとともに大いなる稲妻のうちに、単一の魂を一つ持ってくるところを見た」と言われる。つまり幻を見るのは一人である。「天［と］地の果てに」置かれるのは三人だが、「一つの場所が、非常に高く挙げられているのを見」、「また下の側の深みの中にその場所を見」るのは一人である。そして「人の子」によって幻が説明される。なお、この関連でケスター、ペイジェルスは「上着」（§40）も元来はその一人の人物の叙任を意味する（ゼカ三1-6など）ものだと想定している。

そうなると、ユダとマタイとマリヤの三人が幻の受け手になっているのは、その材料を対話の文脈に組み込むための編集の手によるものだということになろう。

また、「［その時、彼の弟子］たち［は］彼が自分たちに言っ［たあ］らゆる［事柄］を不思議に思い、［信仰］のうちにそれらを受け入れた」（§37）は、作品全体に見られる、探す／見いだす、支配／安息の動機に驚きの動機をちょうどそれがあるべき適切な位置に挿む機能を果たすことになる。

著者は幻を述べる文書に、弟子たちを受け手とし、「彼の弟子たちは皆、彼に栄光を帰した」と述べる§37―39を導入したことになる。また、後述するように、§40の上着についての説明も著者の加えたものということになろう。

三　著者の筆

§1―3は導入部であるゆえ、特に理由がなければ著者の筆と見てよいであろう。死んだ魂が天的な支配者たちのところを通って上ってゆく通り道についてであり、教え(§3)が、励まし(§1)と感謝の祈り(§2)によって導入される。ケスター、ペイジェルスも三つの類型からなるが、言葉、思想の上で全体と異質ではないので、著者の筆としている。彼らが言うように、もしも祈りが典礼の伝統から採られたとすれば、それは著者の属する信仰共同体のものであろう。

ここには、第二パウロや公同書簡、ヘブル書、ヨハネ文書と共通点が見られる。「安息の中に自分の足で立つ」(§1、ヘブ四11参照)、「闇の力」(§3、コロ一13参照)は、グノーシスの用語と見做しうるが、その他に「真理を信じる」(§1、Ⅱテサ2、12)、「自分たちの(心)魂を贖い出す」(§2、Ⅰペト一9、ヤコ一21)、「供え物」(§2、エフェ五2、ヘブ一〇10、14参照)、「(父なる神)の武器」(§2、エフェ六11-17)のように必ずしもグノーシスに固有ではないものも見いだされる。表題にも出る「救い主」はグノーシスの用語でありうるが、これは二世紀のキリスト教文書にもたびたび出る語である(Ⅰテモテ四10など牧会書簡に多く出るほか、Ⅱペト一1、11、『クレメンスの手紙Ⅱ』二〇5。後二者は『使徒教父文書』講談社、一九七四年に小河陽訳がある)。「独り子」(§2)はこの導入部でヨハネ文書とのつながりを示す唯一の語である。共観福音書とのつながりを示すものは見あたらないが、「選ばれた人々が単独者たちとともに通り過ぎることになる」(§1)という関係文は、著者が『トマスによる福音書』語録四九を知っていたことを示唆している。

§4以下が資料から採られたものであるとすれば、著者はこの導入部を心魂、単一の心という主題で対話資料の始めにつながらせていることになる。これは弟子たちが闇の力を超えて通り抜けてゆくことについての教え(§2、3)の中心であり、続く対話は心魂、霊、叡知に繰り返し言及している(§6、8、14)。

§15で創造に関する神話が突然始まるが、これは「[水]の上にある霊」(§16、創世記一2参照)の後で中断され、内容的には霊と叡知と心魂についての議論(§16—20)へと移って行く。ケスター、ペイジェルスは§19—20を、前述したように§4—14との主題上のつながりから対話資料の続きと考えるので、明言はしないものの§16後半—18は著者によるつなぎと考えているのであろう。創造についての話がグノーシス文書では秘義を述べる機会になることが多く、しかもここにも秘義と言う語が出る(§16)。それにもかかわらず、著者はここでは霊という語だけを解釈するに止めている。彼の展開の仕方はアレクサンドリアのフィロが聖書の言葉を隠喩として用い、人間の宗教的状態を述べるのと似ている。

§34—35で宇宙論的な知恵のことばを載せるにあたって著者が何を加えたかは既に(第二章3項で)述べた。その内容については後に(第四章で)扱うこととしたい。

黙示的幻の部分(§36—40)には「偉大さが……考えた」「以前からの言葉が将来も停止することのないため」という句が出るが(§37)、これは先立つ対話の部分に「ことばが偉大さから来るなら……。初めの言葉が将来活動を停止するようなことのないため」(§34)とあるのと対応している。しかも幻の部分では元来啓示の受け手は一人であったらしいのが、このあたりでは複数の弟子たちになっており、§39では「彼の弟子たちは皆」となっている。したがって、少々粗雑な論証ではあるが、先にも(第二章4項で)見たとおり、このあたりには幻と対話を合わせた著者の筆が入っているとみなすことができるであろう。

先に(第二章4項で)、§40の「彼らに彼らの上着を与えよ」は、資料では一人の人物の叙任を意図していた可能性があると述べた。しかし現在の本文では「[そして]小さなものは大いなるもののようになった。彼らは自分たち[を]受け入れたものたちに[似てい]た」と続いている。これが入ると汚れた衣に替えて清い上着が与えられる(ゼカ三1-6)のではなく、上着にはグノーシス的な意味合いが付与されて、上着は後に一つになるはずの自分の分身、あるいは天上の自分の伴侶(トマス行伝一一二、『聖書外典・偽典』第七巻、教文館の荒井献・柴田善家訳、参照)を意味することになる。

§104後半は結びであるゆえ、著者の筆が入っているはずだが、対話資料のところ(第二章1項(5))でも述べたように、切り分けるのは難しい。ケスター、ペイジェルスは対話資料の結びに著者が手を加えて自分の書物の結びにしているというので、問題はさらに複雑になる。その上、結びの内容や表現は§96などに散りばめられている。これらを手がかりにすれば、著者が資料に加えた注釈・加筆をさらに詳細に取り出すことができるのかもしれない。

四　著者が加えた内容

§35の「というのは、それによって彼に洗礼を受けさせるために必要なものは何であろうか」という文が、定型句が繰り返される文脈の中でその定式からはずれているために付加であり、その付加がケスター、ペイジェルスの言うように著者によるものだとすれば、基本的に対話資料と大きな違いのない著者の立場を、洗礼を重視するものとして特徴付けることができそうである。

そうすると、一見したところ洗礼とは関わりのない導入部も、洗礼という入信儀礼と関連付けて読み直すことが可能となり、ケスター、ペイジェルスのように、導入の教えは、著者が対話資料に見いだした形而上学的な象徴を洗礼と関連付けたものと見ることができる。そのような結合はエフェソ書、ヘブル書、Iペトロ書、『ペトロのフィリポへの手紙』(本巻所収)、『フィリポによる福音書』(第二巻所収)にも見られるものである。

導入部には作品全体を貫いている終末論の逆説がある。一方では実現された終末論が強調され、他方では未来における実現がこれと並べられる。作品の冒頭で救い主は「兄弟たちよ、すでに、われわれが自分たちの労苦を自分たちの後におき、安息の中に自分の足で立つ時になっている」と告げる(§1)。この招きはロマ一三11-12やヘブ一〇19-22で、実現された終末論とともになされる励ましと並行している。§2の祈りは、救い主が「多くの［労苦］からの休息を与え」られた者、単独者を安息に入れることのできる者であるという。他方で、続く§3の教えは個々人の未来に言及して「解消の時が来るなら、その時には」と言っている。救い主は「その時には以前からの闇の力があなたがたに出会うであろう」と説明するだけでなく、「実に恐れは［あの闇の力］である」と言って、闇の力を「恐れ」と同定している(§3)。その過程が恐れを引き起こすものであるとしても、死を恐れのうちに経験する人は呑み込まれ、その移行に恐れなしに立ち向かう人は解消つまり死を無事に通り抜けることができるのだと言う。

作品の結びの部分(§104)では、弟子たちに対し、怒りと妬みを取り去るようにという忠告がなされる。ケスター、ペイジェルスはこれは著者が加えたものだという。これも洗礼準備の教えに特徴的な要素である。エフェソ書でも洗礼における実現された終末論(三1-10)と、天的悪との闘いへの備え(六10-17)が併存している。エフェ六10-17はこの文書冒頭に出る、死の時における恐ろしい通過と結びつけることができる。

創造に関する神話の部分で、§18は「［真］の叡知」の生じる場所について述べた後、「［もしも］ある人が心［魂］を高いところに自分の足で［立たせる］なら、その［時、彼は］高いものとなる［であろう］」という。これがケスター、ペイジェルスの言うように著者の加えた注釈だとすれば、このようにして諸力にうち勝つことができる(§20)というのであるから、著者はそれによって「すでに」と「いまだ」の間の逆説をある程度解消していることになろう。

対話資料の第三の部分(§25―34前半)は「生命の場」についての議論を加える。肉体を帯びている限りその生命の場を見ることはできない(§28)が、自分自身を知ったものはできる(§30)という。これも洗礼と結びつけて考えることができる。

前述したように、ケスター、ペイジェルスによれば、この文書が宇宙論的な知恵の言葉を列挙するところ(§34後半―35)で、著者は水への言及に「洗礼を受けさせるために必要なものは何であろうか」という注釈を加えた(§35)。また、§35末尾の「自分がどのようにして来たのかを知るようにならない人は、自分の行くことになるのがどのようにしてかを知らないであろう。そして彼は世に対して異人ではない」も著者の筆だとされていた。後者の類似記事としてケスター、ペイジェルスはアレクサンドリアのクレメンス『テオドトスからの抜粋』から知られるグノーシス主義者の洗礼に関する言葉を挙げる。そこでは「自由にするものは洗いだけではない。われわれが誰であったか、何になっているのか、どこにいたのか、[あるいは]どこに投げ込まれたのか、どこへ急ごうとしているのか、どこから買い戻されたのか、生成とは何か、再生とは何か、(これらについての)グノーシスでもある」(78, 2)と言われているからである。

黙示的な幻は、最終的には、将来どのようにして「善きものどもが光へと連れ上らせられる」かということを見せる(§38)。信じて救い主の教えを受け入れた者はもはや将来を恐れない。彼らは「悪を見ることは実に要らないこと」だと知っているからである(§37)。

以上のようだとすると、著者は、安息に入るようにと招き、祈りについて教え、安息への通り道に入ることを恐れさせる諸力について警告し、教えを受け入れ、自分自身を知るようにと励ます。洗礼との結びつきは、解消すなわち死を通して生命の場に入ってゆくという過程が何らかの形で洗礼において既に経験されたことを示している。

ケスター、ペイジェルスによれば、対話資料は新約の後期文書に見られるようなキリスト教的救済論の言葉の確立を暗示したり引用したりはしないが、著者は、洗礼に関係する限りで、そのような語と思想を用いている。すでにパウロが洗礼を、キリストとともに葬られることにより（ロマ六3-11）、死を通して真の生命へと導かれる過程として理解している。しかし、パウロと違ってこの文書の著者は、洗礼をエフェソ二1-6やコロサイ三1-4が解釈しているような仕方で、つまり洗礼を受けた人々は既に真の生命を獲得しており（§2―3）、既に上に住んでいる（§1）と理解している。これはアレクサンドリアのクレメンス『テオドトスからの抜粋』が伝えているグノーシス主義者の言葉「だから、洗礼は、死とも古い命の終りとも言われる。われわれが邪悪な支配者たちから逃れるからである。またキリストによる生命（と呼ばれる。キリストはその生命）のただ一人の主である」（77, 1-2）とある程度符合している。

黙示的幻のところでこの文書は、主が三人の選ばれた弟子たち、ユダとマタイとマリヤを「天［と］地の果てに」（§36）連れていったと言う。そこにある「［そして］彼が自分の［手］を彼らの上に置いたとき、彼らは将来それを（つまり幻を）［見る］（ことができる）ようにと希望した」（§36）という文をケスター、ペイジェルスは著者が加えたものかもしれないという。もしその通りで、しかも彼らの入信儀礼では洗礼に続いて幻を見せることになっていたとすれば、著者はこの按手を幻の儀の始まりを告げる儀式行為として理解している可能性がある。マルコス派（エイレナイオス『異端反駁』I, 13）は入信儀礼の間になされる按手を、預言の始まりと理解しており、これと並行しているようだからである。

しかしこの文書にはまだ未来の要素がある。洗礼という入信儀礼の中で幻を見ることは救いの体験の頂点ではない。むしろ、幻の解説を通して、またそれに続く対話を通して、弟子たちは更なる理解を受けるのである。しかも、一時的な幻が永遠の幻、つまり「永遠まで（続く）もの」の「大いなる幻」（§42）から区別されている（§44）。彼らが洗礼、入信儀礼を通して既に受けたものは一時的な幻であり、永遠の幻の先取りに過ぎず、後者は個々人の終末（死後）まで取って置かれているのである。

対話資料の「探す―見いだす―驚く―支配する―休息する」という図式にあるとおり、弟子たちは洗礼を受けると、探し、見いだし、驚き、そして休息した者となるが、その休息はある意味でただ前もって味わったものに過ぎないこと、「重荷を地上に放置する」（§65―66）時にだけ安息するのだということを教えられる。彼らは肉（§84）における存在であるゆえ、まだ重荷を負っているからである。

肉体を持って生きている限り、まだ完成していない。それではこの世に生きていることは悪なのであろうか。これについてマリヤが問いを発している、「私に言って下さい、主よ、何のために私はこの場に来ているのでしょうか。利益を見いだすためでしょうか、それとも損失をもたらすためでしょうか」（§60）と。これに対して「あなたが現し出しているのは啓示者の偉大さである」（§61）と言われている。つまり啓示者の偉大さを現すという使命を弟子たちは帯びている。選ばれた者たちは「生きている神が［他ならぬ］あなたがたのうちに真に［いる］」（§44）ということを既に知っている。彼らが肉体を持ってこの世にいるのは自分たちのために何かを獲得するためではなく、マリヤが引用したいくつかの語録、「毎日の労苦にはそれらで〈充分である〉」、そして「働き人は彼の食物に値し」、また「弟子は自分の師に似ている」（§53）、これらの教えに従って生きることにより、主のように、自分の業《わざ》の将来の報いをあらかじめ受ける働き人として、悪に汚染されたこの世で「啓示者の偉大さ」を現し出し（§61）、主のように啓示の業を人々と分かち合うべきなのである。

ケスター、ペイジェルスの評価によれば、序（§1―3）を見る限り著者には将来への緊張が薄くグノーシス的であるが、完全に現在化してしまうことを対話資料が止めている。また、著者においては、洗礼の経験が弟子たちに、自分たちの内に活ける神が内在していることに気付かせ、自分が諸権力を通り抜けて休息へと進み行く途上にあることを知らせる。しかし、対話資料に保持されているイエスの語録伝承は、弟子たちの宗教的実存を完全に精神化してしまうことを阻止している。弟子たちはまだ肉を着ており、主自身のように(§52、96参照)、重荷を負っているが、啓示に関わる使命を帯びているのはその状態の中でである。最初に(第一章で)見たように、イエスは「主」と呼ばれているが、「復活後の」(この語はこの作品に出ないが)高く挙げられた存在ではなく、まだ肉体の重荷を負っている「地上の」イエスのようである。そして、真理の場所は彼岸ではなく、その主がいる場(§62―63参照)だと言われている。

つまり、キリスト教の素材がグノーシス主義に呑み込まれてゆく途上にあるが、まだ十分にグノーシスに同化されていないというわけである。

以上、ケスター、ペイジェルスに従って説明してきたが、彼らに引きずられて不確実なことまで語りすぎた感がしないでもない。固い訳ではあるが、テキストそのものを読んでいただければ幸いである。

五　成立時期

成立時期を探るにあたって、古代の文献に当該文書の引用やその文書への言及が見つかれば、少なくともそれ以前に成立していたと言える。しかし、この文書にはそのような外的手がかりがまったくない。知られている限り、古代教会の教父たちも他のナグ・ハマディ文書もこの文書に言及したり、この文書を使ったりはしていないからである。しかし当然のことながら、この文書のコプト語写本よりは以前に成立したはずである。それは四世紀だという。

四世紀以前のどこまで遡れるか。ケスターとペイジェルスは手がかりとなる次の五点を指摘している。⑴『トマスによる福音書』以外には、新約諸文書からも他の文書からも引用だと確定できるものが一つもない。⑵対話資料に用いられている福音書伝承は『トマスによる福音書』のもののようである。しかしトマス福音書への直接の文学的依存を示すものはない。⑶対話資料ではイエスの言葉伝承が対話として展開されているが、これはヨハネによる福音書が言葉伝承を講話や対話として展開するのと並行している。しかし、同じ過程上にあると言っても、ヨハネによる福音書よりはずっと初期の段階にある。⑷著者自身が使っている用語や句は、第二パウロや公同書簡で文書化されたキリスト教言語と似ている。常識的に考えれば、この文書がそれを前提している。⑸著者が用いた他の諸資料は、創造神話や黙示的幻のように、キリスト教の影響の跡がないか、あるいは知恵の言葉のようにイエスの語録を用いてこれを拡大したようなものである。

上記の理由から、ケスター、ペイジェルスは、次のように結論付けている。

正典福音書やパウロ書簡を用いた証拠がないこと、第二パウロの言語との類似、『トマスによる福音書』を用いたかもしれないこと、これらの点からこの文書の成立時期は二世紀の最初の数十年と思われる。そして、『使徒たちの手紙』や殉教者ユスティノスより古いと確言できる。前者は、パウロ書簡の蒐集を前提としており、その著者は新約正典の福音書を知っていた可能性があるからであり、ユスティノスはマタイとルカの福音書を使っているからである。

他方、この文書の著者が使った対話資料は、ヨハネによる福音書と同じ過程上にあって、それよりも前の段階を示している。ケスター、ペイジェルスはこれを成立年代と結びつけ、対話資料の成立は一世紀末の数十年、少なくともヨハネによる福音書の成立以前だと主張している。

六　底　本

底本として用いたのは、S. Emmel(ed.), *Nag Hammadi Codex III, 5. The Dialogue of the Savior* (Nag Hammadi Studies 26), Leiden (E. J. Brill) 1984.

右に述べた解説は、ケスターとペイジェルスが書いたこの底本の序文(一―一七頁)によった。彼らの序文の後、写本の状態やこの文書のコプト語に関するエンメルの詳細な報告が続くのだが、これは省略した。

ケスターとペイジェルスの説明は裏付けの充分でない仮説に依っている部分が大きいが、エンメルの校訂作業は逆に慎重すぎるほどで、推定復元はすべて脚注に入れている。解説では注がつけられないため、本文の引用に際して推定復元をそのまま入れたが、訳に際しては、校訂者の意思を尊重して同じ形式を採った。読者には煩わしいかもしれない。傍注で「……と推定復元している」と記したのは、彼が probably と書いているもの、「推定復元として……を提案している」と記したのは、彼が possibly と書いているものである。われわれの翻訳シリーズでは底本の形式を採って、空白部分におよその字数を記してきたが、この文書は破損が大きく、底本でエンメルがそれを断念しているので、これにならった。

ナグ・ハマディ写本のコプト語はいわゆる古典コプト語が成立する以前のものであるため、綴りでさえ、標準的かつ実用的な文法書(W. C. Till, *Koptische Grammatik*, Leipzig (Enzyklopädie) 1970)では説明のつかないものがあって初心者を苦しめるが、エンメルは単語の索引ばかりか、語型分析の索引まで付けている。コプト語文法を一通り終えて、正典新約文書でなくナグ・ハマディ文書を読んでみたいという人々に勧めたい校訂本である。

解説

ヤコブのアポクリュフォン

筒井賢治

一　伝承と表題

本訳は、ナグ・ハマディ文書第I写本第二文書（第**1**頁1行―第**16**頁30行）の全訳である（第**1**頁の1行目から始まっているのに第二文書なのは、その前の冊子見返しの部分に『使徒パウロの祈り』というごく短い文書が載せられているため）。写本そのものに文書の表題が記されていないため、「ヤコブ」が「手紙」の形で「アポクリュフォン（秘密の教え）」を受取人に伝えるという本書の形態に基づいて、『ヤコブのアポクリュフォン』および『外典ヤコブの手紙（Epistula Jacobi apocrypha）』という二種類の表題が提案され、どちらも一般的に定着している（後者に「外典」――あるいは「隠された」――という補足がつくのは、言うまでもなく、新約正典の『ヤコブの手紙』と区別するためである）。この他『ヤコブの黙示録』という題名が使われる場合もあるが、これは本書の内容と一致しないばかりか、ナグ・ハマディ文書第V写本に載せられている二つの文書（本シリーズ第四巻『黙示録』に収録予定）の題名と重複してしまうので、避けるべきである。本書の存在ないし内容を証言する同時代ないし後代の記録は見いだされない。

二　内容概観

本文書は、形式面から見れば、差出人であるヤコブが自分とペトロだけに啓示されたイエスのアポクリュフォン（秘密の教え）を受取人の願いに応えて書き送った手紙であり、従ってまず大きく二つの部分に分けることができる。すなわち、本体をなすアポクリュフォンの部分（§3—40）と、それを前後から取り囲む手紙枠、いわば私信にあたる部分（§1—2と§41）である。区切りの位置であるが、とりわけ**2**1—7（§2と§3の境界）の破損が気に掛かるとはいえ、内容面からこの切り方がほぼ確実だろうと思われる。なお、翻訳において私信の部分には「です・ます体」を、アポクリュフォン部分には——弟子たちのイエスに対する言葉を除いて——「だ・である体」を用いたが、もちろんコプト語原文にこの種の文体の区別はない。

まず、型どおりの挨拶に続いて、アポクリュフォンについての短い説明が行なわれる。差出人ヤコブは、これから書き送るのはまさに「秘密の教え（アポクリュフォン）」であり、それをみだりに人に教えてはならない、ということを特に強調する。「ヘブライの文字で」記したという説明（§1、**1**15—16）も、アポクリュフォンの神秘性を高めるための虚構であろうと思われる。

偶然であるが、まさにこの記載が、本書がギリシア語からコプト語への翻訳であることの証拠の一つになっている。コプト語はもともとギリシア語の単語を頻繁に借用するのであるが、その際にはギリシア語の主格形を用いるのが規則であるのに対して、この箇所には hebraiois という与格形が書かれている。これはまさに「ヘブライの文字で」という意味に対応するギリシア語の活用形であり、本文書のコプト語訳者はこの原語を、主格形に直さず、そのまま書き写してしまったと想定できるのである。

「十箇月前」に送られたという「別の秘密の教え」(§2)については、写本第2頁冒頭の破損のせいもあって、詳しいことは分からない。イエスが現れた時にヤコブが書いていたという書物(§3)を指すのかもしれないが、差出人と受取人の関係をリアルに演出するための虚構なのかもしれない。

私信部分はひとまずここで終り、写本の欠損部分を経て、**2** 7後半ではすでにアポクリュフォン部分が始まっている。

まず、十二弟子が集まっているところへイエスが出現する(§3)。場所がどこなのかは記されていない。分かるのは、アポクリュフォン末尾においてヤコブが「エルサレムへ上った」と記されていることから(§40)、エルサレム市内ではなかったはずだということだけである。これに対して日時については、イエスの復活の「五百五十日後」という妙に細かい指定がある(§3、**2** 19—20)。

もし**8** 3(§17)の写本の読み「十八日間」を「十八箇月間」と訂正するのが正しければ(当該注参照)、「五百五十日」とほぼ同じ長さになり、さらにヴァレンティノス派ないしオフィス派のものとして伝えられている説——イエスは復活後十八箇月間地上に留まった——とも一致する(エイレナイオス『反駁』I, 3, 2〔本シリーズ第一巻『救済神話』二二〇項〕; I, 30, 14参照)。但しこの一致の意味するところは不明である。単純に本文書をヴァレンティノス派やオフィス派と結びつけることはできない。

弟子たちに対して自分の帰天を予告した後(§4「私は私がそこから来た場所に戻る」)、イエスはヤコブとペトロだけを——彼らを「満たす」ために——「脇へ連れて」いく(§5)。ここからアポクリュフォンの大部分を占めるイエスとヤコブ・ペトロの対話、すなわち本書の中心部分が始まる。

しかし、この対話に何らかの筋書を見いだすのは非常に難しい。内容的には救済や天の王国についての説教なのであるが、一見してとりとめがなく、いみじくも終わりの方でペトロが「あなたは、ある時には私たちを天の王国へと向け、ある時には私たちを引き戻します……」とこぼす通りなのである(§32)。もっとも、まさにこの科白が、本アポクリュフォンの構成に意図があることを示しているのであろう(後述参照)。なお、その中で§9—12(**4**24—**6**20、殉教の勧め)と§13(**6**21—**7**10、預言について)が、それぞれ内容的に一まとまりの段落を形成しているように思われる(後述参照)。

対話を終えたイエスは、再度自分の帰天を宣言した後(§34)、天へと去る(§36)。これにヤコブとペトロの昇天体験が続く。本文書は天の三層構造を前提しており、二人は第一の天へ「心」を(§36)、第二の天へ「理性(ヌース)」を送る(§37)。そして彼らはさらに第三の天、すなわち「大いなる者」のもとへ「霊(プネウマ)」を引き上げようとするが、まさにその時、残りの弟子たちが彼らを呼び、場面は一気にアポクリュフォン冒頭の設定へと引き戻される(§38)。

ヤコブとペトロは起きたことを他の弟子たちに伝えるが(§39)、弟子たちはその内容に「腹を立てる」(§40)。そこでヤコブ(ペトロについてはもはや触れられない)は彼らを各地に去らせ、自分はエルサレムに上る(§40)。アポクリュフォンはここで終り、ヤコブは最後に再び受取人宛の個人的なメッセージ——祈りと勧告——を記す(§41)。

三　差出人と受取人

当時の書簡は、冒頭にまず差出人と受取人の名前を記すのが習慣であった。しかし本文書の場合、どちらの名前も写本の物理的な破損のため読めなくなってしまっており、それぞれ復元ないし解釈に問題がある。

まず差出人であるが、写本は完全に読めなくなってしまっているものの、これが――本解説でもこれまで前提にしてきたように――「ヤコブ」という名であったことは、本体のアポクリュフォン部分の一人称単数がヤコブを指していることから(例えば§36「私たち、すなわち私とペトロ」)、疑いの余地がない。しかし、これがどのヤコブを指すのかがはっきりしないのである。原始・初期キリスト教においてはこの名の人物が何人か知られているが、問題になるのは二人、イエスの弟で、一般に「主の兄弟」や「義人」と呼ばれるヤコブと、十二弟子の一人で「大ヤコブ」とも呼ばれるゼベダイの子ヤコブである。前者は最初期のエルサレム教会(ユダヤ人キリスト教)のいわば最高指導者であり(§40「しかし私自身はエルサレムに上った……」も参照)、歴史的にも、また伝説的にも、「大ヤコブ」よりはるかに大きな役割を演じた人物である。本文書の「ヤコブ」はペトロと同列に扱われているが、これは「主の兄弟ヤコブ」でないと釣り合いが悪い(この二人の並列ないし競合関係はすでにIコリ一五5、7で前提されている)。ナグ・ハマディ文書第V写本の『ヤコブの黙示録』(二冊)はこのヤコブに帰されており、また『トマスによる福音書』語録一二でも言及されるなど、新約外典文書やグノーシス主義系統の文献との関わりも深い(本シリーズ第二巻『福音書』二三頁注(3)参照)。殉教死を遂げていることも(紀元六二年)、本書のアポクリュフォン部分で殉教の勧めが強く説かれることと符合する(但しゼベダイの子ヤコブも四二／四三年に殉教している)。従って、本書の「ヤコブ」は「主の兄弟ヤコブ」のことであると見るのが研究者の間の多数意見である。これに対して、「ゼベダイの子ヤコブ」説の根拠となるのは、本文書の「ヤコブ」がはっきりと「十二弟子」の一人とされている点である。「主の兄弟ヤコブ」は十二弟子の中には入らないため(歴史的に見ても、彼はイエスの生前には兄と行動を共にしていなかった)、これは形式的には決定的な論拠である。しかし、右記の「主の兄弟」説を支える論拠が余りにも強力なので、多数意見は、「主の兄弟」の伝承の中に「ゼベダイの子」に属する要素(「十二弟子」)が混入してしまったという仮説を付け加えることになる。多少強引な説明であるが、適切な代案は見当たらない。なお、いずれにしてもこれが偽名であること、すなわち「主の兄弟ヤコブ」(もしくは「大ヤコブ」)自身と本書との間に直接の関係がないことは言うまでもない。

次に受取人の問題である。写本に残されているのは語尾の -thos だけである。通常ならば復元はあきらめるしかないのであるが、ナグ・ハマディ文書研究の権威であるH・M・シェンケが、これを[...Kērin]thos, すなわち「[……ケリン]トス」と復元する提案を行なった(欠損箇所の推定文字数の関係で… の部分にさらに幾つかの文字――「兄弟」「息子」など――を補う必要があるが、これは形式的な穴埋めに過ぎない。なお厳密な発音は「ケーリントス」であろうが、以下では「ケリントス」と記す)。ケリントスとはグノーシス主義的異端者の最初期の一人として伝えられている人物であり、伝説では使徒(福音書記者)ヨハネと接触があったとさえ言われている(ある時エフェソでヨハネが銭湯に入ろうとしたら、ケリントスがちょうど中にいると聞かされ、それは大変、建物がすぐにも崩れるかもしれない、と言って逃げ出したという)。この復元案の可否は、-thos という語尾が(少なくともギリシア語の人名としては)かなり稀であること、本文書との関連が争われている『使徒たちの手紙(Epistula Apostolorum)』に(敵対者として)名が出ること(詳しくは参考文献中の Schneemelcher, I 205 以下を参照)、という外的な根拠――どちらも決定的な論拠ではない(詳しくは後述)――を別にすれば、ケリントス(派)のものとして伝えられている思想(資料は主としてエイレナイオス)と本文書、特にアポクリュフォン部分のそれとの間にどこまで類似性があるか、という点にかかっている。結論を先に記せば、訳者は、底本校訂者ウィリアムスおよびルローと共に、この復元案を積極的に本文に取り入れることはできない、という意見である。

ケリントスおよび彼の教説について知られている主な事項をまとめると次のようになる(細かな資料批判はここでは行な

わない)。(1)一世紀前半に小アジアで活動した。(2)天地の創造者と至高神とを区別した。(3)「イエス」と「キリスト」を区別して次のように説いた――ヨセフとマリヤの子イエスはあくまで一人の人間であったが(従って処女降誕などの超自然的な要素は否定される)、正義や知恵に非常に優れていたため、ヨルダン川で洗礼を受けた際、至高神のもとから「キリスト」が鳩の姿で彼の上に降って人間イエスと合体した。この「イエス・キリスト」が至高神を人間に告げ知らせた。そして、(4)この合体はイエスの十字架刑の前に解消した。すなわち受難(と復活)をしたのは人間イエスだけであり、キリストはその直前にイエスを離れていた(キリストは神的な存在であるから、論理的必然として、受難する、すなわち死ぬことはありえない)。

さて、訳者の見る限り、問題の復元を支える唯一の内的根拠は、(3)で前提されているキリスト論、いわゆる「養子的キリスト論」である。確かに、本書においてイエスを神聖な啓示者というよりは一人の模範的な人間、従って原則的には他の人々と同じカテゴリーに属する人間と見做している箇所――例えば§12(**6** 19)「私よりも優れた者となりなさい」や§14(**7** 14―15)「もしできれば、私の先を越しなさい」というイエスの言葉――が、同じ発想に根ざしているように思われる。しかしこれに対して次のように反論することができる。「養子的キリスト論」はユダヤ人キリスト教一般の教説であり、ケリントス派に固有なものではない。本書の前掲箇所には、むしろ「カルポクラテス派」についての伝承の中に、より密接な並行例が見いだされる。この流派(「ハルポクラテス派」という名称を使う学者もある)は、ケリントス派と時代・地域のみならず思想的にも非常に近い関係にあったと考えられるグノーシス主義グループである。従って、本文書とケリントス派との接触は、正確に見れば、本書とユダヤ人キリスト教一般との接触に他ならず(本文書差出人が「主の兄弟ヤコブ」とされている点も参照)、特にケリントス派が本文書に近いというわけではない。むしろ、ケリントス派の看板ともいうべき「イエス」と「キリスト」の一時的な合体の教説――キリスト仮現論の典型的な一例として初期キリスト教思想史では必ず言及される――が、本書には見いだされない。

もちろん、これは「[ケリン]トス」という復元が端的に誤りであることを証明するわけではない。教父たちの伝えるケリントス像がどこまで歴史的に正確・正当であるかは結局のところ不明であるし(極端に言えば、本文書の内容が実は史的ケリントスの本当の教えであったのかもしれない)、他方、本文書の形態を考慮に入れれば、「受取人」の思想とアポクリュフォンの内容とが一致しているべき理由は必ずしもない(むしろ受取人は、差出人ヤコブと同じく、アポクリュフォンの内容を完全には理解できないという設定になっている)。さらにいえば、受取人の名の選択が文書の内容とは関係なく行なわれたという可能性も、古代の偽名文書においては決して否定できない。

結局、われわれは先に触れた外的な根拠に戻ることになる。しかし、結論は内的な根拠の場合とあまり違わない。まず、-thos が人名として稀な語尾であることは確かであるが(シェンケの復元を支持するキルヒナーによれば、ギリシア語の人名としてはケリントス以外に例証が見つからないという)、受取人の表示が人名でなければならないという理由はない。実際、-thos をギリシア語普通名詞の[… pa]thos(「[苦]難」ないし「[受]難」)と解釈し(ナグ・ハマディ文書のコプト語はギリシア語の単語を頻繁にそのまま用いる)、「[苦]難[を共にする者]へ」あるいは「……[苦]難[を愛する者]へ」と復元する提案がある。殉教、すなわち苦難ないし受難を奨励している本文書においては、決して不似合ではない想定である。次にケリントス(と魔術師シモン)が論敵として登場する『使徒たちの手紙』であるが(前述参照)、その教義上の主張はイエス・キリストの受難および復活の現実性であり、これは先に挙げた教父たちの伝えるケリントスの教説に対する反駁でこそあれ、本文書との内容的な接点は稀薄であるように思われる。『使徒たちの手紙』の著者が本文書を知っていたという想定(エールハルト)は無理であろう。

結論としては、シェンケの提案を廃棄する理由は全くないが、積極的に採用する根拠もない、ということになる。従って、差し当たっては――現時点では予想できない仕方で何らかの重要な見通しが開けるようになるまでは――ケリントスの名は本文にではなく注に置かれるべきであり、この点で訳者はウィリアムスやルローの対応が、冷静で正当な判断であると考える(但し彼らはその判断についてあまり詳細な説明をしていない)。

四　先行する文書資料

「主の兄弟」であれ「ゼベダイの子」であれ、「ヤコブ」が本文書の著者である――差出人であると同時にアポクリュフォンの著者でもある――とする本文書の設定が虚構であることはすでに触れたが、本文書の真の著者、ないし最終編集者は、本文書をまとめるに当たってどのような先行資料を用いているのだろうか。この問題について、二つの手掛かりが指摘されている。

一つは、本文書の構成そのものが示している手掛かりである。すなわち、本書の最終編集者が、独立した一文書であった本文書アポクリュフォン部分——復活後のイエスと弟子たちの対話という形式の文書は、新約外典中に多数の類例がある(本シリーズ第二巻「福音書」6頁以下参照)——に偽名の手紙枠を付けたのではないか、と想定することができる。その場合、この最終編集者が同時にアポクリュフォン部分にも多かれ少なかれ手を加えたはずだ、と想定を続けることになる(単に手紙枠を付けただけだとすると、かえってその意図を測りかねる)。例えば、この時に編集者がアポクリュフォンにおけるヤコブの位置をペトロのそれに対して高めたのではないか、という推定がある。そして同時に、当然の手続きとして、アポクリュフォン部分と手紙枠との間に文体や用語レベルの違いがあることの証明が試みられている。

もう一つは、本書アポクリュフォン部分において、殉教を勧める段落(§9—12)と預言の消滅についての段落(§13)が、内容的に前後から独立しているように見える、という手掛かりである。本書におけるイエスの教えは次から次へとテーマやトーンが変わったり、また戻ったりし、そのつかみどころのなさが特徴的なのであるが、この二つの段落だけはむしろ自己完結的であり、従って、別個の資料からの挿入なのではないか、と考えてみることができるのである。この場合にも、その裏付けとして文体・用語の検討が試みられることになる。なお、当然ながら、この二つの手掛かりはさまざまな形で組み合わせることができる。さらに、本文書アポクリュフォン部分を別の文書からの抜粋と見做す試みもある。それによって本文書の文脈の不安定さを説明しようとするのである。

とはいえ、今のところ、これらの仮説は見るべき成果を上げていない。そもそも、本文書が最初から手紙枠＋本体という形式で構想・創作されたという想定も決して不自然ではなく、また殉教や預言についての段落も、本文書の対話の中で完全に孤立しているというわけではない。従って、とりあえず、本文書にこの種の編集段階、いわば先行バージョンのようなものを積極的に想定するのは控えておくべきであろう（なお、これは本文書内の個々の伝承、とりわけイエスの言葉が伝承史的にどこまで遡れるか、という今後の研究視点を排除するものではない）。

五　思想的特徴

本文書には、イエスとヤコブの他に、いわば隠された主役がいる。アポクリュフォンの最後、ヤコブは「これから現される、愛された者たち」（§40）と交わりを持つことができるよう祈りながらエルサレムに上る。そして――私信に戻って――受取人がその始まりとなるように、すなわち受取人がまずそれを実現するように、と祈る。「彼らが光を私を介して受ける」（§41）という言い方を見ても、この「これから現される者たち」が本文書の予定している読者であることに疑いの余地はないであろう。彼らは文章冒頭§1の「聖なる人々」――受取人は彼らの救いのための奉仕者であるとされている――から始まって末尾§41の「告げ知らされている彼ら、主が自らの子と定めた彼ら」に至るまで、さまざまな呼称で繰り返し言及される。もちろん、ある文書が予定している読者、それを実際に読んだ（あるいは、読まされた）人々が、その文書そのものに――とりわけ、文書そのものの時代設定のために「読者よ」といった単純な二人称の呼び掛けが使えない場合――暗示的に登場するのは決して珍しいことではない（例えば、いわゆる「セツ派」のグノーシス主義文書では「セツの種子」という表現がしばしばその文書の読者自身を指す）。しかし、本書において目立つのはその読者の価値評価である。通常ならば、著者が読者に著作を通して教えを伝えるのであり、その限りにおいて読者はあくまで受動的な存在、著者のおかげでありがたく救いに与るという立場にある。ところが本文書では、アポクリュフォンの伝え手であるヤコブと書簡受取人の救いは、その受け手との交わりによって初めて実現する、とされている。アポクリュフォンの中でも、イエスは後の世代の人々、すなわち実際の読者たちを、イエスの直弟子であるヤコブやペトロよりも信仰の次元で上位に位置付ける――「人の子を見た者たちは禍いだ。幸いなのはその人を見なかった者たち……だ」(§6)、「今ある者たちよ、今ない者のようになりなさい。それによって、今ない者たちと一緒になることができるように」(§30)。ヤコブ(とおそらくペトロ)以外の弟子たちが、このような教えを聞かされて、「これから生まれる者たちのことで腹を立てた」(§40)というのも無理のないことである。

イエスの直弟子たちよりも自分たちを本質的に上位に置くこのような歴史観が、本文書を担ったグループの、正統的キリスト教会に対する挑発的な自己主張であることは言うまでもない。但しその際に、自分たちだけに下された何らかの特別な啓示のようなものを引き合いに出すのではなく(§13によれば、預言は洗礼者ヨハネで終わっているという)、すでにヤコブやペトロに啓示されていたイエスの教えを根拠として設定している、という点に注意する必要がある。さまざまな異端グループの出現と共に形成された正統教会の教義、いわゆる「使徒的伝承」説によれば、正しい教えはイエスから使徒たちへ、そして司教たちへと順を追って受け継がれてきた最も古い教えに他ならず、この経路から外れているものはすべて斥けられる。もちろん、本文書の立場はこの教説の精神と全く相容れない。しかし少なくとも形式的には、アポクリュフォンがヤコブ、ペトロ、そして他のイエスの弟子たちにもすでに知られていたと設定することによって、予想される正統教会側の反駁が無効になるように仕立てられているのである。ではなぜ――とりあえずこの設定を受け入れるとして――本文書の教えが事実として正統教会の教えとならなかったのか、という疑問が生じるが、おそらく、弟子たちはこの教えを聞いたが、理解できず、信じなかったのだ、と説明されるのであろう。弟子たちの無理解・無信仰のモティーフは本書において繰り返し見いだされる(さらに、写本2頁冒頭=§2末尾破損部分のキルヒナーによる復元案を参照)。

もっとも、本文書の予定する読者は、「これから現される者たち」といった未来を指し示す言い方の背後にいるだけではない。むしろ、アポクリュフォンにおけるイエスの言葉は、たとえ場面上はヤコブとペトロに向けられていても、彼らが読者と明らかに区別されて扱われている場合を除いて、原則的には読者自身に向けられた教えとして読むべきであろう。言い換えれば、本書には二つの異なるレベル、すなわち読者がヤコブやペトロを自分と同一視すべきレベルと、区別すべきレベルとがあるが、やはり宗教的メッセージとして基調をなすのは前者の方であり、例えばヤコブやペトロがイエスから批判・叱責を受ける場合、読者はそれを自分自身に対する警告として受けとめることが期待されている。

この点は、本書において指摘できる思想的な特徴の一つと関係している。先に触れたように、本書のアポクリュフォン部分のトーンはヤコブたち(=読者)に対する奨励・約束と警告・叱責との間を行ったり来たりするのであるが、その構成がまさに著者の意図に即していることは、前掲のペトロの不満によって裏書きされている。引き続くイエスの言葉(§33)においてグノーシス主義的な救済論の原則が確認されるが――「あなたがたは信仰と認識によって(すでに)生命を受けたのである」――、それは、もはや警告や叱責の必要はない、救済は完了した、という意味ではない。「あなたは私たちに『満たされていなさい』と言われましたが、私たちは満たされています」というペトロの誇らしげな宣言(§8)に見られる完了的・静止的な救済理解に対するアンチテーゼ、いわば常動的(キルヒナー)な救済理解・自己理解が、本書の特徴の一つとなっているのである。

救済理解との関係でもう一つ目立つのは、殉教に対する高い評価である。グノーシス主義者が一般に殉教を忌避しているという同時代の正統教会からの批判は、今日では受け入れられていない。とはいえ、本文書ほどに殉教を積極的に勧める文書もめずらしいのである。もちろん、殉教の勧めの段落§9―12を独立した別個の資料からの挿入とみなす場合には話が複雑になるが、その場合にも、その挿入を何かの手違いと考えるのでない限り、本文書本体を担ったグループは殉教をやはり奨励していたことになる。さらに、信仰の自発性を要求する言葉――「救われるように急ぎなさい。(但し)人から願われてそうするのではなく、あなた方自身の意志で熱心でありなさい」(§14)等――は、殉教の奨励と相通じる精神的な姿勢を示しているように思われる。解釈の難しい§26(「……あなたがたは、父が人間を愛しているとか……と考えているのか」)も、もしこれを受動的な信仰に対する批判と解釈すれば、同じことを逆の面から言っていることになる。

本文書とユダヤ人キリスト教の間に関係があるのかもしれないという点は、本文書受取人の名前の問題を扱った時に触れた。右に取り上げた本書の思想的傾向も、この観点からさらに検討する必要があると思われるが、それは今後の課題である。

六　成立年代と場所

成立年代を推定する確かな手掛かりはない。新約文書からの確かな逐語的引用がなく、むしろイエスの言葉や行動を「思い出す」という言い方が数度使われていることから一世紀後半や二世紀初めというかなり早い時期を想定する研究者もいれば、逆に、キプリアヌスやオリゲネスが殉教の勧めを著した三世紀半ば、という遅い時期を考える研究者もいる。場所についても、エジプトやシリア・パレスチナなどが候補として挙げられているが、年代と同じく、どれかを特定する根拠は今のところ見いだされていない。

七　底本と主要参考文献

① Williams, Francis E., The Apocryphon of James, in: Attridge, H. W. (ed.), Nag Hammadi Codex I (The Jung Codex). Introductions, Texts, Translations, Indices (NHS XXII), Leiden 1985, pp.13-53（解説、コプト語本文、英訳）, Attridge, H. W. (ed.), Nag Hammadi Codex I (The Jung Codex). Notes (NHS XXIII), Leiden 1985, pp.7-37.（注釈）

② Kirchner, D., Epistula Jacobi apocrypha, Die zweite Schrift aus Nag-Hammadi-Codex I (TU 136), Berlin 1989.（解説、コプト語本文、独訳、注釈）

③ Kirchner, D., Brief des Jakobus, in: Schneemelcher, W. (Hrsg.), Neutestamentliche Apokryphen, I Evangelien, ^{6}1990, pp.234-244.（解説、独訳）

④ Rouleau, D., L'épître apocryphe de Jacques (NH I, 2) etc. (BCNH Section《Textes》18), Québec 1987.（解説、コプト語本文、仏訳、注釈）

底本としたのは①である。②は①より出版年は後（但し前書きの日付は一九八五年）だが、内容は一九七七年に出された学位論文であり、①はそれを参照している。本文のセクション分けは①の段落分けを参考にしているが、小見出しを含めて、全体としては訳者の責任によるものである。②の前書きによれば、著者は出版にあたってウィリアムスと個人的に連絡を取って論文の内容に手を加えたそうであるが、大きな変更は行なわなかったようである。これに対して、③のドイツ語訳は②のそれと多少違っている。④のコプト語本文は①のそれとあまり違わないが、写本の読みを修正することに消極的なのが特長である。重要な二次文献については③と④を参照。また、解説本文で触れた『使徒たちの手紙』は、③と同じ本の二〇五―二三二頁に解説とドイツ語訳がある(担当者はC. Detlef G. Müller)。

解説　復活に関する教え

大貫　隆

一　写　本

『復活に関する教え』はナグ・ハマディ文書の第I写本に、『真理の福音』に続く第四文書として収められているもので、同写本の第二十二葉表（43頁）から第二十五葉裏（50頁）にかけて筆写されている。保存状態は良好である。47頁から50頁までのそれぞれの第1行で二—三文字、47頁の13、14行の行末と48頁の13、14行の行頭でそれぞれ半文字が欠損しているが、いずれも比較的容易に復元が可能である。

使われているコプト語は、ナグ・ハマディ写本の他の多くの文書の場合と同じように、準アクミーム方言である。書体学的には、同じ第I写本の他の四文書『使徒パウロの祈り』、『ヤコブのアポクリュフォン』、『真理の福音』、『三部の教え』が同一の写字生の手による筆写であるのに対し、『復活に関する教え』だけは別の写字生によるものであることが確かめられている。第I写本の筆写の年代は、第VII、XI写本とほぼ同じで、後四世紀の第二・四半世紀である（詳しくは本シリーズ第二巻『福音書』所収の『三部の教え』巻末解説三八四頁を参照）。

二　構成と文学ジャンル

文書全体の大まかな構成は翻訳本文に先立って示した通りである。「まえがき」(§1—2)は、いささか唐突に「わが子レギノスよ」という呼びかけで始まり、文書全体の主題を提示する(§2)。その主題に関する総論的な論述(§3—7＝キリスト論、§8—13＝救済論と終末論)が続いた後、個別問題(特に肉体の運命)にかかわる各論(§14—24)が補われる。さらに倫理的な勧告(§25—27)が行なわれた後、「あとがき」(§28—29)によって締め括られる。「まえがき」と「あとがき」は文書全体が一つの書簡であることを示している。

もっとも「復活に関する教え」という文書末尾に記された表題は、文書全体が一つの書簡であることを適切に表示するものではない。特に「教え」(ロゴス)という表現は文書の内容を指すことはできても、書簡という形式を表すことはできない。このため「復活に関する教え」という表題は、§2に「だからこそ、私たちの間でも、それ(復活)をめぐる議論(ロゴス)がなされるべきなのである」とあることに基づいて、ある段階での写字生か写本の整理係が判別の便のために事後的に付け加えたものと見做すのが、現在では定説になっている。すなわち、論文的な内容のナグ・ハマディ文書では少なからずそうであるように(本シリーズ第二巻所収の『この世の起源について』参照)、『復活に関する教え』も、もともとは無表題の文書であった可能性が大きい。

全体の文学的形式が書簡であるとしても、それは実際の必要に迫られて認められた書簡なのか、あるいは書簡の形式はあくまで文学的な体裁であって、実際には不特定多数の読者を念頭に置くものなのか、という問題が残される。この問題についての研究者の意見は今なお一致を見ていない。

書簡の形式をあくまで文学的な体裁と見做し、名宛人の「レギノス」も虚構とする説はB・レイトン(B. Layton, Vision and Revision: A Gnostic View of Resurrection, in: *Colloque internationale sur les textes de Nag Hammadi (Québec, 22-25 août 1978)*, Québec/Louvain 1981, pp.190-217)によって最も強力に唱えられてい

る。レイトンによれば、『復活に関する教え』はヘレニズム時代のさまざまな学派哲学の指導者たちが初心者のために用意したいわゆる「エイスアゴーゲー」(Eisagôgê)、すなわち「入門用の論説」(introductory treatise)に近い。確かに、私の見るところでも、例えば中期プラトン主義者アルキノスが『プラトン哲学要綱』(Didaskalikos)と並んで著した『プラトン対話篇入門』(Eisagôgê eis tous Platônos dialogous)は、内容的にも分量的にも、顕著な並行例と言うことができる。それを言わば手紙の形式に直したものが『復活に関する教え』ということになる。

しかし、レイトンは、『復活に関する教え』に「エイスアゴーゲー」が備えるべき形式要素のいくつかが欠けていることも認めて、最終的には「心を許し合った者同士の間での講義」(animated classroom lecture)と定義し、これに最も近いのは、アッリアノスが伝えるエピクテトスの『講話』のいくつかであるとする。そこで用いられる議論(論述)の進め方は、西洋古典学の術語で「ディアトリベー」と呼ばれるもので、(1)さまざまな地口(語呂合わせ)、(2)不意を突くような隠喩、(3)実例の提示、(4)ひいきの著作家からの引用、(5)親が子にするような呼びかけや叱責、(6)仮想的な質問や反論、(7)それに対する著者自身の論駁や再反問などを特徴とする(詳しくは本書第I部の序「グノーシス主義と説教」の第一章参照)。レイトンはこれらすべてが『復活に関する教え』にも明瞭に認められると言う。特に最後の特徴(6)、(7)は次のような組み合わせで用いられていると言う。

仮想敵	著者
§14(「もしあなたがかつて肉を」以下、訳注(2)参照)	§15
§18(「しかし、ある者たちは」に注意)	§19
§20(直接話法の反語的疑問文として訳出、訳注(4)参照)	§21

§22（背後に仮想の論敵が提示する「実例」、訳注（7）参照）　§22

レイトンのこの仮説は、平叙文と疑問文の区別が不明瞭なコプト語文法の特性（§15訳注（5）、（6）参照）を計算に入れても、かなり苦しい本文の読解に基づいている。加えて、この仮説に従う場合には、次章で述べるように、『復活に関する教え』の著者の神学を論理的に整理し切れなくなる。このため、現在この説に賛同する研究者は少なく、レイトンが仮想の論敵に割り振った疑問文も、原則として著者自身の修辞的・反語的な問いと見做される。但し、前記のディアトリベーの特徴(1)—(5)がこの文書にも認められることは、研究者の間ではすでに共通認識になっていると言ってよい。参考までにそれぞれの特徴に該当する箇所を挙げておく。(1)地口　§1（訳注（1）、（2）参照）、16（訳注（7）参照）、(2)不意を突く隠喩　§15、(3)実例の提示　§22、(4)ひいきの著作家（パウロ、プラトン、ヘラクレイトス）からの引用（§7訳注（6）、§8訳注（8）、（9）、（10）、§9訳注（11）、§12訳注（5）、§20訳注（3）、§23訳注（9）、§24訳注（1）、§26訳注（12）、§28訳注（1）参照）、(5)親が子にするような呼びかけや叱責　§1、14、15、26、28。

他方、実際の必要に迫られて書かれた手紙と見る説が現在のところ有力になりつつある。もちろん、そのような実質的な書簡にも、本書第Ⅱ部の序「グノーシス主義と書簡」において詳論されているように（特に第二章参照）、一定の規準による分類が必要である。例えばパウロが友人フィレモンに宛てた手紙やヴァレンティノス派の指導者の一人プトレマイオスが求道中の女性フローラに宛てた書簡などのように、全く個人的なものもあれば、パウロのその他の直筆書簡（ロマ、Ⅰコリ、Ⅱコリ、ガラ、フィリ、Ⅰテサ）のように、共同体向けのものもあり得る。さらに、共同体宛てであれ、個人宛てであれ、その内容は神学的あるいは倫理的な論考であり得たことは、パウロの

『ローマ人への手紙』とプトレマイオスの『フローラへの手紙』が実証している。

また、書簡の中にディアトリベーの語り口が入り込むことについては、本書第Ⅱ部の序の第四章に挙げた実例に加えて、他でもないパウロの手紙を挙げることができる。パウロの手紙が、仮想の質問や反問、あるいは著者の側からの論駁的な再反問を初めとして、繰り返し前述のディアトリベーの手法を駆使している（例えばⅠコリ一13、二11、三3-4、四7、14、六12-20、七18-19、27、九1-12、一〇14-22、一三12-26他参照）ことは、すでにR・ブルトマンの研究（R. Bultmann, *Der Stil der paulinischen Predigt und die kynisch-stoische Diatribe*, Göttingen 1910, Nachdr. 1984）以来、ほとんど古典的な定説となっている。

以上の点に照らせば、『復活に関する教え』を、「まえがき」が簡略であるなど、形式的な欠如はあるものの、実際の必要に迫られて書かれた手紙と見做すことに、重大な障害はないと言えよう。その場合、§28―29の「あとがき」が示すように、レギノスという一個人に宛てた私信であると同時に、彼を取り巻く仲間の間でも広く読まれることを期待している手紙ということになる。従って、本書第Ⅱ部の序に掲げた一覧・分類表（二六七―二七三頁）で言えば、欄の通し番号⑥あるいは⑱に該当する。但し、レギノスの歴史的実在性が証明されるわけでもなく、本文中に彼と著者との間の個人的な関係を示す決定的な証拠と呼べるようなものが見つかるわけでもないから、いずれにせよ仮説の域を出ない。

三　神　学

『復活に関する教え』の著者の神学（思想）は、論理的にどのように整理できるだろうか。この整理は、当然のことながら、レイトンのように本文の特定の箇所を仮想の論敵の発言に割り振る場合と、そうでない場合とで、著しく異なってくる。レイトンの振り分けでは、仮想敵の発言とされる前記のパラグラフ(§14、18、20、22)を通して読めば直ちに明らかになるように、復活して不朽のアイオーンへと帰って行く者にも、なんらかの肉体が随伴するはずだというのが、その仮想敵の主張であることになる。それに対して著者は、あらゆる肉体の随伴の可能性を否定して、人間の内的な本質(叡知、霊、魂)だけの永生(=復活)を肯定する。レイトンによれば、彼はこの意味で、グノーシス主義の影響を受けているものの、第一級の中期プラトン主義者に他ならない。

しかし、レイトンの振り分けに賛同しない立場から整理すると、これとは著しく異なる神学が浮かび上がってくる。

まず、神論について言えば、そもそも「神」という語そのものが、「神の子」という伝統的な表現で§3、4に実質上一回出るに留まる(訳注(5)参照)。体系的なグノーシス主義救済神話が至高神について繰り広げるような否定神学(ヨハ・アポ§6—9、三部教§2—8参照)は見る影もない。おそらく、限られた長さの手紙という形式に制約されて論述を敢えて控えたというのではなく、著者の主たる関心そのものがそこにはないということなのであろう。同じ印象は宇宙論についても生まれる。プレーローマ(§4、24)が「不朽のアイオーン」(§7)であり、そこに「真理の種子」である救い主(§5)、「真理」、「霊」、「恵み」という神的存在(§6)、さらに「万物」、すなわち、やがて地上の世界から救われることになる選ばれた者たち(§13、17の「万物」)が先在していたことが、ごく手短に言及される。しかし、その詳しい組成については何の説明もなく、「強力な組織」(§13)であったはずのプレーローマから「僅か」とは言えある「部分が失われて」(§13)、「欠乏」(§24)が生じ、やがてそこから「この世界」が生じてきた次第も、他のグノーシス主義文書(ヨハ・アポ§26、三部教§23—27など)がこれを立ち入って物語るのとは対照的に、ほんの僅かな文言で済まされる。

著者の関心はそのようにして生じてきた世界とプレーローマとの間の本質的な対立関係にある。現実の世界は「この世界」(§3、5、7、8、13、14、22、23)とも「この場所」(複数形§10、15、17)とも呼ばれる。それは「諸々の支配する者たちと神々」(§5)の勢力下にあり、「滅びに定められた世界」(§7)、万物流転(§23)の「幻影」の世界(§22—23)である。それは肉体と同様「劣悪なるもの」(§16)である。現実の老いた肉体は真の本質が霊的な復活を遂げる際に脱ぎ捨てられる「胞衣《えな》」にすぎない(§15)。そして、少なくともその含みは、この現実の世界が女性の生殖器(子宮)に他ならないということである。

人間は先在の場所からこの世へ到来した際に、現実の肉体を受けとったのである(§14)。それ以来人間は肉より「優れた部分」と「劣悪なるもの」の二元対立の中に在る(§16)。肉より「優れた部分」とは「叡知(ヌース)」(§11)、「思考」(§11)、「活ける肢体」(§20)とも呼ばれる。反対に、「劣悪なるもの」は「目に見える、死せる肢体」(§20)、「老年」(§15)「磨滅」(§16)、「胞衣《えな》」(§15)と同義語である。「肉に即した生活」は「散漫と鎖」(§25)の中の生活に他ならず、やがて肉体の死をもって終りを迎える。しかし、これは、『復活に関する教え』にとって、「自然界の法則」(§3)ではあっても、パウロの言うような「罪」の払う値ではない(ロマ六23、Iコリ一五56他)。そもそも「罪」という言葉そのものが、パウロを繰り返し引き合いに出すにもかかわらず、一度も用いられない。

研究者の中には、§9の「心魂の復活」と「肉の復活」という表現を根拠に、『復活に関する教え』の人間論を、「叡知(ヌース)」(あるいは「霊」)、「心魂」、「肉体」の三原理からなる三分法的な人間論と見做す者がいるが(M・L・ピール)、この説は保持困難である。§9は「心魂の復活」と「肉体の復活」で、それぞれギリシア的な魂の不死説とキリスト教正統主義の肉体の復活説を指し、それぞれがグノーシス主義者の「霊的復活」によって超克されるという論争的発言であって、著者自身の人間論を積極的に言い表すものではないからである。反対に、明確に人問論の意味での「心魂」と「霊」には言及がないのである。従って、著者の人間論は三分法的ではなく、むしろ、J・メナールが言うように、二元論的と言うべきである。

「真理の種子」(§5)として先在していた救い主(キリスト)は、この現実の世界の中へ、すなわち、「肉の中」の存在へ到来(§3)する。地上に在る彼は「神の子」であると同時に「人の子」、つまり神性と人性を併せ持った存在である。彼は「真理のことば」として、「すべてのことを明解に啓示するため」(§6)に働いた後、自ら苦難(§8)を負って死に、かつ死人の間から甦ることによって、死を打ち破り(§4)、死を滅ぼし(§11)、「死を呑み込んでしまった」(§7)。その後、彼は「不朽のアイオーン」へ帰って行った(§7)。救い主の復活によって、「万物」(「わたしたち」)がプレーローマの不死性へ回帰する道が拓かれた(§7)。

肉の生活の散漫と鎖を脱出することによってこの救いの出来事に応答する者は、来るべき終末を先取りして、すでに今ここで救い主と共に甦り(§8)、真の安息と復活を手にすることができるし、現に手にしている(§1、17、25)。しかし、その応答は哲学的「探究」(§18)や「説得」(§10)の次元のものであってはならない。問題は「信仰の事柄」だからである(§10)。但し、この「信仰」は、著者の言い換えに従えば、「思考」、「認識」、「知恵」とほぼ同義(§11、12)であり、「無知」(§12)、「疑い」(§19)がその反意語である。そして、この意味での「信仰」に到達できる者は少なく(§2)、「初めから定められている」者たち(§12)、かつてプレーローマに先在した「万物」(救われる者たち)に限られる(§13)。

その彼らにしても、なお「この世界の中に現れている」(§8)限りは、しかるべき「訓練」(§26)と「実践」(§27)が必要である。なぜなら、現に復活を手にしている者もやがて肉体の死を迎えるのであり(§8、15、16、26)、最終的な「霊的な復活」はそのときに起きるからである。そのとき、信じる者は太陽の光線のように天へ引き上げられてゆき、「心魂の復活」と「肉の復活」の両方が「霊的な復活」に呑み込まれる（§9）。それが「万物」がプレーローマへ回復され（§4）、プレーローマが「欠乏」を再び満たす時である（§24）。

『復活に関する教え』の神論、宇宙論、人間論、キリスト論、救済論、倫理、終末論を論理的に整理すれば、以上ほぼこの順で述べたようになるであろう。最後になお注意しておかなければならないのは、霊的復活と肉体との関係の問題である。

すでに触れたように、レイトンによれば、この文書の著者は第一級の中期プラトニストであり、肉体という「胞衣《えな》」を脱ぎ捨てて誕生する真の生命（魂）のあらゆる肉体性を否定しているのであった。しかし、この説は「霊的な復活」が「心魂の復活」を「呑み込む」、とはつまり超克する、という§9での著者自身の発言を、無理なく説明することができない。中期プラトン主義が「魂」（プシュケー）を越える神的本質としての「叡知」（ヌース）について語ることは事実だが、それによって人間の「魂」の神的起源までが否定されてしまうわけではないからである（この点について詳しくは宮本久雄・山本巍・大貫隆『聖書の言語を越えて』、東京大学出版会（一九九七年）所収の拙論「ないないづくしの神――古代における三つの否定神学」、特に二〇八―二〇九、二一八―二二二頁を参照）。

他方、レイトン説の対極に、『復活に関する教え』の説く復活を霊、心魂、肉のすべてを包含するものと見る解釈がある（W・C・ファン・ウニック）。すなわち、人間が今ここで現実に負っている肉と復活後の肉は、原理的に区別されていないという説である。この説は§16の末尾の文章「しかし、それには恵みが在る」の「それ」が、直前の「劣悪なるもの」、すなわち現実の肉体を指すと解する場合にのみ考えられるものである。しかし、すでに§16訳注（9）で述べたように、これがこの箇所について唯一可能な解釈ではない。同じ「それ」が「（あなたの）優れた部分」を指すと取れば、現実の肉体に救いの余地はないことになる（§20も参照）。

以上のことを踏まえた上で、残る本文の証言にも最もよく適合すると思われるのは、ピールとメナールの解釈である。それは§14に「あなたはこの世に到来したときに肉を受け取ったのである。（とすれば）どうしてあなたはあの（永遠の）アイオーンへと昇ってゆくときにも、肉を受け取らないであろうか」とあることから、復活してプレーローマに帰って行く者は、それまでの地上の肉とは異なる、言わば「新しい肉」を受け取るという解釈である。著者が§24で「新しさへの変貌」について語ることもこの解釈を支持すると思われる。また、著者が同じ§24の他に§7でもコリント人への第一の手紙の一五章からの引用を行なっていることも（§7訳注（6）、§24（1）参照）、この解釈にとって有利である。なぜなら、この手紙のこの箇所こそは、すべてのパウロの手紙の中でも、復活と「肉のからだ」（新共同訳「自然の命の体」）の関係について、最も立ち入って論じている箇所だからである。「肉のからだ」があるのだから、復活後にも「霊のからだ」があるのだというパウロの言い分（一五44）において重要なのは、「肉」と「霊」の素材の対立ではなく、「からだ」の連続性である。パウロが「からだ」と言うのは、個々人の人格のことである。パウロの断言は、肉体の死は個々人の人格とその責任を解消しないと言うに等しい。

『復活に関する教え』の著者は、この点においてパウロとおそらく同意見なのである。著者の言う意味での霊的な復活に達した者も、新しい肉体を備えることによって、個人としての人格の同一性を保持し続けるというのであろう。§22が福音書のいわゆる変貌物語からモーセとエリヤを引き合いに出すのは、ピールが指摘するように、この意味で理解すべきである。もっとも、著者のこのような考え方は、通常のグノーシス主義の救済理解から見ると、かなり例外的だと言わなければならない。なぜなら、グノーシス主義の救済論では、個々人が歴史的に身につける個性と人格は、神的本質の救いにとっては無意味であるばかりか、むしろ阻害要因であって、それを滅却することが必要だとされるからである（この点についても詳しくは前掲の拙論二五八頁参照）。それとも、われわれは視点を逆転して、むしろ『復活に関する教え』から、グノーシス主義の救済論のそのような定義そのものを改めて見直すべきなのであろうか。あるいはまた著者は、神話論的なグノーシス主義の束縛を離れて、個人の肉体の死の後の運命についてだけ全関心を集中することによって、一種の実存論的な「非神話化」(メナール)を行なっていると言うべきであろうか。その可能性は大きいように思われる。とすれば著者は思想史的にどこに位置するのだろうか。

四　思想史的位置

古代教会史に多少でも通じている者にはよく知られている事実であるが、後二世紀と三世紀はイエス・キリストの復活、また信徒一般の復活について、ギリシア・ローマの哲学を含む異教の陣営、キリスト教内部の正統主義の陣営と「異端」の陣営、あるいはそのいずれとも一概に断定しにくい陣営に属する実に種々さまざまな人々が、さまざまな意見を闘わせた時代であった。W・C・ファン・ウニックの言葉を借りれば、復活問題は教会が立つか倒れるかの重大問題(articulus stantis aut cadentis ecclesiae)であった。『復活に関する教え』も間違いなく、その論争状況の中で著されたものである。著者の立つ位置を確定するためには、まずその論争状況の大まかな地図を描いてみなければならない(以下の解説は W. C. van Unnik, The Newly Discovered 'Epistle to Rheginos' on the Resurrection, *JEH* 15[1964]141-152, 153-167 に挙げられた関係する著作を適宜取捨選択する一方、必要な補充を加えたものである)。

1　異教の見解

まずヘレニズム世界の異教徒たちの目にキリスト教の復活信仰はどのように映っただろうか。この点についての最も古い証言は、アテネのアレオパゴスの丘でパウロが演説する使徒行伝の場面(一七32)である。そこですでに「死者の復活」の話は嘲笑を買ったとされている。続いて、二世紀半ばに殉教の死を遂げた護教家ユスティノスの名の下に断片が伝わる『復活について』(X)では、キリスト教の復活信仰がピュタゴラス、プラトン以来の魂の不死説と全く異なる前代未聞の新奇な説として言及される。やはり二世紀にシリアのアンティオキアで活動した護教家テオフィロスの『アウトリュコスに捧げる書』は、一人の異教徒に「私が見て信じることができるように、一人でもいいから死者の間から甦った者を見せてくれ」(I, 13)と言わせた後、ギリシア神話と自然界からの類例をもって答えている。同じ時代に「アテネのキリスト教哲学者」として名を馳せたアテナゴラスには、『復活について』という一書がある。その四章(IV, 1-4)には、キリスト教の復活信仰の非合理性を証明しようとする異教徒の言として、大略次のような珍妙な説が報告されている。

船の難破やその他の水難事故で不慮の死を遂げた人、あるいは戦死者など埋葬されずに放置された者の死体は、やがて魚や他の動物の餌となり、それぞれのからだの一部に変ってゆく。そのうちのあるものは再び人間の食物となって、それを食べた人間の肉体の一部となる。つまり、もともとの死者の肉体は今や別の人間の肉体に変わってゆく。その外、嬰児喰らいの習慣もあったりする。もしもキリスト教徒の言うような死者の復活があるとすると、ある者はもとの自分のからだの部位を返してもらって再び完全なからだに戻れても、他の者は必要な部位を欠いたままということになってしまう。それは非合理だ。

さらに、三世紀の教父オリゲネスがその著『ケルソス駁論』に書き留めているところによれば、ケルソスという名の中期プラトン主義者が後二世紀後半(一七八年頃)に『真正な教え』と題された著作を著して、キリスト教の真理性を攻撃した。キリスト教の復活信仰について、彼は次のように言ったという(V, 14)。

神がまるで料理人のように、火で罰するときに、他のすべての民族はことごとく焼き尽くされるが、彼ら(キリスト教徒)のみは生き残ると彼らがみなしているのは愚かなことだ。それも生きている者のみならず、ずっと昔に死んだ者までも、その同じ肉体で大地の中から立ち上がるとは。これは無知なことに、うじ虫の希望である。なぜなら、いかなる人間の魂が、すでに朽ちている身体をまだ望むだろうか。

(出村みや子訳『キリスト教教父著作集9　オリゲネス4』教文館、一九九七年、一九八頁)

三世紀にローマで弁護士として活動したミヌキウス・フェリックス(Minucius Felix)が著した『オクタウィウス』は、オクタウィウスという名の虚構のキリスト者が異教徒カエキリウスと交わす対話篇である。そのある箇所(XI, 7)でカエキリウスはキリスト教の復活信仰について、からだを備えた復活なのか、どのようなからだなのか、同じからだなのか、それとも新しいからだなのかと問うた後、「病的な想像力のたわごと」、「下手な慰め」だと断定する。

最後に、時代は前後するが後二世紀後半の作家ルキアノスの『ペレグリーノスの最期』もこの関連で注目に値する。この作品の結び(§39—40)でルキアノスは、稀代のいかさま師ペレグリーノスがオリュンピアの大群衆の目前で、事前の予告どおり、しかし実際には恐怖に震えながら業火に身を投げて無事焼身自殺を遂げるのを見届けた後のことを記している。彼は理解力のある者たちには事実を告げたものの、遅れてきた愚かな野次馬にはでまかせで、事の直後まだ燃え盛る炎の中から一羽の禿鷹、すなわちペレグリーノスの化身がオリュンポスの山に向かって飛び立つのを見たと語ったと言う。ところが、そのほんのしばらく後で出会った品のよさそうな紳士から、今し方死んだばかりのはずのペレグリーノスが白衣をまとって歩いてくるのに出会ったこと、今頃は市内の柱廊を野性のオリーブの冠を頭に戴きながら上機嫌で散策しているはずだと聞かされたと言う。ルキアノスのでまかせが、嘘好みの民衆にかかるとたちまちさまざまな「本当の話」になってしまうというのである。ルキアノスがペレグリーノスを一時期キリスト教の指導者であったことにしていること(§11―14)を考えれば、この結びにキリスト教の復活信仰に対するルキアノスの揶揄を見ることもあながち不当だとは言えないであろう。

2　「異端的」キリスト教徒の見解

一口に「キリスト教の復活信仰」と言っても、キリスト教徒――自称と他称を問わず――の間そのものにおいて、その理解は実にさまざまであった。大きくは、肉体の復活説を固持する正統主義者とそれを否定する「異端的」立場に分けることができる。この後者はさらに、明確にグノーシス主義的と呼び得るものとそうでないものとに分かれる。

グノーシス主義的と呼び得るかどうか確定しがたいものから挙げれば、まずパウロが一世紀半ばにコリント教会で対峙した論敵の主張がある。パウロの報告では、彼らは「死者の復活などない」(Iコリ一五12)、あるいは「死者はどんなふうに復活するのか、どんな体でくるのか」(同一五35)と反問したという。その後一世紀の末から二世紀初めにかけてパウロの影響圏内で書かれたテモテへの第二の手紙も、「復活はもう起こったと言って、ある人々の信仰を覆す」者たちが出現していることを記している(IIテモ二18)。同じ時期にローマ教会の司教(監督)であったクレメンスも、コリント教会へ宛てた第二の手紙の一節（九1）で、「この肉体は裁かれることもなければ甦ることもない」と主張する者たちの存在を示唆している。やはり同じ時代にスミュルナの司教であったポリュカルポスの『フィリピ人への手紙』にも、「自分の欲望に従って主の言葉をごまかし、復活も（最後の）審判もない、などと言う者は、サタンの長男です」（VII, 1）という言葉が見えている。いわゆる新約外典の中では、後二世紀末に書かれたと思われる『パウロとコリント人との往復書簡（コリント人への第三の手紙）』が、シモンとクレオビオスという名の人物について、「私たちは預言者たちを引き合いに出してはならない、神は全能ではない、肉の復活などは存在しない、人類の創造は神のなしたことではない、主は肉のさまで来られたのではなく、マリヤから生まれられたのでもない、世界は神のものではなく天使たちのものである」（I, 10-15）と主張したことを報告している。同じ時期の新約外典である『パウロ行伝（パウロとテクラの行伝）』は、デマスとヘルモゲネスという名のクリスチャン（IIテモ四10、一15参照）の確信として、「（復活は）私たちの子供たちの上にはもうすでにそれが起こったのだということ、そして、私たちもほんとうの神を知ったので甦ったのだということ」（XIV）を記している。前述の殉教者ユスティノスも『ユダヤ人トリュフォンとの対話』と題する別の著作の中で、「死人の復活はない。死の瞬間に自分たちの魂は天に運ばれる」と信じる自称のキリスト教徒に言及している（LXXX, 4）。同様にプラトン主義者ケルソスも、『真正な教え』のすでに引用したのと同じ件で（オリゲネス『ケルソス駁論』V, 14）、復活信仰が「うじ虫の希望」に過ぎないことは、それがある種のキリスト教徒自身によって共有されていないという事実から証明できると信じている。

次に、明確にグノーシス主義的と呼び得るものとしては、まずエイレナイオスの『異端反駁』に記されたいくつかのグループがある。いわゆる「魔術師シモン」（使八9）に因んで「シモン派」と呼ばれたグループに属し、シモンの後継者となったと言われるメナンドロスは、「自分の洗礼を受ける者は、以後死ぬことがなく、永遠に若いままで、不死を保つ」(エイレナイオス『反駁』I, 23, 5)と語ったという。そのシモン派と同様、カルポクラテス派も、復活とは彼らが自称する真理の認識のことに他ならないという見方であった(同II, 31, 2)。さらにエイレナイオス『反駁』V, 31, 1は、グループ名を特定しない形ではあるが、肉体の死後直ちに諸々の天と造物神を越えて昇り、彼らの母親、あるいは、彼らが勝手に作り上げた父のもとに行くと信じて、肉体の復活の信仰を放棄している者たちを論難する。

反異端論者ヒッポリュトス(二三五没)の名の下に伝わる『復活について』という偽書がある。これは僅かなシリア語訳の断片でのみ残存する。その断片1は、ニコラウスという名の執事が、キリストを信じて洗礼を受けたことが復活であり、この復活はすでに起きてしまっているのだから、来るべき肉の復活はないことを唱えて、多くの追随者を獲得し、グノーシス主義の一派閥を形成するに至り、その中にヒメナイとフィレト(IIテモ二18参照)がいたという話を記している。

ヴァレンティノス派の復活理解を直接証言するものとしては、『フィリポによる福音書』§4、21、23abc、63a、76、90a、92、95を挙げることができる。この内§4、21、63a、90aは、やがて肉体の死を迎えるときに真の安息に至るためには、肉体を備えてこの世に在る間に「復活」を生み出すことが不可欠であるとする。この復活は、§76から推測するとヴァレンティノス派に固有の意味の「洗礼」と、さらに§92、95から推すと「塗油」の儀式と結びついていたと思われる。

後三世紀前半に護教家として発言したテルトゥリアヌスが『肉(死者)の復活について』と題する著作において(XIX, 2-7)ヴァレンティノス派の復活論を攻撃したのは、まさにこの点を捉えてのことであった。テルトゥリアヌスによれば、彼らは死そのものを霊的に理解して「無知」と同定する。復活もそれに応じて「真理(至高神)の認識」と同義となり、時間的には彼らの洗礼と同時になる。確かに彼らは正統教会と同じ用語を使って、「肉の復活」を唱えるが、それは「肉に在る間の霊的復活」のことであって、終末における「肉の復活」のことではない。彼らが復活のからだに認める「肉」は「霊的な肉」であって、現下の肉体のことではない(XV, 1; XIX, 5)。現下の肉体が死を迎えるとき、彼らの言う「霊的復活」は遅滞なく直ちに起きる(XXII, 1)。これと同じ証言は四世紀の反異端論者サラミスのエピファニオスの『薬籠』XXXI, 7, 5にも見えている。

これらの反異端論者の証言が的を射ていることは、再び『フィリポによる福音書』§23abcから証明される。そこでは、一方で現下の人間の肉体が復活に与るとする正統主義の復活信仰が退けられるが、他方では、肉の甦りの可能性一般を否定する別の考え方も同時に退けられる。その文言は難解である。しかし、結局のところ、復活には「霊的な肉」が随伴するというのが語り手の主張であると思われる(本シリーズ第二巻六五頁の訳注(7)参照)。

3 正統主義の復活論

一世紀の末以降の正統主義を自認する者たちは、以上に見たような異教と「異端」の復活観に対抗して、その出現と同時に、しかも繰り返し、論駁を試みた。その際、彼らが固持して譲ることがなかったのは、次の二点であった。(1)地上の生を生きた肉体が復活する。(2)その復活は肉体の死と同時にではなく、来るべき歴史の終末に起きる。このような正統主義の復活論を表明した教会人は——この二点のどちらにアクセントを置くかは、人によって微妙に異なるものの——枚挙に暇がない。容易に確認可能な人物と著作に限って列挙すれば、次のようになる。

ローマのクレメンス『コリントのキリスト者へ Ⅱ』九1—5

『ポリュカルポスの殉教』　XIV
『パウロとコリント人との往復書簡』　II, 24-40
『パウロ行伝』(パウロとテクラの行伝)　V
殉教者ユスティノス『ユダヤ人トリュフォンとの対話』　LXXX5
エイレナイオス『異端反駁』　V, 2, 1-15, 4; 31, 2
アテナゴラス『死者の復活について』　I, XIV
アレクサンドリアのクレメンス『絨毯』　III, 6, 48, 1
テルトゥリアノス『肉(死者)の復活について』　XXII, 1; LV, 10

最後に挙げたテルトゥリアノスは、復活についての「議論が過熱」(LXIII)しているなかで、復活信仰がキリスト教信仰そのものの核心であり、肉体の復活の希望を告白しない者はキリスト教徒であり得ないことを、決然として宣言する(III)。肉体の復活説は、彼にとって、彼が今現に彼自身であることの、つまり自己存立の根拠に他ならなかった(I)。

但し、以上のような「正統」と「異端」の大まかな二分法では、二—三世紀のキリスト教が地域ごとに辿ったはるかに複雑多岐な展開、またその中で復活に関して闘わされた同様に錯綜した議論を整理し尽くすことはできない。そのような二分法から洩れ落ちる復活理解、言わば「正統」と「異端」の狭間に立つような復活理解がいくつか存在する。

そのよい例が『使徒たちの手紙』(Epistula Apostolorum)という著作である。これは有力な学説によれば一六〇年の前後に、おそらくはアレクサンドリアでギリシア語で著されたと推定される比較的大部な文書である。現在はエチオピア語訳の完本の他に、部分的にはコプト語訳とラテン語訳の断片で残っている。内容的には、ユダを除く十一人の使徒が復活のイエスと交わした対話を不特定多数の教会宛の書簡の形で報告するものである。事実としてはグノーシス主義的な表象がここかしこに見え隠れするものの、主観的には反グノーシス主義的であろうとしている。復活に関しても、他でもない使徒たち自身が肉体の復活の可能性について、疑念を抱きながらの質問を繰り返してはイエスの叱責を買うが、最終的には肉体の復活説が堅持されている(二一―二五章)。

ここで弟子たちが体現している疑念は、いわゆる正統主義教会の一般信徒たちの間にも肉体の復活説を巡ってかなりの動揺があったことを示すものと見てよいであろう。アテナゴラスの著作の序文(I, 5)の次の言葉もそれを裏付けるように思われる。「この問題(=復活)に関して、ある者たちは全く不信であり、ある者たちは疑念を抱いている。(キリスト教信仰の)初歩的原理を受け入れた者たちの中にさえ、疑念を抱くその者たちと同じ程度に困惑している者たちがいるのが認められる」。

アレクサンドリアのクレメンス(『絨毯』III, 6, 48, 1)が報告する一定の禁欲主義者のグループ(エンクラティータイ)も、前記の二分法には収まり切らない人々である。彼らは、自分たちが「すでに復活に達している」という理解の下に、結婚生活を営んで子供をもうけることを拒否したと言う。

最後に、『ケルソス駁論』を著したオリゲネス(二五三/四頃没)もそうである。彼は前述のケルソスがキリスト教の復活信仰に向けた攻撃を切り返すにあたり、ギリシア的な魂の転生説を基本的に受入れている(VII, 32, §15訳注(4)参照)。それに応じて彼自身の復活理解も単純な肉体の復活説では済まなくなる。「わたしたちも聖書も、昔に死んだ人々が大地の中から浮かび出、より善きものへの何らかの変化(メタボレー)も受けずに、同一の肉体で生きるとは主張していない」(V, 18)と彼自身が明言する通りである。ここで「より善きもの」とは、パウロの言う「天から与えられる住処」(IIコリ五2)あるいは「霊のからだ」(Iコリ一五44)のことに他ならない。オリゲネスの復活理解のまさにこの点、つまり復活のからだの理解を巡って、ほぼ一世代後（三世紀末—四世紀初め）のメトディウスが『復活について』と題する一書を著して批判を加えている。

4　結　論

後二世紀から三世紀にかけてのように死者の復活が問題になった時代は、キリスト教史上他になかったと言わなければならない。『復活に関する教え』もこれまで概観してきたような論争の渦中で書かれた書簡であることに、今や疑いの余地はないであろう。それでは、以上で描いた大まかな論争地図の中で、それはどこに位置するだろうか。グノーシス主義的「異端」の陣営に属することは明らかであるが、さらにどのグループに属すると言うべきなのか。

まず、(1)「認識」と「復活」を等価的に理解し、(2)最終的な霊的復活を肉体の死に続いて直ちに起きるものと考えることは、すでに繰り返し見たように、かなり広範囲のグノーシス主義者あるいはグループに認められるものであるから、同じ考え方が『復活に関する教え』にも発見される(§8、11、18、25参照)ことを手掛かりにしてこの文書の位置を推定することは難しい。むしろ、(3)霊的な復活に現下の肉体とは異なる新しい肉体が随伴するという見方(§14)、および(4)救い主の受難についての言及(§8、11)がこの関連では重要である。前者(3)は、これもすでに触れたように、『フィリポによる福音書』§23abcにも示唆されている。後者(4)はエイレナイオスが報告するプトレマイオスの教説(『反駁』I, 7, 2; 8, 2, 本シリーズ第一巻『救済神話』所収)と『三部の教え』§60—63、71(同第二巻

『福音書』所収)でも繰り返されているものである。いずれもヴァレンティノス派の歴史的展開の上では「西方派」と呼ばれる流れに属する。従って『復活に関する教え』は、思想史的にはヴァレンティノス派の中でもこの流れに最も近いと言うべきである。

但し、私の見るところ、この流れの救済神話は、神話論的グノーシス主義が一般にそうであるように、グノーシス主義者にとっての「復活」を主題化して扱うことが比較的稀である。むしろそれは神話の構造の中にはめ込まれており、そこからほぼ自動的に読み取られ得るような仕組みになっているのである。『復活に関する教え』は、「復活」を巡る一方では異教、他方では正統主義との三つ巴の「過熱した論争」を見据えて、敢えてそれを主題化し、正面から取り上げたわけである。そこにこの文書が分量的には短かなものであるにもかかわらず、古代キリスト教思想史の上で占める重要性があるとともに、最初の本文の公刊(後続第六章の文献表の①参照)の直後から今日まで衆目を集め続けてきた理由がある。

五　著者・執筆年代・場所・宛て先・執筆目的

『復活に関する教え』はナグ・ハマディ文書の発見までは全く未知の書であった。従って、その著者についても外部証言はなく、本文内部に手掛かりを求めて推測する他はない。一九七三年に最初の印刷本文を公にした校訂者たち(次章の文献表①参照)は、§9では「霊的な復活」が「心魂の復活」および「肉の復活」と対立関係におかれていると見做し、さらに§5では救い主(キリスト)のからだが霊的で心魂的要素を持たないことが言われていると解釈して、ヴァレンティノス派の中でも東方(アレクサンドリア)派の産物だと断定した。彼らはその他の状況証拠も考慮して、東方派の中でもヴァレンティノスその人の直筆であり、その執筆時期は彼がローマに上った後一四四年にその地で正統主義教会から関係を断絶された直後であろうと推定した。

しかし、その後、挙げられた個々の箇所の解釈も含めて、この推定には相次いで疑義が表明され、現在では賛同する研究者は少ない。むしろ西方派説が有力である。この場合、執筆場所はローマとなる。著者について個人的なことは何も分からない。但し、思想的には、ヴァレンティノス派の神話論にもはや積極的にコミットしようとはしていない人物を考えるべきかも知れない。前述のように、一種の「非神話化」のスタンスを認め得るからである。しかし、それも第一級の思想家の業とするには足りないように思われる。

名宛人レギノスについても、詳しいことは何も分からない。『復活に関する教え』が実際の必要に迫られて書かれた手紙だとした場合(前出第二章参照)、著者とは師弟のような関係にあり、何人かの仲間(§28—29)を自分の周囲に持っている人物であることになる。彼らは正統主義の枠内にありながらも、「異端的」な復活理解との狭間にあって動揺あるいは困惑していた者たちであって、著者は彼らの上に後者の立場から影響力を揮おうとしているのではないかと推定される。

執筆時期については、文献としての「福音書」に言及する仕方(§22)などから、すでに新約文書の正典化がある程度進行していることが窺われることもあって、二世紀の後半を考える説が一般的である。

六　翻訳の底本・参照文献

翻訳の底本としては次の①—⑤の校訂本文を取捨選択的に用いている(但し、②は①を転載したもの)。

① M. Malinine/H.-Ch. Puech/G. Quispel/W. Till/R. Mcl. Wilson/J. Zandee (edd.), *De resurretione (Epistula ad Rheginum)*, *Codex Jung F. XXII*^{r} *-F. XXV*^{v} *(p.43-50)*, Zürich/Stuttgart 1973.

② M. L. Peel, *Gnosis und Auferstehung: Der Brief an Rheginus von Nag-Hammadi*, Neukirchen-Vluyn 1974.

③ B. Layton, *The Gnostic Treatise on Resurrection from Nag Hammadi, edited with Translation and Commentary*, Missoula Montana 1979.＝レイトン

④ J. E. Ménard, *Le Traité sur la Résurrection* (*NH I,4*), *Texte établi et présenté*, Québec 1983.＝メナール

⑤ M. L. Peel, *The Treatise on the Resurrection*, in: H. W. Attridge (ed.), *Nag Hammadi Codex I* (*The Jung Codex*), *Introductions, Texts, Translations, Indices*, Leiden 1985 (*NHS* XXII), pp.123-157; Notes, Leiden 1985 (*NHS* XXIII), pp.137-215.＝ピール

⑥ M. Krause, Über die Auferstehung, in: W. Foerster (Hg.), *Die Gnosis II: koptische und mandäische Quellen*, Zürich/Stuttgart 1971, S. 85-91.＝クラウゼ

⑦ H.-M. Schenke, Der Brief an Rheginus, J. Leipoldt/W. Grundmann (Hgg.), *Umwelt des Urchristentums, Bd. II: Texte zum neutestamentlichen Zeitalter*, 4. Aufl. 1975, S. 369-372.

⑧ B. Layton, Treatise on Resurrection, in: idem, *The Gnostic Scriptures. A New Translation with Annotations and Introductions*, New York 1987, pp.320-324.

⑨ M. L. Peel, The Treatise on the Resurrection (I, 4), in: J. M. Robinson (ed.), *The Nag Hammadi Library in English*, 3. ed. Leiden 1988, pp. 52-57.

解説　エウグノストス

小林　稔

一　二つの写本相違

ナグ・ハマディ文書第Ⅲ写本には、文書末尾に「祝されたエウグノストス」という表題のついた文書が、本巻所収の『イエスの知恵』の直前に収められている。第Ⅴ写本にも同じ内容の文書が収められていて、この末尾には「エウグノストス」という表題がつけられている。教師エウグノストスが弟子たちに書き送った手紙の形式であり、両者とも冒頭には差出人の名が記されているが、これは末尾の表題と一致していて、第Ⅲ写本の方は「祝されたエウグノストス」、第Ⅴ写本の方は「エウグノストス」と記されている。文書の名前を前者は「聖なるエウグノストス」、後者は「エウグノストス」として区別されることも多いが、ここでは前者をⅢ、後者をⅤとして区別することにしたい。

エウグノストスⅤの結びに「というのは、誰であれ持っている者は皆、［その人には］より加えられるだろう」(§42)とあり、これをマルコ四25「確かに、『持っている者には与えられるだろう。だが、持っていない者からは、持っているものも取り去られるだろう』」(佐藤研訳、岩波書店版)を引用したものだと考えることもできるかもしれない。しかし佐藤が括弧を付けて、「おそらく当時の諺」と注記しているように、両者に共通の源泉から採られたという方がより蓋然性があり、Ⅴがマルコに依存しているとは言えないであろう。

それに対し、エウグノストスⅢにはキリスト教グノーシス主義者の手が入っていることを認めなければならないであろう。

結びのところで、Ⅴは「教［えを］（誰も）彼に［与え］（る必要の）［な］い者の言葉、それがあなたがたのうちに来るまで（のこととして以上を私はあなたがたに話してきた）。そして、（その言葉は）あなたがたのためにこれらのことを、単一の、純粋なグノーシスのうちに解くであろう」（§42）と書く。この場合、著者が予告しているのは、言葉といわれているが、内容的には内的照らし、洞察、悟りのようなものである。ここのところをⅢは、『イエスの知恵』解説でも引用したように「（以上のことを自分はこのようなかたちで書いた）あなたの中に、教えを与え（られる必要の）ない者が現れ出る時まで（のこととして）。そして、彼はそれらをすべて、喜びと純粋な理解のうちに、あなたに言うであろう」と書く。ここでは一人の人物が予告されている。そして、同じ写本ですぐ後に収められている『イエスの知恵』で、イエスを登場させ、彼に語らせるのである。

ちなみに、このような書き方をすると、『イエスの知恵』の著者がわれわれの持っているエウグノストスⅢを使って書いたような誤解を招きかねないが、『イエスの知恵』の二つの写本と本文書の二つの写本、計四つを並べると、異同はかなり複雑である。一般的にいってコプト語が翻訳文学のために発生したものであり、『イエスの知恵』には並行ギリシア語断片が存在している。すると『イエスの知恵』はギリシア語で書かれたようであり、その著者は『エウグノストス』をギリシア語で読んだと見るのが自然であろう。従って真相はむしろ逆で、パロットが言うように、エウグノストスⅢが『イエスの知恵』が書かれた後で、手を加えられたものとみるべきであろう。

話がそれたが、Ⅲに対するキリスト教の影響による改変について続けると、§34で、Ⅴは「［そして、初め］のアイオーンは、[死ぬことのない]人間のものである。第二のは人[の子のもの]、(つまり)初めの発生と呼ばれ[る]者(のもの)である。第三のは、人の子の子、救い主と呼び慣わされる者のものである」と書く。究極存在について、第二の存在として人の子、第三の存在として救い主が挙げられる。ここをⅢは「さて、初めのアイオーンは不死の人間のものである。第二のアイオーンは人の子のもの、(つまり)第一に生む者(プロートゲネトール)と言い慣わされる者、救い主と呼び慣わされる者(のもの)である」と書く。至高者に続く第二の存在が人の子、救い主と言われており、偶然か、単に結果としてかもしれないが、キリスト教の父と子の関係に近づけられている。もっともパロットは「第三のアイオーンは」が写本の過程で誤写による脱落を起こした可能性も挙げているが、いずれにしてもⅤにはキリスト教色はない。

二　全体の概略

手紙の定式文(§1)の後、最初に「哲学者たち」への否定的な態度がかなり断定的になされる(§2—5)。これをパロットは成立年代への手がかりとしているが、これは最後にまわすこととしたい。次に至高者と神的存在、彼らの超越的な世界について述べられる(§6—33)。その後、この世界の生成について述べられ(§34—41)、それに結論(§42)が続くが、結論部分は既に両写本を比較した。

超越的な領域の神的存在は各自、自分の領域ないしアイオーン、数え切れない従者と従属者を持っており、言い表しがたい喜びと口に出せない歓喜がその超天的な領域の存在を特徴付けている。そしてそこからこれらに続く被造物のために型と範型が生じたといわれる。そして、グノーシス主義者たちは自分たちの起源、真の故郷を生まれざる父のところに持っていると言いたいのであろうが、作品の大部分を占めるのはこれら神的世界についてである。

神的存在の領域について（§6—33）

この部分の少々複雑な神統記を整理するために、パロットの分析を見てみたい。これによって成立場所についても何らかの手がかりがえられそうである。

さまざまな神的存在の発生が述べられた後（§6—29）、§30は「さて、救い主は自分の伴侶（シュジュゴス）である知恵なる信仰（ピスティス・ソフィア）と協調した。彼は霊的な男性の女を六つ現し出した。彼は彼らに先立つものたちの範型なのである」と言って、それを総括する。

「彼らの男性としての名前は次の通りである。第一のは①生まれざる者（アゲンネートス）であり、第二のは②自ら生まれた者（アウトゲンネートス）であり、第三のは③生む者（ゲネトール）であり、第四のは④第一に生む者（プロートゲネトール）であり、第五のは⑤すべてを生む者（パーンゲネトール）であり、第六のは⑥アルキゲネトール（最初に生み出す者）である。彼らの女性としての名前というのは次の通りである。第一のは①汎知恵（パーン・ソフィア）であり、第二のは②汎母なる知恵（パーンメートール・ソフィア）であり、第三のは③すべての母親なる知恵（パーンゲネテイラ・ソフィア）であり、第四のは④第一の母親なる知恵（プロートゲネテイラ・ソフィア）であり、第五のは⑤愛なる知恵（アガペー・ソフィア）であり、第六のは⑥知恵なる信仰（ピスティス・ソフィア）である」。

このように六対の神的存在が挙げられており、これを表にすると次のようになろう。

男性的存在	女性的存在
①生まれざる者（アゲンネートス）	①汎知恵（パーン・ソフィア）
②自ら生まれた者（アウトゲンネートス）	②汎母なる知恵（パーンメートール・ソフィア）

③生む者（ゲネトール）	③すべての母親なる知恵（パーンゲネテイラ・ソフィア）
④第一に生む者（プロートゲネトール）	④第一の母親なる知恵（プロートゲネテイラ・ソフィア）
⑤すべてを生む者（パーンゲネトール）	⑤愛なる知恵（アガペー・ソフィア）
⑥アルキゲネトール（最初に生み出す者）	⑥知恵なる信仰（ピスティス・ソフィア）

ところが、これに先立つ部分を読んでみると、少々不整合な部分がある。

§6—16で、①に相当する至高者について述べられる。プロパトール（原父）という名で呼ばれるこの存在は、ここでもアゲンネートス、万物の主などの似た名前で呼ばれるが、他方§30と違って、女性との対がない絶対超越者である。

次いで、§16と§19では、この超越者の自己認識によって生じた、アウトゲネトール（自らを生み出す者）、アウトパトール（自らの父である者）、アントポース（目を正面に据えた者）、自己創造した父について語られる。これは②に相当すると言ってよいと思われるが、ここにも女性との対がない。むしろ男性的存在であって、息子として①と対になっていると言ってよいような存在である。

ここから生じた第三の存在が§19—26で語られる。これは「アウトパトール（自らの父である者）なる人間」「深さの人間」などと呼ばれる。そしてこれには、§30の③と同じく、「汎知恵、母なる知恵」「思考」「すべての知恵の女」「諸知恵を生む「女」」「真理」などと呼ばれる女性的伴侶がある。他方、「不死で男女《おめ》なる人間」という§30にはない名前がある。

§26—28では第四の存在について語られる。これは「神の初めの生まれの息子」などと呼ばれ、「初めの生まれのソフィア」と呼ばれる伴侶を伴っている。以上の点では§30と矛盾しないが、§30とは違い、伴侶は§30では⑤

の伴侶の名であった「愛」という名でも呼ばれており、また彼自身は「光のアダム」「人の子」とも呼ばれている。§29では第五の存在について語られる。この人の子の子には、救い主という名があり、その伴侶はパーンゲネテイラ・ソフィア（すべてを生み出す女なる知恵）、および⑥の伴侶ピスティス・ソフィア（知恵なる信仰）の名で呼ばれている。そして⑥に相当する男性的存在はない。

どちらが元型かという問題について、パロットは六という数に対し、五には特別な意味がない。それゆえ、元来は六柱の神的存在があった。それが§6―29で五柱になったのは、「不死で男女《おめ》なる人間」「人の子」「救い主」という、§34以下に出る別系統の名称が入ってきたためであり、最後の二つの伴侶の名がずれるのはこれに起因すると見做す。そうすると§6―29の元型は次のようなものとなろう。

男性的存在	女性的存在
①アゲンネートス、万物の主、プロパトール（原父）	（伴侶はなし）
②アウトゲネトール（自らを生み出す者）、アウトパトール（自らの父である者）、アントポース（目を正面に据えた者）、自己創造した父	（伴侶はなし）
③「アウトパトール（自らの父である者）なる人間」「深さの人間」	③「汎知恵、母なる知恵」「思考」「すべての知恵の女」「諸知恵を生む［女］」「真理」
④「神の初めの生まれの息子」	④「初めの生まれのソフィア」
⑤すべてを生む者（パーンゲネトール）	⑤愛なる知恵（アガペー・ソフィア）
⑥アルキゲネトール（最初に生み出す者）	⑥知恵なる信仰（ピスティス・ソフィア）

パロットによれば、エジプトではアモンが別の神を生じさせ、この神が四対の神々を生じさせる。この八柱の神々から天をも含む世界が作られるという。パロットの想定した元型はこれと合致しているわけである。

そして、§6―29では、③が「アウトパトール（自らの父である者）なる人間」「深さの人間」とされるのに続いて、④が「光のアダム」「人の子」、⑤が人の子の子である救い主と同定される。これはエジプトの神話と創世記冒頭を組み合わせたものではないかという。ここでのアダムは地上のアダムではなく、原人としての男女《おめ》であり（創一27、五1参照）、その子が救い主とされる。これは、セツ派のグノーシス文書で、アダムの子であり、似姿である（創五3）セツが、救い主としての働きをするのと呼応している。パロットは、エウグノストス原本の考えの概要と、生まれざる父と三人の男女《おめ》としての神的人間は、エイレナイオスの伝えるセツ派、オフィス派の神学ときわめて近いと言っている。

このようにエジプトの影響が見られるが、§30の総括に続いて§30―33で天上界のことが述べられる際も、一年が三百六十日とされている。パロットによれば、これもエジプト起源だという。そして、上記のように創世記の影響も見られるとすれば、ユダヤ教の影響も見逃すわけには行かないであろう。

地上世界の生成（§34―41）

ここまでは八柱ないし十二柱の神的存在が登場した。ところが、後続部分とここまでをつなぐ§34では不死の人間、人の子、救い主だけになってしまう。そして、これらに属するアイオーン、「初め、真ん中、〈そして〉完成」に言及される（§35）が、以後語られるのはもっぱら第三のアイオーン、第八天の「集会」についてである。パロットはここまでとは別の材料によっており、二つの材料を合わせた結果、第一・第二のものについてはここまでの話で代用した可能性を挙げている。ここから語られるのは、混沌（カオス）と呼ばれるこの可視的世界についてであり、第八天とはその最上界、恒星天をさしているらしい。

この集会も男女《おめ》で、「男性（として）は集会、女性（として）は命と名付けられている」（§36）という。集会という女性名詞が男性とされているのは、この文書がかりにアレクサンドリアのユダヤ人の間で成立したとしても、集会を意味するヘブライ語（qahal）が男性名詞であることでは説明がつかない。フィロでさえも先祖の言葉を知らなかったからである。他方、「命」の方は、創世記三20を七十人訳が「人はその妻を命と名づけた。彼女が生命あるものすべての母となったからである」と訳していることから説明できそうである。§35に「初め……安息」という発想があるのもあるいは創世記一1、二1-4の影響があるのかもしれない。

なお、この文書では、この世界は敵対者ないしより劣る存在の産物とはされていないことが目を引く。グノーシス主義の中では、あまり二元論的でない。つまり神話論の系譜上、西方系と呼ばれるものに属していよう。

三　成立年代と場所

成立場所については、エジプトの神話と七十人訳旧約聖書の影響から推定が可能であろう。但し、だからといってアレクサンドリアのユダヤ人社会などと特定するのは早計であろう。エジプト文化やその暦、そしてヘレニズム世界に離散したユダヤ教の影響は地中海世界全体に広まっていた可能性もあるだろうからである。

成立年代に関して、クラウゼは一世紀か二世紀、トラカテリスは二世紀の初めというのに対し、パロットは前一世紀に持っていっている。§2に「（宇宙の）秩序付けは、すべての哲学者たちの手によって、諸意見が三つ（のかたちで）それについて話されるものである」と言い、その内容について「彼らの中のある者たちは、宇宙について、それ自身が導かれたのは自身によってだと言い、他の者たちは摂理だと(言い)、他の者たちは、生じているが、それは運命だと(言う)」と書く(Ⅲから引用)。パロットは、これらはストア派、エピキュロス派、バビロニアの占星術(順不同)と考えることができ、彼らをさして「すべての哲学者」と呼ぶことができるのは、前一世紀の状況だという。これが前一世紀成立説の根拠である。

十分な説得力があるかどうかは読者の判断に委ねたい。『イエスの知恵』よりも前だという以外には手がかりがないのである。

いずれにせよ、自然の中ですべてを理解しようとする人々、それを超える世界の存在を否定する人々ないしその領域との関わりを否定する人々に対し、著者は、目に見える世界の上にあって、哲学者たちの思索の産物ではない、不可視で超天的な領域の存在を主張しようとしている。

四　底　本

底本は D. M. Parrott, *Nag Hammadi Codices III, 3-4 and V, 1 with Papyrus Berolinensis 8502, 3 and Oxyrhynchus Papyrus 1018. Eugunostos and The Sophia of Jesus Christ* (*NHS 27*), Leiden 1991.

解説に関しては、D. M. Parrott, "Eugnostos the Blessed (III, 3 and V, 1) and The Sophia of Jesus Christ (III, 4 and BG 8502, 3)", in: J. M. Robinson (ed.), *The Nag Hammadi Library*, 2 ed., Leiden 1984, pp.206-207 の簡略な序文を特に参照した。

解説
フィリポに送ったペトロの手紙

荒井　献

一　写　本

『フィリポに送ったペトロの手紙』はナグ・ハマディ文書第Ⅷ写本の最後の八頁(132$_{10}$—140$_{27}$)に収められているものである。この第Ⅷ写本は、その前半一三二頁にわたる長い文書『ゾストゥリアノス』とそれに続く短かい文書『フィリポに送ったペトロの手紙』との二文書のみから成っている。

本文書で使用されているコプト語はサヒド方言であるが、その中には部分的にボハイル方言の特徴も認められる。最初の五頁(132$_{10}$—136$_{28}$)は保存状態がほぼ良好であるが、そのあとの四頁(137$_{1}$—140$_{27}$)の最初一、二行目に当る部分が欠損しており、復元はかなり困難である。

『フィリポに送ったペトロの手紙』も、他のナグ・ハマディ文書と同様に、原文はギリシア語であったと想定される。

二　表題と文学様式

本文書のファクシミリ版を見ると、表題は二行から成り、二行目最後の名詞 philippos のあとにコロンが付されている。

tepistolē impetros etaf-
čoous imphilippos:

しかも、このあと一行空けて手紙の本文が始まっており、本文書の最後に――ナグ・ハマディ文書の場合多く認められるごとき――表題の後書きがない。このことは、「フィリポに送ったペトロの手紙」が本文書全体の表題であることを示唆している。

ところがこの表題は、実際にはこれに続く手紙の部分(§2)のみに妥当し、手紙の部分に後続する本文書の本体(§3―17)は、ペトロが主導する使徒たちとイエスの顕現体から発する「声」との問答様式による教えの啓示であって、「手紙」は全体としては「啓示」の序言的役割以上のものではないのである。

ここから、次のような仮説が出てくる。

「手紙」に前提されている、使徒たちの第一人者ペトロから分離したフィリポの宣教活動は――『ペトロ行伝』や『パウロ行伝』等の外典諸行伝と並ぶ――『フィリポ行伝』に遡る。本文書の著者はこれを利用して、しかもフィリポをペトロの下位に置く意図をもって「手紙」を本文書の冒頭に編んだ。従って本文書は『フィリポ行伝』の残存部分として位置付けらるべきである(以上ベートゲ)。

しかし、この仮説にはその裏付けとなる『フィリポ行伝』なるものの外証に欠ける。

これに対して第二に、本文書はむしろ使徒団を主導するペトロの言行録――『ペトロの手紙』や『ペトロ行伝』――に属するものである。「手紙」の部分に前提されているフィリポ像は、二世紀以降「十二使徒」の一人「フィリポ」(マコ三18/マタ一〇3/ルカ六14その他)と混同されるようになった「宣教者フィリポ」に関するルカの記事(使六

5-7、八4-40、三8-9)からつくられたものである(以上マイヤー)。

いずれにしても、本文書の表題は、新約正典所収の『ペトロの手紙』、あるいは外典『ペトロの宣教集』の冒頭に編まれている「ヤコブへのペトロの手紙」(日本聖書学研究所編『聖書外典偽典』別巻・補遺Ⅱ、教文館、一九八二年、一二九—一三二頁参照)等のいわゆる「ペトロの名によって書かれた手紙」の系列に属するものである。とくに注目すべきは、「フィリポに送ったペトロの手紙」と「ヤコブへのペトロの手紙」という二つの「手紙」がそれに後続する文書の本体に果たす役割に見いだされる類似点であろう。すなわちそれは、キリスト教団において指導者的地位にあるペトロが、地方によっては彼を脅かす地位に上りつつある「フィリポ」(本文書の場合)あるいは「ヤコブ」(『ペトロの宣教集』の場合)を自らのもとにひきつけ、彼らを介して啓示ないしは教えを伝達している、という点である。「フィリポに送ったペトロの手紙」が本文書の「手紙」部分だけではなく、それに続く本体部分をもカバーする表題となっているのは、これによって本体部分の「啓示」や「教え」にも、フィリポをも含めた使徒たちの第一人者なるペトロの権威を印象付けようとしたものであろう。

ナグ・ハマディ文書の中に、書簡様式で記されてはいるが、その内容は「秘教」あるいは「教え」であるものが二つ見いだされる。『ヤコブのアポクリュフォン』(Ⅰ/2)と『復活に関する教え』(Ⅰ/4)がそれである。この二文書の場合、全体として文書様式は「手紙」、その内容は「教え」となっているが、『フィリポに送ったペトロの手紙』の場合は、前半が「手紙」様式、後半が——『闘技者トマスの書』(Ⅱ/7)、『救い主の対話』(Ⅲ/5)、『ヤコブの黙示録一』(Ⅴ/3)の第Ⅱ部(**30**13—**42**19)、『ヤコブの黙示録二』(Ⅴ/4)の第Ⅰ部(**50**4—**57**19)と同様に——復活のキリストとの「質疑応答」様式で、前半の内容が後半の内容「啓示による教え」の序論的役割を果たしている。

三　内　容

『フィリポに送ったペトロの手紙』は――この文書に想定されている場面のレベルから見れば――二つのセクションから成る。すなわち、「手紙」それ自体(§2)と、それに基づく使徒たちの集合に関する記述(§3―17)である。ペトロの手紙は典型的に古代ギリシア風の書簡様式で書きはじめられ、まずフィリポがペトロから分離して活動していることを確認の上、全使徒の集合を促す。

続いて、フィリポがこれを受け、喜んでペトロのもとに赴いたことが報じられる。しかし、フィリポの名はここで場面から消え、このあとは使徒集団中に無名のメンバーとして存在することが暗黙裡に前提されているだけである。そして第二のセクションは、復活のキリストと使徒たち(部分的にペトロと使徒たち)との間に交される「質疑応答」の様式で啓示あるいは提示される新しい教えの記述となっている。

ペトロと使徒たちがオリーブ山に集合した後(§3)、彼らはまず「父」に、次に「子」に祈りを捧げる(§4)。これを受けて復活のキリストが、「光」と「声」をもって顕現する(§5)。使徒たちは一対の間接的な問いと五つの直接的な問いを立てる(§6)。「光」から発せられる「声」がこれらの問いのいくつかに答えを啓示する。答える理由を述べたのち(§7)、――アイオーンたちの欠乏について(§8)、そのプレーローマ(充満)について(§9)、使徒たちが朽ちゆくものの中に留められている理由について(§10)、彼らがアルコーン(支配者)たちに対して戦わねばならぬ理由について(§11)、それぞれ回答をする。また、使徒たちによる再度の問い「いかにして戦うべきか」に対して、「声」は、使徒たちが集合して約束と救いを教示すべきことを啓示し(§12)、「顕れたもの」は天へと取り去られる(§13)。

使徒たちはエルサレムに帰って行くが、その途上、使徒たちとペトロの間で「受難」とその不可避性（「ねばならぬ」）について問答があり、それに天からの「一つの声」も加わる（§14）。その後、使徒たちがエルサレムに到着し、彼らが神殿で教えと癒しの業《わざ》をなしたことについて要約的に報告される（§15）。そして、ペトロが一つの範例的説教を行なう。それは、信仰告白定式の提示、その告白定式のグノーシス主義的解釈、説教を締めくくる戒めの提示という三つの部分から成っている（§16）。次いでペトロが祈りを捧げ、使徒たちは聖霊に満たされ、主イエスを宣教するために分れる。最後にイエスが現れ、使徒たちを力づける。使徒たちは全世界へと宣教するために別れ、歩み行く（§17）。

四　思想とその系譜

「どうして私たちは住んでいるこの場所に留められているのでしょうか」。「どのようにして私たちはこの場所に来たのでしょうか」。「どのようにして私たちは（この場所から）立ち去るのでしょうか」。

復活のキリストに対するこのような使徒たちの問い（§6）は、――『真理の福音』（22 14―15）や『闘技者トマスの書』（138 8―10）等にも見いだされる――グノーシス主義の古典的定式である。また、右の問いに先立つ「アイオーンたちの欠乏とそのプレーローマ（充満）」に関する問いに対するキリストの答え（§7）は、――邦訳の傍注でその箇所を明示したように――『ヨハネのアポクリュフォン』に代表される「ソフィア神話」およびプロノイアの「自己啓示」（これに並行する『三体のプローテンノイア』における「ロゴス」としての「顕現の教え」）の要約となっている。『ヨハネのアポクリュフォン』『三体のプローテンノイア』も共にセツ派の作品と想定されているので、本文書の思想の系譜もセツ派のグノーシス主義と判断さるべきであろう。このことは、「私たち」

の「苦しみ」の起源を──アイオーンたちの「欠乏」の起源と共に──「母(=ソフィア/エバ)」に帰しているペトロの説教(§16)によっても裏付けられる。

但し、『ヨハネのアポクリュフォン』や『三体のプローテンノイア』等のセツ派の文書には明確な形で見いだされない、『フィリポに送ったペトロの手紙』に独自な思想的特徴も存在する。

その一つは、パウロにおけるキリストとの「共苦の思想」(ロマ八17、フィリ三10-11、Ⅱコリ一7等)が、本文書では使徒たちとペトロの口を通して表明されていることであろう(§14)。もっとも、ここでも「苦しみ」が「私たちの卑小さ(=欠乏)のゆえ」であるというグノーシス主義的人間観による修正が認められるのではあるが──。

第二は、本文書におけるペトロをはじめとする使徒像は──「使徒」フィリポ像をも含めて──新約の最初の三福音書、とりわけルカ福音書と使徒行伝に依拠していることである。その結果として本文書ではペトロの主導権が強調されることになるが、これはグノーシス派ではむしろ例外的と言えるであろう。ナグ・ハマディ文書でも、秘教伝達の役割はペトロよりもトマス(『トマスによる福音書』『闘技者トマスの書』の場合)あるいはヤコブ(『ヤコブのアポクリュフォン』『ヤコブの黙示録一、二』の場合)によって担われている。それだけではなく、『トマスによる福音書』『フィリポによる福音書』『マリヤによる福音書』ではイエスとマグダラのマリヤとの親近関係が強調され、結果としてペトロが貶しめられている場面さえ見いだされる。ところが本文書では、ペトロ以外の使徒たちを「彼(ペトロ)の弟子」(139 10)とさえ呼ぶのである。

このようなペトロ評価は、本文書におけるペトロの説教(§16)の中で、正統的教会によって受容され伝承されている信仰告白定式が引用されていることと関連していよう。ここに記されているイエスの降臨 → 十字架刑 → 埋葬 → 復活というキリスト論的告白定式は、使徒行伝において他ならぬペトロがその説教の中で──ルカ福音書のイエス像を要約しつつ――言及している告白文に遡るのである(使二22-24、三13-15、五30-31、一〇36-42)。
もっとも、本文書でペトロは、この告白定式引用の直後に、「イエスはこのような受難に対して異邦人である」と言う。こうして彼は、イエスが受難とは本質的に無関係であるという、グノーシス派のいわゆるキリスト仮現説を示唆しさえしている。しかし、この言葉の文脈から判断して、これによってペトロは、先に引用した信仰告白定式、とくにその中で告白されているイエスの受難の意味を全的に否定しているのではない。前の文脈(§14)でペトロ自身、「彼(イエス)は[私たちのゆえに]苦しみを受けたのだから、私たちも私たちの卑小さのゆえに苦しみを受けなければならない」と言っている。また、後の文脈でも、「私たちが、母の違反によって(「卑小」な者となり)苦しみを受けた者である」にもかかわらず、「そのために彼(イエス)は、私たちと同じように、(受難をも含めて)あらゆることをなした」。その意味でイエスは「われらの命の君なのだ」と、再び使徒行伝でペトロが告白するキリスト論的称号(三15、五31)を提示している。

このようなペトロ評価から、以下のような本文書の著者の意図を読みとることができようか。彼は正統的教会のペトロ像とその名によって伝承されている信仰告白定式をそのまま受容して、そこに告白されているキリスト論のグノーシス主義的「真意」を読者に提供し、その意味でキリストと苦しみを共にすることによって迫害に耐え抜くことを勧め、宣教の業《わざ》によって迫害者に勝利する約束を与えようとした。

五　成立年代・場所

成立年代については、本文書の中で『ヨハネのアポクリュフォン』におけるソフィア神話やプロノイアの自己顕現に関する記事が要約されているので、『ヨハネのアポクリュフォン』の成立(二世紀前半)よりも後、おそらく二世紀後半から三世紀前半と想定されようか。成立場所については不明であるが、ペトロ伝承が比較的に強く前提に出されたアンティオキアを中心とする西シリアであろうか。いずれも推定の域を出ない。

六　翻訳底本・参考文献

翻訳に当って次の校訂本の中③を底本とし、①と②を参照した。④の独訳をも随時参照している。

① *La lettre de Pierre à Philippe. Texte établi et présenté*, par J. É. Ménard, Les presses de l'université Laval: Québec 1977.

② M. W. Meyer, *The Letter of Peter to Philip. Text, Translation, and Commentary*, Scholars Press: Chico, California 1981.

③ NHC VIII, 2: Letter of Peter to Philip. Introduction by M. W. Meyer; Text, Translation and Notes by F. Wisse; Commentary by M. W. Meyer, in: *Nag Hammadi Codex VIII*, ed. by J. H. Sieber, Brill: Leiden 1991, pp.227–251.

④ Hans-Gebhard Bethge, Der Brief des Petrus an Philippus, in: *Neutestamentliche Apokryphen in deutscher Übersetzung*, hrsg. von W. Schneemelcher, 5. Aufl., I. Bd.: Evangelien, Mohr: Tübingen 1987, S.275–284.

なお、私訳の傍注における「メナール」は①、マイヤーは②、ヴィッセは③、ベートゲは④を指す。

■岩波オンデマンドブックス■

ナグ・ハマディ文書Ⅲ　説教・書簡

1998年5月28日　第1刷発行
2017年5月10日　オンデマンド版発行

訳　者　荒井《あらい》　献《ささぐ》　大貫《おおぬき》　隆《たかし》
小林《こばやし》　稔《みのる》　筒井《つつい》賢治《けんじ》

発行者　岡本　厚

発行所　株式会社　岩波書店
〒101-8002　東京都千代田区一ツ橋2-5-5
電話案内　03-5210-4000
http://www.iwanami.co.jp/

印刷／製本・法令印刷

ISBN 978-4-00-730606-8　Printed in Japan

補注　用語解説

以下で取り上げられる事項は，本巻を含むナグ・ハマディ文書全4巻において，本文および注の行間に＊(アステリスク)を付して示した語句で，個々の文書の枠を越えて現れる頻度が比較的高いものに限られる．ここで取り上げられていない事項で解説が必要なものについては，原則としてそれぞれの文書での初出箇所に訳注が付されている．

以下のそれぞれの項目で引照される文書は別掲(xxi-xxii 頁)の略号表に従って表記する．さらにそれぞれの文書からいくつかの該当箇所を例として引照する場合には，その文書の翻訳でパラグラフ表示が施されていれば，原則としてそれに従って表記する．そうでない場合，ナグ・ハマディ文書に属するものについては，写本番号，頁数，行数の順で，例えばI，1，1(写本Iの第1頁第1行目)と表記する．エイレナイオスとヒッポリュトスの報告によるものについては，次の例のように表記する．

ヴァレ・エイI，1，1＝ヴァレンティノス派についてのエイレナイオス『異端反駁』第1巻1章1節の報告

バシリ・エイI，24，3＝バシリデース派についてのエイレナイオス『異端反駁』第1巻24章3節の報告

バシリ・ヒポVII，20，1＝バシリデース派についてのヒッポリュトス『全異端反駁』第7巻20章1節の報告

バルク・ヒポV，26，1＝『バルクの書』についてのヒッポリュトス『全異端反駁』第5巻26章1節の報告

あ　行

アイオーン

ギリシア語で(ある長さの)「時」，「時代」，「世代」の意．グノーシス神話では至高の神的「対*」から流出し，「プレーローマ*」の中に充満する，擬人化された神的存在．真福§8，15，19，34では，「万物」(§2，9，10，その他多出)，あるいは「流出」(§14，20，37)と代替可能．

アウトゲネース

ギリシア語で「自ら生まれた者」の意．ヨハ・アポ§19，20では「独り子」，「キリスト」と同じ．

アカモート／エカモート

「知恵」を意味するヘブライ語「ホクモート」(箴言9:1他)に由来する借用語．ヴァレンティノス派の神話では，過失を犯した「上のソフィア」から切り離されたエンテュメーシスの別称の一つで，「上のソフィア」との関係では「下のソフィア」ということになる(ヴァレ・エイI，4，1)．しかし，同じヴァレンティノス派のも

のであるフィリ福では「エカモート」と表記されて，「エクモート」と呼ばれる「小さなソフィア」，「死のソフィア」，「不妊のソフィア」と区別されている（§39, 55a）から，少なくとも三段階のソフィアが考えられていて，その中間を占めると思われる．バルク・ヒポ V, 26, 4 では半処女エデンがエローヒームとの間に生んだ十二の天使の一人．

アダマス　→　アダム

アダム／アダマス

人間を霊*，心魂*，肉*体の三つから成るとするグノーシス主義一般に広く認められる人間論に対応して，(1)超越的な光の世界のアダム（ヨハ・アポ§24，エジ福§18等），(2)アルコーン*たちによって造られる心魂的アダム（ヨハ・アポ§47-57，アルコ§5），さらに(3)肉体を着せられて楽園*へ追放され，そこからまたエバと共に追放されるアダム（ヨハ・アポ§59，フィリ福§15，アダ黙§1）という三種類のアダムが登場する．起源 II はこれを「第一のアダム」（§63-65），「第二のアダム」（§80），「第三のアダム」（§98）と呼んで整理している．但し，バルク・ヒポ V, 26, 8 のアダムは少し例外的に，半処女エデンと父エローヒームの結合の象徴として，霊的であると同時に心魂的な存在．

アブラクサス／アブラサクス

バシリ・エイ I, 24, 7 では Abraxas，バシリ・ヒポ VII, 26, 6 では Abrasax と綴られる．いずれの綴りでも，ギリシア語アルファベットの数価 A＝1，b＝2，r＝100，a＝1，s＝200，a＝1，x＝60 で換算すると数価が 365 になることから，365 の天あるいは一年 365 日の支配者とされる．ヒッポリュトスの報告では，可視的世界を創造する「大いなるアルコーン」であるが，自分を越える超越的世界の存在に気付いて悔い改める点で，さらに下位の無知蒙昧な旧約聖書の神から区別されている．アダ黙§24（Abrasax）では光の雲にのって到来する救済天使．エジ福§26, 50（Abrasax）でも救済天使の一人．

アルキゲネトール

ギリシア語で「最初に生み出す者」の意で，グノーシス主義の神話では多くの場合，中間界以下の領域を造りだす造物神ヤルダバオート*のこと．起源 II §19 以下随所，三プロ XIII, 40, 23; 43, 25-26. 30-31 以下参照．起源 II §35 ではピスティス・ソフィア*の「左」（不義）の座へ据えられる．

アルコーン／支配者／第一のアルコーン

ギリシア語で「支配者」の意．造物神（ヤルダバオート*）を「第一のアルコーン」として，その支配下に七人，十二人あるいはさらに多数のアルコーンが存在し，地上の世界*を統治していると考えられている．「権威*」あるいは「諸力*」と並列的，交替的に現れる場合が多い（特にアルコ参照）．

安息

超越的な光の世界の中に欠乏*が生じるとともに失われたもので，神話のさまざまな

段階でその回復が目指される．ヴァレ・エイⅠ，2，6 ではソフィアの過失の後にプレーローマに暫定的に回復される「真の安息」，同Ⅰ，7，5 では霊的，心魂的，泥的人間がそれぞれの場所で与えられる終末論的安息，つまり救いを意味する．フィリ福§63a では「中間の場所」を彷徨うことの反意語，同§87 では「新婦の部屋の子供たちの唯一の名前」．フィリ福ではこの他に§82b，86，118 にも現れるキーワード．真福§36 では，プレーローマが安息の場所．

一部

ギリシア語で meros. 一般的に「部分」の意にも用いられるが，特殊な用法としては，女性的啓示者(「プローテンノイア」や「雷」)の「一部」で，被造世界にとり残され，彼女が降って世界から救済する対象．「霊」とも呼ばれる(三プロ XIII，40，12-15；41，20-23)．「肢体」(melos)も同義に用いられる場合がある(49，21；41，7；44，10；雷Ⅵ，17，19 復活§20，シェーム§19，26，53，55，75)．「潜在的可能性」の比喩として用いられる「種子」もこの意に近い．

忌むべき霊　→　模倣の霊

影像　→　像

エカモート　→　アカモート

エピノイア

ギリシア語で「配慮」，「熟慮」の意．ヨハ・アポ§66 以下ではヤルダバオートの勢力の企みに逆らってプレーローマから地上のアダムに啓示(いわゆる「原啓示」)をもたらす女性的啓示者．ただし，三プロでは，一方で(XIII，35，13)プローテンノイアによって生かされている存在であるが，他方では(XIII，39，18 以下，33 以下)ヤルダバオートの母．

エーレーレート／エレーレート

アルモゼール，オロイアエール，ダヴェイテと共にプレーローマのアウトゲネース(キリスト)に属する四つの「大いなる光」の一つ(最下位)．ヨハ・アポ§23 では「プレーローマのことを知らず，直ちに悔い改めず，むしろしばらくの間ためらい，その後(初めて)悔い改めた者たちの魂が置かれた」場所．エジ福§23 でもやはり同じ他の三つの名前との組み合わせで，プレーローマのセツの出現の文脈で言及されるが，その五千年後にはこの世を支配する十二人の天使を出現させる(§34)．三プロ XIII，38，33-39，15 でも同じ三つとの同じ順の組み合わせで現れる．アルコ§18(エレレートと表記)ではノーレアに現れて，グノーシスを与える天使(§20「四つの光輝くもの」にも注意)．語源はよく分からないが，アルコ§22 はその語義を「すなわち「理解」」と説明している．コプト語で残存する魔術文書にも現れるから，ヘレニズム末期の地中海世界東方ではかなり広く知れ渡っていた言葉であると思われる．

王なき種族／王なき世代

「完全なる種族」や「揺らぐことのない種族」(ヨハ・アポ§5，81)などと並んでグ

ノーシス主義者たちの自己呼称の一つ．アダ黙§43では，十三の王国(支配)が終末論的救済者について誤った見解を述べた後に登場する．起源II §136では「四番目の種族」，すなわち至高の種族とも呼ばれる．アルコ§37，知恵B 92，4以下も参照．グノーシス主義の元来の担い手は，強大なローマ帝国の支配に組み込まれて禁治産状態に陥った東方地中海世界の被支配民族の知識層であったとされる．「王なき種族」という自己呼称は彼らの願望の表現だと言えよう．

王なき世代　→　王なき種族

オグドアス／八つのもの

ギリシア語で「八番目のもの」あるいは「八つのもの」の意．ヴァレ・エイI，1，1では，ビュトス／エンノイア，ヌース／アレーテイア，ロゴス／ゾーエー，アントローポス／エクレーシアの4対8個組を指す．同I，3，4では，光の世界の下限を印すホロス*(境界)のさらに下に「第二のオグドアス」が生成する．同I，5，2-3ではアカモート*のことで，「ヘブドマス*」たるデーミウールゴス(造物神)の母．バシリ・ヒポVII 26，4では「大いなるアルコーン」アブラサクス*の住処で，旧約の神の住処であるヘブドマスより上位．アルコ§29では光の世界(プレーローマ*)のこと．起源II§63でも光の世界のことで，「垂れ幕*」によって第七の天より下の世界から区切られている．エジ福では，§4-8において「父・母・子」が「三つのオグドアス」と呼ばれるなど繰り返し言及があるが，神話全体の組成における位置付けは不詳である．パウ黙§15では第八天を指している．

男女(おめ)

男女の性差を越えた存在の在り方で，グノーシス主義が希求する全体性の一表現．但し，その神話論的な表現は多様で，例えばヨハ・アポでは至高神(§6-11)とバルベーロー*(§13)についてだけ両性具有が明言されるのに対し，アルコ§22では傲慢な獣サマエール*も男女(おめ)であり，起源IIではヤルダバオート*の配下の悪霊(§37，49)，「十二人*」(§29)，「七人*」(§10，16)，「エロース」(§49)までも両性具有の存在として登場する．アダ黙§38では，両性具有のピエリデス(ムーサ)が自己妊娠する．魂II，127，25では，肉体に落下する前の個々の魂は男女(おめ)であるが，落下後の魂は処女となり，暴行を受ける．エジ福§5には「男女なる父」，三プロXIII，45，3には母であり父であるプローテンノイアについて言及がある．

か　行

カオス／混沌

多くのグノーシス主義神話において，光の世界の対極に位置する暗黒と無秩序と物質*の領域のこと．但し，その神話論的な役割は文書ごとに微妙に異なる．例えばヨハ・アポでは，その起源は説明されず，§46では「下界」として，§80では「混沌」としていささか唐突に言及される．つまり，一種の「原理」的な扱いを受けている．これに対して，起源II§1-5はカオスを「垂れ幕*」の陰から二次的に派生し

てきたものとして説明する．物質も同じ陰から生じるが，カオスの中へ投げ捨てられ，カオスがその在り処とされる(§7)．アルコ§24では「闇」あるいは「物質」と同義であり，§22では上なる天と下のアイオーンを区切るカーテンの陰からやはり二次的に派生する．

カーテン／境界／垂れ幕／ホロス

超越的な光の世界をその下の領域から区切る境界の比喩的表現．バシリ・ヒポVII, 23, 1では「聖霊」が「隔てのカーテン」．起源II§1-5ではソフィアが「垂れ幕」と同定され，その陰からカオスが派生する．アルコ§22でも「カーテン」の陰から物質が派生する．フィリ福§125aでは，寝室の垂れ幕とエルサレム神殿の至聖所の垂れ幕がプレーローマと被造世界の間に引かれた境界の比喩．三部教 I，76, 32; 82, 12; 85, 24も参照． → デュナミス

完全なる種族／完全なる者たち

グノーシス主義者たちの自己呼称の一つ．起源II§136, 141，フィリ福§31など参照．その他にフィリ福§102bの「聖霊の選ばれたる種族」，「真実なる種族」，「人の子の種子」，ヨハ・アポ§5, 81の「(完全なる人間に属する)揺らぐことのない種族」，起源II§136他の「王なき種族」も同じ．

完全なる人間 → 第一の人間

境界 → カーテン，デュナミス

教示者

アルコーンたちによって創造された心魂的アダムとエバに現れて，真の認識について教える啓示者．アルコ§9では，蛇の姿で心魂的アダムとエバに善悪の木から食べるように教える霊的な女．起源II§72, 85, 91では，ソフィア・ゾーエーが地的アダムに送った教示者としての「生命のエバ」あるいは「真実のエバ」を指し，楽園で知識の木に変身する．起源II§103では，創世記3章の蛇が「動物」として言及され，生命のエバの顕現形態，あるいはその息子として教示者の役割を果たす．

グノーシス／知識／認識

ギリシア語で「認識」の意．自分の霊的な本質を認識するかどうかに個々人の救済がかかっているとするグノーシス主義の救済論の鍵語であり，グノーシス主義がまさに「グノーシス主義」と呼ばれる所以である．ヴァレ・エイI, 4, 1. 5では，過失を犯したソフィアが「存在において」かたちづくられることが「認識に基づいて」かたちづくられることに対照されている．同I, 6, 1では，後者が終末論的完成の意味で語られる．起源II§150によれば，「自分の認識」が「自分の本性」を明らかにする．特にフィリ福と真福，およびアダ黙がかなりの頻度で「認識」に言及する(フィリ福§94b, 110a他，真福§5, 8-10, 13, 15-18, 22, 23, 25, 27, 32他，アダ黙§6, 9, 20, 25, 26, 42-43他)．バシリ・ヒポVII, 27, 1-2では，終末に「上なるもの」から分けられた「下なるもの」に至高神が「無意識」(agnoia)を投げかけ，すべてのものが分を越えた認識欲に二度と苦しむことがないようにする

という点に，「認識」の両価性が表現されている．

形成物　→　つくり物

経綸（オイコノミア）

ギリシア語の「オイコノミア」はもともと「家（オイコス）の秩序を保つこと（ノミア）」を意味する普通名詞．正統主義教会においては早くから，世界史を神が人類の救済のために働く場所と見做す歴史神学（救済史の神学）の枠内で，神の摂理，計画，予定，働きを指す術語として用いられた．ナグ・ハマディ文書においても，神（至高神）と歴史の理解は当然グノーシス主義的に変更されているものの，語義的には同じ用例が多い．ヨハ・アポ§80（II 30，27「定め」），知恵 B 78，4，真証 IX，42，7，解説 XI，36，15．ヴァレンティノス派の神話論では，同じ語義での用例（三部教 I，88，4；108，10．17；115，29；116，8．25；122，32）も少なくないが，それ以上に特徴的なのは，プレーローマ*より下の霊的な者たちの「組織」（三部教 I，91，15），ロゴス*の経綸に委ねられた領域（三部教 77，3．10；89，35；94，8；95，8．21；96，14；99，19；101，11；118，11；127，22），アルコーン*たちの支配に委ねられた領域（三部教 I，100，7）など，空間的・場所的な意味での用例である．プトレマイオスの教説における用例についても同様である（本シリーズ第一巻『救済神話』235 頁注（3）参照）．

欠乏

ヨハ・アポ§44，69 ではソフィア*の過失の結果として，起源 II§25,130 では「真理の中から永遠の領域とその世界の内側に」，つまりプレーローマ*の内部に生じてくる事態．さらにこの欠乏から「つくり物*」あるいは牢獄としての下方の世界と肉体が派生してゆく．従って，「プレーローマが欠乏を満たす」（復活§24，真福§30 をも参照）ことがグノーシス主義の意味での万物の救済となり，個々人の救済もその時初めて最終的に完成される．

権威

ギリシア語「エクスーシアイ」の訳．アルコ§23 のように，例外的にプレーローマ*の権威という積極的な意味で用いられることもあるが，多くの場合は「アルコーン*たち」あるいは「諸力*」とほとんど同義語．起源 II§36 では，カオス*を支配する六人（ヤルダバオート*を除く）を指し，§66 ではヤルダバオートの部下であるが，その愚かさをあざ笑い，§67 では心魂的人間を創造する．

こしらえ物　→　つくり物

ことば／言葉　→　ロゴス

混沌　→　カオス

婚礼の部屋　→　新婦の部屋

さ 行

サクラス／サクラ

ヨハ・アポ§32，35，アルコ§26，アダ黙§22，三プロ XIII，39，27-28 では，ヤルダバオート*，サマエール*，あるいはパントクラトール(万物の支配者)の名で呼ばれる造物神と同じ．エジ福§35，三プロ 39，27 は「サクラ」(Sakla)と表記する．語源はアラム語ないしシリア語で，「馬鹿な」を意味する(シリア語 sākel)．

サバオート

旧約聖書に現れる「万軍の主なる神」(イザ 10: 16 他)という表現の「万軍の」に相当するヘブル語を神話論的に擬人化したもの．アルコ§27-28 ではヤルダバオート*の息子であるが，父の愚かさを誇って離反し，ピスティス・ソフィア*とその娘ゾーエー*を賛美して，第七の天へ移される．ゾーエーと「対*」を構成する．起源 II §27-35 でもほぼ同じ関係になっている．

サマエール

サクラ*(ス)あるいはヤルダバオート*の別名(ヨハ・アポ§35，三プロ XIII，39，27-28 参照)．アルコ§2，23，起源 II§25 では，その語義は「盲目の神」であると説明される．一説によれば，この語義説明はシリア語で「盲目な」を意味する形容詞 samyâ との語呂合わせに基づく．

肢体 → 一部

質料 → 物質

支配者 → アルコーン

十二人

天の黄道十二宮(獣帯)を神話論的に擬人化したもので，ヨハ・アポ§31 とエジ福§36 では，造物神(ヤルダバオート*)の配下としてその名前が列挙されている．起源 II§29，40 では名前を挙げられるのは六人であるが，それぞれ両性具有であるために十二人とも呼ばれる．但しその六人の名前はヨハ・アポとエジ福のそれと一部異なっている．バルク・ヒポ V，26，3 では「父エローヒーム」と「母エデン」がそれぞれ自分のために生む天使の数．

終末

プレーローマ*の中に生じた過失の結果として物質的世界の中に散らされた神的本質(霊，光，力)が，再び回収されてプレーローマに回帰し，万物の安息が回復されること．ヴァレ・エイ I，7，1 によれば，その際，霊的なものはプレーローマに入るが，心魂的なものは「中間の場所*」に移動し，残された物質的世界は「世界大火」によって焼き尽くされる．起源 II§116，142-150 は同様の終末論を黙示文学的な表象で描いている．このように宇宙万物の終末について論じる普遍的終末論とは別に，個々人の死後の魂(霊)の運命について思弁をめぐらす個人主義的終末論があり，チグリス・ユーフラテス河の下流域に現存するマンダ教などを含めてグノーシス主

義全体について見れば，頻度的には後者の方が多い．真福§32では「終りとは隠されていることの知識を受けること」．

種子

グノーシス主義の神話でもっとも頻繁に現れる術語の一つで，多様な意味で用いられる．一つは潜在的可能性の比喩として用いられる場合で，例えば真福§30，39で，人間を起こす「真理の光」は「父の種子*」に満たされている．バシリ・ヒポVII，21，2の「世界の種子」は三重の「子性」と世界万物を潜在的に包含する．ヴァレ・エイI，5，6；6，4では，アカモート*が造物神の中に密かに蒔く霊的胎児のことで，しかるべき時まで成長を続ける．三部教でも「イエス・キリストの約束の種子」(I，117：14)などの他，潜在的可能性の意味での用例が多い．「一部*」あるいは「肢体*」もこの意に近い．今一つは「子孫」の意味の用例で，ヨハ・アポ§25の「セツの子孫」，フィリ福§102bの「人の子の種子」など．アルコ§34，38の「あの種子」(＝単数)はさらに別の用例で，終末論的救済者を意味している．最後に起源II§53，77では，権威*，天使，悪霊たちの精液のこと．

処女なる霊

多くの場合「見えざる霊*」と一組で用いられて，プレーローマ*の至高神を指す．ヨハ・アポ§14以下随所，アルコ§20，エジ福§11，20参照．但し，起源II§19では例外的にヤルダバオート*の部下のそれぞれの所有物．

諸力

ギリシア語デュナミスの訳語．多くの場合「アルコーン*たち」，「権威*たち」と同義語であるが，男性的な「アルコーンたち」に女性的属性として組み合わされて，「対*」関係を構成することがある(ヨハ・アポ§39，起源II§39)．

心魂／心魂的／生魂／生魂的／魂

グノーシス主義は人間(ミクロコスモス)を霊*，心魂*，肉*体(物質*)の三つから成ると見るのに対応して，宇宙(マクロコスモス)も超越的プレーローマ*，中間界，物質界の三層に分けて考える．「心魂」はその場合の中間の原理．多くの文書で繰り返し「霊的なるもの」と対比される．その起源を神話論的にもっとも立ち入って説明するのはヴァレンティノス派である．ヴァレ・エイI，5，1では，アカモート*(下のソフィア)の「立ち帰り」から導出され，「右のもの*」とも呼ばれる．同I，6，2-4では「善い行ない」によってのみ「中間の場所*」へ救われる者たちを指す．三部教I，118，20-23では，アカモートではなくロゴスが過失を犯し，その「立ち帰り」から導出される．但し，魂と肉体の二分法に立つ文書もあり，例えば魂II，134，10-13での「魂」は三分法で言う場合の「霊」と同じ．

真実なる人間　→　第一の人間

身体

ヨハ・アポ§54，起源II§78では「七人*」のアルコーン*たちによって造られる「心魂的*」人間を指す．この人間は肉体を着せられる以前の人間であるから，「身体」

は肉体性と同義ではなく，むしろ個体性の意味に近い．グノーシス主義の否定神学は至高神がこの意味での「身体性」をも持たないことを強調する(ヨハ・アポ§8，三部教I，54，18)．但し，真福§16では，「彼(父)の愛がそれ(言葉)の中でからだとなり」と言われる(§18をも参照)．

新婦の部屋／婚礼の部屋

ヴァレンティノス派に特有の神話論的表象および儀礼．ヴァレ・エイI，7，1によれば，プレーローマ*の内部で「キリスト」(第一のキリスト)と聖霊，アカモート*とソーテール(＝救い主，プレーローマの星，第二のキリスト，イエスに同じ)がそれぞれ「対*」関係を構成するのに倣って，地上の霊的な者たちもやがて来るべき終末*において，ソーテールの従者たる天使たち(花婿)に花嫁として結ばれる．ヴァレンティノス派はこの結婚を「新婦の部屋」と呼び，その地上的な「模像*」として一つの儀礼(サクラメント)行為を実践した．その具体的な中身について，エイレナイオスやヒッポリュトスを含む反異端論者の側ではいかがわしい推測も行なわれたが，最近の歴史的・批判的研究では「聖なる接吻」説と「臨終儀礼」説が有力である．ナグ・ハマディ文書の中では，フィリ福がもっとも頻繁に言及する(§61a，66，67c，68，73，76，79，82a，87，102a，122c，d，127)．その他，三部教I，122，15-16．21-22；128，34，真正教VI，35，8-22，セツ教§24などにも言及がある．

生魂／生魂的　→　心魂／心魂的

世界

目に見える現実の宇宙的世界のこと．プラトン主義では「最良の制作物」(アルキノス『プラトン哲学要綱』XII)と見做されたのと対照的に，グノーシス主義では，自らが不完全な「流産の子」である造物神(ヤルダバオート*)が造りあげた不完全な「つくり物*」として，超越的なプレーローマ*から価値的に厳しく区分される．例えば，復活§22，23によれば，この世界は一つの「幻影」であり，そこからの「復活*」が救いである．但し，この区分はグノーシス主義の展開と共に融和される方向に進み，「つくり物」の世界の形成にもプレーローマの意志が隠れた形で働いていたとされるに至る．ヴァレ・エイI，5，1-3，三部教I，52，5，;76，13-30；107，30-108，12；126，30-37．特に三部教では「経綸*」(オイコノミア)とも表現される(95，38以下)．アルコ§5，6，30，起源II§17，68など参照．バシリ・ヒポVII，21，2は少し例外的に，まず「世界の種子」について語り，その後でその「世界」を「超世界」と下方の可視的世界に分割し，後者をさらに「オグドアス*」(大いなるアルコーンの領域)，「ヘブドマス*」(別のアルコーン＝旧約の神の領域)，「ディアステーマ」(僻地)に三区分する．

セツ／セツの子孫

創4：25のセツ(新共同訳では「セト」)のこと．このセツに神話論的あるいは救済論的に重要な役割を負わせ，自分たちをその子孫と見做したグノーシス主義グループが存在したことは，エイレナイオス『異端反駁』I，30，ヒッポリュトス『全異

端反駁』VI，19-22，エピファニオス『薬籠』XXXIX 章の報告から知られる．しかし，この三者の報告は相互に食い違いが大きく，統一的なイメージに収斂しないため，いわゆる「セツ派」の歴史的実態はよく分からない．ナグ・ハマディ文書の中にも，ヨハ・アポ（§25，69），エジ福（§23 他多数），アダ黙(全体がアダムからセツへの啓示)を初めとして，アルコ，柱，ゾス，メルキ，ノーレア，マルサ，アロゲなどがセツ派のものではないかと考えられている．

なお，セツ(Seth)は，エジプト古来の神で，オシリス神話にも悪神として登場するセト神と同じ綴りであることもあって，ある時期以降，両者の混淆が起きている．

洗礼

ナグ・ハマディ文書の中には洗礼について言及するものが少なくない．特に三部教 I，127，25-129，34 は，「唯一の洗礼」(127，25-28)，「それを二度と脱ぐことのない者たちのための衣服」(128，19)などの種々な呼称を紹介する他，ヴァレンティノス派の洗礼に関する詳細な議論を繰り広げる．起源 II§118 は霊*の洗礼，火の洗礼，水の洗礼という三種類の洗礼について語る．三プロ XIII，48，15-21 では，女性的啓示者プローテンノイアが覚知者を天使（？）に委ねて洗礼を授ける．アダ黙§30-42 では，13 の王国が終末論的救済者の起源についてそれぞれ意見を開陳する結びのところで，「こうして彼は水の上にやって来た」という定型句が繰り返される．

いずれの背後にもグノーシス主義的な意味付けを伴った洗礼の儀式が前提されている可能性が大きい．特にフィリ福では間違いなくそうである（§43，68，75，76 他）．同§95 では塗油*の儀礼と密接に関連付けられ，価値的にはその下位に置かれている．エジ福においても洗礼儀式が重要な役割を演じている（§52-53，また§49，51）．真証§36 とシェーム§64-66 は水による洗礼を「汚れた」ものとして拒否する．

像／影像／似像／模像／模写

グノーシス主義神話の類型区分(本シリーズ第一巻の「グノーシス主義救済神話の類型区分」参照)で言う「シリア・エジプト型」の神話は，プレーローマ*の至高神から地上の肉*体という牢獄に閉じ込められた人間まで，上から下へ垂直的に展開される．その展開を支える根本的な思考法は，「上にあるもの」が「範型*」となり，「下のもの」がその「像」(eikôn)として造り出されるというもので，基本的にプラトン主義の考え方に準じている．したがって，この「範型」と「像」という関係は神話のさまざまな段階において，大小さまざまな規模で繰り返される．

(1)バルベーローは至高神の似像(ヨハ・アポ§13)，(2)「第一の天」(プレーローマ)から下へ，上の天が下の天の範型となって，最下位の天まで 365 の天が生じる(バシリ・エイ I，24，3)，(3)造物神(ヤルダバオート*)は上なる「不朽の範型」を知らずに(ヨハ・アポ§39-40)，あるいはそれを見ながら(三部教 I，90，31；92，4；起源 II§12)，中間界以下を創造する，(4)アルコーンたちは至高神の像を見ながら，その似像として心魂的*あるいは泥的*人間を創造する(ヴァレ・エイ I，5，5；アルコ

§5)，(5)エバはアダムの似像(アルコ§12)であると同時に，(6)プレーローマから派遣される「真実のエバ」の模像.

その他，特にフィリ福では「新婦の部屋」などの儀礼行為もプレーローマにある本体の模像とされる(§60，67b，c 他随所).

トマ福では，(1)霊的「像」(エイコーン)と，(2)地上の「像」(エイコーンの複数)と，(3)「外見」または「似像」(エイネ)とに，三つの実体が区別されている.(1)と(3)は創 1:26(七十人訳)の「像」(エイコーン)と「似像」(ホモイオーシス，そのコプト語訳がエイネ)に当る.(2)は(1)の地上における顕現形態で，(3)は(2)の反映か(83，84).

ゾーエー　→　ソフィア・ゾーエー

ソフィア／ピスティス・ソフィア

ギリシア語で「知恵」の意.「シリア・エジプト型」のグノーシス主義救済神話(本シリーズ第一巻の「グノーシス主義救済神話の類型区分」参照)においては擬人化されて，プレーローマの最下位に位置する女性的アイオーン.男性的「対」の同意なしに「認識」の欲求に捕らわれ，それを実現しようとしたことが「過失」となって，プレーローマの「安息」が失われ，その内部に「欠乏」が生じ，それがやがて中間界以下の領域の生成につながってゆく(ヴァレ・エイ I，2，2，ヨハ・アポ§26 など多数).グノーシス主義は「認識」が救済にとって決定的に重要であることを強調する一方で，同時に認識欲の危険性を知っているのである.

ヴァレンティノス派では「上のソフィア」，「下のソフィア」，「小さなソフィア」(あるいは「死のソフィア」，「塩(不妊)のソフィア」)など，さまざまなレベルのソフィアが登場する(ヴァレ・エイ I，4，1，フィリ福§36，39).

アルコ(§3，22-28)と起源 II(§4-10，17，68)では「ピスティス・ソフィア」(＝ギリシア語で「信仰・知恵」の意)という名称で登場し，ヤルダバオートと「七人」を生み出し，アルコーンたちによる心魂的人間の創造をも陰で仕組むなど，陰に陽に神話全体の主役.

さらに起源 II§16，21，22 ではヤルダバオートの娘で，「七人」の一人アスタファイオスの女性的側面を構成する存在もソフィアと呼ばれている.

ソフィア・ゾーエー

「ゾーエー」とはギリシア語で「生命」の意.新約聖書が「永遠の生命」(ヨハ 17:2-3)と言う時と同じ単語.グノーシス主義の神話では擬人化されて，終末論の文脈で働く女性的救済者の一人.「ソフィア・ゾーエー」とも，単に「ゾーエー」とも表記される.ヨハ・アポ§57 では「光のエピノイア」と同じ.アルコ§26 ではピスティス・ソフィアの娘.起源 II でも同様で，サバオートに「オグドアス」の中の存在について教え(§30)，心魂的アダムを創造し(§70-73)，地的アダムを起き上がらせる(§85-86).

た　行

第一のアルコーン　→　アルコーン

第一の人間／完全なる人間／真実なる人間／人間

プレーローマ*の至高神のこと．必ずしもすべての神話が至高神にこの呼称を与えているわけではないが，「人間即神也」というグノーシス主義一般に共通する根本的思想をもっとも端的に表現するもの．至高神はこの他に，「人間」，「不死なる光の人間」，「真実なる人間」，「不朽なる者」，「生まれざる方」，「生まれざる父」，「不死なる父」(以上，起源II§4，25，27，68，80，130，149参照)，「存在しない神」(バシリ・ヒポVII，21，1)，「万物の父*」など多様な呼称で呼ばれる．ヨハ・アポでは，至高神と同時にバルベーローも「第一の人間」と呼ばれることがある(§13，18，45他参照)．エジ福§37，セツ教§11等も参照．

「完全なる人間」は終末に到来が待望される救済者(アルコ§10)，すでに到来したキリスト(フィリ福§15)，あるいは人類の中の「霊的種族」(三部教I，123，5)の意味で使われることもある．同様に，「真実なる人間」もヴァレ・エイI，1，1-2では，例外的に，至高神より下位のアイオーンの「オグドアス*」の一つを指す．ヴァレ・エイI，1，1では「人間」(アントローポス)は至高神ではなく，より下位の神的存在(アイオーン*)の一つ．

魂　→　心魂

垂れ幕　→　カーテン

知識　→　グノーシス

中間の場所

ヴァレンティノス派に特有な神話素で，大きくは超越的プレーローマ*界と物質*界の中間の領域を指す(三部教I，103，21など他随所)．より正確には，アカモート*が終末までのあいだ一時的に置かれる場所で，中間界以下を創造する造物神(デミウルゴス)の上に位置する(ヴァレ・エイI，5，3-4；7，1．5)．ヴァレ・エイI，6，4では心魂的*な人間たちが終末*に到達する場所．フィリ福§63a，107bでは例外的に滅亡の場所の意．シェーム§25-38では，巨大な女性器として見られた宇宙の中で「処女膜の雲」と「胞衣の雲」の下に位置する領域を指し，啓示者デルデケアスによるヌースの回収作業によって闇から清められる．

「対」

ギリシア語シュジュギアの訳．プレーローマ*の至高神が自己思惟の主体と客体に分化して，さまざまな神的存在(アイオーン*)を流出する．それと共に原初的な両性具有(男女*＝おめ)の在り方も男性性と女性性に分化し，男性的な神的存在と女性的な神的存在が一つずつ組み合わされて「対」を構成する．ヴァレンティノス派の場合には，ビュトス(深淵)とエンノイア(思考)，ヌース(叡知)とアレーテイア(真理)，ロゴス(ことば)とゾーエー(生命)，アントローポス(人間)とエクレーシア(教会)の

ように，ギリシア語の男性名詞と女性名詞を巧妙に組み合わせて「対」関係を表現している(ヴァレ・エイ I，1，1)．ヨハ・アポ§13-21 の場合も元来のギリシア語原本では同様の消息であったと思われるが，現存のコプト語写本ではコプト語の同義語へ翻訳した結果，文法的な性が変わってしまったために，ギリシア語原本の神話論的巧妙さは失われている．

ヨハ・アポ§39 は，ヤルダバオート*の配下の七人*のアルコーン*(男性)にもそれぞれ女性的「勢力」を割り振って「対」関係を造り上げているが，起源 II ではヤルダバオート以下，「十二人*」，「七人」も含めて，諸々の悪霊まで両性具有の存在と考えられている(§10，16，29，37，49)．

つくり物／こしらえ物／形成物

ギリシア語「プラスマ」の訳．例外的に積極的な意味で用いられることもあるが(アルコ§36)，大抵の場合はアルコーン*たちが造り出す心魂的*人間，あるいは肉体*の牢獄という否定的な意味で用いられる(ヨハ・アポ§58，64，アルコ§5，起源 II §76，78-81，97，134，141，フィリ福§41，真福§2，3 など)．バルク・ヒポ V，26，26 では，「母」である半処女エデンが造りだしたこの世のこと．

テトラクテュス

ピュタゴラス学派では最初の四つの整数の和で 10 のことであるが，ヴァレ・エイ I，1，1 ではプレーローマ*内のビュトス(深淵)，エンノイア(思考)，ヌース(叡知)，アレーテイア(真理)の四個組のこと．

デュナミス／ホロス

ギリシア語「デュナミス」は通常「諸力」の意味で否定的に用いられるが，ヴァレ・エイ I，2，2；3，3．5 では例外的に，プレーローマ*内のアイオーン*の一つで，ソフィア*の過失を最小限にくい止める境界(＝ホロス，カーテン*)の役割を果たす．

塗油

元来は原始キリスト教において，洗礼*の儀式との関連で行なわれた儀礼．洗礼は罪の赦しと同時に聖霊を授与・受領する儀式とも理解されたので，その聖霊が失われないよう受洗者を油で封印するために行なわれた象徴行為であると思われるが，洗礼と塗油の前後関係については良く分からない．その後も，後 3—4 世紀まで東方教会と西方教会ではその順番付けが異なっていた．グノーシス主義の文書では，フィリ福が洗礼*，聖餐，救済，新婦の部屋*と並ぶ儀礼として繰り返し言及する．特に洗礼との関連が密接であるが，同時に洗礼よりも塗油の方が重要であることが強調される(§68，75，92，95 他)．「新婦の部屋」の儀礼においても塗油(終油？)が行なわれた可能性がある(§122c)．「クリスチャン」の呼称は，本来の「キリストに属する者」という意味(使 11：26)ではなく，「油注がれた者」，すなわちグノーシス主義者を指すものに転義している(§95)．それどころか，塗油を受けたグノーシス主義者は一人一人が「キリスト」になる(§67d)．

神話上の場面としては，ヨハ・アポ§20 で「独り子」(またはアウトゲネース*)が至

高神から「至善さ」によって塗油されて「キリスト」となる．ここでは，一方で「至善な」がギリシア語では「クレーストス」，他方で「キリスト」が元来「塗油された者」の意で，ギリシア語では「クリストス」であることを踏まえた語呂合わせが行なわれている．

泥／泥的

宇宙と人間を霊，心魂，物質(肉体)に分けて捉えるグノーシス主義の三分法的世界観において，価値的に最下位のもので，物質と同義．ヴァレ・エイ I，5，5 では，造物神が物質(質料)の内の液状のものから造り，心魂的なものへ注入する．最終的な救いに与ることができず，世界大火で焼き尽される(同 I，6，2; 7，1)．バルク・ヒポ V，26，32 では，イエスの十字架刑において心魂的部分と共に受難する部分として，受難を免れる霊的部分と区別されている．同 V，27，3 には泥的人間，心魂的人間，霊的人間の三分法が見られる．

な　行

七つのもの　→　ヘブドマス

七人

ヘレニズム時代に一般的に七つの惑星と見做されていた月，太陽，金星，水星，火星，木星，土星が神話論的に擬人化されたもので，中間界以下の領域の悪しき支配者．ギリシア語魔術文書や広範なグノーシス主義文書に，それぞれ隠語化された名前で登場する．ヨハ・アポ§33，34，37，39 に列挙される名前は，黄道十二宮を同様に擬人化した「十二人」(§31)と一部重複するが，七という数字は一週間の日数として説明される(§34，37)．同時に，七人のそれぞれが男性性と女性性の「対」関係に置かれる(§39)．起源 II§16 では，ヤルダバオートを含めて総称的に「アルコーンたち」,「支配者たち」,「権威たち」と呼ばれ，カオスから男女(おめ)として出現する．ナグ・ハマディ文書以外では，マンダ教文書にまったく独自のマンダ語の名前で頻繁に登場する．エイレナイオス『異端反駁』のセツ派についての報告(I，30，5)，オリゲネスの『ケルソス駁論』VI，30-32，エピファニウス『薬籠』XXVI，10，1-3 のフィビオン派についての報告などにもさまざまな名前で登場する．七つの惑星の並べ方の順番(特に太陽の位置)については，ストアや中期プラトニズムなどの学派哲学の宇宙論においてさえ諸説があったため，グノーシス主義文書に隠語で言及される「七人」がそれぞれどの惑星に対応するかは一概に決められない．

肉／肉体／肉的

宇宙と人間を，霊的なもの，心魂的なもの，肉的(物質的)なものの三分法で考えるグノーシス主義の世界観における最下位の原理で,「物質」あるいは「泥」と同義であることが多いが，ヴァレ・エイ I，5，5 のように，泥から由来する身体と区別して，四分法的に語られることもある．フィリ福は一方で肉体の無価値性を断言す

るが(§22)，他方で「肉にあって甦ることが必要である」(§23c)とする．復活§15は老いた肉体を胞衣《えな》(後産)に譬える．

肉体 → 肉

似像 → 像

「**人間**」 → 第一の人間

認識 → グノーシス

ノーレア

アルコ§12では，アダム*とエバがセツ*を産んだ後にもうけた娘で，理屈ではセツの妹であると同時に妻ということになる．しかし，同§14(オーレアと表記)と§15ではむしろノアの妻であることが前提されていると思われる．この二系統の表象はその他のグノーシス主義文書の間にも認められる．エイレナイオス『異端反駁』I, 30, 9とエピファニオス『薬籠』XXXIX, 5, 2が報告するセツ派は前者，エピファニオス同XXVI, 1, 3-5が報告するニコライ派とマンダ教は後者に属する．特に後者の表象系統では，ノーレアは夫のノアがこの世の支配者であるアルコーン*に仕えたのに対して，超越的な神バルベーロー*に仕える存在であり，ノアが造った方舟に立ち入りを拒まれると，三度までもそれを焼き払ったという(アルコ§14参照)．ヘレニズム期のユダヤ教のハガダー(物語)伝承にも，ナアマという女性が一方ではセツの妹かつ妻として，他方ではノアの妻として言及される．ノーレアという名前は基本的にはそのナアマがギリシア語化したものとする説が有力である．ナグ・ハマディ文書の中では，『ノーレアの思想』(写本IX)と起源II§18, 20に言及がある．

は　行

場所

グノーシス主義の神話では「あの場所」，「この場所」という表現で超越的な光の世界と地上世界を指し，「中間の場所*」でその中間に広がる領域を表現することが多い．三部教I, 53, 24では，否定神学の意味で，神は「場所」の中にいないと言われ，同60, 5; 65, 8では万物の父*がアイオーン*たちにとって「場所」である(真福§20では，父は自らの内にあるすべての「場所」を知っている)と言われる．さらに三部教100, 29では，ロゴス*によって生み出された造物神が彼の創造物にとって「場所」であると言う．これらの場合の「場所」は一つの術語として用いられており，その背後には原理としての「質料」を「場所」と定義した中期プラトン主義(アルキノス『プラトン哲学要綱』VIII)などの影響が考えられるかもしれない．トマ福では「光」(語録24)あるいは「王国」(語録60, 64)と同意．

パトス

熱情あるいは受難を意味するギリシア語．ヴァレ・エイI, 2, 2では，ソフィア*が男性的伴侶(テレートス)との抱擁なしに陥った，父を知ろうとする熱情のことで，エンテュメーシス(意図)とともにホロス*(境界)の外へ疎外される．バルク・ヒポV,

26, 19 ではエローヒームによって地上に取り残された半処女,「母」エデンがエローヒームに欲情する熱情.

パラダイス　→　楽園

バルベーロー／バルベーロン

いくつかのグノーシス主義救済神話において，至高神の最初の自己思惟として生成する神的存在．ヨハ・アポ§13 では「プロノイア*」,「第一の人間*」,「万物の母体」,「母父*」とも呼ばれ，神話の隠れた主人公の一人であり，最後に§80 で自己自身を啓示する．三プロ XIII, 38, 8-9 ではプローテンノイアの別名で登場する．エジ福§6 他も参照．エイレナイオス『異端反駁』I, 29, 1-4 はヨハ・アポ§13-44 に相当する部分を要約的に報告して，それを「バルベーロー派」の神話だと言う．しかし，その「バルベーロー派」の歴史的実態については，やはりエイレナイオスによって報告されるセツ派などの他のグノーシス主義グループの場合と同様，詳しいことは分からない.「バルベーロー」(Barbêlô)の語源・語義については，伝統的にヘブル語で「四つの中に神在り」(b'arbba' 'ᵉlôha)の意の文を固有名詞化したものだとされてきた(この場合,「四」とはプレーローマ*の最上位に位置する四つの神的存在，テトラクテュス*のこと)．しかし最近では，コプト語ないしそれ以前のエジプト語で「発出」を意味する「ベルビル」(berbir)と「大いなる」の意の「オー」とから成る合成語で,「大いなる発出」の意味だとする仮説が唱えられている.

範型

シリア・エジプト型のグノーシス主義の神話(本シリーズ第一巻の「グノーシス主義救済神話の類型区分」を参照)では，基本的にプラトン主義のイデア論に準じて,「上にあるもの」の写し(コピー)として「下のもの」が生成すると考えられている．その場合,「下のもの」が「像*」,「影像」,「模像」,「似像」,「模写」と呼ばれるのに対し,「上のもの」が「範型」と呼ばれる．特にヨハ・アポ§40 の「不朽の型」参照．ヴァレ・エイ I, 7, 2 では，プレーローマ*のキリストがホロス*(別名スタウロス=「十字架」)に体を広げて，アカモート*の過失を止めた事件が歴史上のイエスの十字架刑の範型.「範型」と「模像」を対句で用いるのはフィリ福§69a, 124 他.

万物

グノーシス主義神話の術語としては，中間界および物質界と区別されたプレーローマ*の同義語として使われる場合が多い．ヴァレ・エイ I, 3, 4 では，ギリシア語の全称の形容詞を名詞化した「パンタ」(panta)という表記で言及される．ナグ・ハマディ文書の多くは，コプト語の全称の形容詞 têr=(「すべての」,「全体の」)に男性単数の定冠詞と所有語尾を付して名詞化した形(ptêrif)で用い，さまざまな神的アイオーン*から成るプレーローマを集合的に表現する．ヨハ・アポ§21-24，フィリ福§81b, 82a, 97, 105，真福§2, 8-12, 16, 39，エジ福§29，復活§13, 17 参照．集合的単数の性格は，特にアルコ§23 の「万物」が並行する起源 II §24 では「不死なる者たち」(アイオーンたち)と言い換えられていること，また，エジ福(§20, 25,

26, 28他)が「すべての」(têrif)という形容詞をプレーローマに付して，その全体性を表現していることによく現れている．但し，三部教では，同じ集合的単数(ptêrif)は，すべてのアイオーンを包括する「父」の全体性を現す（I, 70, 36-37; 73, 19-26)．プレーローマの個々のアイオーンはその単数形をさらに複数形にして(niptêrif＝いわば「万物たち」)表現される(I, 67, 7-12)．例外的な用例としては，プレーローマのみならず，下方の領域までの総体を包括的に指す場合(バルク・ヒポV, 26, 1-2)，あるいは逆に限定的に，プレーローマ界より下の領域を指す場合(ヴァレ・エイ§I, 5, 1; 起源II§99；三部教I, 96, 10. 18)がある．

万物の父

グノーシス主義の至高神(第一の人間*)の別称．ヨハ・アポ§6以下，三部教I, 51, 8-57, 8などでは，延々と否定形で記述される．バシリ・エイI, 24, 3では「生まれざる父」，バシリ・ヒポVII, 21, 1では三重の「子性」の父として「存在しない神」とも呼ばれる．但し，バルク・ヒポV, 26, 1では例外的に至高神より下位の存在，すなわち「生まれた万物の父」であるエローヒームと同定される．

光り輝くもの／フォーステール

ギリシア語フォーステールの訳．ヨハ・アポ§23では，プレーローマ*の内部でアウトゲネース*(キリスト)から生成する四つの大いなる光のことで，それぞれ三つずつのアイオーン*を従えている．アダ黙§23ではセツ*の子孫たるグノーシス主義者，同§25, 43では大いなるアイオーンから認識*をもたらす啓示者を指す．その啓示者たちの名前は§46によれば，イェッセウス，マザレウス，イェッセデケウスである．なお，この名称は，フィペ手137, 8ではイエスに，IIヤコ黙55, 17ではヤコブに帰されている．

ピスティス　→　ソフィア

左手　→　左のもの

左のもの／右のもの／左手／右手

「右のもの」が積極的な意味で用いられるのに対して，「左のもの」は常に否定的な意味で用いられる．ヴァレ・エイI, 5, 1では，ソフィア*のパトス*から派生した物質を指し，「右のもの」，つまり心魂的なものと対照されている．アルコ§29では，改心したサバオート*とその右手ゾーエー*が積極的に評価されることとの対照で，専横あるいは邪悪を意味する．起源II§35では，ヤルダバオート*がもらい受けるピスティス・ソフィアの左の場所は「不義」と呼ばれ，右が「正義」と呼ばれることと対照されている．フィリ福§40では，右は「善きもの」，左は「悪しきもの」，同§67dでは十字架が「右のもの，左のもの」と呼ばれる．三部教I, 98, 19; 104, 11; 105, 8; 106, 21では「左の者たち」＝物質的種族が負の存在として，「右の者たち」＝心魂的種族と対照されている．真福§26では，99までは左手で数えられ，1を欠くので欠乏を，99に1を足して100からは右手で数えられるので右は完全を表わす．

フォーステール　→　光り輝くもの

復活

本質的には人間が本来の自己を覚知することを意味する．従って，時間的な側面では，新約聖書の復活観とは対照的に，死後の出来事ではなく，死より前，生きている間に起きるべきこととなる(フィリ福§21，23c，90a，復活§26，真証§8 他)．場所的な側面では，この世あるいは「中間の場所*」から本来の在り処であるプレーローマ*へ回帰することが復活を意味する(フィリ福§63a，67c，魂 II，134，10-13)．復活§9 はこの二つの意味での「霊的復活」について語る．

物質／質料

ギリシア語「ヒューレー」(hylê)の訳語．この同じギリシア語を中期プラトン主義は「神」，「イデア」と並ぶ三原理の一つ，「質料」の意味で用いるが，グノーシス主義は肉*，肉体，あるいは泥*などとほぼ同義の否定的な意味合いで用いることが多い．ヴァレ・エイ IV，2，5 ではアカモート*の陥った情念から派生する．ヨハ・アポ§46，真福§2 では，初めから存在が前提されているもの，つまり一つの原理として，いささか唐突に言及される．反対に起源 II では，「垂れ幕*」の陰から二次的に生成し，カオス*の中へ投げ捨てられて(§7)，やがてヤルダバオート*の世界創造の素材となる．アルコ§22 でも，上なる天と下の領域を区切るカーテン*の陰から生成し，やがてピスティス・ソフィア*の流産の子サマエール*を生み出す．同§24 では「闇」あるいは「混沌」(カオス)と同義．

プレーローマ

ギリシア語で「充満」の意．至高神以下の神的存在によって満たされた超越的な光の世界を表現するために，グノーシス主義の神話が最も頻繁に用いる術語．しかし，必ずしもどの文書にも現れるわけではない．例えば，バシリ・ヒポ VII，25，1 では，プレーローマの代わりに「超世界」，アルコ§29 と起源 II§30 ではオグドアス*あるいは「八つのもの*」という表現が用いられている．なお，この語が複数形で用いられ，「父のすべての流出」を指す場合もある(真福§37)．

プロノイア

ギリシア語で「摂理」の意．ストア哲学では宿命(ヘイマルメネー)と同一で，神的原理であるロゴス*が宇宙万物の中に遍在しながら，あらゆる事象を究極的には全体の益になるように予定し，実現してゆくことを言う．あるいは中期プラトン主義(偽プルータルコス『宿命について』)においては，恒星天ではプロノイアが宿命に勝り，惑星天では均衡し，月下界では宿命がプロノイアに勝るという関係で考えられる．グノーシス主義はストアにおけるプロノイアと宿命の同一性を破棄して，基本的に宿命を悪の原理，プロノイアを至高神に次ぐ位置にある救済の原理へ二分割するが，文書ごとに微妙な差が認められる．ヨハ・アポはプレーローマ*界に二つのプロノイア(§13，23)，中間界にもう一つのプロノイア(§39)，地上界に宿命(§77)を配置するが，起源 II はプレーローマ，中間界，地上界のそれぞれに一つ

ずつプロノイアを割り振り，中間界と地上界のそれについては宿命と同一視している(§16, 44-45, 68, 96, 141). エジ福でも§1の他多数にあるが，「大いなる見えざる霊」(父)との関係，あるいはその他の点での神話論的な位置付けが明瞭に読み取れない.

ヘブドマス／七つのもの

ギリシア語で「七番目のもの」あるいは「七つのもの」の意. グノーシス主義神話では造物神とその居場所を指すことが多い. ヴァレ・エイ I, 5, 2では，オグドアス*(八つのもの)と呼ばれる母アカモート*の下位にいるデーミウールゴス(造物神)のこと. バシリ・ヒポ VII, 26, 4-5では，オグドアスのアブラサクス*の下位の神「別のアルコーン」とその息子の住処. ヨハ・アポ§34, 37では，一週七日(「週の七個組」)の意. 起源 II§16では，本文が欠損していて確定しにくいが，おそらく第一のアルコーン*の女性名. エジ福§24ではプレーローマ*内の存在の何らかの組み合わせを指すが，詳細は不詳である.

母父／メートロパトール

ギリシア語「メートロパトール」の訳. このギリシア語は通常は母方の祖父の意味であるが，ヨハ・アポの特に長写本は両性具有の存在バルベーロー*を指して用いている(§13, 19, 45, 55, 57, 76). ヴァレ・エイ I, 5, 1ではデーミウールゴス(造物神)の別名.

ホロス → デュナミス，カーテン

ま　行

見えざる霊

「処女なる霊*」と一組で用いられて至高神を指す場合が多い(ヨハ・アポ§14, アルコ§20, 三プロ XIII, 38, 11, エジ福§1, 20他随所).

右手 → 左のもの

右のもの → 左のもの

メートロパトール → 母父

模像 → 像

モノゲネース

ギリシア語で「独り子」の意. ヴァレ・エイ I, 1, 1; 2, 5では至高神(ビュトス)とその女性的「対*」(エンノイアあるいはシゲー)から生まれ，キリストと聖霊を流出する存在. ヨハ・アポ§19, 20では，アウトゲネース*，すなわちキリストと同じ. エジ福§55も参照.

模倣の霊／忌むべき霊

ギリシア語「アンティミーモン　プネウマ」の訳. ヨハ・アポに集中的に言及される(§58, 60, 68, 71-73, 76, 79, 但し長写本は「忌むべき霊」と表記). 特にその歴史的起源を補論の形で論じる§76-79によれば，プレーローマ*から派遣された

「光のエピノイア*」を見た悪の天使たちがそれに似せて造り出し，人間の娘たちを誘惑して子供を産ませる力.

や　行

八つのもの　→　オグドアス

ヤルダバオート

可視的な中間界以下の領域を創造して，支配する造物神(デーミウールゴス)に対する最も代表的な呼称.「サクラ(ス*)」あるいは「サマエール*」とも呼ばれる(ヨハ・アポ§35，三プロ XIII，39，27-28)．プレーローマ*の中に生じた過失から生まれるいわば流産の子で，自分を越える神はいないと豪語する無知蒙昧な神として描かれる．多くのグノーシス主義救済神話は，旧約聖書の神ヤハウェをこのヤルダバオートと同定することによって，特に創世記の冒頭の創造物語と楽園物語に対して価値逆転的な解釈を展開する.

ヤルダバオートという名称そのもの(アルダバオートと表記されることもある)もヤハウェを貶めるための造語である．起源 II§10 はその語義を「若者よ，渡ってきなさい」の意であると説明する．この説明はおそらく，シリア語で「ヤルダー」(yaldâ)が「若者」，「ベオート」(b^{e}ʻôt)が「渡れ」(命令形)の意であることに基づくものと思われる．しかし同時に，同じ起源 II§25 はヤルダバオートを「奈落」(カオス*)を母とする子として説明する．シリア語で「奈落」あるいは「混沌」は「バフート」(bahût)であるから，ヤルダバオートは「奈落を母とする若者」の意になり，この合成語の意味を早くから「混沌の子」と説明してきた古典的な学説と一致することになる．さらに，アラム語で「――を生む者」の意の「ヤレド」(yal^{e}d-)に目的語として「サバオート」がついた形と見做して，「サバオートを生む者」の意とする説もあり，特定できない.

ら　行

楽園／パラダイス

創世記 2: 8 のエデンの園は「東の方」に設けられたとされ，読者には平面での連想を誘う．しかし，新約時代になると，それとは対照的に垂直軸に沿って楽園を「第三の天」に位置付ける見方があったことは，すでにパウロの証言(II コリ 12: 1-4)から知られる．グノーシス主義の神話でも原則として常に垂直軸での見方が前提されている．例えばヨハ・アポが「楽園への追放」(§59)に続いて「楽園からの追放」(§67)について物語る場合も，上から下へと話の舞台が下降してゆくのである．アルコ§7 でもアルコーン*たちが心魂的アダムを楽園へ拉致する．起源 II でも同様であるが(§84)，その場所は「正義」なるサバオート*によって造られた月と太陽の軌道の外だという(§54)．ヴァレ・エイ I，5，2 ではデーミウールゴスの下の第四の天のことで，アダム*の住処．三部教 I，96，29 では，ロゴスが過失の後に

生み出したプレーローマの不完全な模像*たちが置かれる場所．バルク・ヒポ V，26，5 では，半処女エデンと「父」エローヒームの満悦から生まれた天使群の総称．フィリ福はこれらの事例とは対照的に積極的な意味の楽園について頻繁に語るが，その空間的な位置付けはよく分からない．

霊／霊的

宇宙万物が霊，心魂*，物質*(肉)の三つから成ると考える，グノーシス主義の世界観における最高の原理および価値．ほとんど常に他の二つとの対照において言及される．ヴァレ・エイ I，6，2 によれば，物質的世界に分散している霊は滅びることはあり得ず，終末*においてプレーローマ*に受け入れられる(同 I，7，5)．

ロゴス／ことば／言葉

「ロゴス」は古典ギリシア語からヘレニズム時代のコイネー・ギリシア語に至るまで，人間の言語活動と理性に関わる実に幅広い意味で用いられた．それは発言，発話，表現，噂，事柄，計算，知らせ，講話，物語，書物，根拠，意義，考察，教えといった日常用語のレベルから，「世界理性」や「指導的理性」などの哲学的術語(ストア派)のレベルにまでわたっている．ナグ・ハマディ文書を含むグノーシス主義文書は，前者の日常的な語義での用法も，例えば『復活に関する教え(ロゴス)』(第 I 写本第 4 文書のあとがき)の他，随所で見せているが，神話論的に擬人化して用いる場合の方が多い．その場合の「ロゴス」(あるいは「言葉」)はプレーローマ*内部の神的存在の一つ．ヴァレ・エイ I，1，1 では「ゾーエー*」(生命)と，ヨハ・アポ§14-21 では「真理」とそれぞれ「対」を構成する．エジ福§19-21 では神的アウトゲネース*の別名．起源 II§139，対話 III，129，23；133，5；135，13；アダ黙§42，真正教 VI，34，3，力 VI，42，7；44，3，シェーム VII，8，18；9，5；12，19；42，32；44，27，知識 XI，17，35，解説 XI，29，25．30；30，31，三プロ XIII，37，5．24；46，31；47，15 では，神的領域から出現する終末論的啓示者．三部教では，「父」(至高神)の「思考」として成立するアイオーン*たち(I，60，34)，あるいは「父」の「ことば」としての「御子」(I，63，35)も指すが，圧倒的に多くの場合(§24 以下)，プレーローマの最下位に位置する男性的アイオーン「ロゴス」を指す．この「ロゴス」が犯した過失から下方の世界が生成する．フィリ福でも超世界的でありながら，肉の領域に内在する神的存在を表しているが(§23bc，26a，30，113)，どのような神話論的な枠組みを前提するものなのか不詳である．フィリ福§123bc は，正典福音書でイエスの口に置かれている言葉を「ロゴスが言っている」／「ロゴスは言った」の表現で導入する点で(§117 も参照)，殉教者ユスティノスやエイレナイオスなど護教家のロゴス・キリスト論の表現法と共通している．